黒田寛一著作集 第七巻

場所の哲学のために

ＫＫ書房

凡例

一　本著作集は、著者の主要著作をテーマ別および年代順に編成したものである。
一　本著作集は、原則として最終発表の著作を原典（底本）とし、著者自身が原典に加えた訂正および補筆・削除などがある場合は、それに従った。
一　本第七巻には『場所の哲学のために』上・下巻（こぶし書房刊）を収めた。上・下巻は同時に刊行され、初版第一刷（一九九九年六月九日）を底本とした。
一　出典表記については底本のママとした。
一　原文に明白な誤記・誤植がみられる場合は、訂正した。
一　旧字体は新字体に訂正し、一部の文字は正字体に統一した。
一　刊行委員会による註記は［　］によって示した。

黒田寛一著作集　第七巻

場所の哲学のために／目　次

場所の哲学のために
——表現場・意識場・実践場——

I

Ⅱ

Ⅲ

場所の哲学のために

——表現場・意識場・実践場——

I　表現場

三浦つとむ　言語過程論

いわゆる東欧社会主義諸国が雪崩のように崩壊しつつあったさなかの一九八九年十月二十七日に、スターリン言語学批判を自己の研究の出発点としたことのゆえに俗流唯物論者からは白眼視されつづけてきた三浦つとむが、まさに〝非言語的世界〟に昇天した。彼のライフワークともいうべき『認識と言語の理論』全三部、さまざまな条件のゆえに読むことができなかったこの著作の第三部と第二部だけを、今回はじめて私は読むことができた。実にさまざまの想念が頭をよぎっただけではなく、八時間以上も喋りつづける彼の〈音声言語〉が鮮やかに、私の脳裡によみがえってきたほどであった。

そもそも、三浦つとむの数多の著書を私は音通読したことが一度もなかった。『季刊・理論』や『弁証法研究』創刊号（即終刊号）などに掲載された彼の論文以外のものとしては、双流社発行の『弁証法・いかに学ぶべきか』の一冊しか読んではいない。たしかに、『この直言を敢てする』（一九五六年五月発刊）や、『日本語はどういう言語か』とか『弁証法はどういう科学か』とかの、その当時ベストセラーとなった講談社新書などを買い求めてあったが、これらは現在にいたるまでツンドクのままである。……そして今日、三十数年ぶりに三浦つとむの著書を、『認識と言語の理論』の第三部と第二部だけを、ようやく音通読したというわけなのだ。

第三部におさめられている諸論文は——二篇をのぞいて——ほぼ未発表論文であるようだ。本居宣長とその弟子の鈴木朖から、明治時代の文法学者の山田孝雄にいたるまでの研究を再検討し、第二次世界大戦後の国語学研究（とくに小林英夫や時枝誠記などのそれ）をば、〈言語＝表現〉という自説を基礎づけ正当化するために検討することが、ここでは試みられている。こうしたスタイルの論文に、つまり他人の研究論文を引用しながら持論を展開するという形式をとった論文に私が出会ったのは、今回が初めてである。まことに不思議な感にうたれたほどであった。とくに、この第三部は、三浦の言語表現論の集大成ともいえる。

少なくとも第二部のほうは、おそらく一九五〇年代に書かれガリ版刷りにして発表された旧原稿が、そのまま生かされているのではないかと思われる（第二部の前半部にあたる部分）。この部分には、一九五〇年代の彼の主張と断片的思いつきが明白に露出している。このことは、核心問題をなす〈表現と認識〉にかかわる展開のなかに端的にしめされている。それゆえに、ここでは、三浦つとむの言語表現論および認識論について、三十数年前にすでに確認されていたことがらを再確認することから始めるほかはない。

A　業績即欠陥

時枝誠記の言語学――「言語とは言語主体の表現行為の過程そのものである」とするもの。フェルディナンド・ソシュール言語学を批判しながら確立されたこの言語学をば、三浦式唯物論の観点から批判的に継承しつつ形成されたのが、彼の〈言語＝表現〉論であって、その独自性は、時枝の言語学をば、彼が依拠する哲学である現象学との関係において批判的に検討することを放棄しているという点にある。「詞＝客体的表現」・「辞＝主体的表現」とする時枝説そのものを全面的に肯定することに出発しながらも、時枝説には当然のことながら欠落している反映論（または唯物論的模写論）を言語学において復権させるという観点にたって、批判的に継承するという方法がとられているところに、三浦説の独自性があるといってよい。

ところが、時枝誠記の「言語過程説」を唯物論的に改作しようとしているにもかかわらず、三浦の〈言語＝表現〉論は、〈表現〉とその逆ベクトルをなす〈認識〉との、したがって、それらと〈対象〉との、まさにスタティックな結果解釈におちこんでしまっているのである。

すなわち、芸術を「形象的認識」とみなすようなベリンスキー＝蔵原芸術論は誤りであって、芸術とは〈表現〉であり、これは〈認識〉とはベクトルが逆であって〈逆反映〉（一九五〇年代の三浦の規定）なのである。そして、〈認識〉は〈対象の観念的模像〉であるのにたいして、〈表現〉は〈物質的模像〉である、というように三浦は説明する。ここでは、認識にとっての〈対象〉と、その〈観念的模像としての認識〉と、この〈観念的模像〉にもとづいて創造される〈物質的模像としての表現〉とが、ただただ対象的・客体的に、しかも認識＝表現主体を欠落させて平板的に説明されているにすぎない。この平板性は、〈対象──→認識──→表現〉という過程や、〈表現──→認識──→対象〉という逆の過程（〈追体験〉というようにも説かれているそれ）が、それぞれ過程的に説明されることによっておおいかくされている。

だが、こうした説明のしかたは、まさしく三浦自身の哲学的客観主義の如実なあらわれなのであり、この客観主義の言語的表現論への貫徹いがいの何ものでもない。なぜなら、彼の展開には、対象を対象として措定しかつ認識するところのわれわれ実践主体も、またみずからが創造した観念的模像を対象的世界に物質的に対象化し〈物質的模像〉を創造する表現主体としてのわれわれも、まったくぬけおちているからである。

人間実践主体または表現主体と彼の感性的対象との物質的対立を基礎にして、対象と認識と表現の関係が論じられていないがゆえに、三浦が認識や表現について論じるばあいには、彼の忌み嫌う機能主義にやすやすと堕することになる。三浦が用いる〈認識〉や〈表現〉は、それらを観念的世界において・あるいは感性的世界においてつくりだす人間実践主体の欠如した機能概念でしかないのである。

それだけではない。たとえば言語的表現を媒介にした精神的交通関係を論じるばあいには、〈言語＝表現〉ということや〈言語＝概念の表現〉ということが力説されてはいても、表現主体（話し手）や彼の客体としての他者（聞き手）が登場しないのだ。時折に、論述の都合上から〈話し手〉にふれるばあいがあるとはいえ、聞き手としての他者（他の表現主体）は常に必ず登場しないのである。言いかえれば、感性的対象と認識＝表現主体と表現された物質的形態の三つの実体的対立が物質的に措定されてはいないがゆえに、音声にもとづく言語的表現を媒介にした、話し手と聞き手との物質的対立が欠落してしまうのである。認識主体ぬきの〈認識〉が、表現主体ぬきの〈表現〉が、まさに機能主義的に論じられ、こうして〈話し手〉の〈音声言語〉があげつらわれることになるのである。

　このことは、他面では、〈音声言語〉と〈文字言語〉という概念が実体化してとらえられていることを示している。〈対象――認識――表現〉という過程を担い遂行する人間実践主体がぬけおち、感性的対象と認識＝表現主体（話し手）と彼の客体としての他者である表現主体（聞き手）との物質的対立が基本的に蒸発させられているがゆえに、〈認識〉や〈表現〉が実体化されるとともに、〈音声言語〉も〈文字言語〉も実体化して扱われることになるのである。時枝の「言語過程説」を受けつぎながらも、彼のように「言語主体の行為」およびその「過程」を、三浦は主体的に論じることができないというわけなのだ。

　三浦のこのような実体化の誤りは、さらに、時枝から拝借してきた〈客体的表現〉と〈主体的表現〉のそれぞれを実体化して扱う誤謬として、また〈現実的世界〉と〈観念的世界〉を、したがって〈現実的自己〉と〈観念的自己〉とを、それぞれ実体化する認識論上の誤謬としても、あらわれている。時枝言語学の三浦による似而非なる継承と言うゆえんである。

B　表現場と言語体

人間実践主体としての或る表現主体が、彼に物質的に相対立する客体としての他者にたいして、彼の客体としての他の表現主体（聞き手または読者）にたいして、精神的交通を——そのための手段としての《言葉》を、あるいは表現行為（の過程）の実体としての《言語体》（おおくぼ・そりやの用語）を媒介にして——はかるのであって、こうした《言語体または言葉》は、文字または音（訓音や漢音や呉音など）を形式とし、意味または概念をみずからの内容とするところの感性的で超感性的な存在なのである。〈表現としての言語〉といわれるものの「感性的で超感性的な」性格とは、言語体または言葉の感性的・超感性的性格にもとづくのであって、その逆ではない。

特定の言語体または言葉は、文字および音をみずからの形式とするとともに、社会的実践をつうじて歴史的に形成され遷移してきた言語規範にもとづくところの・言語体に固有な意味をみずからの内容としている。言語体は、形式＝シニフィアン＝能記（文字および音、または表記・発語法）と、内容＝シニフィエ＝所記（辞典によってしめされる静的な意味）との統一をなすのである。——もちろん、言語的表現行為の場とか、文章の脈絡とかに決定されて、一定の言語体または言葉は、辞典などにしめされている意味内容を基本的にあらわすばあいもあれば、別の違った意味を受けとるばあいもある（逆説とか反語とか隠語とか比喩とかが、その例である）。

いいかえれば、客観的存在としての言語体は、みずからのうちに文字および音という形式と意味という内容とを、シニフィアンとシニフィエとを統一した語であって、言語体のシニフィエ的シニフィアン（意味をもつ記号形式）は、それぞれの言語体が指示する客観的対象を直接的に（象形文字のばあい）、あるいは媒介的に（表意文字または表音文字のばあい）しめすとともに、それぞれの言語的表現形式にむすびついた意味（シニフィアン的シニフィエ）をもつのである。したがって、もろもろの言語体からなる言語的表現態という客観的存在を基礎とし媒介として、この形態の受け手は、この言語体があらわす指示対象およびそれのあらわす意味を、了解したり理解したりするのである。ここに、《表現場》の重要性が浮かびあがってくるのである。

社会的に形成され歴史的に発展してきた言語規範、およびこれにのっとった言語体または言葉、これが表現手段として用いられ、言語主体の表現行為の実体をなすがゆえに、言語的に表現されたもの（言語的表現態）それ自体も、表現形式と表現内容との統一をなすのであり、またこの言語表現態の受け手（聞き手または読者）もまた、表現主体（話し手または著者）が伝達しようとした意味ないし思想内容を了解したり理解したりすることが可能になるのである。結果的にいうならば、文字または音とむすびついた言語体を用いて創造された表現態を媒介にして、言語表現主体は自己の意志や思想や情感などを、自己にとっての客体（つまり表現対象）である他の表現主体に、伝達するのであるが、この場合彼は言語的表現過程をつうじて、他者との精神的交通をおこなうのである。

ところで、〈文字言語〉〔通称「書き言葉」〕とか〈音声言語〉〔通称「話し言葉」〕とかというように――

時枝誠記の「言語過程説」を継承すると称しながらも――〈言語＝表現〉を実体化し、そして「言語＝道具または記号乗り物」説を警戒するのあまりに、言語的表現行為とその実体をなす言語体（または言葉）が伝達手段または精神的交通手段となる、ということが構造的にとらえられていないばあいには、次のような観念妄想が必然的にうみだされることになる。

すなわちまず第一に、思想や概念が言語体または言葉から切り離されることになる。この欠陥は〈対象的なありかたとむすびついた概念〉なるものを捏造することによって補完される。あるいは、〈言語は感性的で超感性的な存在である〉という自己の命題から演繹的に解釈して、一般性をあらわす概念を、一方では概念の形成に先行する〈認識対象のあり方〉に直接にむすびつけ、他方では認識された内容を対象的世界に表出するために不可欠な音声や文字にむすびつける、という操作をおこない、こうすることによって概念や思想の一般的性格を説く、ということになる。理性的な概念をば感性的対象や文字または音声という客観的存在にむすびつけてとらえ、もって〈言語の感性的で超感性的な性格〉を説明するのが、ほかならぬ三浦なのであって、〈感性的あり方とむすびついた概念〉という不思議な言葉が生産されるのである。

たとえば「理念」という概念のばあい、それが直接に〈感性的にして超感性的あり方〉とむすびつくのであろうか。「感性的にして超感性的な」ということの質的レベルの相違は決して無視されてはならない。一般に、カテゴリーと呼ばれる基本的概念には、感覚表象をよびおこすものもあれば、全くそうではないものもある。現象論的および実体論的のカテゴリーは感覚表象や観念的形象にむすびつくばあいがあるとはいえ、本質論的カテゴリーはそういうわけにはいかない。後者のようなカテゴリーは、唯物論哲学のばあいは感性的なものを基礎にしているとはいえ、普遍的抽象のレベルにおけるそれであることが明白にとらえられねばならない。もちろん例証主義者のばあいは、そうではないのかも知れないのであるが。こうした例証が念頭におかれているからこそ、「感性的あり方」などという漠然とした形容詞を〈概念〉にむすびつけることになると言ったほうがよいかもしれない。こういうやり方は三浦つとむの大好きな「概念のないところに言葉がやってくる」ということではないのか。

言語的に表現すること（言語的表現行為）と、その過程および結果において創造されるところの表現されたもの（言語的表現態）とを区別することができず、また〈表現としての言語〉の名において言語をば表現態を構成するものとみなしたり（第三部）、言語を実質上〈文字言語〉や〈音声言語〉に実体化したりすることのゆえに、三浦は、言語体（X）をば表現形式（文字または音）と表現内容（意味）との統一として把握することができないのだ。したがって彼は、言語と言葉とを、あるいは言語と言語体とを二重うつしにしてしまうのである。これが誤謬の第一。

そして、〈言語の本質は概念である〉と称して、〈言語の本質としての概念〉という超感性的なものと、文字または音声という感性的なものとの、一般化していえば超感性的な一般性と感性的な特殊性との合体統一として、〈言語〉はとらえられている。端的に言うならば、観念的世界に存在する概念一般と対象的＝客観的世界に存在する文字または音声との両者に、いわばまたがったところの超感性的で感性的な存在として〈表現としての言語〉なるものはとらえられている。こうして、いわゆる〈内―言（内部言語）〉と外―言（外部に表出された言語）〉が全面的に否定されることになる。実践＝表現主体によって内在化されたところの、つまり無―意識化されたところの言語体（x）から切り離された「概念」なるものが想定されているかぎり、そのようになるのは必然である。これが第二。

ソシュールのカテゴリーである「ラング（語）」および「ランガージュ」や「パロール（言）」にたいして、これは言語規範と言語とを同一視している誤った展開である、と三浦は言い放つ。こうした批判は、言語規範が社会的に形成された歴史的存在であるとともに・これを人間実践主体が内在化する、という構造を彼が無視していることから必然的にうみだされるものである。いいかえれば、この説は、三浦式の〈言語〉規定を基礎にし尺度にした代物でしかないのである。

実際、三浦は、言葉または言語体や言語規範にのっとった《頭のなかでのお喋り》や、音声を発しないで内在化された言語体にもとづいて思惟すること（《内—語り》）や、あるいは口をモグモグ動かしながら苦悩の表情を浮かべて考え込んだりすることなどを無視している。けれども、物質的実践の体験や学習などをつうじて習得した言葉または言語体（内在化されアプリオリ化された言語規範・言語体としての《内—言語》）を駆使しながら考えたり、頭のなかでおしゃべりするのは、誰もが日常的におこなっていることである。《頭のなかのお喋り》が時には外的に表出されて独り言となったり、頭のなかでの《内—言語》にもとづく概念的思考を突如として、紙ではなく地面や壁に描いたりするばあいもある。これは明らかに、《内—語り》の《外—語り》（文字表現や音声表現）への転化といってよいであろう。——三浦つとむには〈音声言語〉を使って喋りながら考え、また喋る、という癖があるからといって、《頭のなかのお喋り》ないしいわゆる「内—言」を否定するわけにはいかないのである。そしてまた、「うたわぬ詩人は詩人ではない」ことは確かであるとしても、詩情を豊かに有つ非詩人は、この地上に数多存在するのである。

ところで、言語実体＝言語体とは無関係な〈概念〉なるものの想定は、この概念が〈言語の本質〉とみなされていることからして、言語的表現とは区別された〈非言語的表現〉なるものを発案することにもなる。これが第三。

〈非言語的表現〉に関連して、「馬鹿！」がとりあげられている。たしかに「馬鹿」という語は、これを「馬」と「鹿」という二つの語を組み合わせたものと解するかぎり、まったく意味をなさない。けれども、この語はボカというサンスクリット語の漢字表記であり、また莫迦とも記される。このことをふまえて使用されるのであるならば、「馬鹿」は立派な意味内容をもつ言葉となる。だから、たとえば〈馬鹿！〉というのは決して〈非言語的表現〉であるわけではない。

また、宮沢賢治の一つの詩を例にあげて、詩形式の問題としてとりあつかうべきところのものを、三浦は〈非言語的表現〉だと宣言して胸をはっているほどなのである。――あたかも天空高く舞いあがってい く鳥や蛾のイメージを読者によびおこさせるように、改行ごとに一字ずつ上の位置に「飛び立つ」という語を繰り返し書きつらねた表現形式（第二部の三九二頁）は、〈非言語的表現〉だというのである。

しかも滑稽なことには、「複雑な感情が……客体的表象を包んでいる」とする時枝誠記にむかって的はずれの批判を平然とやってのけることにもなっている（同上三九八頁）ほどなのである。漢詩における律格、一般的には詩型などは〈非言語的表現〉ではなくして、詩人の情動や心の外的表出＝対象化としての詩の意味内容と不可分にむすびつき、音韻や字韻をも活用した詩の特殊な表現形式にかかわるものとして扱われるべきなのである。こうしたアプローチができないのは、三浦が言語体そのものの形式および内容を統一的にとらえていないだけではなく、表現主体としての詩人の情緒・情感・情動・思想を、感性的世界の描写に托して、詩形式で表現する、という主体的営みを主体的にとらえられないからなのである。

ついでに言っておけば、詩・俳句・和歌や文章などのリズムは、もろもろの言語体が、これらに固有な音や字体を活用したり・間（ことばなきことば）を抜いたり・韻をふんだりして配置されることからうみだされるところの、特殊な形式であるとともに、同時に、対象化される情緒や生きた思想内容や意味を自らの内容とすることによって、躍動的となった表現形式なのである。

たとえ、五七五とか、五七五七七とか、七七七五とか、五七五七七七とかの定型をとらないばあいでも、文のリズムは創造されうる。表現者の感情ないし情動や生きた思想の脈動性が、言語的に表現されたものにおいて、リズムという対象的形態をとるということなのである。またこのゆえに、詩を詠んだりうたったり文章を読んだりする人の心のなかにリズムが喚起されることにもなるのである。

（付）

「能記と所記」にかんする小林英夫の所説が引用されているにもかかわらず、これに三浦は関説していないので、若干「言語＝記号」論にふれておくことにする。

言語的表現（行為）の実体となる言語体または言葉（X）は、記号論にしたがえば一種の「記号」とみなされ「記号乗りもの（サイン・ヴィークル）」というように定義される。（このことはプラグマティズムの「言語＝道具」観を如実にしめす定義であるといえる。）そして言語体の形式（文字および音）が「能記（シニフィアン）」とされ、言語体の形式をとってあらわされるその意味内容が「所記（シニフィエ）」とされ、「記号」はこのシニフィアンとシニフィエとの統一とされる。

記号形式としてのシニフィアンと記号内容としてのシニフィエ、そしてこの両者を統一した記号は、対象的＝客体的にとらえられているがゆえに、客観的に実在するものであると同時に、内在化されて思考の道具となっているものであるともされる。あるいは、現象学的見地からすれば、その正反対のものとしてとらえられる。つまり言語内在説（言葉が存在をよびおこすとする説）をとるのである。こうして世界は「記号の体系」に還元される。

こうした見方は、客観的に実在する言語体および言語規範と、人間実践主体によるそれらの経験的習得・内在化とを区別することなく、「言語」を技術と同様に道具とみなしたスターリン言語学と同じ類の代物でしかないといえる。とはいえ、「言語＝道具」観を退け、客観的存在としての記号（O_1のレベル）と内在化された記号（O_1'のレベル）とを実践的唯物論の立場にたって区別する、ということを忘却しないかぎり、記号論の術語としてのシニフィアンおよびシニフィエを活用することが可能である。

シニフィアン＝能記（中国では「能指」と記される）は、言語体の形式をさす。特定の言語体がもつ音（訓音・漢音・呉音など）、形状（象形文字・指事文字・表音文字・表意文字・形声文字など）、種類（かな・ひらがな・漢字・アルファベットなど）、書体（楷書体・行書体・草書体など）――これらは言語体の形式にかかわるのであって、この形式的側面をシニフィアン（記号表現）といってよい。

他方、特定の言語体は、それが社会的・歴史的に形成されたものとして獲得したところの意味をもつものとしては、それに固有なシニフィエ（記号内容）をもつといってよい。つまり言語体は能記（シニフィアン）と所記（シニフィエ）との統一をなす、といってもよい。言語体の形式的側面が能記であり、言語体の内容的側面が所記である、ということである。シニフィアンもシニフィエも、いずれも言語体そのものにかかわる規定として活用されるべきであって、言語的表現行為そのものにかかわるのではない。

言語体は言語的表現主体の表現行為の過程の実体をなすのであるからして、「能記」も「所記」も、そのような構造において活用されるべきである。だから当然にも、特定の言語体それ自体のシニフィエと、この言語体がもちいられた言語的表現態において示されるこの言語体のシニフィエとは異なるし、また《表現場》の特殊性や個別性に決定されて、特定の言語体はその固有の意味的所記（シニフィアン的シニフィエ）とは異なる意味をうけとることになるのである。

話し手（表現者）が聞き手（他の表現者）にたいしてむすぶ関係――《表現場》――において、言語的表現の実体となるもろもろの言語体は、この場にふさわしい意味・内容を獲得するという一般的論理をふまえて、能記（シニフィアン）と所記（シニフィエ）という用語は使用されるべきである。

なお一般に、語にむすびついた概念は「名辞」と規定されるのであるが、語にむすびつきながらも直接には語にむすびついていない頭の中の「概念」と名辞とは、区別されなければならない。前者の概念は、実践的体験をつうじて習得＝内面化され意識内に沈澱している《内―言語》（アポステリオリな言語規範がアプリオリ化されたところの非対象的＝非感性的な存在）にもとづく《内―語り》が現前化することをつうじての思惟作用の、その本質的実体であって、必ずしも《内―言語体》に直接むすびつくわけではない。実践的経験をつうじて内面化した《内―言語》にもとづいて社会的人間は、それぞれに固有な概念組織を、それによって思想が秩序づけられるところの構造化された概念組織をつくりあげるのであり、《内―言語》から相対的に独立して・この組織にもとづいて考え推論するのである。人間意識内におけるこの「概念」および概念作用と感性的世界における「対象化された概念」または名辞とは、当然にも区別されなければならない。

したがって名辞または概念の内包および外延と、言語体のシニフィアン的シニフィエ（指示対象および意味）あるいは言語体の「外示（denotation）および内示（connotation）」とは、直接的に対応するわけではない。後者の意味内容は表現場によって、前者のそれは意識場の価値性によって、それぞれ決定されるのだからである。

いわゆるランガージュは、パロール（お喋り）から区別されるラング（語または言語体）と、ラングを使用しての言語的表現行為と、概念作用または「言語的諸能力」ならびに、客観的存在としての社会的言語規範および意識内に内在化された言語規範（つまり《内―言語》）などを、渾然一体化した概念でしかないといってよいであろう。こうした未分化ないし曖昧さのゆえに、いわゆる「言語内在」説がうみだされるわけなのである。いいかえれば、日常行為における言語的表現活動をつうじての「アポステリオリのアプリオリ化」ということの主体的考察の欠如のゆえに、いわゆる「言語」はアプリオリなものとみなされることになるのである。

客体的・主体的表現

さて時枝誠記の『国語学原論』を未だ読んだことがない、という惨めで不誠実な態度は許してもらうことにする。そのうえでのことなのだが、三浦の著書に引用されている時枝の見解を、三浦がしばしば誤解している、ということを指摘しないわけにはいかない。このことは、彼の〈文字言語と音声言語〉にかんする展開（第二部第三章）に端的にしめされている。

時枝が文字または音声を言語的表現行為の手段としてとらえているにもかかわらず、三浦は〈文字言語〉または〈音声言語〉（さらに〈身振り言語〉）というように、それらを実体化して扱っている。この誤りに気付いていないがゆえに、時枝から拝借してきた〈客体的表現〉とか〈主体的表現〉とかのカテゴリーを、彼は客観主義的唯物論者よろしく実体化して使用している。それらを言語表現主体から切り離して結果解釈のための道具として、彼は活用しているにすぎない。このことは、次のことを意味する。

言語主体がみずからの思想あるいは概念を対象的世界にむかって言語的に表現したところのもの（言語的表現結果）――一定の命題表現や文章など――、この言語的に対象化されたものを基礎にして、語法や文法や文章構成法などを対象的に論じるのが、日本の伝統的な言語学であるといえる。言語的に対象化されたものを対象的に分析すると同時に、この対象化されたものを「言語主体の行為」との関係において追求しようとしたところに、時枝説の独自性があるといえる。ところが、文や命題という対象的なものの対象的な分析・特徴づけと、そのような対象的なものを表現主体または言語主体との関係において主体的に把握し分析すること、――この両者を区別と統一において解明することが、客観主義的唯物論の地平にとどまっていることについての自覚がない三浦には、理解できないのである。

文や命題表現の対象的分析も、それらを創造する表現主体の主体的行為そのものの解明も、三浦は一緒くたにして論じることになる。そういって悪ければ、前者の対象的なものの結果的分析に、同時に後者に該当するような機能をもたせる、というべき解釈に、三浦はおちこんでいるのだと言える。

特定の文または命題表現をとりあげて、これは〈客体的表現である〉とか〈主体的表現である〉とかと論じるのは、言語的に対象化されたもの（表現態）をそのレベルにおいて対象的かつ結果的に性格づけるものにすぎない。いいかえれば、言語表現主体の表現行為そのものの解明ではなくして、表現された結果の、つまり表現された形態の性格づけや分類に堕しているといってよい。

なお、本居宣長の「玉緒」の説明と関連して、「玉」＝詞——宣長の弟子の鈴木朖のいう「名、作用の詞、形状の詞」——と、「緒」＝「て・に・を・は」との、対象的関係が、言語的表現の客体的＝主体的な構造をなすことを論じ（第二部三九四頁）、そして「詞＝客体的表現」「辞＝主体的表現」ということや、時枝にしたがって「辞が詞をつつむ」ということが論じられてはいる。たとえそうであったとしても、これは伝統的言語学の延長線上にあるものと言わなければならない。こうした分類をおこない性格づけをすることは、もちろん伝統的言語学をこえでていることをもしめしてはいる。とはいえ、そうした分類・性格づけは、言語的に表現されたもの（言語的表現態）を、これを表現した主体としての言語主体との関係において、というよりはむしろ言語表現主体の側からとらえたものである、と言わなければならない。

　表現結果をば言語表現主体の側から過程的にとらえること、これが時枝説の眼目なのである。このような〈客体的表現〉と〈主体的表現〉との関係や「辞が詞をつつむ」という日本語（トルコ語や朝鮮語など）独自の構造を解明することは、言語学にとっては不可欠の研究課題なのではあるが、これは言語的表現行為そのものの追求・解明であるわけではない。表現結果または表現態そのものの分析は、表現行為そのものの解明であるわけではない。

　ところが、自己の哲学の客観主義的本性に気付いていない三浦は、言語表現行為そのものとその結果とを統一的にとらえることができずに、言語的に表現された結果（表現態）や命題やことばや文などを〈客体的表現〉と〈主体的表現〉に分類し性格づけることこそが、〈言語＝表現〉の論であると思いこんでいるのである。だから、言語表現主体の行為とその過程を、彼の客体である他の表現主体との実体的対立において、過程的かつ主体的に解明する、という核心問題が彼岸に追いやられることになる。こうすることによって同時に、〈文字言語〉や〈音声言語〉が、そして〈身振り言語〉が、それぞれ実体化されることになる。三浦式に表現するならば、身振りや音声や文字などは精神的交通のために創造された諸手段であるということが、〈「言語＝道具」説の否定〉の名において否定されることになる。この否定のゆえに、〈文字言語〉や〈音声言語〉がカテゴリー化され実体化される。言語的表現行為そのものの過程の主体的追求がぬけおちることになる。

いいかえれば、言語表現主体の立場にたって、この主体（S_1）がみずからの感情や思想または概念をどのように形成し、また形成された思想内容をどのような手段を用いてどのように客観的に対象化し表現するのか、またそうすることによって彼の客体である他の表現主体（聞き手＝S_2）にたいして表現主体（話し手）が精神的交通をいかに実現するのか、という過程そのものの構造を解明することは、言語表現論から追放されることになるのである。

〈言語は表現である〉というように対象的＝客体的に規定するにすぎないということは、〈表現としての言語〉なるものを言語主体からも言語的表現行為からも切り離してとらえることになるだけではなく、言語的表現行為を担うその実体としての《言語体》（X）と言語との関係も、曖昧になることを意味する。

実際、第三部においては、〈表現としての言語〉を規定する実体として〈語〉というカテゴリーが用いられているのであるが、第二部においては決してそうではない。それぞれの論文が執筆された時期（これは明記されていないので定かではない）によって、用語法が異なるのであって、第二部のばあいには、〈言語〉と言語体とは明確に区別されていないだけではなく、単語・語彙《い》、ことば（第二部の後半部分でのみ用いられている）、詞などの用語が、頻繁に用いられている。このことは、〝認識から表現へ〟ということが主題として扱われているにもかかわらず、ただもっぱら対象的＝客体的に〈文〉につらぬかれている〈認識のあり方〉や、表現されていることの認識論的説明がなされていることにもとづく。いいかえれば、〈文〉における〈詞〉や〈辞〉の客体的あるいは主体的性格が論じられ、時枝説を模倣したつもりになって、詞を〈客体的表現〉として、辞を〈主体的表現〉としてそれぞれとらえ、こうした二つの表現形式を認識論的に結果論的に基礎づけているからなのである。

意識的に表現された文（言語的表現態としての文）における〈風呂敷型〉という日本語に特有な構造（すなわち「辞が詞をつつむ」という述語論理をなすということ）を時枝にならって説く、というアプローチが三浦式言語論にほかならない。――そのばあい、〈現実的世界と観念的世界〉とへの〈世界の二重化〉とか〈現実的自己と観念的自己とへの自己分裂〉とかが論じられているのであるが、〈現実的世界〉および〈現実的自己〉は両義的に用いられていることについては、後でのべる。簡単に言えば、認識＝表現主体（S_1）が把握した現実的世界（O'）や現実的自己が、把握される以前のそれら（つまり客観的法則性）と二重うつしにされている、ということである。

〈詞＝客体的表現〉〈辞＝主体的表現〉というような言語学的大前提から出発していることのゆえに、言語的表現行為と言語実体または言語体とを、表現論の観点から過程的かつ構造的にとらえる必要性がなくなる。そしてさらに、言語体と不可分にむすびついている文字および音は、言語実体に付着しているものとして実体化してとらえられている。すなわち、〈文字言語〉とか〈音声言語〉とかというように。身振りや表情や音声や文字や点字や指の動き（手話のばあいやシンボル化のばあい）などを、言語的表現のための特殊的手段（いわゆる非言語的《アンヴァーバル》表現）として、あるいは言語的表現行為における実体的特殊性をなすものとしてとらえる（引用されている文章からすれば、時枝は明白に、そのようにとらえている）、ということが完全に欠落しているのだからである。音や文字とむすびついた《言語体》が発明される以前の精神的交通のための手段を〈身振り語〉というように定義することは可能であるとしても、象形文字や表音文字ならびにそれらに結びついた音や音声が創造され、それぞれの言語体のシニフィエ的シニフィアンが創出された以降においては、言語実体＝《言語体》をば直接に実体化した〈音声言語〉とか〈文字言語〉とかを、カテゴリー化すべきではないのである。

C　言語的表現態と認識・対象

もろもろの言語体を駆使して表現する者（S_1）と、――彼が彼にとっての他者（S_2）にむかって――言語体によって表現したところのもの（O_2＝X）との物質的関係、言語表現主体（S_1）と言語的表現態（O_2＝X）との関係、ならびに後者の受け手である他の表現主体（S_2）の、発話者としての表現主体（S_1）にたいする関係。

言語的表現主体（S_1）の――言語的表現態（O_2＝X）を媒介とする――他の表現主体（S_2）にたいする関係、およびその逆の関係（S_2のO_2を媒介とするS_1にたいする関係）が、《表現の場》を形成する。表現された言語的形態（O_2＝X）を基礎にし、その意味内容を受け手（S_2）が了解したり理解したりすることをつうじて、受け手としての表現主体が話し手の思想をとらえ観念的に共有するだけではなく、表現主体（S_1）にとっての認識対象（O_1）やこの認識対象についての表象（O_1'）を推論的にとらえ、そうすることによって話し手としての表現主体の実践や認識を追体験し共有し、共通体験をもつことになる、というような関係。――こういうことがらを結果的に言いあらわせば、《表現場》を構成している表現者（S_1）と彼の客体としての他の表現者（S_2）とが、言語的表現態（O_2＝X）をつうじて精神的に交通するということになる。それとともに、表現主体（S_1）がおいてある場所（S_1とその客体としてのO_1とが構成する《実践の場》）をば、表現された言語的形態の意味内容を決定している表現主体（S_1）の《意識の場》の推論的把握をつうじて捉えかえす、ということになる。表現主体（話し手）と、彼の客体としての他の表現主体（聞き手）という実体的＝物質的対立から切り離して〈表現〉とか〈表現としての言語〉とかをあげつらうばあいには、〈表現〉それじたいが実体化されることになる。

　これと同様に、たとえ〝受け手が言語的表現を媒介にして話し手の実践および彼の対象を推理する〟ということが論じられたとしても、受け手（S_2）と話し手（S_1）との、また話し手（S_1）と彼の対象（O_1）との実体的対立、これらが実体論的にとらえられていないばあいには、表現主体（S_1）の〈認識〉が実体化されることになる。S_1のS_2にたいする関係が〈表現〉として実体化されるのと同様に、〈認識〉そのもの（O_1のS_1の意識への反映）もまた実体化されることになる。

〈表現〉と〈認識〉にかんする三浦つとむの結果解釈のなかに、認識論上の誤謬は明白に露呈している。それだけではなく、表現主体の、一般的には人間実践主体の〈観念的自己分裂〉や〈世界の二重化〉が論じられているのであるが、核心的な問題において、タダモノ論的破綻を露出させているのが、ほかでもなく三浦なのである。

まずはじめに、〈現実的世界と観念的世界との二重化〉を三浦が論じるばあいには、認識された現実的世界と認識される以前の客観的世界とが区別されることなく二重うつしにされている。〝頭のなかでの世界〟と〝頭の外の世界〟とは、一応は区別して論じられているのだとはいえ、彼の言語論では、この両者が〈現実的世界〉という用語に封じ込められることになっている。このことは、われわれ実践＝認識主体が実践論的＝主体的にとらえられていないことにもとづく。だから、実践＝認識主体がおいてある場所＝《実践の場》が、そのようなものとして措定されないことになる。こうした誤りを跳躍台にして、この《実践の場》が《意識の場》に横すべりさせられ、後者の《意識の場》において、かの〈世界の二重化〉が扱われることになるのである。

いいかえれば、〈反映〉とその〈対象〉といっても、この〈対象〉はわれわれの認識の対象（O_1）ではなく、反映され認識された対象（O_1'）、または《意識の場》における主観化された対象（O_1'）でしかない。このことは、時枝誠記が現象学に依拠して自説を開陳していることに、三浦が足をすくわれてしまっていることに由来するのである。

現象学においては、外的世界を遮断した意識にあらわれる世界が問題にされている。時枝のいう「現実的世界」は、おそらく（彼の著作を読んでいないので）、意識にあらわれたフェノメナルな現相のようなものでしかないのである。ところが、このことを不問に付して、言語的表現結果としての文または命題表現の言語学的解釈（特定の文や詞および辞を、「客体的表現」であるか「主体的表現」であるか、という角度から分類する方式〉を、そのまま認識論的に読み込み意味付与したのが、三浦なのである。こうした安直な解釈のゆえに、タダモノ論的ないし非唯物論的な〈世界の二重化〉論がうみだされたのだといえる。

いわゆる〈客体的表現〉とは、対象的なものや対象的なことがら（O_1）を言語主体が把握したもの（O_1'）をば、この主体が同時に言語的表現主体となって対象的に表示したようなものをさす。そのばあい、《実践の場》がこのようなものとして措定されていないだけではなく、実践＝認識主体が拠点とされていないがゆえに、認識の対象（O_1）と認識された対象（O_1'）とが区別されることなく同一視され、この両者が〈現実的世界〉とみなして扱われ、そしてこの〈現実的世界〉を対象的に――言語実体を用いて――表現したものが〈客体的表現〉であるとされる。

他方、表現主体が自らを対象とし（この意識作用において、〈現実的自己〉から区別された〈観念的自己〉が成立するとされ、このことが〈観念的自己二重化〉と規定される）、対象的にとらえられたこの自己を主語ないし主部表現とした文（または文章）が、〈主体的表現〉であるとされる。いいかえれば、文（文章）の主部表現としての「私」は、現実的自己ではなく、この歴史的・社会的自己を対象的にとらえる観念的自己である、というのである。

このような捉え方は、それ自体としては誤りであるわけではない。言語的表現をそのレベル（表現結果のレベル）において解釈することにとどまることなく、それを同時に言語的表現主体との関係において、言語的表現主体の認識＝表現行為からとらえかえすことが試みられているかぎりにおいては、正当ではある。けれども、実践や認識＝思惟活動の主体的構造を対象的にではなく、まさしく主体的にとらえ解明する、という問題意識がぬけおちているという意味では、一面的であることをまぬかれない。「私は……」という文の主部表現としての〈私〉は普遍的判断の主語としての私であるが、「私が……」という文の主部表現としての〈私〉は特殊的判断の主語としての私である、というようなことは、もちろん説明されてはいる。対象的にとらえられた〈私〉ではなく、いわゆる《見る自己》が、実践し情感し認識し意志する現実的自己を自覚した超越的自己が、いかに思惟し推論し判断し実践するのか、ということそのものを、対象的にではなく主体的に表現する、という問題は、かの〈主体的表現〉からはぬけおちているということである。

文の主部表現としての「私」は現実的自己ではなく、観念的自己を対象的にしめした言語体であることは確かであるとしても、ところで、〈現実的自己〉とは何か。

三浦のいう〈現実的自己〉も〈観念的自己〉も、いずれも実体化されている。切れば血のでる生身の人間、身体と心をもち、労働し実践する現実の人間、《実践の場》においてある生きた人間というように言表されうるところのものと、これについての規定、この両者を三浦のいう〈現実的自己〉はともに指すのであって、〈現実的世界〉が、現実的世界とその認識主体による把握の両方を指すタダモノ論的カテゴリーであったのと同様に、〈現実的自己〉もまた、現実的自己という規定とかかる規定をうけとるところの対象的＝物質的なものとを、まさに二重うつしにした概念でしかないのである。

《実践の場》を構成する社会的存在としての実践主体とその対象としての客体、この両実体の物質的交互作用としての実践。――このように言語的に表現されるところのものは、実践主体のおいてある場所としての客観的法則性そのものではなく、その把握としての存在論であって、次元がまったく異なる。ところが、対象とか主体とか客体とかのカテゴリーのすべては、客観的法則性の「網の目」としての概念または名辞であって、それらを客観的法則性そのものの次元に実在化する（＝タダモノ論）わけにはゆかない。このことは実践的唯物論のイロハである。

右のことを敗戦後間もなく指摘したのが三浦つとむであった。ところが、実践論の主体的追求の欠如のゆえに、彼の理論展開は同時に、しばしば客観主義的でタダモノ論的な傾向を露呈させていたのであって、このことが認識・表現論においても端的に露呈しているということなのである。

いわゆる〈主体的表現〉も、〈客体的表現〉と同様に、社会的に形成され歴史的に遷移してきた言語規範にのっとり・社会的存在としての言語体（X）を駆使した言語的表現であって、この両者は言語的表現上の性格の違いをあらわすにすぎない。問題は、こうした性格上の相違がうまれる根拠にある。表現されるべき内容が、いいかえれば言語的表現態の内容（形式と統一された表現内容）として対象化される以前の、言語的表現主体の意識の内部において形成されるところのものが、いかなるものであるか、という点にある。習得され内面化された言語規範や言語体つまり《内―言語》（x）にもとづく意識内部での対象化作用（いわゆる観念的世界での対象化、すなわち《内―対象化》）そのものを、どのように捉えるかにある。

『認識と言語の理論』第二部四八七頁以下にある図解を取り上げるのが便利なので、これを用いることにする。

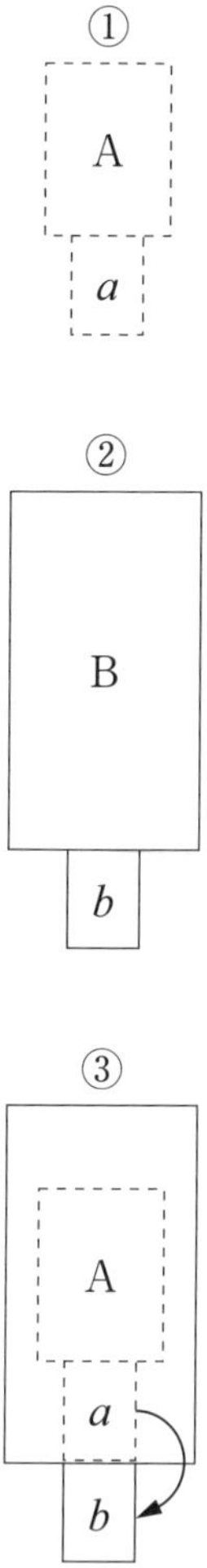

〈観念的世界〉①が点線で図示され〈現実的世界〉②が実線で図示され、そしてこの①と②とが入れ子型に二重化したものが③としてしめされている。だがすでに論じたように、②は認識＝表現主体がとらえた現実世界（O'_1）であって、彼がおいてある場所としての客観的世界（O_1）そのものではない。いいかえれば、〈観念的世界〉も〈現実的世界〉も、いずれも《意識の場》における諸規定なのである。それらは認識＝表現主体が、彼をもふくめた現実的世界を反映＝認識したところの内容の、その直接性と媒介性にかかわるのであって、③のようなばあいは媒介的媒介性にかかわるのだともいえる。ところが三浦は、②を実在化して解釈し、この解釈を〈客体的表現〉に直結しているのである。これは明らかに誤りである。では、なぜ、そうした誤りがうみだされるのであろうか。言語論の枠内にかぎっていえば、次のように言える。

三浦のばあいに、〈文字言語〉や〈音声言語〉や〈語〉が実体化されるのは、それらがそれを対象化したり表現したりする言語表現主体（話し手）から切り離され、あるいは言語的表現手段とは無関係に論じられたりするからであった。このゆえに、特定の言語体・言葉または〈詞〉の表現形式（文字や音）

を、言語体の意味・内容との統一としてとらえることが無視される。鈴木朖のいう「名、作用の詞、形状の詞」という〈詞〉の性格や「て・に・を・は」論を高く評価しているにもかかわらず、そうであった。

ところで、特定の言語体または言葉は、それに固有の意味をあらわすとともに、対象的なものをも指ししめす。言語体があらわす対象的なもの、あるいは指示対象は感性的対象そのものデアルわけではない。感性的対象をO_1と記号化すれば、言語的表現態＝O_2がさししめす対象的なものないし指示対象は、――言語的表現の創造者またはその理解者を介して――媒介的同一性をもつとはいえ、直接的に同じであるわけではない。哲学的なもろもろの概念をあらわす言語体は感覚される対象的なものを直接的にあらわすわけではないことからしても、一般的に言語体があらわす対象的なものあるいは内在化された言語体＝《内－言語体》にむすびついている感覚表象は、感性的対象そのものであるわけではないこと、このことは明らかである。いいかえれば、文法上の〈詞〉は対象を客体化し概念化したものである、と定義されることから直ちに、〈詞〉の指示対象は感性的対象そのものである、というようには言えないのである。認識し把握された現実的世界（O_1'）と客観的世界（O_1）とが、同一性における区別として、また区別における同一性として、とらえられねばならないことと同じことである。

ところが、すでにみたように〈表現の本質は概念である〉としていることからしても明らかなように、言語体の意味を、言語的表現主体が抱く〈概念〉に還元してとらえる傾きを、三浦はもっている。だが、もちろん、この言語体の意味は、《表現の場》に逆規定されたところの、認識主体としての表現主体と彼の他者との関係において、異なってくる。このことは、〈観念的模像〉と〈物質的模像〉とが――前者が

〈認識〉に、後者が〈表現〉に、それぞれかかわる、というように区別されてはいるけれども、——認識＝表現主体が認識したところのもの・意識内容（O_1'やS_1'）が、彼の感性的対象（O_1またはS_1）とその物質的基礎（$\boxed{B}$）とが二重うつしにされたところのものと区別されているのだとはいえ、この意識内容が言語的表現行為をつうじて外的世界に対象化される、という構造が明白ではないことにも関係している。いいかえれば、認識＝表現主体の意識内部における対象化作用（これは、〈観念的自己二重化〉や〈世界の二重化〉というように結果的に三浦がとらえているものに相当する）と、言語体という物質的手段を媒介にして表現主体が彼の表現対象（他の表現主体）に関係すること（物質的な言語的対象化行為）、——この両者が構造的にとらえられてはいないのである。

概念や思想や意識内容を、表現されるべきものに昇華されたところのそれらを、文字または音声を物質的手段にして、表現対象としての他者にたいして伝達する、というこの言語的表現行為とは無関係に、ただ対象的に・結果的に〈文字言語〉や〈音声言語〉が論じられる。この欠陥は、〈文字言語〉ないし〈音声言語〉の受け手（他の表現者としての表現主体＝S_2）が、この〈言語表現態〉（O_2）を媒介にして、表現主体（S_1）が対象にしていたところのもの（O_1）を〈追体験的に〉理解する、というような結果解釈によっておおいかくされている。ところで、こうした結果解釈——S_2がO_2を媒介にして、S_1の考えやS_1の対象としたところのもの（O_1）を追体験する、というような対象的解釈——に、不可分にむすびついているのが、言語および言語規範についての一面的な見解である。

《内―言語》と表現

すでにふれたように、言語規範は社会的約束事として客観的に形成され存在するとされている。この言語規範は社会的存在としての個々人の頭のなかにもある、とされる。（もちろん、前者から切り離された後者の側面だけが論じられるばあいもある。）こうした曖昧さは、社会的生産関係を物質的基礎とした精神的交通を効果的におこなうために必然的に形成され歴史的に遷移し発展してきた言語規範を、社会的存在としての人間が表現主体となるために学習をつうじて習得する、ということが没却されていることにも関係している。言語規範および諸言語体（X）を、いかに習得するのか。また習得したそれらを日常的体験をつうじて記憶し、さらに記憶として沈澱したそれらが、いかに想起の対象となるのか。さらに、習得された言語体（x）が、いかに認識＝思惟活動のために欠くことのできないその実体となるのか。――このようなことが無視されている。〈表現としての言語〉なるものが実体化され、外的世界における客観的存在である〔いわゆる「アポステリオリな言語」〕とされていることのゆえに、いわゆる「内―言」つまり《内―言語》〔「アポステリオリな言語」のアプリオリ化にかかわるそれ〕が全面的に否定されていることに、そのことは端的にしめされている。このことについては、すでにのべた。

もろもろの言語体および言語規範を学習をつうじて内在化すること、内在化したそれら（《内―言語》）を認識＝思惟活動の実体としたところの意識作用について、あるいはそれらを実体とした概念作用について、そしてもろもろの言語体（言葉）にむすびついた〈名辞〉的ともいえる理論的思考そのものなどについて、なんら言及されてはいない。一般的にいえば、意識内における対象化（内─対象化作用）と、意識されたもの・認識＝思惟されたもの・概念されたものをば──それらと不可分にむすびついている言語体に固有な物質的な文字や音声を媒介手段にして──外的＝対象的世界に対象化すること、この両者が、そもそも区別されていないだけではなく、まさに主体的に、認識＝表現主体としての人間実践主体を拠点にして、統一的にとらえられていないことに、右のことはもとづくのである。すでにのべたように、〈文字言語〉や〈音声言語〉や〈表現としての言語〉や〈認識〉などが実体化されているからにほかならない。そもそも、言語的表現行為にかんしては《表現の場》が、認識＝思惟活動にかんしては《意識の場》および生産的労働をおこなう人間主体がおいてある場所としての《実践の場》が、まさに唯物論的にとらえられてもおらず、措定されてもいないのだからである。

社会的諸関係をとりむすんでいる人間実践主体が、みずからのおいてある場所をば変革するために情感し認識し思惟する、という唯物論的出発点が拠点にされてはいない以上、人間の他の人間にたいする関係を確保し実現するためにも、またそのために不可欠な精神的交通を実現するためにも、まさに必要な人間相互間の言語的関係を、構造的＝主体的に展開できるはずはないのである。

結果論的にいえば、そもそも、《表現の場》は《実践の場》の特殊性をなすとともに、前者は後者の理論的契機として存在論的にとらえられていなければならない。そして後者の《実践の場》が《意識の場》を開き措定し、これをみずからのモメントとするのである。

社会的実践をつうじて形成され歴史的に発展してきたところの、もろもろの言語体および言語規範にのっとった言語的表現行為は、社会的存在としての人間の創造的な実践の特殊的一契機をなすのであって、人間相互間の精神的交通を確保し実現するための創造的活動なのである。もろもろの言語体や言語規範それ自体が社会的＝歴史的存在であり、このようなものとしては人間存在にとって外的なものであったとしても、この諸言語体および言語規範は、それが《実践の場》においてある社会的実践主体の日常的体験をつうじて内在化されるかぎり、生きて働くものとなる。言語体および言語規範は、それらを内在化し主体化した者によって、いわば生命をふきこまれるのである。場所においてありかつこの場所を変革することを意志する人間実践主体が、情感し意欲し認識し思惟し意志するがゆえに、内在化され無－意識化された言語体（《内－言語》）およびこれらに結びついた概念によって構成される思想は、この主体の個性・生命力がふきこまれてヴィヴィッドなものとなる。意識作用の実体となった《内－言語体》は、前意識的なものや無意識的なものをさえ喚起し意識化し概念化するという働きをする。こうして意識化され概念化されたところのものが、それぞれの言語体に固有な文字や音声という物質的手段をつうじて外的世界に表出されるならば、つまり言語的表現行為をつうじて対象化されるならば、この言語的に表現されたものは、表現主体に固有な感覚・情動・個性をも同時にあらわすものとなり、またこのようなものとして、この表現主体の他者としての受け手（聞き手）に了解されたり理解されたりすることになるのである。言語的に表現されたもの（言語的表現態）が直接的に意味することとそれ以上の意味をも創造し、またそのようなものとして了解されることになるのである。

一般に、もろもろの言語体を駆使し言語規範にのっとった言語的表現行為の結果において創造される文章や論文などは、――身振りや手振りをまじえた対話という精神的交通のような生きた現実性とは異なるとはいえ――これを対象化した実践主体そのものの情感・感覚・人間性・個性などをもうつしだすことになる。このことは、もろもろの言語体を駆使した表現に、これを駆使した実践＝認識主体が彼に独自な生命をふきこんだことのゆえである。言語的に表現されたものはその表現者から相対的に独立するのであって、このことを意識して、言語的に表現されたものをつうじて、表現者の情感をも受け手は実感し追体験することが必要となる。いわゆる〝行間を読む〟ことが必要なのである。

〔言霊《ことだま》はこのような言語的表現行為およびその結果の相対的独立性についての謂いであろう。《言葉》を生かすも殺すも、ひとえに表現者の主体的＝創造的努力にかかっている。現実にはアジテーションにおいて、そのことは直接端的にあらわれるといってよい。パトスなきアジテーションは、たとえ理論的に正当であり整合的であったとしても、人びとに訴える力をもたず感銘をあたえないゆえんである。理論的論文もまた、決してその例外ではない。〕

(付)　三浦式論述の論理

一九五〇年代の三浦つとむの思いつき的で断片的な発想は、それ以降も殆ど変わっていないようである。たとえば第二部に、このことがはっきりしめされている。第三部は、しかし若干異なっている。この最後の三分の一および映画論をのぞいた部分は、国語学および日本語文法論にかんする諸研究を抜粋しながら、自説を展開する、という形式がとられているという意味において、そのように言える。彼が文献を引用しながら自説をのべているものを、私は初めて読んだといってよい。だが、それにもかかわらず、従来の発想はそのまま引き継がれているだけではなく、論述の仕方や論理そのものは過去のものと全く同じである。

① 論述の性格が実体論ぬきの現象論に、あるいは機能論的現象論に堕しているだけではなく、例証主義的結果解釈になっているということ。——とりわけ第二部の文体および内容において、そのことは端的にしめされている。

② 第二部の第一章見出し〈認識から表現へ〉に示されているように、言語的表現そのものの特性を分析し解明するという方法がとられておらず、〈表現としての言語〉を〈認識から〉説くという方法がとられているだけではなく、表現一般から説く、という傾きがあるということ。——言語的表現を芸術的表現などと比較解釈し、表現の一般性を、〈認識〉の側から性格づけるとともに、表現の一般的性格から言語の特殊性を説明する、という方式がとられている。しかもこのばあい、人間主体の表現行為そのものから切り離して言語や芸術が扱われているということ。

③ 「超感性的にして感性的」とか「矛盾がもってみずからを解決する形態を創造する」とかというマルクス的な論理のアテハメ的乱用におちこんでいるということ。

④ 相も変わらず、〈〝あれか、これか〟は形而上学、〝あれも、これも〟が弁証法である〉という三浦独自の相対主義がつらぬかれていること。

⑤ スターリン主義者のタダモノ論を批判しつづけてきたのが三浦であったにもかかわらず、彼には主体性論および実践論が欠如しているがゆえに、彼の哲学は客観主義的唯物論の枠を超えでてはいないこと。哲学的性格としてはタダモノ論に実質上転落しているのであって、このことが彼の〈認識と表現〉のとらえ方のなかにしめされているのである。

D　実践・認識・表現の一般的構造

〈表現としての言語〉を、また〈文字言語〉や〈音声言語〉を、表現主体や表現行為との関係から切り離して実体化し、そしてこの実体化の誤謬をば、〈表現〉および〈認識〉の機能論的展開によって隠蔽し補完するのが、三浦言語論の特質なのである。こうした特質即欠陥を打破するために、言語的表現の主体的構造を要約的にまとめておくこと、これが次の課題である。

〔一〕　表現者が彼の客体である他の表現者にたいしてとりむすぶ関係が《表現場》であり、この物質的場そのものによって場を構成する両主体は規定される。いいかえれば、前者の表現主体が彼の他者によって規定されるとともに、この他者が表現主体となって彼の他者たる表現主体を規定しかえす、というのが《対話》であって、この対話がおこなわれる場所が《表現場》である。そしてこの《表現場》は《実践の場》の特殊的一形態をなすといえる。なぜなら、言語的表現を媒介にする精神的交通なしには、人間実践（生産的実践および人間相互間の社会的実践）は本来的に不可能なのだからである。

社会的＝生産的実践の根源性にもとづいて、人間労働とともに必然的に発生したものが、言語的表現行為なのであるからして、《表現場》が《実践の場》の一契機であることは明らかなことなのである。

もともと共同体を基礎とした共同体的あるいは協同的の労働が、音声（分節音）や身振りや手振りなどをつうじて意識を発達させ、発達した「人―間」的意識とともに言語的表現も発展したのであった。この社会的＝価値的意識および言語的表現は人間労働の産物であるとともにその独自性をなすのであるが、人間相互間の精神的交通のための言語的表現行為が「感性的にして超感性的な」もろもろの言語体Xを媒介にした社会的実践の特殊的一契機であるのにたいして、労働＝実践の産物である意識そのもののなかでの認識＝思惟活動（内在化された言語体xおよび言語規範に、つまり《内―言語》にもとづいたそれ）は、人間実践から形成され・かつこの実践を規定しかえすところの独自的に人間的な意識作用である。この活動がおこなわれる場所が《意識の場》であるといってよい。

　存在論的には《実践の場》の一契機とみなされうる《意識の場》は、《実践の場》の特殊化されたものとしての《表現場》とは異なる。《実践の場》と《表現場》とが物質的な場所の規定であるのにたいして、《意識の場》は、この物質的な場所から相対的に独立した形而上の世界をなす。この相対的に独立した《意識の場》は、存在論的には、現実には《実践の場》の一契機としてこれにつつまれるのであるが、本質的には《意識の場》が、相対的独立性にあるにもかかわらず《実践の場》をつつむことになる。この後者の側面を抽象化し絶対化することから、意識または精神を真実在とみなす観念論の諸形態がうみだされるのである。宗教はこうした精神的自己疎外の極致をなす。

〔二〕「自然にたいする人間の関係は同時に人間の他の人間にたいする関係である。」というように若きマルクスがしばしばのべているこの「関係」こそが、《実践の場》にほかならない。

　物質の自己運動の特定発展段階において創造された社会的自然（それゆえにこの社会は伝統的に〝第二の自然〟と呼称される）あるいは共同体が、その外囲をなす対象的自然に働きかけること、これが「人間生活の生産」であり、外的自然に働きかける主体としての共同体（社会的生産関係）の内部における人間主体相互間の関係が――言語的表現行為をつうじての精神的交通に媒介された――社会的＝「人―間」的実践である。

共同体（GまたはS_n）あるいはその構成実体としての人間実践主体（S_1）が、これらの対象をなす外的自然をみずからの客体（O_1）として、これに働きかける歴史的行為が、生産的（＝社会的）実践である。〔共同体そのものが、あるいは労働関係または労働組織が、生産の主体をなしているという意味においては、生産的実践そのものが社会的＝「人―間」的性格をはじめから刻印されているのであって、この性格をしめすために「生産的（＝社会的）」というように表記するのである。そして本質論的には、生産の主体を全即個として、つまり「S_n＝S_1」として、したがって個即全「S_1＝（S_n）」として扱うのである。〕

このように社会的諸関係をとりむすんでいる人間（S_n＝S_1）あるいは社会的存在としての人間（S_1＝S_n）が、外的自然（O_1）に働きかける（共同体的または協同的な労働をおこなう）とともに、他の人間（S_n）に働きかける（精神的交通をおこなう）という関係が、人間実践の場所をなす。さしあたりまず後者の関係を捨象するだけではなく、前者の関係も本質論的に、つまりS_1（＝S_n）として抽象的に、《実践の場》をとりあげ、この理論的レベルにおいて問題にする。

社会的存在としての人間主体（S_1）が、彼の対象としての客体（O_1）に働きかけることが実践であって、これは二つの契機からなる。主体の客体化（労働力の対象化を発条としたSのO化）と、客体の主体化（生産手段の使用または生活諸手段の使用・消費としてあらわれるOのS化）とが、実践の両契機である。

《実践の場》を構成する二実体（S_1とO_1）のあいだの交互作用が実践である、というのは実践の存在論的規定にすぎない。そして、このような実践の独自性は実践主体の目的意識性に決定され、意識的目的が同時に対象化されることによって初めて実践は可能になる。

いいかえれば、人間主体がおいてある場所を変革することが可能な実践は、みずからのおいてある場所（これは、実践主体にとっての対象としての客体となる）そのものの法則性の認識および思惟に媒介されるのである。認識＝思惟活動をつうじて形成され定立される目的を対象化し実現する行為として、実践はあらわれるのである。こうして《実践の場》の問題は《意識の場》の省察に移行する。

〔三〕　芸術を「形象的認識」とみなすスターリン主義者の俗説に抗して、それを〈表現〉の一形態としたことは正当であったが、一般的に、表現されたもの（表現形態）と表現すること（表現行為）ないし表現する者（表現主体）とを構造的にとらえることが、三浦つとむにはできなかった。このことは彼が〈表現〉なるものを実体化したからにほかならない。これと同様に〈認識〉もまた実体化され機能論的にとらえられることになる。これらの欠陥は根本的には人間実践主体そのものが客体的にしかとらえられていないことに起因する。

反映ないし認識が、実践の契機としてとらえられてはいないだけではなく、認識する者（主体）と認識されるもの（認識対象）との実体的対立において、反映＝認識が実践的にとらえられてはいない。こうして、たとえ認識が〈対象の反映〉であるとされていたとしても、〈認識〉は機能概念化されるとともに、認識することとそのことや、認識される内容あるいは認識された内容もまた、貧しいものとなる。〈観念的世界〉の問題が、すなわち〈世界の二重化〉とか〈観念的自己分裂〉とかが、たとえとりあげられていたとしても、これについての展開の内実はみすぼらしいものとなっているだけではなく、誤ってもいるのであった。いいかえれば、《意識の場》が、《表現場》ないし《実践の場》との関係においては追求されていないということである。

すでに述べたように三浦理論においては、〈反映＝認識〉の名において、認識された対象的なもの（O_1'）と感性的対象（O_1）とが二重うつしにされているだけではなく、このように二重うつしにされたものが、後者が後者として規定されるところのもの（感性的対象というカテゴリーをもってあらわされるところの、その物質的基礎＝$\boxed{B}$）と同一視される、というタダモノ論的誤謬にさえおちこんでいるのであった。この意味において、《対象》という概念規定（O_1）とその物質的基礎（$\boxed{B}$）と認識された対象（O_1'）、この三者が〈対象〉という語のもとに〝統一〟されている（つまり三重うつし）ともいえる。

こうした間違った捉え方（$O_1'=O_1=\boxed{B}$）と同様に、三浦のいう〈現実的自己と観念的自己との二重化〉も一面的なものとなっている。すなわち、〈現実的自己〉という用語は、人間実践主体（S_1）と、このように規定されるところの物質的基礎そのもの（$\boxed{B}$）の両方をさすものとされているだけではなく、見られる自己（S_1'）と見る自己（S_1''）との関係も論理的には明白ではない。いいかえれば、〈現実的自己〉とは、見られる自己（S_1'）をさすとともに物質的身体を有つ人間主体（S_1）をさすところの用語であるだけではなく、同時にまた人間実践主体という規定を受けとるところの物質的なものそのものをさす独自な用語なのである。

このように、人間主体というカテゴリー（S_1）とその物質的基礎（$\boxed{B}$）と見られる自己（S_1'）とが三重うつしにされたものが、三浦式の〈現実的自己〉なのであって、この〈現実的自己〉を見る自己が〈観念的自己〉（いわばS_1''）であるとされている。けれども、このばあい、この〈観念的自己〉なるものは、認識されたもの（O_1'）や見られる自己（S_1'）との関係において、空想や探偵小説的推理や妄想などとして説明されてはいる。けれども、いわゆる〈観念的自己分裂〉なるものは例証論的に説かれているにすぎない。タダモノ論者の鏡的反映論を否定するものがすなわち〈観念的自己二重化〉論である、とされていることの必然的結果が、それである。

感性的な認識対象（O_1）と認識された対象（O_1'）とを二重うつしにしたものが〈客観〉とされ、そして見られる自己（S_1'）と現実的主体（S_1）およびこのような規定をうけとるところの物質的なもの（B）を三重うつしにしたものが〈主観〉とされているがゆえに、《実践の場》とは異なる次元において成立する観念的世界としての《意識の場》と、この場での認識＝思惟作用あるいは意識作用が、単純化されることになる。

《意識の場》における客観（O_1'）と主観（S_1'）の関係と、《実践の場》における客体（O_1）と主体（S_1）の関係とが二重うつしにされる、というこの誤謬は、〈反映＝認識〉に付加された〈世界の二重化〉とか〈観念的自己分裂〉とかにかんする論理によっておおい隠されているということである。

しかも、人間実践主体（S_1）は感覚し情感し意欲し意志する生きた人間であって、対象的認識はつねに必ずそのような情動とむすびつき価値意識と統一される。この主体的内面性にかかわることが〈観念的自己〉という概念に実体化されている。だから、たとえば「感情が表象をつつむ」というような〈主体的表現〉についての時枝誠記の考えを否認することにもなるのである。

実践＝認識主体としてのわれわれがわれわれにとっての客体である対象（O_1）を感覚することによって

現前化するところの、表象や映像や認識されたもの（O_1'）は、つねに必ずわれわれ自身の価値意識・個性・情動（S_1'）に浸透され規定しかえされる（$O_1' \leftrightarrow S_1'$）。このことは、認識主体としてのわれわれがそもそも実践主体として情感し意欲し行為してきた体験にもとづくのであって、パトスとは無縁なロゴス的認識はなく、実践的直観をバネにしない対象的認識なるものは本来的にありえないのである。感覚的表象や知覚やのパトス性とは無関係な〈観念的自己二重化〉論は、言語的に表現された文（文章）や命題を結果解釈することが言語論である、というように考えていることのゆえにうみだされるのである。

《実践の場》においてある主体たる社会的存在としてのわれわれ歴史的＝人間的自然が、われわれのおいてある場所を変革しようと意志するさいに開かれる内部世界としての《意識の場》、その直接性は、対象的にして非対象的なもの／非対象的にして対象的なものであり、知られたものと知られざるものとが、あるいは意識的なものと前意識的なもの（または下意識的なもの）とが、その意味が理解されているところのものとそうでないものとが、ロゴス的なものとパトス的なものとが、まさに即自的に合した流動性にある。この場では、対象的なもの・知られたもの・意識されたものが、非対象的なもの・未だ知られざるもの・前（下）意識的なもの・無意識的なものをつつみこむとともに、また同時に前者が後者につつみこまれる、という形式にあるといってもよい。《意識の場》のこの直接性は、実践主体のおいてある場所の直接的現実性の実践主体の意識内における再生産でもある。

歴史的＝社会的に形成されてきた人間主体は彼のおいてある場所につつみこまれて内在しているがゆえに、みずからの主体性を主体性として確立するために、自己のおいてある場所を否定し超越しようと意志せざるをえない。自己のおいてある場所に内在するとともに、この場所を超越しようとする実践的立場にたつことによって、《意識の場》が開かれるのである。

　われわれが実践的立場にたつことによって開かれるところのこの《意識の場》が、たえざる実践と学習・習得をつうじて内在化された言語体xおよび言語規範に、つまり《内―言語》にもとづく認識＝思惟作用によって内から構成されるときに、知られた内容は意識内容に高められる。それは、論理的構想力や芸術的想像力につきうごかされた分析的悟性および綜合的理性の働きによって可能になる。

〔四〕　流動状態にある《意識の場》の覚醒は、実践主体としてのわれわれがわれわれのおいてある場所を絶えず感覚し認識することに媒介された思惟作用によるのであって、認識＝思惟作用はつねに必ずなんらかの形で、内在化された言語体（および言語規範）に、《内―言語》にむすびついている。《内―言語》にむすびつかない認識＝思惟作用はありえない。だが、言語体および言語規範は、もともと、社会的に形成され歴史的に遷移し発展してきた客観的実在である。

　だが、認識＝思惟作用の実体となる《内―言語》（x）は、客観的実在としての言語体および言語規範（X）を習得し内在化し無―意識化されたところのものであって、このような構造を没却して、前者（x）を主観ないし意識に封じ込め、この意識に内在するものとみなすことはできない。こうした考えは言語の神秘化への道をひらくものとなる。あらかじめ主観または意識に内在するものとして言語を解するのは、〝言葉が世界を創造する〟とみなす言語物神いがいの何ものでもない。こうした謬説は、言語的表現行為の物質性を没却していることにもとづくのであり、〝言語〟という概念のもとに、社会的言語規範も言語体も言語的思考も言語的表現およびそのための物質的行為も、すべて投げ込んだことに由来する。言語的表現行為の創造性を、人間意識活動の内部に、または精神作用そのものにもとめることからうみだされたところの、言語の神秘化でしかないのである。

（付）言語の物神化という誤りの要点は、およそ次のようなものであるといえよう。

特定の言語体を、それに固有な形式（文字や音）とともにその意味内容を、人間主体が彼の他者との関係における実践や経験の反復をつうじて習得し内在化し、そしてこの内在化し無―意識化した言語体つまり《内―言語》（x）にもとづく思惟をつうじて構成したものをば外的世界に表現すること――これが言語活動である。このことは、もちろん客観的存在としてのもろもろの言語体および言語規範（X）の習得を可能にする物質的基礎（大脳新皮質ないし大脳中枢）が歴史的に形成されたものとして存在することを前提とする。そうであるからといって、脳に言葉あるいは言語が内在しているわけではない。脳髄に内在している言葉が、他者との関係において覚醒し、存在をよびおこすわけではない。それぞれの言語体には、それに固有な指示対象や表示性があるのだとしても、特定の言語体の指示対象は、この言語体が指示し妥当する客観的存在そのものであるわけではない。特定の言語体にむすびついている聴覚表象や視覚映像をそのまま実在化するばあいに、〝言語（ロゴス）が存在に先立つ〟という考えがうみだされるのだといってよい。こうした考えは観念論的逆倒であって、言語外在説の裏返しの誤りである。

人間実践主体が彼にとっての対象を感覚し認識するばあい、彼の認識内容をば、すでに内在化しているもろもろの言語体（x）を用いて、感性的＝対象的世界に表現するのにふさわしいシニフィエ的シニフィアンをもった言語体によって構成し、この構成された認識内容をば、それぞれの言語体に固有な形式（文字や音または音声）を物質的手段にして、彼の他者にむかって表現し、自己の認識内容を伝達するのである。

たとえば「枕」という言葉から、「腕枕」「草枕」「枕言葉」とか「〔線路の〕枕木」（栗の木でつくったものからコンクリート製のものまでもふくむ）とか、「枕を並べて討ち死にする」とか、「枕を高くして眠る」とかというような造語が作られたりするとはいえ、これらの言葉や句は「枕」という語の自己創造であるわけではない。「枕」という語とこれが指示する客観的対象とを同一視することはできない。「枕」という語によって指示される客観的対象そのものは、枕として利用されるだけではない。或る時はうっぷん晴らしのために他者に向かって投げるものとして利用されたり、仲間たちの眠りをさますイタズラの道具にされたり、また死者の顎が開かないようにするための道具として用いられたりもする。これらは、もちろん、「枕」という言葉であらわされる物質的なものの本来の機能ではない。

或る特定の対象的な物が、それにかかわる人間の実践的行為との関係において種々の機能を発揮する、ということは実践論的に解明すべき領域の事柄である。実践との関係において異なった機能を演じたり果たしたりする物質的対象にたいして、この対象を、その都度その都度、別の言葉ないし言語体をもって表現するだけのことであって、ある一定の言語体が自己創造をおこなうわけではないのである。同一の物質的対象の名称が、この物の使用のされ方に応じて異なっているということも、言葉ないし言語の問題ではなく、実践にかかわるのである。

さて、客観的存在としての言語体（X）のそれぞれがシニフィアンとシニフィエとの統一をなし、それぞれの言語体はシニフィエ的シニフィアン（意味をもった文字、象形文字や表意文字という形式）およびシニフィアン的シニフィエ（文字および音によって示される意味内容）をあらわすのであるが、内在化された言語体（x）つまり《内―言語》を用いて意識内において対象化された認識内容または思想（O_1'

――S_1'）は、それにみあった指示対象をもつのだとはいえ、このばあいの指示対象（外示）は感性的実在（O_1やS_1）そのものではない。いいかえれば意識内部での認識＝思惟作用の実体となっている《内―言語》（x）のそれぞれがしめす指示対象は、感性的対象としての意義をもってはいるが、感性的対象そのものではない（つまりO_1ではなくO_1として意義をもつO_1'である）。客観的世界に表出され物質的形態をとっている言語体（X＝O_2）の指示する対象は客観的実在（O_1）であるが、《内―語り》あるいは意識内における自己対話がそれによって担われる実体としての《内―言語》（x）、そのシニフィエ的シニフィアンの指示対象はO_1ではなくO_1'である。言語体の指示対象といっても、対象的世界のレベルのばあいと、意識内部世界のレベルのばあいとは、明確に区別して使用されるべきである。

もろもろの言語体を用いて客観的に創造された文章や詩のような表現形態（O_2＝X）が指示する対象（O_1）と、意識内部において駆使されている《内―言語》にむすびついた概念が直接または間接にあらわす指示対象（O_1'またはS_1'）とは、次元が異なるということである。言語体の指示対象のもとに、ある場合にはO_1やS_1を理解し、他のばあいにはO_1'やS_1'を理解するのが、意識内世界と外的世界とを二重うつしにする誤謬なのである。

習得され内在化された言語体つまり《内―言語》による認識＝思惟作用が意識内における「O_1'――S_1'」のレベルのことであるがゆえに、言語体のシニフィエ的シニフィアンは客観的対象（O_1やS_1）を指示するのだとはいえ、感性的対象そのものではない。外的世界に表出されない自己内対話や《内―語り》や空想が、そのことをしめしている。

習得し内在化された言語体つまり《内―言語》（そのシニフィエ的シニフィアン）を用いて思惟し、認識の対象（O_1）をば、意識内における対象として、O_1'としてとらえ、このとらえたO_1'を言語体にむすびつけた概念によって、名辞によって規定する、というこの認識＝思惟作用を、意識内における言語活動の側からとらえる場合の好見本が、言語物神にとらわれた諸説であるといえる。このような諸説は、実践主体としての自己（S_1）の意識内における対象的規定としてのS_1'（見られる自己）や、認識対象（O_1）として意義をもつO_1'（認識された対象）などの規定に用いられたところの言語体または名辞に、それがもつ形式（シニフィエ的シニフィアン）を保ちながらも・それ以上の意味づけ（新しいシニフィアン的シニフィエ）をあたえ、言語体にむすびついた概念（名辞）に新たな生命をふきこむ、という倒錯におちいっているのである。

　獲得され内在化されアプリオリ化された《内―言語体》（シニフィアンとしてのそれ）は、認識＝思惟作用（$O_1' \leftrightarrow S_1'$）をつうじて自己の思想を構成し創造するのにふさわしい意味（シニフィエ）をもつものとして、創造されるといえる。さらにまた、現実的自己の意識における規定としてのS_1'そのものを意識内において対象化するということ、S_1'をO_1'とするところのこの「見られる自己」（S_1'）を見るところの自己（S_1''）が成立し、「見る自己」（S_1''）の、「見られる自己」（O_1'としてのS_1'）との意識内での対話が、つまりいわゆる自己内対話がおこなわれるのであって、この自己内対話（O_1'としての$S_1' \leftrightarrow S_1''$）もまた、《内―言語》（x）を駆使しておこなわれる。たとえ音声や文字という対象的手段を用いることなく、頭のなかで言語的に思惟するばあいでも、自己内対話もまた言語的活動にぞくするのであって、《内―語り》はこのことの謂いにほかならない。

　たとえば、沈黙が言語的表現の一形態であることを、三浦つとむは確認してはいる。けれども彼は、沈黙が外的世界への言語的表出をともなわない意識内での言語的思惟であることを否定する。これは誤りである。沈黙している人の表情や仕草、怒った面をしたり、微苦笑をうかべ、苦悶の表情をして髪をかきむしったりするといった態度、これらをつうじても、意識内での言語的思惟の内実は推測されうるのである。三浦式にいえば「目は口ほどに物をいう」ということは、〈言語的表現〉としてではなく、〈内—言〉あるいは言語的思惟の表情的表現（または非言語的表現）としてとらえるべきである。

「兎《うさぎ》の目」とか「イキの悪い鰯の目」とかは結膜炎をおこして充血した目の比喩。「うるんだ目」「血涙をしぼる」「栄冠の涙」「つぶらな瞳」「心の窓」などは常識的な言いまわし。「黒い瞳」ときけばロシア民謡が頭をよぎり、「オホス・ネグロス」ときけばアルゼンチン・タンゴのリズムとメロディーが頭の中を駆けめぐる。〝白い瞳〟は抗原抗体反応をおこしたことのシンボル。その反対が「輝く瞳」。そして「君の瞳は一万ボルト」というのは、言語を記号とみなし・記号の組み合せによって新しいものを創る、という記号論的操作にもとづいて案出された、詩の題名。……このような比喩や象徴などについては省略する。

自己内対話や独り言をふくめて、意識内において対象化されたものは、——たとえそれが外的世界に外化され表出されないとしても——つねにシニフィエ的シニフィアンとしての言語体（x）を実体的手段とした認識＝思惟作用の産物である。観念的世界において言語的に対象化された意識内容は、こうして同時に表現されるべき表現内容に、すなわち客観的世界に物質的に対象化されるべきところのシニフィアン的シニフィエをもった思想に高められる。——これは、実践＝認識主体としての或る表現主体（S_1）の、彼の対象である他者（S_2またはS_n）にたいする物質的関係を前提にしているのであり、またこの表現主体

（S_1）が彼にとっての客体（S_2）に逆規定される、という関係が措定されるのである。《意識の場》における認識＝思惟作用が《実践の場》に規定された・その観念的モメントであることからして、そのことは当然のことである。前提としての《実践の場》は、いまや表現主体としてのわれわれが他の表現主体としての客体に関係する物質的場所としての《表現場》の一契機となる。この《表現場》は前提としての《実践の場》が特殊化したところのその一契機をなすのである。このようにとらえるならば、言語主体の表現行為についての時枝説は現実的意味をもつのである。

〔五〕 実践＝認識主体としてのわれわれ＝話し手（$S_1=S_n$）が、他の表現主体としての聞き手（S_2）にたいしてとりむすぶ関係（$S_1 \longrightarrow S_2$）が《表現場》である。この場所は同時に、他者＝聞き手（客体）が話し手（主体）となる、つまり彼の対象たる話し手（S_1）にたいして聞き手として関係する（$S_2 \longrightarrow S_1$）、という逆の関係（応答関係）をふくむ。したがって《表現場》を結果的に対象的に記号化してあらわせば「$S_1 \longleftrightarrow S_2$」となる。実践主体としてのわれわれ（$S_1=S_n$）がその対象（$O_1$）に働きかけること（$S_1 \longrightarrow O_1$）は同時に客体の主体化（$O_1 \longrightarrow S_1$）をともなうのであって、実践のこの構造を主客の交互作用として存在論的に記号化するならば、「$S_1 \longleftrightarrow O_1$」となる。これと同様に、《表現場》を構成する二実体としての「話し手と聞き手との関係」とか、「言語的表現を媒介とする話し手と聞き手との相互転化的な関係」とかというような説明のしかたは、あくまでも存在論的規定にすぎないのであって、或る表現主体の対象としての他の主体や言語的表現態をすべて客体化して論じたものにすぎない、ということが自覚されねばならない。

実践＝認識主体としてのわれわれであるわれが表現主体として、音声または文字をつうじて外的に対象化するものは、認識主体としてのわれわれが、感覚し情感し認識し思惟したもの（反映内容）をば、表現されるべき内容（観念的世界においてシニフィアンとしての《内―言語体》＝x にもとづいて創造した表現内容）に昇華し、そしてこの表現内容をば、言語体（X）に固有な物質的形式としての音声や文字を表現手段にして、外的世界に対象化する実践、これがすなわち言語的表現行為である。そして、意識内において対象化されるところの・表現されるべき内容の、その意味するもの（外示・内示）をば、他者（聞き手）に的確にうけとめられるようにするためには、話し手としての表現主体は、シニフィエ的シニフィアンとしての言語体のシニフィアン的シニフィエが伝達可能であるように、語気をつよめたり、ささやくように発話したりするのである。

もちろん、文字という表現手段を用いるばあいには、ゴシックや傍点や傍線などを用いて、表現者の意図・目的・意味などを強調するわけである。こうすることによって、聞き手または読者（S_2）は表現者（S_1）の真の意図や目的を了解したり理解したりすることができるのである。――聞き手が話し手に転換したばあいにも同様である。

或る表現主体がみずからの感情や意志や思想を彼の他者にたいして表出し対象化した言語的表現態（O_2＝X）、そのシニフィエ的シニフィアンを媒介にして、受け手または読者は、話し手または著者の思想や意図や目的などを了解したり理解したりする。このばあいに、この受け手または聞き手は、表現された言語的表現態のシニフィエ的シニフィアンの聴覚映像を、みずからの《内―言語》または概念組織にもとづいてシニフィアン的シニフィエに転換することをつうじて、話し手が思いえがいたこと（O_1'＝S_1'）ばかりではなく、彼が対象にしたところのもの（O_1やS_1）を媒介的にとらえることになる。このことは、言語的表現態（O_2）を媒介にして、聞き手にたいして彼の客体である発話者が伝達しようとしたところのものを、聞き手がみずからの意識のなかに具体的に再生産すること（S_2の意識のなかのO_2'においてS_1の「O_1'――S_1'」も再生産されるということ）にほかならない。あるいは聞き手が彼の対象である話し手の感情や思想や経験やを追体験することによって、話し手が対象にしたところのもの（O_1やS_1）を唯物論的に推論し、体験を共有することになる。これが言語的表現態を媒介にするところの、話し手と聞き手との精神的交通の基本構造なのである。

言語的表現態の受け手（S_2）は、表現者（S_1）の思想や経験や実践を、表現された言語的形態（O_2＝X）をつうじて想起し、みずからの思惟対象とするのである。言語的表現を媒介にするS_2のS_1にたいする関係（応答関係）は、S_1の情緒や思想や体験が《表現場》に決定されてS_2の意識において精神的に再生産されることである、といってもよい。

話し手（S_1）が対象化した言語的表現態（O_2＝X）の意味を了解ないし理解したところの聞き手（S_2）が、こんどは表現主体となって、話し手であるS_1にたいして自己の考えや感情を言語的に表現した形態（O_3＝X）をつくりだし、言語的表現態（O_3）を話し手としてのS_1が聞き手となって受けとり、このO_3のシニフィアン的シニフィエを理解する（$S_2 \longrightarrow O_3 \longrightarrow S_1$）。さらに、この$S_1$は$S_2$に応えるために、新たに自己の理解を$O_4$という言語的表現態をつくりだして$S_2$に話しかける（$S_1 \longrightarrow O_4 \longrightarrow S_2$）。

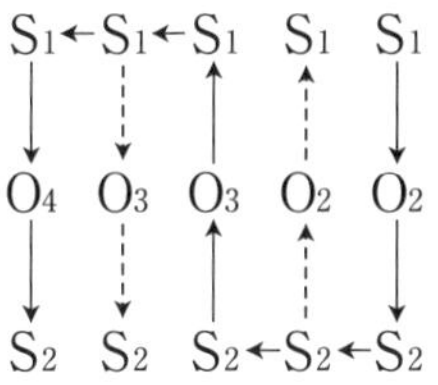

或る表現主体と彼の客体としての受け手との間でおこなわれるこのような精神的交通——「伝達と応答」——は、《対話》の基本構造にほかならない。——そしてこのような対話の基本的構造を基礎にして、自己内対話や《内—語り》がうみだされるのであって、その逆ではない。

実際、或る表現者が彼の他者にたいして言語的に精神的交通をおこなうばあいにも、感じたり考えたりしたことが、とりわけ非合理的で非対象的なものが、言語的に表現できないばあいもあれば、また表現をしている当事者の意志疏通がうまくゆかない時には、《内—語り》または〝頭のなかの対話〟にとどまって沈黙の態度をとったりするばあいもある。音声または文字を手段にして物質的に対象化され表出された言語的表現態だけが、いわゆる言語なのではない。外的世界に表現されない意識内世界における、《内—言語》（x）とむすびついた思惟作用もまた、言語的活動である。紙のうえに直接に文章を書くのではなく、頭のなかに文章を書くことも、頭のなかでお喋りすることも、——たとえ物質的な言語的な表現形態をとらないにしても——やはり観念的世界における言語活動（＝《内—語り》）なのである。

（一九九二年九月五日）

〔追記〕「認識・自己分裂」論について

『認識と言語の理論』第一部で展開されている三浦式認識論には、まさに驚きの目をみはらざるをえない。彼の言語論なるものは、客観主義的相対主義あるいは相対主義的客観主義が満開しているからだ。それだけではなく、断片的思いつきと例証主義的な発想法・思考法のゆえに、卑俗な客観主義はスターリン主義的タダモノ論と同質のものに完全に堕してしまっているほどなのである。

この理論的破綻をおおいかくしているもの、それが〈主体的立場と観察的立場〉にほかならない。ここでは、〈自己二重化〉という語が一回も使用されておらず、〈観念的自己分裂〉という用語が一貫して用いられている。いかに自己が〈観念的自己分裂〉をするのか、ということが不問に付されている。その根拠は、いうまでもなく、彼の〈観念的自己分裂〉論においては、実践し認識し表現する主体そのものが拠点とされていないからに他ならない。

三浦式主体性論の核心をなしていたかつての「観念的自己二重化」論も、この『認識と言語の理論』全三巻においては、実体化されて論じられているばかりではなく、人間主体の認識活動および表現行為がこの「観念的自己二重化」から切断して論じられている。そして、この表現行為の結果を、しかも対象的に考察する、という方法がとられていることのゆえに、〈観念的自己分裂〉という用語がたとえ用いられていたとしても、〈現実的自己〉および〈観念的自己〉というカテゴリーそのものが実体化されてしまっているのである。

たしかに、さまざまの例証を粗雑に列挙したあとでの理論展開らしきものにおいては、表現主体とその対象としての他者が〈或る者と他の者〉という形で登場しはする。けれども、このことは例証的説明として登場するだけのことであって、三浦の思考法および理論展開には実体論が完全に欠落してしまっている。まさにこのゆえに、さまざまなカテゴリーが実体化されることになるのである。

たとえば、地図を見ている自己を現実的自己とみなし、そして〈地図にしるされている「我が家」のなかにいる自己〉を観念的自己とみなし、これをもって〈観念的自己分裂〉と称し、こうしてこの〈自己分裂〉を一般化したのが三浦である。だが、このことは、現実的自己がみずからを地図上に、観念的ではあれ対象的＝現実的に位置づけ、対象的に地図上に位置づけられた自己を現実的自己が対象的に見ているにすぎないのであって、〈観念的自己分裂〉であるわけではない。対象的＝感性的世界において現実的自己がみずからを対象的に位置づけ、この対象的に位置づけられた自己を現実的自己が見る（観察する）というだけのことなのである。（生産者と彼が生産した生産物とは、マルクスもいうように「現実的な自己二重化」となるのであるが、これに対比するならば、現実的自己がみずからを対象的に位置づけることは「観念的自己二重化」であるとはいえる。）このことは、人間実践主体がみずからの意識内部において自己を見る、という精神作用（自己意識または自覚）の問題が三浦式認識論からは完全に排除されていることを意味する。

観念的世界そのものの内部における対象化作用つまり《内―対象化作用》――習得した《内―言語》にもとづく思惟活動または概念作用――の追求が、三浦のばあいには射程外におかれている。まさにこのゆえに、〈現実的自己と観念的自己との自己分裂〉論が生産されたのだといえる。言語的思惟をつうじて対象化されたもの・意識化されたものや、前意識的なもの（あるいは下意識的なもの）および無意識的なものをふくむ内部世界（伝統的用語でいえば小宇宙）を、対象的世界の中に対象的に投射してとらえようとしているのが、三浦なのである。いいかえれば、意識されたものは反映＝認識の所産としての〈観念的模像〉に矮小化されているがゆえに、この〈観念的模像〉をこえた非対象的で非合理的なものや無意識的なものなどは、彼の関心の外におかれることになる。

だからして当然にも、たとえパブロフやフロイトの理論を検討したとしても、この検討は自己の主張を確認するための作業にしかならないのである。すなわち、パブロフ理論は機能主義的機械論でしかなく、フロイトのそれは所詮は不可知論にすぎない、というような断定が下されているにすぎない。しかも滑稽なことには、意識作用あるいは精神作用と、その物質的基礎としての脳髄の構造にかんする分析とが区別できない、ということなのである。

たとえばパブロフは、動物に共通な第一信号系とは異なる第二信号系の存在を脳髄に見出し、後者は《信号の信号》を司る領域である、というように生理学者として明らかにしたのであった。《信号の信号》を司る第二信号系は、外界からあたえられた感覚表象（第一次信号）にもとづく言語的思惟活動がおこなわれるところの物質的基礎である、ということをパブロフは明らかにしただけのことなのであって、〈言語とはすなわち信号の信号である〉というように解釈するのは、まさに解釈する者のほうが誤りなのである。この誤りに気付かないのは、なぜか？　いうまでもなく、〈文字言語〉および〈音声言語〉を感性的にして超感性的な客観的存在であるとして、いわゆる内言または内語りを全面的に否定するタダモノ論に転落しているからにほかならない。

他方、フロイト解釈についていえば、フロイトが無意識や前意識をとりあげたことそれ自体を必ずしも否定してはいないのであるが、ユーバーイッヒを、自己の甲羅に似せて解釈することが中心眼目にされているかのようである。内在化された外界が自我にとっての外界となるとともに自己の無意識的前提になる、ということからして〝自我を超えたもの〟をフロイトが仮説的に設定したといえるのであるが、この〝自我を超えたもの〟は自我を拘束するものとして社会的諸規範である、というように三浦は解釈して悦に入っている。そしてご丁寧にも、フロイトは社会的規範の主観化におちいった、とも非難しているのが彼なのである。

客観的＝対象的世界にかかわることがらと、人間実践主体に内在化されたそれとを、まさに唯物論的に区別と連関においてとらえるべきであるにもかかわらず、三浦には、それができない。そもそも観念＝精神的世界それ自体が、直接的には非対象的なものであると同時に対象的なものである、という理解が欠落しているがゆえに、観念的世界における認識＝思惟作用をば対象的世界に直接的に移行させて対象的に解釈する、という例の方法の誤謬について、三浦が全く無自覚であることの必然的帰結が、パブロフおよびフロイトの解釈のなかに端的にしめされている。

こうした欠陥は、もちろん、意志論にもつらぬかれている。人間主体の内部にかたちづくられる意志と、この意志の対象化あるいは対象化された意志とが、形式上区別されているかのようではあるが、非論理的で断片的な論理に貫かれていることのゆえに、実質上区別されてはいない。

たとえば、国家意志と、これが体現されている法律や政策や制度とは、まさに相互浸透的にとらえられているほどである。

階級社会の上にそびえ立つ国家という物質的形態、支配階級の特殊的階級意志を体現するところの、国家を担う諸実体としての政治階級、彼らによって担われる国家の現象形態としての政府。――これらとは無関係に〈国家意志〉が論じられるからこそ、たとえばブルジョア階級国家の行政権を執行する行政府がうちだす諸政策、この諸政策がよってもってたっているところのもろもろの法律を制定する立法府、そして法律の執行を監視する役割をはたす司法府などの諸実体とは無縁な形で、法律や政策や制度をあげつらうがゆえに、この法律や政策や制度が、いや警察官までもが、〈国家意志〉そのものとされるにいたる。文学的表現としてならば、〝ポリ公は国家意志だ〟という表現は許されないわけではないであろうが、社会科学的には誤りである。国家の国家意志そのものとこれを体現するポリ公とは、当然のことながら区別されねばならない。また法律の制定過程（立法過程）を考察の対象としたとしても、法律を国家意志であるとみなすわけにはいかない。国家意志と、それが何らかの形で物質的に対象化されているところのもの（法律やこれにのっとって策定された政策や制度など）とを或る場合は区別し他の場合は同一視する、というような融通無碍な論じ方は、実体論ぬきの方法に起因するのであるが、直接的には、対象化または対象化することと対象化されたものとの関係の論理が欠如していることにもとづく。

ヘーゲル弁証法を批判的に継承したマルクス、彼の思想および論理の核心をなす《疎外・外化》や《対象化》についての省察が完全に欠如しているだけではなく、マルクス理論の中心概念である《労働力》が蒸発してしまっていること（たとえば《労働力の対象化》とすべきところがしばしば〈労働の対象化〉とされているところにしめされているそれ）、これこそが、三浦つとむ式理論の難破と破産をうみだしている論理的根拠であるといえる。

こうして、当面の問題であるところの言語規範や社会的規範にかんしては、これらが社会的実践をつうじて形成され歴史的に遷移してきた社会的存在であるということと、それらが社会を構成する個々の人間によって内在化されるということ、またこの内在化された諸規範にのっとって思惟し情感し意志し諸実践をくりひろげるということ、――これらが構造的にとらえられないことになる。

言語規範および言語体（X）、認識＝表現主体によるその内在化、内在化された言語規範および言語体つまり《内－言語》（x）、無意識的に彼の思惟を制約するものとなる《内－言語》および無－意識化され沈澱した言語体つまり《内－言語体》、そして言語的表現行為という形態をとった実践そのもの、――これらが〈言語過程説〉の名のもとに一緒くたにされることになる。結果の分析にとどまらず、その背後の過程を分析すべきであると繰り返し繰り返し三浦は主張しているにもかかわらず、ひとたび意識内世界の問題になるや否や、彼は過程的省察ないし反省を放てきし、精神活動の領域を対象的世界に直接的にずらして客観主義的に説明する、という傾向に転落してしまっているのである。まさにこのゆえに、内語りも、また内語りの外化としての独白（内語りの外語り化ともいえるもの）も、〝沈黙のことば〟も、考察の埒外におかれることになる。このことは、すでにみたように、言語的表現行為そのものの、その過程および結果の分析が放棄されていることにもとづくのである。客観的存在としての言語体または言葉（X）、その人間主体による内在化、内在化された言語体（x）にもとづく思惟作用（あるいは、意識内対象化作用の実体となるx）、そして言語的表現行為およびその実体的手段となる言語体などを統一的にとらえていないことにもとづく。このことは〈文字言語〉や〈音声言語〉を実体化していることに起因するのである。

言語とは、社会的・歴史的に形成され変化してきた規範にのっとった文字や音声を手段にした特殊な表現行為およびこの行為の実体となる規範の体系をさすのであって、このことを没却したことから必然的に生みだされたのが、三浦式言語表現論にほかならない。

（一九九二年九月二十九日）

言語的表現論については続刊の『実践と場所』第二巻を参照されたい。

オースティン　言語行為論

A　印象

第一印象なるものは、しばしば当てにならないものであると言われる。とはいえ、これが、それぞれの人の実体験からほとばしりでた直観や直感にかかわるもの（しばしば前言語的なイメージにすぎないもの）であるという意味においては、必ずしも当てにならないとはいえないであろう。

いわゆる学問的研究についての印象なるものをのべたてること自体が場違いであることを十分に承知したうえでのことではあるが、ジョン・ラングショー・オースティンの講義「もろもろの語（またはコトバ）を用いて、如何に行為するか？」（坂本百大の訳書名は『言語と行為』大修館書店刊——以下、本書からの引用は頁数のみ記す）のように、粘着質の細やかな、しかも神経質すぎるともいえるほどの展開にふれるばあいには、展開内容以前のことどもに思いを馳せないわけにはいかなかった、ということをまずは告白しないわけにはいかない。言語行為論の展開の仕方および内実について、著者自身が「あがき」（二五二頁）の産物であると自己診断しているがゆえに、そのように言っているのではない。

繊細きわまりない「発言」ないし「発語」にかんする解析がなされなければならないのは、一体なぜであるか？　語法や文法や文章構成法や判断命題とは無関係に、「なす」「名づける」「命令する」「約束する」などなどの「動詞（第一人称・単数・直接法・能動態・現在形）」に異常に執着しつづけ、そうすることによって「発言」と「事実確認」とのズレにかかわることや、前者そのものが「真・偽」にではなく「適切・不適切」の問題にかかわるということが、なぜにかくも執念深く追求されているのか？　しかも、こうした微に入り細をうがつような分析＝解析の果てに、この分析的追求の価値を自己否定し、もって「発語（内／媒介）行為」からの再出発を宣言したということは、一体なぜであるのか？

みずからの研究の徒労を自認する学者としての誠実さに、驚きの目をみはらないわけにはいかないとともに、またしても言語学なるものの空しさに吸いこまれてしまうのは、読者としての私自身の空しさのためなのであろうか。……

performative utterance は「行為遂行的発言」と訳されているが、この基本概念は、「行為につながる（または行為をおこす）ような」あるいは「命令的」というような種類の発言をあらわすものとされているようである。誰かにたいして話す（speak）や話すこと・言表ではなくして、あえていえば「行為をおこす＝performative utterance」が基本概念にされたことに、オースティンの言語論の追求の仕方が象徴されているといいえる。

「発言」が「行為」に直結され、locutionary act が基本概念にされたとしても、ことの本質になんの変わりもない。なぜなら、「行為につながるような発言」あるいは「行為すること」が、そして「発語行為」というカテゴリーが、それ自体実体化されているのだからである。

そもそも、いわゆる言語現象は、社会的存在としての人間――「間柄的存在」とか「交渉的存在」とか「共同主観性」を特質とする存在とか、「人－間」的存在とかと規定されるそれ――が、もろもろの生産的実践を基礎にして、他の多くの人間と交わり関係することにおいて、またこの関係行為の必要からうみだされたものであるからして、このような人間相互の交わり関係を基礎にして、言語行為は論じられなければならないはずである。このようなものとしての言語行為は、それゆえに、人間が実際におこなっている生産的＝社会的実践を基礎とし、実践に規定されつつ規定しかえすものとして、まずもって捉えられなければならないはずなのである。

ところが、オースティンのばあいには、その担い手の欠如した「行為をおこす（ような）発言」それ自体が自立的に自存するものとして規定されている。「発語行為」のばあいも、そうである。このように想定するのは、いや想定できるのは、なぜであるのか。オースティンの言語論の秘密をとく鍵は、ただこの一点にあるといってよいであろう。

例としてあげられている「動詞」の数々の種類から推測するならば、「ひとが発するコトバ」にたいするニヒル感と「コトバを発した人」にたいする不信感に、あたかも法律の条文にこだわりつづけているようなオースティンの心情は満たされ悶えていたに違いない。「私はする。」と言いながら、言った人はこれを実行しないし、「何々せよ！」と命令されていながらも、この命令を命じられた者が、実際にはそれを遂行しない。「何々と約束します。」と言っておきながら、この当の人は約束を履行しない。「In saying X, he did Y.」「By doing X, he did Y.」という定式にしめされる反則的行為をする徒輩を眼前にみせつけられる。そして、神経を逆なでするような皮肉や反語や逆説や比喩やののしりやごますりなどを浴びせかけられる。あるばあいには、言われていることの意味がなかなか通じない。――おそらく、このようなことについての原―体験こそが、「行為につながる〔行為をおこす〕ような発言」なるものに彼が徹底的に固執しなければならなかった根拠になっているのではなかろうか。

ありていに言えば、人間的諸関係のしがらみに編みこまれているにもかかわらず、本性上孤立的かつ個立的（stand alone）なメンタリティの持ち主であったことのゆえに、オースティンはコトバを用いての人間の相互関係（精神的交通関係）をいかに創りだすのか、ということに想いをいたすことができなかったのではなかろうか。いいかえれば、他者たちが吐きだす「コトバ」ないし「話したこと」が、しばしば不誠実であり不適切であることに業を煮やしていたであろうからこそ、発言・発言されたこと・発語行為に、彼は何か謎めいたものを感じていたに違いない。こうして彼は、「行為につながり・行為をおこすような発言」そのものに着目しつつ「第一人称・単数・直接法・能動態・現在形」の「動詞」を解析し分類することが、あたかも言語学の中心課題ででもあるかのように思いこんだに違いない。しかも「発言」の内容がずれたばあいには、このことは「真・偽」の問題にかかわるのではなく、むしろ「適切・不適切」問題にかかわるのである、それにもかかわらず、哲学者たちは命題の「真―偽」や「事実―価値」の問題に跼蹐している、けれども、これは適切ではない。――このような自己の信念にも促迫されて、「発言」そのものや「発語行為」そのものの解剖学的分析にますます腐心することになるほどに、異常ともいえるネバネバした注意力を働かせているのだともいえる。一口でいうならば、彼の言語論は孤立的=個立的存在のいわば自閉症的な言語論になっているのではなかろうか。

〔註〕

ここで用いた片仮名書きの「コトバ」は、日常的に用いられている意味でのそれであり、常識として使用されているものである。

日常語としての「コトバ」には二通りの意味がある。その一つは、「書き言葉」とか「話し言葉」とかのばあい。このばあいの「言葉」は（言語的）表現の意味で用いられている。「喋り言葉」とは speak, Sprache, パロール parole にかかわる。これにたいして「言の葉」という意味での「コトバ」は、語ないし単語そして語彙をあらわす。

本訳書においては、speech が「言語」（一六五頁）とも「言表」（一七〇頁）とも訳されているが、前者のほうは不適切であるといえる。しかも word も「言葉」と訳されているし、language も「言語」と訳されている（三八頁、一七〇頁）。この両者は誤っているといえる。前者は語または単語をさす。また、後者は脈絡からして、自然言語を、あるいは近代国家の形成とともにつくりだされた民族語をさすのであるからして、language は「言語体系」ないし民族語としての自然言語、または自然言語としての民族語として解されるべきであろう。

なお、parole（話す、喋る、語る）にたいして、language は言語体ないし語（語彙）と解され、langage は言語的能力とも言語的行為とも解されているとともに言語規範のようにも解されている。

本訳書の英語原文と比較対照することができなかったが、言語と言語体（語または単語）と言葉と言表（=言語的表現行為）などの概念的区別が、本訳書においては明らかではない。

B　方法

第八講以下で展開される「発語行為」論においてとどのつまりは否定ないし揚棄されるところの、本書の大半部分を構成している「行為につながる〔行為をおこす〕ような発言」にかんする「精緻な」分析、その骨子は、次のようなものである。

（A・a）常に、ある一定の音声（noises）を発する行為（「音声」（'phonetic'）行為を遂行する）。この場合、発せられた言葉は、音声素（a phone）である。

（A・b）常に、ある一定の音語（vocables）あるいは単語（words）を発する行為を遂行する。すなわち、一定のイントネーションその他を伴ない、一定の文法に合致し、かつ、合致している限りの一定の構文の中に組み込まれた、一定の語彙に属し、かつ、属している限りの一定の型の音声を発する行為である。この行為を「用語」行為（'phatic' act）と呼び、当の発する行為によって発せられた言葉を「用語素」（a 'pheme'）と（言語理論における「言素」（phememe）とは区別して）呼ぶことができるであろう。

（A・c）一般に、ある一定の、ある程度明確な「意味」（'sense'）と、ある程度明確な「言及対象」（'reference'）とを伴なって、（この両者を合わせたものがいわゆる意味（'meaning'）と一致する）用語素、あるいは、連続する複数の用語素を使用する行為を遂行する。この行為を、「意味」行為（'rhetic' act）と呼び、当の語を発する行為によって発せられた言葉を「意味素」（a 'rheme'）と呼ぶことができるであろう。（一六一〜一六二頁）

このような展開上の基本的カテゴリーは、もろもろの判断命題が――おそらく形式論理的で経験論的思考にもとづいて――「真―偽」や「事実―価値」にかかわるのにたいして、「行為をおこす」ということにかかわる「発言」は、たとえ「事実確認」にかかわるのだとはいえ、直接には発言された内容の「適切・不適切」にかかわるのだということを、主張したいがためにつくられたものなのである。そのさいに力説されていることは、次のことである。すなわち、①行為を意志すること、②意志された行為を行為すること、そして③このような行為を実際に行為すること、――この三者は区別されなければならないということ。

たとえば「私はします。」とたとえ発言したとしても、この発言は発言どおりに行為することを直ちに意味しないのである。発言することと行為することとは、――一般論の観点にたつかぎりにおいて――別のことである。発言されたこと（言語的表現態）そのものが、これを言表されたこと（言語的に表現されたこと）それ自体のレベルにおいてとらえられるかぎり、実際に行為されるかどうかは分からないのであって、意志表明と表明された意志の実行とは、区別されなければならないとともに、これらは、この実行的行為が実際におこなわれたか否かの確認とも異なるというわけなのである。

「行為をおこなうこと」に直接に関係するか否かにかかわりなく、一般に、発言されたこと・発話されたことをば、この言語的表現のレベルにおいてあつかうかぎりにおいて、言われたことが実際に行為されるか・または行為されたかどうか、ということは不確かなのである。実際に行為すること（実践を遂行すること）は、そもそも言語的表現行為にむすびついているとはいえ、この後者とは区別されるのだからである。

それにもかかわらず、「事実確認的発言」から区別され・「適切か否か」を標識とする「行為につながる発言」なるものに、オースティンが異常な執着をしめすのは、なぜであろうか。

もちろん、直接的には、ⓐ発言すること、ⓑ発言された内容（これは「事実確認」にも「適切・不適切」にもかかわる）、ⓒ発話形式、ⓓ発言する（発言という行為をする）主体、ⓔ発言がおこなわれる「状況および条件」、ⓕこの発言をうけとるところの相手などの諸契機が、構造的かつ統一的にとらえられていないことに起因するのである。

右の諸契機のなかのⓔおよびⓕは接ぎ穂的に・付加的に後半においてあつかわれているのであって、主題的にあつかわれているわけではない。奇妙なことは、「第一人称・単数・直接法・能動態・現在形」という動詞に主要関心が向けられているにもかかわらず、動詞によって担わされる動作・行動・行為をする当事者そのもの（行為主体）は全然登場しないということである。「私は……します。」とか「私は約束します。」とかの例文がもちだされているにもかかわらず、「私は……」という主部表現には全く言及されてはいないのである。この主部表現は、発話した生きた人間そのものではなく、この生きた人間の自己規定の対象的表現なのである。このことは、われわれにとっては常識にぞくする事柄である。

この発話者（表現者）から当然にも区別される「私」という主部表現（書かれた文や話されたことの主語部分）についての考察が完全に没却されて、ただただ「する・命令する・命名する・約束する」などの動詞だけが考究の対象にされているにすぎない。まさにこのゆえに、発言者が発言するさいの形式も、発言された内容も、発言することそのことも、なんら区別することなく、「行為につながる発言」が実体化されてあつかわれることになる。そして、この「発言」が、——この内容のがわから——それが「事実確認的」にかかわるか、それとも「適切であるか否か」にかかわるか、ということが論じられるにすぎない。

　さらに、発言された内容との関係において、「発言」には発言した者の意図や感情や情緒やが表出されてもいる、ということが析出されてはいるけれども、このことは対象的かつ客体的に指摘されているにすぎない。なぜなら、発言された内容がこれを発言した当事者とは無関係にあつかわれているのだからである。たとえ「行為をおこすような発言」が考察されていたにしても、考察の方法それ自体の、このような誤りのゆえにこそ、この考察は「あがき」とならないわけにはいかないのである。

　そもそも、「行為をおこすこと」（行為誘発・行動興起）にかかわるか否かに関係なく、一般に、発言し発話すること（または言表する行為）は、つねに必ず〈私が——誰かに〉という関係を、あるいは〈誰かが——誰かに〉という関係を基礎にしているのであり、この実体的対立関係なしには成立しえないのである。たとえ独り言のばあいでさえも、〈私が——私に〉または〈私が——何かに〉語りかけるのである。このばあいに、この語りかけが、何らかの音声をともなった独り言になったり、また渋い顔をしたり笑顔を浮かべたり平静な顔をしたりして、「頭のなかでの会話」（いわゆる音声をともなわない内—言語internal-speaking）に没頭することになったりもするのである。

　たとえ、もろもろの・または可能なかぎり無数の動詞を列挙したとしても、いいかえればあらゆる客部表現をならべたてたとしても、もしも主部表現としての〈私〉を没却してしまうならば、「行為につながるような発言」や発語行為を分類したり型分けしたりすることは、つまるところ徒労に終らないわけにはいかないのである。なぜなら、生活＝生産諸関係のもとに編みこまれている人間が、この現在において、またその都度その都度に、さらに過去的ないし未来的な時空間においておこなう行為は、限りなく多様であるからだ。たとえ個々の人間存在が有限であったにしても、この有限のなかにおける無限な様相をとる行為を、実際的にも空想的にも実行することが可能なのだからである。まさにこの可能性を有っているがゆえにこそ、人間は想像することも、生産技術を開発することも、芸術作品を創造することも可能なのである。

それだけではない。日本語の表現は英語に比して極めて柔軟に、融通無礙に、動詞をつくりだしている。最近では、名詞に「する」という動詞をつけ加えて、新たな動詞が次々につくりだされている。老婆が「青春する」とか、「主婦する」とかという言いまわしもなされる。動作や動きにかかわる名詞に「……をする」をつけ加えて動詞として用いられてきたのであるが、「をする」の「を」を省略した形式が、「青春」などの名詞に付加されたともいえる。〔これに反して、「をする」と綴らなくてもよいばあいに、わざわざ「をする」と表現するのが、労働組合官僚（出身議員）の癖である。〕

もっとも、外国語を翻訳することができないばあいに、名詞に「する」を付加して動詞化することは、すでに早くからおこなわれてきた。典型的には、「哲学する」「科学する」などが、それである。この側面からするならば、「青春する」、「主婦する」などを非難するわけにもいかなくなる。

それだけではない。外国語の単語に「する」を付加して動詞形にすることは、これまでもしばしばおこなわれてきた。「エンジョイする」「エスカレートする」「セックスする」「ボイコットする」など。直訳的に「〇〇する―する」となるばあいも、しばしばである。

ところで、「ポカする」とか「ポカンとする」とか「ポカ休」とかの日常語として用いられている「ポカ」の意味を、私は理解できなかった。ところが、大野晋『日本語の起源』（岩波新書）によれば、インドのタミール語の「ポカ」とは「穴」とか「墓」とかを意味する語なのだそうである。「ポカ＝穴」と解するならば、さきの三つの語の意味はたちどころに明らかになる。（タミール語のpの音が、日本語のばあいには「f」に、さらに「h」に変るのだとすれば、「ポカ＝墓」は「墓＝はか」となる。）

なお、青森地方において、一月十五日の行事としておこなわれている、「ホンガホンガ」と叫びながら踊る慣習は、タミールのそれと全く同様なのだそうである。「ポンガロー、ポンガル」と彼らは連呼する。「ポンク」とは「わき立つ・喜びでふくれ上がる」の意であって、その名詞形が「ポンガル」、その命令形が「ポンガロー」なのだそうである。したがって、「ポンガロー、ポンガル」にせよ「ホンガホンガ」にせよ、いずれも豊年満作を旧正月に祈る行事の最中における掛け声である、ということになる。――その他のことについて詳しくは大野晋の前掲著作を参照されたい。

さて、日常語としての英語の場合も、ラテン語やギリシア語にさかのぼって、いろいろに造語がおこなわれる。そうであるならば、その都度その都度に、また時代の変化につれて、名詞や動詞なども、つねに新たにつくりだされてゆくに違いない。したがって、人間行為にかかわる数多くの動詞を、次のような五つの型にわけることもまた徒労に終るといわなければならない。――「(1)判定宣告型、(2)権限行使型、(3)行為拘束型、(4)態度表明型、(5)言明解説型」（二五二頁以下）

もちろん、すでに成文化されている法律の条文の客部表現を摘みだして種別や類別をおこなうことそれ自体が、無意味であり趣味のたぐいでしかないと言っているわけではない。けれども、このばあいでさえも、法律を法律として制定した主体や、法文上の主部表現や目的語になっている客体および（株式会社などの）法人格などを無視して、客部表現の種別や類別をおこなってみたとしても、およそ無意味なものになるであろうといわなければならない。

右のことは何を意味するか。――〈私が〔誰かが〕――誰かに〉という実体的対立関係を措定して客部表現（用言・動詞）を検索するという方法をもってしても、人間行為を、いまのばあいは発言や発話行為を捉えることも分類することもできないということ、これである。

〈私が〉や〈誰かが〉という主部表現によってあらわされる話し手と、彼にとっての客体であるところの・〈誰か〉であらわされる他者（たち）としての聞き手（受け手）とが、面々相対する場において、前者の話し手が、みずからの意思や意図や目的やを後者に伝えるために、発言ないし発話するのである。前者が後者にたいして話す（speak to ～）のである。が、このばあい、つねに必ず「何かについて・何かを」話し語るのである。とりわけ「行為につながり行為をおこすような発言」のばあいには、いいかえれば命令形の発言をおこなうばあいには、話し手が聞き手にたいして、つねに同時に、「何のために・どのように」ということについても話し伝えなければならない。そうでないならば、命令形の発言は軍隊の隊長が下す号令のようなものになるか、さもなければ官僚主義的伝達になってしまうのである。

こうして、次の二つの表現形式が成立する。

① 〈私が――「何かについて・何かを」――誰かに〉話すこと。

②　〈私が――「何のために・どのように」を――誰かに〉話すこと。

前者①のなかの「何かについて・何かを」は、発言または発話された内容においてあらわれている「対象への言及」である。あるいは、「話されたこと（表現態）」においてしめされている「言及対象」（オースティン）にかかわる。これにたいして、「何のために」は、話し手が、または話し手と聞き手の両方が、これから遂行するであろう行為の意味ないし目的を、オースティン流に言えば「発語内の力」を、また「どのように」は、この目的を遂行するための仕方様式＝手段などを、それぞれさししめし、これらは「話されたこと」のなかに含まれている。こうした事柄が含まれていないかぎり、これから遂行されるであろう行為は首尾よくおこなわれないのである。このことを、右の表現形式はしめしているのである。

いま素描したことからも明らかなように、〈私が――「何かについて・何かを」――「何のために・どのように」を――誰かに〉という関係と、この関係のおいてある場所が、かかるものとして基礎におかれているかぎり、「行為につながるような発言」とか「発語行為」とかというカテゴリーは、本来的に成りたちえないのである。したがって、次のようなオースティンの主要論点そのものが徒労に等しいのだといわなければならない。――

(1)　適切／不適切の観点
(1a)　発語内の力
(2)　真／偽の観点
(2a)　発語の意味（meaning）〔意味（sense）と言及対象〕

C　蹉跌

行為遂行にかかわるか否かに関係なく、いやしくも「発言」を言語論的に論じようとするかぎり、まずもって次のことを区別しながらも統一的に捉え展開する必要がある。

すなわち――

①誰かにたいして「話すこと（speaking）」。

②誰かに話しかけた主体または話し手（speaker）。

③話す行為（speech act, locutionary act）。

④話し手によって「話されたこと（what is spoken）」、つまり言語的表現態。

⑤話し手が彼の聞き手ととりむすぶ関係そのもの。

右のことを言語論的に規定するならば、次のようになる。――①の「誰か」とは聞き手としての表現主体、いいかえれば話し手の表現対象＝客体としての表現主体。②は表現の場における主体としての話し手、または話し手としての表現主体。③はこの表現主体の言語的表現行為。④は言語的表現形態（または表現態）。⑤は話し手と彼の聞き手とからなる表現の場所。――このように規定されなければならない。

「発言」なるものをば、発話者や彼の聞き手や、この両者がとりむすんでいる関係およびこの関係のおいてある場所から切り離して独立自存化し、そうすることによって「話したこと」（言語的表現態）の形式および内容を考察するのではなく、「話されたこと」のなかに見出される「動詞（第一人称・単数・直接法・能動態・現在形）」を、ただただ対象的に解釈するにすぎない——このような方法は、所詮は「動詞」の文法的解釈の地平をこえでるものではないといえるであろう。このことは、言語的に対象化すること（表現行為）と言語的に対象化されたもの（表現態）とが区別されていないことをしめしている。それだけではなく、いままさに発話しようとしている話し手の意識内において現前化しつつあるもの（いうなれば、前言語的な言語体、つまり「未だなおコトバになっていないコトバ」という意味での内―言語体、「内―語り」前的なもの）と、かかるものの音声または文字を手段にしての外的世界への対象的表出としての表現（「外―語り」）との関係もまた、オースティンの視野の埒外に放逐されていることを意味する。つまり、意識内部世界における対象化作用（対象的にして非対象的な概念作用）が完全に没却されているだけではなく、この内―対象化作用と、表現主体がおいてある場所としての客観的＝外的世界における対象化行為（表現行為）との関係についても、完全に没却されているということである。

いやむしろ次のように言ったほうがよいであろう。すなわち、「発語行為」が、ⓐ「発声行為」とⓑ「単語を発する行為」としての「用語行為」、ⓒ「意味行為」の三つからなるものとして、まさしく悟性主義的にしか論じられていない（一六一～六二頁）、と。

ここにおいては、発声も用語も意味も、すべて「行為」とみなされ、「行為」と規定されている。「発語行為」がこれら三つの機械的な結合としてとらえられているかのようである。しかも、音声と、音声として発せられる語のそれぞれの音や音韻との関係そのものについては何ら論じられてはいない。それだけではなく、用いられている語と語複合体（complex）としての言語的表現態との関係もしめされてはいない。ただ「話されたこと」または表現された文などの全体がしめしている意味（meaning）と、音声または用いられている語がしめしているところの「意味（sense）と言及対象（reference）」とは区別されるべきであって、とりわけ sense と meaning との違いに注意すべきであるということが力説されているにすぎない。meaning は「発語内の力」としても力説されている。たしかにオースティン自身が「告白」しているように、言語行為論の入口に読者たるわれわれは立たされているにすぎないといわなければならない。

なんらかの形で「事実確認」にかかわりながらも直接的には「適切・不適切」にかかわるとされた「行為をおこす（ような）発言」を執念深く解釈した手法は、「発語行為」にかんしてはほとんどなされていない。この行為が発話者の言語的表現行為としてではなく、「もろもろの語（words）を用いて（with）」、「ことをなすこと＝行為すること（to do things）」としてとらえられているのだからである。

「もろもろの語を用いて何事かをなす」という発想は、いわゆる「言語＝道具」説の延長線上にあり、この道具説を「行為」の観点から、いわば流動化し「動詞」を軸にして考察がなされているにすぎないことをしめしているではないか。このことは、speaking と speech act と what is spoken との未分化的な解釈に、端的にいえばそれらの渾然一体的解釈に堕していることを意味する。たとえ「発言」とか「行為」とかが主題にされていたにしても、「誰にたいして」という表現対象がつねに必ず欠損しているだけではなく、「話されたこと」が、つまり「発声・用語・意味」の行為が説かれていないことを端的にしめしている。

「話すこと（speaking）」をば、「話されたこと」という結果（表現され対象化された形態）のがわから特徴づけるために、ただそのためにのみ、発話行為がなされた「状況および条件」や「相手」や「文脈ないし脈絡」が外的に接ぎ穂的に説かれているにすぎないのである。

少なくとも行為解釈学の見地にたつならば、「話されたこと」それ自体が、客観性（用いられた語およびその音・音韻や文字）と主観性（meaning——話し手にとって、また聞き手にとって意味されていること、および「何かについて」の指示ないし「言及」）とが統一された形態（表現態）として、捉えられたはずなのである。もろもろの語が——社会的にとりきめられた言語規範にもとづいて——有っている音声や文字（形象）が、「話されたこと・書かれた文」がそれによって構成されている実体として、つまり言語的表現過程の実体として、当然にも捉えられたはずなのである。言語的表現行為の、したがってこの過程の実体としての諸言語体の形式（音声や文字）は同時にその内容（意味）として捉えられたはずなのである。

言語体（または単に語）の形式（音声や文字）は、記号論的には能記（シニフィアン）と規定され、同様にその内容は所記（シニフィエ）と規定されうる。このように解釈するならば、発話者が表出し対象化した言語的表現態、これは、発話者がいだいた意思・感情・意図・目的などをあらわす所記的能記（シニフィエ的シニフィアン）として、発話者から独立した存在（超感性的にして感性的な表現態）である、と同時に他方では、聞き手にとっては能記的所記（シニフィアン的シニフィエ）としての意義をもつのである。まさにこのようなものであるがゆえに、「話したことwhat is spoken」をつうじて、話し手（speaker）の意思などが彼の客体としての聞き手（listener）に伝達されうる可能性がうみだされるのであり、また伝達されうるのである。そして、この言語的表現による伝達は、聞き手が話し手にたいして応答する言語的表現行為を喚起することになるのである。この過程は、さきの過程の逆をなす。聞き手が、こんどは話し手となるのだからである。表現行為の構造は、後者のばあいも前者と全く同じである。

ところで、話し手の言語的表現行為には、つねに必ず同時に非言語的なものがからみあっている。とりわけ発話行為のばあいが、そうである。語気を強めたり抑揚をつけたり手振り身振りをまじえたり表情を動かしたり、話者たちが抱きあったり、どちらかが一方的に離れたりする、というような非言語的行為が、話し手および聞き手の双方の言語的表現に深くむすびついておこなわれるのである。

さて、オースティンは、話すこと・話す行為と「話されたこと」とを、面々相対する表現主体がそれとして措定されてはいない「発語行為」なるものとして機能論的にとらえ、そうすることにより「発語行為」そのものが実体化されてしまう。こうして、「意味および言及対象」にかかわる言語的表現内容は「発語行為」に内在するものとして、つまりin-locutionaryとして、illocutionaryとして、とらえられることになる。そして「発語内の力」なるものが自立的に論じられることになる。「発語行為」における「発語内」の問題として、「発語内の力」の問題として、ただ対象的に論じられることになる。英語文の記述上の特徴から、すなわちin～ing（～しながら）の「in」との関係において、「発語内の力」について論じられる。これと同様に、「～を手段にして（by～）」の「by」から、「発語媒介」という発語行為の媒介性が説かれることになる。

けれども、この「～によって」「～を手段にして」ということは、「話され語られたこと」のうちにあらわれている「目的とこの目的を達成するための手段」にかんする内容規定にかかわるのであって、話し手が自己の意思などを相手に、発語または発話をつうじて伝える、という媒介行為をさすことにはならないのである。「発語内の力」が「意味および言及対象」にかかわる規定であるとするならば、当然にも「発語媒介」perlocutionary という規定は、発語者が自己の意思や目的を、彼の客体である他者（たち）に媒介することをさししめすものとして規定しなおされなければならないはずである。もともと言語的表現行為は、われわれ人間存在が相互に、みずからの意志や感情を伝えあい応答しあうためのものなのだからである。

〈私が〈誰かが〉――誰かに〉という表現の場所における人間相互間の関係を基礎にしていうならば、「何かについて・何かを」を語るさいに、同時に「何のために・なぜ」という意味・理由・意図などとともに、「どのように」という目的・意図を達成するための仕方・手段についてのべることになるのである。あるいは、「何かについて・何かを」なす（行為し実現する）ために、この行為が「何のために・なぜ」なされなければならないか、ということだけではなく、「どのように」なすべきか、ということを、話し手は彼の客体である他者（たち）に語りかけるのである。したがって、或ることがらを達成するための手段が目的達成のための媒介（中間）をなすのだとしても、このことは「発語行為」における「発語内の力」にかかわるのであって、「発語媒介」にかかわるのではない。言語的表現を媒介にして、話し手が彼の聞き手に関係し、後者が話し手になって前者に関係する、というこの精神的媒介関係あるいは意思疏通関係を実体化してとらえるならば、「発語媒介」というように存在論的に規定することはできないわけではない。けれども、「話されたこと」にもりこまれている「目的を達成するための手段」（by ～という形でしめされるもの）から、他者（たち）に行為を誘発する話し手の発語行為の一規定としての「発語媒介行為」であるとするわけにはいかないのである。

「話したこと」が他者たる相手に適切にうけとられずに歪められたり、「約束したこと」を約束した他者が履行しなかったり、「何かについて・何かを」命令したり名づけたりするさいに、話し手が予期したこととは異なった事態がうみだされたりするということ。――このことに心を痛めたという原―体験をモチーフにして、「行為につながり行為をおこすような」発言を言語論的に解析しようとしたのが、オースティンであった。真・偽を問う「事実確認的発言」に関係するのだとはいえ、これとは区別された「行為につながるような発言」をば「動詞」を軸にして考察したのだとはいえ、所詮は、話し手が他者によって誤解されたり歪められたり裏切られたりするのは一体なぜであるのか、ということはつきとめられはしなかった。このことはあまりにも当然のことである。なぜなら、そのようなことがらは、話し手が彼の他者（たち）とつくりだす表現の場所からの逆規定にかかわる問題を考察しなければ明らかにはならないからであり、またそれ以上に、言語論をこえた発話者たちの倫理にかかわる問題なのだからである。

「話されたこと」（言語的表現態）は、――それがどのように深く分析されたとしても――「話されてはいないもの」としての非言語的表現（表情・身振り・語気・抑揚など）に直接に関係するものとして分析されなければならないのである。いや、「語られざる言葉」とか「言外にほのめかされていること」（文章のばあいには「行間に滲みでていること」）とか「音声としては発せられていないこと（＝言葉）」とか、言語的表現以前の・他者たちには知覚されていない「内―語り」（もちろん、この内―語りは表情の動きとして表出されるのが常なのであるが）ということ、あるいは「本音とは異なる建て前」についてだけの発話など——これらのすべては、オースティンによる「話されたこと」の解析からは、すっぽりぬけおちているのである。まさにこのゆえに、たえず相手に騙され裏切られ・ごまかされ・かつがれ・オチョクられ・しっぺがえしを食らわされるというようなことが、ついに言語学的に理解されなくなったというわけなのである。

皮肉・比喩・逆説などは、その都度その都度の表現の場において起り消えてゆくのであって、このことが芸術作品としても対象的に固定的に表現されることになるのである。

他者たちが発するコトバ（言語的表現態）への不信感は、言表（speech）の「適切・不適切」のたぐいではないことに気付くことができなかったことのゆえに、「ロゴス（論理・理性・言葉＝語）」を操る動物としての人間への不信が、おそらくはオースティンの内部世界に拡がったのではないであろうか。言葉への不信から「人間」への不信に彼はおちいっていたのであって、言語学的展開にあがき悶えたのではないであろうか。

D　要点

「言語論的転回」として高く高く評価されているだけではなく、日常語分析学派なるものさえもがつくりだされ全ヨーロッパ的規模において論争をまきおこしていると喧伝されているオースティンの言語行為論――これが、たしかに文法学的言語論を突き破ろうと意図されているものであるにしても、つまるところ、言語行為の「動詞形」からする結果解釈論にすぎないということは、今や明らかではないか。行為を誘発するような「発言」とか「発語（内／媒介）行為」とかの用語がたとえ用いられていたにしても、このようなことにかんする論理展開は、「話されたこと」の平面での言語行為の対象的で外的な説明にしかなっていないのである。「話されたこと」をば、話し手や聞き手の立場にたってとらえかえす、という初歩的な追求さえもが、オースティンにはぬけおちているのだからである。こうした錯誤を要約するならば、およそ次のようになる。――

（1）　記述・陳述・叙述など、一般的には特定の命題表現ないし文の「主語―述語」関係、または「主部―客部」関係、これらを文法論（文章構成論）の見地から静態的に分析するのではなく、逆に動態的に、つまり「発言」や「発語」の見地から考察しなければならないとされる。このこと自体に異論をさしはさむ余地はない。けれども、話し語る当事者としての言語的表現主体とは無関係に、「発語行為」とか「発言」とかを行為論的に論じることは決してできないのである。日常語によるお喋りでさえも、喋る日常生活者という存在そのものと彼らの情感や常識や生きた思想から切りはなされた形においてあつかうことは、決してできないのである。言語的表現をおこなう行為主体（社会的存在としてのわれわれ実践＝表現主体）から切断された「発語行為」とか「発言」とかの緻密にみえるような分析なるものは、つまるところ、つねに必ずspeakingとspeech actとwhat is spokenとをごたまぜにした解釈論になり終らないわけにはいかないのである。「話されたこと」それ自体を、その客観性と主観性との平面においてとらえかえすことさえもが全くできないことになるのである。

（2）　たとえ「行為につながるような発言」がとりあげられ、この「発言」の特質が「適切・不適切」にかかわるのだということが論じられたとしても、この「発言」が「事実確認」には直接にはかかわらない、ということだけが強調されているにすぎない。「真と偽」や「事実と価値」にかんする命題と、「話されたこと」――「行為をおこすような発言」――とは、異なることが力説されていたとしても、この両者の関係そのものが説かれないかぎり、何事も明確にされはしないのである。

「人はヘンである。」というような単純な命題表現（文）と「発言されたこと」とは、それぞれ文字表現（いわゆる「書き言葉」）と音声表現（いわゆる「話し言葉」）という相違があるのだとはいえ、言語的に表現されたもの（表現態）という意味では同一の構造をなすのである。この二つの表現態の違いは、用いられている表現手段の違い（文字であるか音声であるかということについてのそれ）にあるにすぎない。

それだけではない。「話されたこと」には、オースティンも認めているように、情感・情緒や「状況および条件」や「相手」にかかわることが映しだされている。いいかえれば、表現手段の種類の相違にもかかわらず、表現されているものには、つねに必ず表現者の価値意識が対象化されているだけではない。表現の場所から逆規定された形で、言語的表現はなされるのである。他者（たち）に騙され・かつがれるというようなことは、発言内容ないし発語内容の「適切・不適切」にかかわるわけではない。表現者が相互にとりむすんでいる関係と彼らがおかれている場所に決定されるのである。――日本人の会話のばあいは、とりわけそうなのである。「顔で笑って、心で泣いて」とか「建て前と本音の使いわけ」とか「口先と腹のうち」とかにかんする日本人の対他者発話の形式に、おそらくオースティンは仰天するにちがいない。

（これについては、後でふれる。）

とにかく、たとえば事実確認などの命題と「行為につながるような発言」との言語表現上の区別および同一性が言語論的に明らかにされないかぎり、たとえ「発言」ないし「発語行為」というカテゴリーが用いられていたとしても、言語的表現そのものの能動性は明確にされえないということである。

（3）　執拗に「動詞（第一人称・単数・直接法・能動態・現在形）」ということが追求されていることは、日常生活者の行為の能動性・積極性・主体性にむすびついている言語的表現行為の特質をとらえようとしていることの証左であるとはいえる。けれども、この「動詞」の諸類型や種別・類別などを羅列しながら人間行為をとらえようとすることは、極めて愚かなことである。なぜなら、有限な人間存在がおこなう動作・行動・行為は限りのない形態をとり、また話し語ることにも限度があるわけではないのだからである。

人間行為の、したがって言語的表現行為の独自性は、その特殊性は、ただたんに「動詞」をあげつらうことによってはとらえきれないのであり、そうした行為をなす主体とこれがおかれている場所を基礎にし拠点にすることなしには、捉えることも説くこともできないのである。

早い話が、日本語の第一人称にも第二人称にも、イギリス語やドイツ語とは異なって、実に多彩な語があり、その時々の状況に規定されてこれらの語は使いわけられる。場の雰囲気については割愛するにしても、話し相手の年齢・社会的存在性・資格・地位などなどに応じて、自己規定も他者規定も異なってくる。こうして日常語・尊敬語・謙譲語・丁寧語などの区別もうみだされてくる。さらに厄介なのは、自己主張を嫌う日本人は、自己存在を自己規定せずに、他者との関係において規定するのである。いわゆる「あなたのあなたが私である」というように。

こうして第一人称には、私・われ・僕・オレ・おいら・わが輩・余・朕などがあり、第二人称には汝・あなた・君・お前・貴様・てめえ・野郎・おたく・そちらなどがある。

これらの自称・他称をあらわす語は、その場その場で使いわけられるとともに、このことに決定されて、客部表現としての用言（動詞）も異なってくる。ぞんざい・丁寧・尊敬・謙譲などをあらわす動詞が用いられる。「ございます」「いたします」よりも「～される」という語を用いて尊敬の意をあらわすのが、いまは普通になっている。もっとも、「～させていただきます。」とか「～ありますでしょう。」とかという変な言いまわしも発明されている。

日常語としての日本語の使い方は、オースティン流の日常語分析学派にとっては、まさに頭痛の種となるにちがいない。論理上の「主語－述語」関係または表現上の「主部表現－客部表現」関係をないがしろにして「動詞」だけをあげつらったとしても、また「発語行為」なるものの型わけをおこなったとしても、これは文法論になりえても言語論には決してなりえないのである。
（4）　言語表現をおこなう主体つまり表現者（＝表現主体）と彼にとっての客体または対象としての他の表現主体との相対対立、前者の後者への、また後者の前者への、言語的表現を介しての関係のとりむすび、客体的にあらわすならば、二人または多くの人びとのあいだの言語的表現（いわゆるコトバ）を介しての交わり行為、そしてこれらの関係のおいてある場所としての表現場。――これらを基礎にすることなしには、人間に固有な言語的表現行為は捉えることも説くこともできないのである。もしも表現の場所を措定しないのであるならば、話すこと、話す行為、話されたこと、話そうとしている当の人（表現主体）の意識そのものの働き（情動・意志・生きた認識＝思惟作用など）およびこれの非言語的表出（表情などに、それとして意識することなくあらわれること）などのすべてが、未分化のままにあつかわれることになる。

それだけではない。民族語としての自然言語または日常語は、歴史的実践をつうじて形成されてきたものであると同時に・今もなお変化しつづけているところの、社会的約束ごととしての言語規範にのっとらなければならないということ、いいかえれば、それによって言語的表現がおこなわれる社会規範としての言語規範（語法・文法・文章構成法など）が客観的に存在するということ。――このことが明確におさえられなければならない。この言語規範の客観的存在性が否認されるばあいには、意識内から、さらに無意識から、いわゆる「言語」（いわゆるコトバ）が泉が湧きあがるように創造される、というように考える主観主義がうみだされもする。あるいは、「表現行為そのものにおいて初めて言語がうみだされる」とか、「言語はその使用においてうまれる」とかと主張することにもなる。これらのすべては誤りである。

そもそも一般に、語（words）と話すこと（speaking, speech）、言表ないし発話行為（speech act, locutionary act）、そして言語規範――これらは、必ずしも自覚的に用いられてはいない。（Sprache が「言」とか「言表」とか「言語」とかと訳されたり、Wort が「言語」とか「語」とか「言葉」とかと訳されたりしていることからしても明白なように、「言葉」や「言語」という日本語の語彙は極めて曖昧のままに用いられている。）

こうして langage は、①言語的表現行為の意味にも、②言語的諸能力の意味にも、③経験をつうじて個々人に習得され内在化された言語規範の意味にも用いられることになる。このことは、言語規範の社会的―客観的存在性をかかるものとして捉えることを基礎にして、日常生活行為をつうじて経験的に体得されたものとしての言語規範が、日常的思考においてア・プリオリ化される、ということが表現行為主体を基礎にしてとらえられないことに、起因するのである。

いいかえれば、語＝言語体と、内在化されたそれ（内―言語体）とを、客観的に存在する言語規範と内在化されたそれ（内―言語規範）とを区別することなく、「コトバ」という常識語の二義性（喋ることと語）に胡座をかいているがゆえに、頭のなかでのつぶやき（内―語り）およびこれと概念作用との関係、さらにこの内―語りと、外―語りつまり喋り話し語ることとの区別も、できなくなるのである。「書き言葉」と「話し言葉」という表現こそは、言語表現論の追求を放棄していることの端的なあらわれであるといえる。

おそらくオースティンは実際にはたえず内―語りをしていたのであろう。だが、このことに彼は一顧だにあたえていない。外―語り＝「発語行為」によって表現された結果としての「語られたこと」の客部表現にのみ、異常な関心をいだいているにすぎないといえる。

（5）　論理的判断や価値判断にかかわる命題（「主語―述語」関係）ではなくして、話されたこと・言表されたこと・言語的表現態（音声または文字によるそれ）が主題であるかぎり、「主部表現―客部表現」の関係が問われるべきであり、客部表現としての動詞だけが問われてはならないのである。しかも、すでに若干ふれたように、主部表現とは、生身の私としての現実的自己そのものではなく、この自己についての規定を対象的に表現したものにほかならない。いいかえれば、第一人称としての「私」という語と、この語によって指されているところの現実的自己という名辞であらわされるところのものとは、当然のことなから区別されなければならない。それと同時に、この両者の存在構造のちがいが明白にとらえられなければならない。

「私は革命家である。」というような表現は、生きた現実的自己についての対象的な自己規定の表現であって、言表または文の主部表現が表現した人（表現者）としての生きた現実的主体そのものであるわけではない。——このことを、時枝誠記は、言語的表現における「主体的表現」〔言語主体の感情を表出すること〕ではなくして、言語主体が自己自身について概念的に規定した客体的＝対象的表現であるとみなすのである。

自己自身の自己規定を主体的に表現することにたいして、表現者がおいてある（または、おかれてある）場所という客観的世界の諸事象についての言表・文・記述などは、言語的表現における客体的表現（客観的世界にかんする言語的表現）といえる。たとえば「雪が降る。」という記述が、この種類の表現にぞくする。

ところで、たとえば「雪が降る。」という文または言表は、「客体的表現」にぞくする記述ではあるが、この表現それ自体には客観性（「雪」という語によって指示されるところのものが降っていること）と主観性（〝降っている雪〟を見ている者にかかわること）とが統一されているのである。この「客体的表現」をば、「主観性」のがわから表現しなおすならば、次のようになる——〈誰かが——「雪が降る」＝ことを見ている。〉と。誰かがおかれている場所において生起している「こと（事）」を「こと（言）」として表現することを認識＝表現主体のがわから表現しなおしたものが、これである。

他方、「雪が降る－ゼロ記号」とみなして解釈するならば、次のようにも表現できるであろう。——「雪が降る！」、「雪が降るよ。」、「雪が降るだ。」というように。けれども、「だ」という辞をつけ加えた表現は、〝降る雪〟を見ている誰かの・感覚にもとづく判断をあらわしているといえるのである。このことからするならば、「雪が降るだ。」は、いまのべた〈私が――「雪が降る」＝こと――を見ている。〉という主体的表現と同類のものになるといえるであろう。いいかえれば「だ」のついた表現は、「だ」という辞がそれに先行する詞をつつむという機能をはたすがゆえに、客観的世界の客体的＝主体的な表現であるということになる。

言語的表現には「主体的表現」と「客体的表現」とがあるとみなすならば、前者は〈私が――「私について・何かを」――誰かに〉語ることにかかわり、後者は〈私が――「何かについて・何かを」――誰かに〉伝えることにかかわるものであるともいえるであろう。

一般に、客観的諸事象についての或る記述や言表されたことは、これを言語的に対象化した当の主体との関係において、したがって表現主体の立場にわが身を移し入れて、理解することが必要なのである。言語的に表現されたものを理解するばあい、これを表現した主体の立場にそれを理解する者がわが身を移し入れることによってのみ、表現されたもののシニフィエ的シニフィアンにもとづくそのシニフィアン的シニフィエが正当にとらえられるのである。いわゆる客体的表現は、客観的世界または「客観的諸事象についての何か」を表現者が感覚し認識し意味づけた事柄を言語的に表現したもの（表現態）であるからなのである。

このことは、他面では次のことをしめしている。一般に言語的表現態は客観的存在性を有っているのだとはいえ、この表現態が、特殊的には「記号的世界」なるものが、唯一の実在であって、言語的世界ないし記号的時空間いがいには世界は存在しない、とするのは誤りであるということを。そもそも言語的表現態は、つねに、これを表現した者が自己のおかれている場所または世界についての彼の意味づけを自己存在の外に表出したものなのだからである。

表現者によって言語的または芸術的に表現されたものは、この表現者の世界観や人間観が同時に対象化されているところの、表現者の表現世界をあらわすものであって、この表現世界は表現者のおかれている場所としての客観的世界そのものではないのである。言語的または芸術的に表現されたもの（表現態）と、表現者が表現する以前の世界または表現者に先立つ世界とは、存在性格およびレベルを異にするのであって、意味づけをあたえられた後者が前者なのである。

われわれはつねに誰か（または何か）にたいして、歴史的に形成されてきた社会的言語規範にのっとって、「何かについて・何かを」語ったり書いたりするのであり、このばあいに同時に「何のために・なぜ」をも語り書くのである。「何かについて・何かを」語り書いたものには同時にそのうちに、語り書いた者自身の意味づけもがふくまれているのである。この側面からするならば、語られたり書かれたりした言語的表現態は、つねに所記的能記（文字・音声という形式）であると同時に能記的所記（意味内容）である、という性格をなし、またこの能記的所記の側面のゆえに、受け手は表現者の意思や世界観やを了解したり理解したりすることが可能になるのである。

生産的＝社会的実践の歴史的産物として創りだされている「人間生活の生産」の世界も、これを創造した社会的人間のがわからは彼らの表現世界として意義をもつのである。たとえそうであったとしても、表現世界がすなわち物質的世界そのものであるというわけではない。いわゆる「言語的＝表現的世界」がすなわち物質的世界そのものであるわけではないのと同様に。言語的表現によって意味づけられた世界としての表現世界は、表現者がおかれている場所としての物質的世界とは異なる地平において成立するのである。このような性格をもつ客体的表現が記述であり言表されたものなのである。

（6）　話され書かれた表現態は、──歴史的・社会的に形成されて存在する言語規範（その内在化にのっとったところの──これを構成するもろもろの語（言語体）が有っている意味および文字形象（いわゆる記号形式＝シニフィアン）と、社会通用的な意味および指示対象（いわゆる記号内容＝シニフィエ）とにもとづく言語体コムプレックスをなすのである。そして、この言語体コムプレックスとしての表現態があらわす意味は、この表現態を構成するもろもろの語がしめす意味内容より以上のものである。このことは、或る言語的表現をおこなった当の表現者にとってさえも、そうなのである。なぜなら、いわゆる「含みをもたせた言いまわし」ないし「余韻のある文」が、言語的表現態が直接にあらわす意味より以上の意味をあらわすのだからである。（おそらくこのことをさしてオースティンは「発語内の力」とよんだのであろう。）いわんや、反語や逆説や比喩においてをや、である。またこのゆえに、このような性格をもっている言語的表現態を用いたり読んだりする者は、言語的に表現された結果（表現態）にそくして、これを表現した者の真意をおしはからないわけにはいかないのである。言語的表現態が直接にあらわしている意味より以上のものを推測し理解し、もって了解に達するように努めないわけにはいかないのである。いわゆる〝腹のうちを読む〟とか〝行間を読む〟とかというものが、これである。或る話し手が「話したこと」の直接的なシニフィエ的シニフィアンを介して、話し手が本当には何を言おうとしているのかということを、彼が真に意図したこと（真のシニフィアン的シニフィエ）を、推測し理解し解釈することに、彼の聞き手は心配りをしないわけにはいかないのである。

右のようなことがらは、しかし、言語的表現論にむすびついたところの、表現者たちの認識＝思惟作用論につながってゆくのであって、表現論は他面では同時に認識論の角度からも掘りさげられなければならないということになる。

ところで他方、言語的表現には、つねに必ず非言語的なものがともなうのであって、この諸要素が言語的表現態（話されたことや書かれた文）の意味了解に役立つのである。表情・身振り・手振り・語気・抑揚などが、対話における非言語的表現の主なものである。文や文章における非言語的なものとしては、傍点やゴシック体文字やイタリックス体文字、さらに外国語や外来語の片仮名表記を使用することなどがあげられるであろう。「言外のことを読む」とか「行間を読む」とかということは、言語的表現態を基礎にして、直接には表現されてはいない或ることがらや「それ以上の意味」を感得することにほかならない。


オースティンのいう「発語内行為」なるものには、これまで六点にわたって述べてきたことがすべてぬけおちているのである。たとえ語の意味とは異なる「発語がもっている力」が強調されていたとしても、オースティンは「語られない言葉」や「言葉なき言葉」などは射程外においているのである。アドロフ・ヒトラーのいう「語られた言葉の魔力」と発話にともなうジェスチャーに、おそらく第二次世界大戦中、陸軍中佐（スパイ担当）としての職務をはたしていたオースティンは思いを馳せていたに違いない。いや、ひと（他人）に騙され欺かれ、かつがれもしてきた自己の原―体験のゆえに、「発語がかもしだす力」に注意をむけたのであろう。

たしかに、話され書かれた「言葉」としての言語的表現態は、「発語行為」の対象的産物である。けれども、この表現態は、これを表現したところの、あるいは音声や文字を用いて対象化したところの、実践主体としてのわれわれ人間との関係において捉えかえされなければならない。なぜなら、太古の昔からの協同労働の長い長い歴史をつうじて、社会的存在となった人間のみがおこなう独自な行為が、言語的行為なのだからである。けれども、このことは、人間が「ロゴス（言葉＝論理＝理性）」的動物＝存在であることを意味しない。協同労働のために人間相互間において相互交わりが必要となることからして、いわゆる精神的交通の度合と効率を高めるために、まさにこのゆえに、言語的表現は発明されたのだからである。生産的＝技術的実践とそのための人間相互間の社会的実践との統一をなす人間実践、この社会的存在としての人間に独自な実践の一契機として、言語的表現（行為）は創造されたのだからである。この言語的表現に先立って、人類の先祖が、芸術的ともいえる記号的ないし絵画的表現を既に発明していた。このようにして、洗練された芸術的表現としての言語的のそれや絵画的のそれや彫刻的のそれや建築的のそれなどが、創造されたのである。こうした脈絡からするならば、言語的表現論は同時に芸術的表現論としても展開されなければならない。いやむしろ、人間にのみ固有な創造行為の論理を追求することが、言語的・芸術的な表現論の基底におかれるのでなければならない。西田幾多郎が、芸術制作との類推において歴史の制作を論じようとしたゆえんである。だが、彼には、言語論が欠落していた。

たしかに、思惟することは詩作することに不可分にむすびついているのだとはいえ、この両者はレベルを異にしている。前者が「何かについて知られ・何かを識る」存在としての社会的意識の内における作用であるのにたいして、芸術制作行為や言語的表現行為は、生きた人間の情感や情動や思想を起点とするとはいえ、対象的世界における創造的行為なのだからである。存在するものにおいて同時に、「存在そのものの呼びかけ」を聴きわけ、この呼びかけに応えて内－語りにただよいつつ、もろもろの語をえらびつつ言語的表現をおこなうのが、世界内存在として存在する現存在に開けた真実存在である、というように存在論的に言えないわけではない。内－語りとこの外化ないし対象化としての外－語り（Sprache, speech）、その芸術的形態が詩であり文学などであるとはいえ、われわれの日常的な言語的表現（いわゆる「話し言葉」）さえもが、詩的なものとなるであろうことを、ひとは心掛け期待しているにちがいない。

「こと（言）」の不思議さのゆえに「ことだま（言霊）」という観念がうみだされ、いわゆる言語物神もうみだされたのであった。だからこそ、「死んだ言葉」としての〈血と土〉というナチズムのイデオロギーも、「死んだ言葉」をよみがえらせようとする者ども（いわゆるネオ・ナチス）の暗躍も、現にいま進行している。現代の寓話ともいうべきこのような事態を打破するためにも、「話された言葉の魔力」にとりつかれないためにも、言語的に表現されたものを、これを表現した当の者からとらえかえす、という論理を体得することも必要であり、またこの表現者としての誰かが・誰かに、なぜ・どのように働きかけているのか、ということも、追求されなければならない。

「誰かが――誰かに」という関係を近代主義的発想としてしりぞけるならば、〈誰かが――「何かについて・何かを」――「なぜ・何のために」――誰かに〉ということに気付くのが遅れるということにもなりかねないのである。「誰でもが――誰にでも」という共同体的関係を希求している者は、たえず「私が――誰かと」と「誰かが――誰かと」ということを、そして〈私が――誰かに〈何かに〉〉と〈誰かが――誰かに〈何かに〉〉ということを、つねに見定めていなければならないのである。

明らかに、発話行為の産物や「発語内／媒介行為」なるものの対象的な解釈にとどまっているような言語論は、実践性を全くもっていないのである。このようなものは、つまるところ、文法・語法の論の延長線上にあるものにすぎない。

抬頭しつつある〝笑顔のファシズム〟の手のひらにのせられないためにも、〈私が――誰かに〉や〈誰かが――誰かに〉という関係が言語表現論の基礎におかれなければならない。この主体的出発点にたつかぎり、蹉跌はありえないのである。

（一九九五年十二月五日）

上田閑照 ことば哲学

A 実存とことば

「ことば」とは、あらゆるもの（物・者）が相依り相集まって縁起する「こと（事）」を、つまりは万物流転の様態を、「こと（言）」によって「表―現」したことであるとされる（上田閑照著『ことばの実存』筑摩書房）。「こと（事）」を「おもて（表）」に現わすのが「こと―ば（言葉）」であり、「事（こと）」を表に現わす言語表現は感性的であるとともに、「表―現」される以前の「こと（事）」より以上のことをも現わし、ここにおいて「事」が消し去られ揚棄されるという意味では虚語であり、時には偽語であるばあいもあるとされる。これが、「こと」の「表現」としての「こと（言）―ば」＝言葉の不思議であるとされる。

たしかに、話され語られ書かれた言葉は、これを書いた当の人から自立するとともに、表現された意味より以上の意味を付与されて自己運動する。言語学者ジョン・オースティンのいう「発語内の力」と類似したものがこれであり、アドロフ・ヒトラーが独裁的支配のために活用したものは、まさに「話された言葉の魔力」であった。ほかならぬこの事態を、はじめて「言語―物神」として、商品物神崇拝との関係において明らかにしたのが、カール・マルクスであった。

「ことばの不思議」はともかくとして、「こと（事）」を「こと（言）」として「表―現」するためには、「こと（事）」を表わし指ししめそうとする者（つまり表現者）が、数限りない「言の葉」を創造しないわけにはいかない。あまたの「言の葉」からなるのが「ことば（言葉）」であって、「ことば」は「言の葉」複合体であると同時に、これが一つのまとまりであるという意味では「言の葉」総体をなしている。いわゆる「ことば（言葉）」という語それ自体は、こうした二重性をもっている。いわゆる「ことば」は「言の葉」としては語をさすとともに、或る表現者による「ことの表現」としては語複合体として、表現者は情動・情意・考えられたことおよびそれ以上の意味を――表現する者にも表現の受け手にも――つくりだすのである。

話されたり書かれたりした言葉にまとわりついている意味（内示と外示、connotation と denotation）が同時に、この「言」的意味より以上の意味を、いうなれば「虚」的な意味をもつとされる。この「ことば」の虚語的意味は、「ことば」を話し書いた者の情動や情意そのものにかかわるがゆえに、いわゆる「概念の内包および外延」（intension と extension）にも、どろどろした情感にもつながっているといえる。言葉の外示が概念の外延に、言葉の内示が概念の内包に、それぞれ関係するのだとしても、言葉の外示・内示が概念の外延・内包に、必ずしもそれぞれ直対応するわけではないのである。このことは、話され書かれた「ことば」のおいてある場所に決定されるのであって、話され書かれた「ことば」それ自体に付着しているわけではないことを意味するのである。

ところが、上田閑照は、話されたこと（音声による表現）の文字による表現を、一般に文字表現（書き言葉）を基礎にして、言葉の実存的意味を自己の独自な存在論にもとづいて存在論的に解釈する。もちろん、時折には、〈誰かが、誰かにむかって・何かにたいして・また自己自身にむかって〉、話し語り・つぶやくことにふれてはいる。けれども、話され書かれた言葉（結果）をば、これを話し書いた当の人から過程的に捉えようとしているのだとはいえ、書かれた言葉と書いた当の人とを、第三者の見地から、冷やかであるが暖かいまなざしをもって、対象的に存在論としてあつかう傾きをもっているといわなければならない。

話され書かれた言葉は、話し書く人がこの人にとっての「事」を「言」として「表―現」するという行為の結果であるとして捉える見地が、存在論を展開するという彼の問題意識によって曇らされているといわなければならない。「現」になげだされてある実存の「言葉」ではなく、この実存から切りはなされて実体化された「ことば」の実存が説かれることになっているということである。

右のことは、「言葉からでて、言葉にでる」という命題において端的にしめされている。

B　二つの「においてある」存在

言葉の「実・虚」存としての性格（「事実語―虚語」としてのそれ）は、もちろん、存在の二重性ないし二重構造に基づけられて開陳される。すなわち、世界に内存する現存在（世界内存在）としての現存在である人間存在が、彼のおいてある「現 Da」の開けに開けていることは、他者が同時に、「ここ Da」という限られた地平の彼方につつまれているということなのであって、地平の地平としての彼方は「限りなき開け」としての「虚空」であるがゆえに、この虚空（または宇宙）においてある此方の世界というこの場所においてあるのが現存在であるとされる。虚空においてある世界、この世界においてある人間存在、という存在性格のゆえに、場所（世界）の開けに開けている人間存在には、同時に、「場所＝世界」をもつつみこんでいる「限りなき開け」が開けるとされる（上田閑照著『場所』弘文堂）。いわゆる絶対無の場所を原与のものとするのではなく、「においてある場所」と「場所においてあるもの（物・者）」としての自己との関係を基底におきながら、場所的自己が自己のおいてある場所としての世界の開けに開けることは同時に、「限りなき開け」（虚空）の開けに入りこみ、滲透することにほかならない、とされるのである。

現存在が自己の開けに開けることによって「限りなき開け」に接するということは、しかし、ただたんに此方の地平をつつみこんだ彼方という存在にかかわるのだとしても、現存在の「覚―自覚」にかかわるのではないであろうか。「覚―自覚」に媒介された「自己・世界理解」において「限りなき開け」が開け自覚にもたらされるということと、此岸の地平としての場所的世界をつつみこんだ「限りなき開け」を存在論として想定することとは、およそ次元が異なるといわなければならない。前者は「覚―自覚―自己・世界理解」という人間意識の働きにかかわるのである。とはいえ、もちろん、「自己・世界理解」という形式に媒介された内実が開展されるばあいには、後者のような存在論として開示されるのである。いいかえれば、現存在する場所的自己の内に開かれるところのものを前提するかぎりにおいて、「虚空においてある世界においてある現存在」ということがいいうるのだということである。

現存在が自己のおいてある場所の、この外なる世界の開けに開けることは、場所的自己の底の底に、「絶対無」としてもカテゴリー化されるところの「限りなき開け」ないし「無の深淵」が口をあける、ということである。場所的自己にとっては外なる世界の開けは、場所的自己の内なる開けの覚識ではないのである。「覚―自覚」にかかわることをも「存在の地平」において論じるのは、存在論の呪縛にとらわれているからではないであろうか。こうした存在論には、二重の「においてある」存在論が基底にすえられているがゆえに、あるいはかかる存在論の観点から、「ことば」の「実・虚」存性が、言葉を発し書く当の人（表現者）から切りはなして論じられたり、話された言葉と話し手とを、または書かれた言葉と書き手とを、第三者の見地にたって存在論的に解釈したりすることになるのではないであろうか。

C　「言葉からでて、言葉にでる」とは？

この問題については、私の理解能力をこえていることのゆえに誤解しているおそれがないとはいえないが、理解できるかぎりにおいて論じてみることにする。

まず「言葉にでる」とは何か？　この句をひっくりかえして、「でる言葉」とするならば、これは――上田閑照式の存在論に立つかぎり――〈おもて＝外に、場所ないし世界にむかってでる言葉〉または「事の言」となる。場所においてある他者（表現者にとっての他己）に「でる言葉」と解されうる。話し手および聞き手がそれとして措定されていないがゆえに、あるいはすでに書かれて在る言葉や禅問答が題材にとられていることのゆえに、書かれ話された「事の言」としての言葉それ自体が、他者たちを感化し共感をよびおこすような力をもつものとして予めの前提にされている。この予めの前提としての「ことば」が実体化されていることのゆえに、実体的威力を既有する「事の言」が、それとして「言葉にでる」というように観念されて表現されるのであろう。

ここにおいて、「言葉にでる」の前に位置づけられている「言葉からでる」が問題になる。さきと同様に、この句をひっくりかえして、「からでる言葉」とは何か？　「からでる」は〈何か〉からでるとなるのであるが、この〈何か〉とは何であるか。俗世間的には、汝の応答からでるといえるし、「神の声を聞いた」からでるばあいもあれば、「存在の呼びごえ」に耳を傾けたこと「からでる」ばあいもあるであろう。一般的には、誰かが、「何かについて・何かを」話したことから「でる」のが言葉であるといえるであろう。〈「何か（神をふくむ）に何かを」意識する「誰か」――「からでる言葉」〉とするのは、あまりにも人間くさいのであって、場所においてある人間存在を哲学することにはつながらないかのようである。「何々からでる」言葉ではなくして、「言葉からでる」こと、しかも「言葉からでて、言葉にでる」ことこそが問題なのである。

では、「言葉からでる」といわれるばあいの言葉とは何か。これは「根源語」であるとされる。この根源語が分節化し「事実語（＝虚語）」が創りだされるとされる。「ア」や「イ＝エ」や「オ＝ウ」と仮名で表記される音声が根源語であるとされる。「ああ！」とか「おお！」とかという文字表現によってあらわされる音声は、人間存在の情意を端的にあらわすものであるといえる。「ア」とか「オ」とか「イ」は、原音にむすびついた根源語、しかも文字とはなお無縁な根源語であるとはいえる。たとえそうであるからといって、一定程度の根源語の分節化によって「音素」としての言葉がうみだされる、とはいえないであろう。

或る人の他の多くの人びととの関係（「人―間」性）において、こうした人びとの間柄を確保し「心の交わり」をスムースにおこなうための表現手段として、「こと」を表わし現わす「言の葉」が、したがって「言葉」が、「人―間」的約束ごととして創りだされたのであって、これこそが根源語の母胎ではないであろうか。そして「言葉からでる」といわれるばあいのこの「言葉」は、人間相互間の交わり行為の繰りかえしの経験をつうじて後天的に習得されたところのもののアプリオリ化をあらわすのではないであろうか。後天的に習得された言葉があたかも先天的なものであるかのように思いこむことからして、「言葉からでる」ということが、場所において「言葉にでる」とされるのではなかろうか。

「事」を「言」として「表―現」する、「においてある場所」の開けに開かれた現存在という表現者、彼の表現行為として「話しことば」や「書きことば」は捉えられなければならないであろう。「こと」の「表―現」としての「ことば」に出立し、「ことばの」実存を論じるのではなく、まさしく「実存の」言葉が、言語的行為の観点からあつかわれなければならないであろう。

ところで、内なる根源語が想定されることは、「ことば」（「言の葉」、語彙）と概念との関係についての省察が欠けていることにも起因するのではないであろうか。

経験以前の経験としての「純粋経験」、このようなものが「色もなく形もなく、主もなく客もない」という言葉によって限定される。〈言葉以前のこと〉が言葉で限定されているということは、直接的経験ないし経験の直接性という観念を「純粋経験」という概念であらわすために、「純」と「粋」と「経」と「験」という語が組みあわされて用いられたことを意味する。

或る概念をつくりだすためには、もろもろの語（ことば）が習得され既有されていなければならず、既有する語がたとえ多くあったとしても概念することは容易ではないのである。しかも、或る概念の内包および外延が、この概念を表示するために用いられている語に固有の外示および内示に直対応するわけではない、という事情からしても、言葉と概念との関係づけは容易ではないのである。

それだけではない。「色」や「形」という語そのものと、これらの語によって指示される対象とは、別の次元にぞくするのである。このことをふまえたうえで、「色もなく形もなく」という限定句が「純粋経験」という概念語に付加されている、ということを考慮するならば、「主もなく客もない純粋経験」から、言葉が、根源語が湧きでてくるとは決していえないのである。

アポステリオリなもののアプリオリ化という性格、経験的に習得された自然言語（としての民族語）のこの根本性格をおさえたうえで、概念されたことの言語的表現にかかわることは、ほりさげられなければならないであろう。〝根源語からでて、「事実語（＝虚語）」のような言葉にでる〟というように存在論を展開することは、「実存の」言葉ではなくして、「ことばの」実存論になるのである。けれども、「ことばの実存」論は話し書くという言語的表現行為についての論ではないのである。

ところで、場所においてある現存在が、場所の開けに開けて、自己の内に自己のおいてある場所を見るということは、絶えざる自己否定の運動であり自己否定的自己超克の行であるといえる。この自己否定の繰りかえしをつうじてもなお、挫折したり、自己の内に無の深淵をのぞき深淵から見られたりすることもあるであろうし、また「限りなき開け」を感得することもあるではあろう。「山を見て山を見ず」とか「花を見て花を見ず」とかと言われることは、場所においてある自己の内に場所が開かれることにほかならず、自己存在が無心になって自己が「山」となり「花」となることであって、現に有るところのものをば、かかるものの絶対性においてこれを内在化することにほかならない。自己否定的直観によって、絶対に他なるものを自己の内に見るということは、もはや言葉の問題ではない。

「外」（場所）において自己を見るとともに、自己の内に「外」（場所およびこの場所においてある他者たち）を見る、ということが場所的自覚のはじめであって、これは哲学することのはじまりであるといえる。この領域は「行」にかかわるともされ、また「信」の問題として疎外されるばあいもある領域であるが、ここでは、こうしたことの確認にとどめておきたい。

（一九九八年一月二十一日）

（付）　存在論と自覚論

A　西洋哲学と東洋的精神との接点の模索

東洋と西洋との哲学的思弁の根底にある根源的なもの、「そこからでて・そこへ戻り還ってゆく」思惟およびこれをこえたものへの、宗教的＝哲学的な考えをほりさげてゆく、という観点が、上田閑照の根底的問題意識であるといってよい。（『宗教への思索』など参照）西ヨーロッパのニヒリズムないし「無の哲学」と東洋的無の思想とが、――一方が理性的思惟から無へ、他方が〈ブラーフマン即アートマン、梵我一如、空、無〉などに出発しかつそこに回帰してゆく、というようにベクトルの相違があるとはいえ、――哲学的-宗教的思惟において、あい交わり滲透しあうということを見定めることが、二十世紀末世界における哲学的思惟の課題をなす、とする問題意識に、彼の思索はつらぬかれているといえる。

東洋と西洋における哲学的-宗教的思惟において通底しているものを求めるというような対象的な構えをとるのではなくして、エックハルトの神秘主義についての研究が西田哲学研究にむすびつき、この両者が相互に媒介しあいながら、五十年にわたる思索をもとにしてまとめあげられたところの、今日的なひとつの通過点であり帰結をもなすのが、本書『宗教への思索』であるといえるであろう。あくまでも西田幾多郎とハイデッガーの哲学を基礎としながらも、みずからの禅体験に基づけられることによって、上田閑照の哲学的思惟は、解釈学の手法に彩られている。

B　宗教と哲学

近代合理主義の哲学の挫折、非合理的ニヒリズムへの転換、そして〝神なき世界の神〟への〝信ならぬ信〟という哲学的思弁がつきあたるところの「無の思想」にみられるところの、いわば〈哲学の宗教化〉と、西田＝田辺哲学にみられる〈宗教の哲学化〉――この現事実に着目して、〈哲学と宗教との間〉とも言われているこの原根元を求めることが、彼の中心テーマをなしている。

「そこからでて・そこへかえってゆく」現存在の「平常底」において、いわゆる「無の深淵」は自覚化され、この意味においてそれは合理的なものたらしめられているともいえる。上田閑照の哲学には、ニヒリズムの影はなく、現存在が「現」の開けに開けることによって現世は超脱しうるという「信」にみちているかのようである。

宗教的なものを哲学的思惟の対象にしていることのゆえに、宗教的なもの・信といわれるものは、現存在にとっての「真なるもの」に横すべりさせられている傾きがあるとさえもいえる。ハイデッガーの「存在の呼びごえ」も、西田の「絶対無」も、現存在の「おいてある場所」としての「世界」（したがって現存在は「世界―内―存在」となる）それ自体が「おいてある場所」としての「限りなき開け」として、カテゴリー化される。「限りなき開け」においてある「世界」＝現世＝俗世間においてある現存在（人間存在）、という二重の「おいてある」という存在論にもとづいて、宗教的‐哲学的の思惟は統合される、という形式がとられている。この二重の「おいてある」という存在論それ自体が、上田閑照の哲学のアキレス腱であるといえる。

「おいてある場所」①と「場所においてあるもの（物・者）」②が、哲学的思惟の出発点とされてはいるのであるが、この「場所ともの（自他をふくむ）」とが、同時に他方では、「限りなき開け」＝虚空＝虚仮「においてある」とされることによって、超越・解脱にかかわる論理の追求は放棄されることになる。「場所においてある自己」の自己超越の論理（下→上）は、「限りなき開け」からの存在論（上→下）におきかえられる傾きをもっている。

C　存在と自覚

哲学的思弁と宗教的信仰のいずれもが、根源的なものの探求ないし希求を課題にするのだとしても、この両者は本質上異なる。後者が、「信」にかかわるのにたいして、前者は「真」（存在の真理）にかかわるのである。とはいえ、宗教者にとっての「信」は同時に「真」であって、彼は「聖」をめざし脱俗を行ずるのであって、この意味では、「信」と「真」の区別だては意味をなさないとはいえる。しかし「信」の問題を哲学の問題としてあつかうことは、宗教といわれるものが発生する精神的基盤をさししめし説明することにあるともされる。ここにおいて、宗教的救済ではなくして、まさしく脱自・脱俗・解脱を行ずる修行と現存在の自覚を哲学することとの関係がうかびあがってくる。「純粋経験の自覚」とか「場所の自覚」とかといわれるものと解脱との関係が問題になる。

「我執」のおぞましさを説き、他己との関係における自己、この自己の他己との関係における自己形成の経験（過程）を「十牛図」という形式で対象的にあらわすことは、しかし、脱俗的自己形成の精神的営みそのものではないのである。いいかえれば、現存在の自己形成的自覚そのものと、この過程の場所的表現形態とは異なるということである。

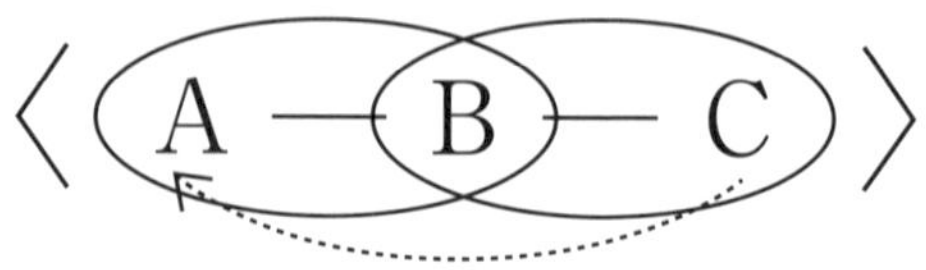

たとえば、西田幾多郎の哲学的研究の歴史的回転過程の論理を〈純粋経験—純粋経験の自覚—場所の自覚〉というように図式したり、〈覚—自覚—自己・世界理解〉という〈A—B—C〉連関の観点からの図式が提示されたりしたとしても、これらは、現存在の場所的自覚そのものの論理の思弁ではなくして、場所的自覚をばこの自覚によって開示されたところの内容（つまり存在論）から説く、というものにならざるをえないのである。場所の開けに開ける現存在の存在構造が「における」の二重性として明らかにされたとしても、このことは、場所的自覚の内容の存在論（典型的には「自己・世界理解」についての論）であって、〈A—B—C〉連関の「C」のがわから、これに先行する〈覚（A）—自覚（B）〉を基礎づけるものにしかならない（上田閑照著『経験と自覚』、同『西田幾多郎を読む』参照）。つまり〈A（純粋経験・覚・生命など）——→B（「純粋経験の自覚」・「自覚」・「生」）〉という過程が対象的に説明されるとともに、この過程が「C」のがわから基礎づけられる。この方法は、もちろん解釈

学的循環を意識してとられているのである。

この楕円の交叉する「B」＝自覚・Leben を軸にして、世界内存在としての現存在の「自覚」が哲学的にではあれ対象的に位置づけられたとしても、これは場所的自覚の論理とはならないのである。いいかえれば西田の場所的論理は、場所的自覚の論理をば場所の存在論としてしか提示されてはいないということが見落とされてはならないのである。場所の存在論を場所的自覚の内容を開示するものとしてとらえたり、あるいは前者を後者そのものとみなしたり後者を前者とみたてたりしていることこそが、まさに問題の核心をなすといってよい。

「限りない開け」（虚空・虚仮・いのち）においてある世界（限られた場所）、この場所的世界においてある現存在――このような二重の内存を存在論として予め展開（α）し、この展開に基づけられて、「場所の開けに開ける現存在」の論理（β）が展開され、〈覚―自覚―自己・世界理解〉が説かれたとしても、この後者（β）は場所的自覚論ではないのである。いわば「答え」（α）をもって場所的自覚（β）を解くという形式がとられていることのゆえに、場所的自覚論（β）は存在論（α）化されるのであり、あらかじめの前提とされているところの「二重の世界内存在」の論がただちに自覚論（自己・世界理解）たらしめられることになる。この方式は、まさしく存在論の自覚論化であるとともに、自覚論の存在論化の旧弊におちいっているものであるといえるであろう。

「弁証法的一般者の自己限定即個物的限定」とか「個物的限定即一般者の自己限定」とか「個物相互間の自己限定即一般者の自己限定」とか、「弁証法的一般者の自己限定は、事実（または場所）が事実として自己限定することである」とかといった西田幾多郎式の存在論（主義）的な過程的弁証法の枠内にとどまっているかぎり、いかに「場所の開けに開ける」ことが力説されたとしても、このことは、「弁証法的一般者の自己限定」を補完するものにしかならないのではないか。田辺元による西田批判の上田閑照による整理と、ここにあらわれている西田哲学弁護論は、彼じしんの西田哲学理解の限界をしめしているといってよい。

実際、中期の西田哲学（なしくずし的転回をしめした時期、「場所」や「表現」や「制作」について論じはじめた時期であるといえる）について、上田閑照はほとんど論及しようとはしていない。「行為的直観」にふれたとしても、これは初期の「純粋経験」から解釈される。つまるところ、西田哲学の初端と終端をなす二大作（『善の研究』と「場所的論理と宗教的世界観」）を基礎にして、彼の哲学的思惟は旋回しているにすぎないともいえる。「終り」から「初め」が解釈しなおされ、かつ「終り」が禅仏教の観点から極めて重要な論文であるとみなされる。これこそは、しかし、上田閑照の西田哲学理解の白眉をなすといってよいのである。

（一九九八年一月二十一日）

Ⅱ　意識場

船山信一の弁証法研究をめぐって

「人間学的唯物論」をシンボルにした、わが国で唯一人のフォイエルバッハ主義者である船山信一（一九〇七年〜一九九四年三月十六日）が、彼の若き日の一九四八年に、発足したばかりの「民主主義科学者協会」に結集した若人たちに贈ったのが、本書『日本哲学者の弁証法』（一九四八年、日本科学社刊――一九九五年、こぶし書房刊）である。少部数しか印刷されなかったといわれる「幻の書」を、発刊後四十七年を経た今日、ようやく読むことができた。うたた感慨を覚えないわけにはいかない。

西田幾多郎・田辺元・高橋里美の三人の師と先輩の三木清への船山信一の暖かいまなざしに、四人の哲学者にたいする彼の愛情にうたれないわけにはいかなかった。西田・田辺・高橋・三木の哲学にたいする情愛がないかぎり、彼らの哲学にたいする本書にみられるような唯物論的批判は到底なしえない、と私は思った。

「大東亜戦争に協力した絶対無の哲学と京都学派」という批判ならぬ非難攻撃が渦巻いていた敗戦直後のその時に、「絶対無の哲学」にたいして、かくも内在的な批判が、「民科学生叢書」の一冊として公刊されたということは特記するに値するといわなければならない。現時点からするならば、そのような事情は、まさしく「歴史の狡智」というべきであろう。

梯明秀が一九三七年五月に「西田哲学を讃える」を、梅本克己が一九四八年の『展望』三月号に「無の論理性と党派性」を、それぞれ発表したという歴史的事実に比肩しうるものとして、船山信一の本書は正確に位置づけられなければならない。そのような歴史的価値を本書はもっている、と私は信じる。

「〈無の論理〉は論理であるか」などと問いかけた戸坂潤の悟性主義まるだしで科学主義的な唯物論を、ここで論じるつもりは毛頭ない。とはいえ、一口に「唯物論」といっても、この哲学を論じる哲学者と同じ数だけの「唯物論」があるのではないか、というような想いが湧きおこってこないわけにはいかない。言うまでもなく、「正統派」などと自称して戦後の一時期だけは（あるいは、一九五六年以前には）華々しく展開され幅をきかせていたところの「唯物論」には、もちろん個性がなく、それらはおしなべて「ミーチン＝スターリン的偏向」におちいっていたのであるからして、個性ある唯物論者が数多存在していたというわけではない。スターリン・ドグマティズムにおかされている唯物論と唯物論哲学者は、戦後五十年の今日では、むしろ既に雲散霧消し、まったく影も形もなくなっているのである。これが今日の厳然たる事実なのだ。

このような思想状況のもとで、船山信一の本書は、そして彼のヘーゲル哲学研究やフォイエルバッハ研究をはじめとする種々の学問的研究の核心的なものは、いまなお輝き生きているといわなければならない。

「蹉跌の情熱」

仏教的無の思想あるいは東洋的無の思想を哲学し、この哲学的研究のなかに西ヨーロッパのもろもろの哲学を、アリストテレスから、カントやヘーゲル、そしてディルタイやマールブルク学派やハイデガーにいたるまでの哲学を包みこみ、そうすることにより日本独自の観念論哲学が、まずもって西田哲学として、そして田辺哲学として、さらに三木哲学として形成された。このことは、やはり今でも歴史的出来事として永く記憶され、そのようなものとして記録されなければならないであろう。

第二次世界大戦の前夜と戦争のただなかにおいて、これらの偉大な観念論哲学者たちが、抬頭しはじめた日本主義＝国粋主義・全体主義・軍国主義・民族主義の滔々たる流れに抗しながらも同時に、この流れに呑み込まれさえもした、という悲痛な歴史的事実を、船山信一は正確にえがきだしている。「京都学派」と呼称されもした哲学者たち（高坂正顕・高山岩男・西谷啓治・鈴木成高）が、大東亜戦争とそのイデオロギーとしての「八紘為宇」を、「世界史の哲学」および「近代の超克」という観点から基礎づけた、という事実を確認しながらも、「京都学派」との同一性における区別という側面から、西田・田辺哲学は位置づけられている。

「絶対無の哲学」は現人神＝天皇を「絶対無の顕現」として基礎づける必然性にあった、というように告発し、そうすることにより、西ヨーロッパ哲学の地平をぬけ出そうとして展開された「絶対無の哲学」

そのものをも清算してしまう、という愚かなことを、船山信一は全然おこなっていない。彼は極めて誠実である。彼自身のいう「蹉跌の情熱」のゆえに、西田・田辺哲学批判の目は曇らされることがなかったのだ、というように言えないことはないであろう。情熱のない理性は枯渇し、理性のない情熱は盲目となる。たとえ躓いたのだとはいえ、「蹉跌の情熱」こそは、「絶対無の哲学」批判の現実性と現在性を創造しえた深い根であるというべきではないか。

四人の哲学者のそれぞれの哲学的探究の歩みを「弁証法研究」の一点にしぼって、時期ごとに区切って三段階から五段階にわけ、そして、それぞれの段階の特徴といえることがらが、かなり綿密に整理されている。しかも、これらの哲学者の、とりわけ三木清と田辺元の、歴史的現実の転変に促迫されての哲学的思弁の歪み、また三木清の社会批評という活動へのコミット、そしてこのコミットの哲学研究への反作用——これらが、自己自身の体験をふまえて、注意深く、暖かい情愛をもってえがきだされている。

マルクスに学んだ観念論者

「三木清の活動の三段階」ということに連関して特記しておくべきことは、大正時代末ごろから大東亜戦争の勃発直前までの十数年間に、講壇哲学者の大多数がマルクスの「実践」にかんする哲学と唯物史観を真剣に研究し、マルクスから哲学的栄養をかなり多く吸収している、ということである。「社会主義」ソ連邦の崩壊をマルクス主義そのものの終焉に直結し、もってマルクス哲学を歴史の屑籠に投げすててかえりみない、という昨今の思潮からするならば、そのような事実は、いま再び瞠目をもって見なおされなければならないであろう。

リヤザノフ版『ドイツ・イデオロギー』の訳者でもある三木清が、マルクス主義を人間学的にとらえなおし構成しようと企てたのは、あまりにも当然のことである。けれども、場所の弁証法の哲学的探究者が、彼の晩年において、マルクスの「実践」概念を、ギリシア哲学の伝統にのっとって、「制作（ポイエーシス）」の観点から位置づけなおし、場所におけるポイエーシス的行為と表現をば「弁証法的一般者の自己限定」の哲学として展開しようとしたことは、依然として驚くべきことであるといわなければならない。（周知のように、西田幾多郎に、公表されたばかりのマルクスの『経済学＝哲学草稿』を読むことをすすめたのは、若き梯明秀であった。）

ところが他方、「否定の否定の絶対否定性の媒介の論理」を根幹にすえる田辺元は、「種の論理」が西田哲学には欠けていることを指摘しつつも、かえって「ポイエーシス」の論理をそれとして位置づけ追求することはしなかった、というように船山信一は指摘している。（しかし実際には、ヒトラーのイデオローグのとなえた「アウフバウ（建設）」を「ポイエーシス」の観点から美化したのが、一九三九年の田辺元の講演＝『歴史的現実』であった。）

西田幾多郎が「芸術的制作」に軸をおいて歴史的世界の創造の論理を考えていたのにたいして、田辺元のほうは道徳的行為から歴史の創造を考えていたのであって、まさにこのゆえに後者がマルクスの「実践」に余り関心をしめさなかったのだ、というように船山は説いている。

「朝打坐、午後打坐、夜打坐」というように日記にしるしていることからも明らかなように、禅に出発し「人生の悲哀と苦悩」の体験をあくまでも基底におきながら、「未だ主もなく客もなく、色もなく形もない純粋経験」を哲学的始元とし、そして哲学的思弁の段階的自己発展を経て「場所の弁証法」に到達した西田幾多郎。他方、数理哲学から出発しカントの目的論の研究を介して絶対弁証法の立場に転換し、かつ西田哲学の承継とそれへの対抗心をいだきつつ、ついに絶対他力の「懺悔道の哲学」に飛翔していった田辺元。――彼らの人柄や、彼らの文体がリズミカルであるか否かにかかわることなどとの関係において、この両者の探究した思弁哲学には、次のような相違がある、と船山信一は特徴づけている。

すなわち、「芸術的・天才的・直観的」というのが西田の特徴であり、「道徳的・努力家的・論理的」というのが田辺の特徴である、と。西田哲学と田辺哲学との違いが、ただ「弁証法」を主題にして論じられているがゆえに、この両者の相違の全貌は、不勉強な私には理解できない。とはいえ、直観的かつ論理的に、そのようには言えるであろう。

このような対比との関係において、「包弁証法」の哲学者・高橋里美については、京都にたいして仙台が〝哲学の辺境の地〟であるがゆえに、彼は西田や田辺のようには有名になることはなかったというように、あっさり述べられているにすぎない。

そして、非常時局に敏感に反応しつつ時評をも人生論をも展開した多才多能でスマートな三木清については、彼の哲学研究の発展段階が同時に「活動の段階」をもしめしていると述べられている。けれども、西田哲学と田辺哲学との対比や特徴づけに対応したような三木哲学の特徴づけは、本書に見出すことはできない。あえて船山ふうに三木哲学の性格を特徴づけるならば、〝経験的・秀才的・歴史的〟というように言うことができるのではないか。ここに「経験的」としたのは、マルクス主義に接触することによって昭和初期には「プロレタリアの基礎経験」を基本的カテゴリーとし人間学的マルクス主義（アントロポロギー）を志向し、これを介して唯物史観のイデオロギー論を受容し、もって彼の主著の『歴史哲学』は書かれた、というように解釈されうるからである。けれども、哲学的探究の出発点が『パスカルに於ける人間の研究』であり、終始一貫してパトロギーの問題が彼の主要関心事であった、という意味においては、「経験的」という特徴はむしろ「情念的（パトス的）」としたほうが良いかも知れない。西田の「直観的」、田辺の「論理的」にたいする三木への特徴づけは「経験的・歴史的」ということになるであろうか。

それはともかくとして、世界に誇りうる日本観念論哲学は、——しかし、それぞれの哲学者の独創性と発想には、個性および体質の相違が歴然としているのだとはいえ、——本多修郎・戸坂潤・三木清・梯明秀などの若い哲学者たちによる西田・田辺哲学への批判に媒介され、また田辺元による西田哲学の真正面からの批判をもつうじて、発展することが可能になったということもまた、おおいがたい事実なのである。もしも、彼ら哲学者たちがヨーロッパ哲学の輸入業者的解釈家にすぎなかったとしたならば、こうした琢磨は決しておこなわれなかったに違いない。彼らのすべてが自己の哲学を創りだそうとする意欲にみちていたからこそ、西田幾多郎が弟子の田辺元にたいして怒りを爆発させることにもなったのであろう。田辺も三木も、西田哲学に基本的には依りながらも、それとは定かには分からないような形での西田哲学への批判をしばしばおこなっているかのように思われる。観念論哲学といえども論争をつうじて、その発展は可能になっているというべきであろう。自己主張を自己確認するような批判は何ら批判の名に値しないということを、私は教えられるのである。

田辺元の西田批判

船山信一の研究によれば、初期の田辺元は「弁証法」の意味内容をイマヌエル・カント風に「仮象の論理」(カントのDialektikの日本語訳は「弁証論」)として解釈している。そして「弁証法」の特質を田辺元は「総合性・否定性・実在性・〔ヘーゲル的〕発出性」にあるとしたこと、このことを相対的にかなり力を入れて船山は跡づけている。そして他方、西田幾多郎が自己の哲学的思弁の原理を、判断的一般者から反省的一般者へ、そして行為的ないし表現的一般者へ、さらに弁証法的一般者へ、というように自己発展的に自己開展させたのであったが、これにも対応して、田辺元は自己の探究の領域を転換し、いわゆる絶対弁証法の地平に到達する、とされている。この哲学は同時に、西田の「場所の哲学」にたいする批判としても展開されたのである。

西田の哲学的思弁が、「場所」あるいは「行為的直観」を主要テーマにしているにもかかわらず、これを基礎づけるにあたっては、たとえば「弁証法的一般者」と規定される具体的普遍からの演繹的な存在論に堕しているということにたいして、田辺元は批判の矢をむける。「個物的自己限定即一般的自己限定、一般的自己限定即個物的自己限定」ということが呪文のごとくにくりかえされても、また個物と個物の相互限定が説かれても、個物の個物としての人格性は基礎づけられはしない、つまるところ個物は「弁証法的一般者の自己限定」のなかに包みこまれてしまうことになる。個物の個物としての自己限定が、事実の事実としての自己限定が、場所の場所としての自己限定に相即することが説かれたとしても、非連続の場所は所詮は「非連続の連続の媒介者の自己限定」に解消されてゆくことになる。

こうした西田哲学の基本構造にたいして、「弁証法的一般者」のような具体的普遍にたいして「特殊」が先立つことを田辺は主張する。特殊または（類にたいする）「種」の論理が西田哲学に対置される。種または特殊において具体的普遍が否定され、否定された普遍が種において相対対立となり、そうすることによって、個が個として形成されるとともに、種においてある個が相対対立を否定して普遍にかえる、とするのが絶対媒介の弁証法である、と『哲学通論』（一九三三年）の段階の田辺は主張したのであった。「否定の否定の絶対否定性の媒介」こそが弁証法の真髄であり、これが絶対観念論の立場にたった絶対弁証法である、とされるのである。

初期には、論理というものは「存在の論理」ではなく、まさしく「純粋論理」でなければならない、というように「根源無」の哲学者コーヘンにならって田辺元は主張していたのだそうであるが、この時期の彼は、主観にたいする客観の実在性をみとめながらも、主観と客観の相対的対立にとどまるのではなく、同時に、客観実在性をもみずからのうちにふくむ絶対主観がたてられなければならない、と主張していた。主観と客観のそれぞれの内部において、またこれらの関係そのものにおいて、相対して対立するものの「否定の否定の絶対否定性の媒介」がおこなわれるとするのが絶対弁証法である、とされる。このような弁証法の見地からの西田哲学批判は、こうして次のように断定される――「二元相対の統一化の過程的立場」は否定されるべきである、と。

このように、「特殊または種」においてある絶対主観が、思惟とこれに相対する実在とをみずからのうちに包むものとして、「否定の否定の絶対否定性の媒介」としての絶対無であるとされるということは、個物の個物としての自己限定を「弁証法的一般者の自己限定」とみなし、個物がこの一般者を映すとともに一般者を表現することになる（いわゆる「逆対応」）、というように説く西田哲学への批判としては、正鵠を射ているといえる。こうした批判はそのかぎりにおいて、つまり絶対的観念論の地平にたつかぎりにおいて、正当なものであるといえる。なぜなら、われわれの常套語を用いて表現するならば、場所的＝実践的立場が欠落しているがゆえに、具体的普遍性からの天下り的な解釈学的な展開に西田がおちいっていることを、田辺が指摘している、というように解釈することが可能だからである。「絶対有」としての物質の自発自展的な自己運動過程、この全自然史的過程の存在論のなかに「実践的直観の場所的契機」を探りつづけてきた梯明秀の発想および哲学的展開の仕方と、西田幾多郎のそれとは、まさに瓜二つであると言うべきであろう。

西田幾多郎の「場所」

「未だ主もなく客もなく、色もなく形もない純粋経験」というような哲学の原始の規定には、そこに既に主観や客観という概念規定が前提にされ、また色や形という言葉も既にそこに前提にされている。こうした前提を前提にして「純粋経験」が規定されている。「純粋経験」という言葉を用いるならば、この言葉であらわされるところのものは既に概念されたものになってしまう。「純粋経験」という規定それ自体が純粋経験を既に否定しているのである。

未だ知られていないもの、これから知られるであろうところのものは、言葉やこれによって担われた諸概念によって言表することはできないのである。「レーベンの純粋持続」にしても、「レーベンの体験」にしても、知られた側から知られるところのものを規定することにより、同時に知られるであろうところのものを否定してしまったことをしめしている。

たとえば坐禅をくんで冥想している有り様は、ただこのようにしか対象的＝感性的には表現しえないのである。冥想の内実が語られたばあいには、この語りは既に冥想そのものではなくなる、ということと同じことである。このような脈絡からして、原始は「空」とか「虚空」とか「絶対無」とかとしてしか表現しえないのである。それらは、いわば極限概念である。

言葉や概念であらわすことが不可能な形而上のことを概念しようとするのであるからして、形而上の学は同時に形而下的なものになる必然を負っている。こうして「未だ主もなく客もなく、色もなく形もない純粋経験」というように、規定できないものの規定もなされることになるのである。

こうした「純粋経験」が判断的・反省的・表現的・弁証法的などの形容詞が冠された「一般者」に転形されたとしても、この本質は変りはしない。「場所」という相対的により具象的な概念が基本にすえられるや否や、ことは更に困難になる。

「歴史的世界としての場所」とこの場所においてある「歴史的身体的自己」およびその「身体的行為」、そして身体的自己の内における「意識野」――この次元の異なる三者が、同じ次元において論じられることになる。そこから歴史が創造されるところの「絶対無の場所」から一切が説かれることになる。「絶対無」は、それが現われた側から、その都度その都度に規定しなおされ規定されてゆくことになる。それは、或る時は「弁証法的一般者」とされ、他のばあいには、そこからすべてがほとばしりでる「意識野」とされる。哲学することは、言葉に担われた概念を用いて展開するほかはない。まさにこのゆえに、「意識野」が創造の場所として観念されることになる。ノエシスという志向作用によってノエマが現前化し、たちあらわれたノエマはノエシス的ノエマであり、これに対向するノエシスはノエマ的ノエシスとなる、というような「意識野」そのものにおける「否定の否定」の運動（唯物論における認識＝思惟作用にあたるもの）は、対象的＝感性的世界における「歴史創造行為」の存在論に直接的にスライドさせられることになる。「意識野」にかかわることが同時に「歴史的世界としての場所」における「身体的行為」でもあるとされることになる。

たとえマルクスの「実践」が感性的活動であることが確認されていたとしても、歴史を創造するポイエーシス（制作的行為）は、これが物質的－感性的なものであるという直接性においては「ノエマ」の側に位置づけられる。「意識野におけるノエマ」（客観）によって、歴史創造も芸術作品の制作も、それらのポイエーシス性が意味づけられる。他方、歴史創造行為も芸術作品の創作も、いずれも「弁証法的一般者」を映し表現するものであり、このようなものとして「歴史的世界としての場所」は同時に「表現世界」とされる。ポイエーシス的行為は、この意味において「表現行為」にほかならず、このゆえに「意識野のノエシス」をあらわすものとされる。「意識野におけるノエシス・ノエマ」と、場所的世界においてある「身体的自己」のポイエーシス的行為そのもの・および行為の表現行為としての意味づけに用いられる「ノエマ・ノエシス」とは、明らかに次元を異にする。知覚世界において現前化したもの（表象＝観念）

と、この現前化を呼びおこした当のものとは、位相が全く異なるにもかかわらず、この両者を、それが「現実相」であるということから分化してとらえることをしない現象学的手法が、「場所においてある身体的自己の行為」という存在の次元において駆使されている。——これが、西田哲学における行為・制作の論であるといえるのではないだろうか。

そこから歴史が創造されるところの、あるいは一般にポイエーシスが可能になるとされるところの「絶対無の場所」は、基本的には内にむかっては「意識野」とされ、外にむかっては「歴史的世界」（つまり現実場）とされ、そしていずれもが、「弁証法的一般者」を映しだし表現するとされる。歴史的身体的自己のおいてある場所の非連続性が、その瞬間的現在性が、あれほど力説されているにもかかわらず、場所の非連続を連続化するために、「弁証法的一般者」という媒介するものがもちだされるのである。このことは、場所的非連続の連続を媒介するものこそが、表現行為としての意義をもつ身体的自己の歴史的行為にほかならない、ということが明確にされてはいないことにもとづくのである。マルクスに学びながらも、他力即自力、自力即他力の宗教観を基礎づけることになる。「絶対無」とは、とどのつまり仏教的空の哲学的翻訳であることが端的にしめされることになる。「仏」でもあり「仏性」でもあり「法」でもあるところのものが、西田の「絶対無」にほかならない。そして「場所」とは歴史的行為の現実場であるよりは、むしろ衆生済度の場であり、現世の謂にほかならない。

田辺元の「種」

真如として意義をもつ「具体的普遍性」が如如として来り個物において如来となる、というように「弁証法的一般者の自己限定」を解釈したのが、西田幾多郎であった。

無限なる超越者への「信」においては西田と田辺との思想上の違いはない。とはいえ田辺元は、――船山信一にしたがえば――西田哲学にたいして「種においてある有限存在」に出立すべきことを対置した。種における有限な相対する対立の相互否定的媒介を基礎にして、絶対否定性の「媒介」をつうじて特殊が個となり、そうすることにより個がかえって普遍となる、というようなヘーゲル的論理を否定して、西田の「場所の弁証法」にたいして、みずからの絶対弁証法を提出した。ヘーゲル観念弁証法も、マルクス唯物弁証法をも、まさに否定媒介し、この両者をもつつみこんだところの絶対観念論の絶対弁証法こそが、弁証法をこえた弁証法であるとされる。そして西田哲学にたいする田辺哲学の独自性（ただし昭和九年から同十五年にかけてのそれ）は、まさに「種の論理」にあるとされる。

この「種」とは具象的には、人類という「種族」を、そして「国家」をさすものとされ、「人種」をさすのではないとされているのだとはいえ、時代の趨勢を反映して「種」という概念は「民族」をさすものとされている。この「種」という概念には、西田哲学における「歴史的世界」という概念の抽象性から脱却するという意義がこめられているのである。このことは容易に理解されうる。

そして、この「種の論理」には、その当時に抬頭しつつあった全体主義・民族主義・日本主義のイデオロギーに抗するという意がこめられているとともに、この論理は、国際主義・世界主義にも反対し、また個人主義・階級主義にも反対する、ということの論理としても、考えられていたのであった。――このように船山信一は説明している。

たしかに、社会有機体説に基礎づけられた「血と土」をシンボルにしたナチズムの全体主義と似た日本民族主義、あるいは「あらひとがみ」を頂点とする「八紘一宇」「大東亜共栄圏」を建設する、という超国家主義＝国粋主義、このゆえに必然となる軍国主義、これらにたいしてだけではなく、また澎湃としてまき起ったプロレタリア階級の国際主義とその運動にたいしても、ブルジョア個人主義にたいしても、これらを克服するために「種の論理」は提起されたのであろう。その内実については詳しくふれられていないので、よくは分からない。

けれども、田辺元の「種」が、人類の「類」または人類種族の「種」にではなく、人種の「種」に具象的にむすびつくばあいには、それがナチズムの人種主義（ドイツ民族・アーリア人種の優越性の神話化）に直結するだけではなく、同時に日本の右翼国粋主義者の唱える日本民族優越の神話を基礎づけるものとなり、大東亜共栄圏づくりのための総力戦としての聖戦を哲学的に正当化しうるものとなる。事実、そうすることをなしたのが、かの京都学派であった。

「絶対無」によって現人神・天皇が、「種の論理」によって大東亜共栄圏構想および侵略戦争が正当化されたのであった。いわゆる「世界史の哲学」が、それである。西洋にたいする東洋の優越という日本主義の鼓吹は、西ヨーロッパ出自の民主主義・自由主義・個人主義を全面的に否定することとなり、このことが「近代の超克」の名において試みられた。個人主義のかわりに全体主義が、自由主義経済のかわりに戦時統制経済が、ブルジョア民主主義のかわりに「大政翼賛体制」（近衛新体制と略称されたそれ）が、それぞれ普遍妥当なものとされた。このことを、日独伊の軍事同盟の締結を背景にして哲学的に基礎づけたのが、「世界史の哲学」者たちであって、三木清の「協同主義」もまた、大東亜聖戦のために利用され、それに奉仕する、という悲劇的運命を背負わされたのであった。

いうまでもなく、ヘーゲルにおける「国家」という概念は――プロイセン絶対主義国家を範型とした――具体的普遍性をあらわし、「倫理的理念の現実態」とされていた。もちろん、「特殊性」は、「倫理的理念の喪失態」としての市民社会をさすのであって、特殊的社会は個別と個別が相剋しあう場とされている。「種」を「国家（および民族）」とした田辺元は、ヘーゲルの『法の哲学』に思いを馳せなかったのであろうか。

ヘーゲルのいう「特殊性のなかの普遍性」は「悟性国家」とされているのであって、これは「ポリツァイ（行政）および職業団体」とされている。これに反して、田辺が「種」を国家のなかに見出していることは、日本軍国主義・全体主義の抬頭という時代的背景を、いわゆる「非常時局」を色濃く映しだしているのだと断じないわけにはいかないのである。けれども、「種の論理」の内実が如何なるものであるか、ということが詳しくわからないがゆえに、ここでは、もはやこれ以上は論じられない。

三木清の「形」

三木哲学の弁証法を、船山信一は「形の弁証法」として特徴づけている。「形」とはポイエーシス的行為によって産出された物や事物や制度や技術などの形態をさすのであるが、この形態が、この形態を産出した者の構想力に媒介されているものであるがゆえに、特に「形」として規定されているようである。三木清の『構想力の論理』を、いまだに私は読んでいないので、詳しくは分からない。

船山信一によれば、マルクスに学びつつポイエーシス的行為を論じた西田哲学の側面を、三木清は承継するとともに、感性と悟性とを内から構成してゆくものとしたカントの構想力にヒントをえているのだそうである。たしかに、神話も技術も制度も、構想力を働かせないかぎり創造されえないとはいえ、構想力は、それを働かせて遂行する身体的存在としての人間や構想力を表現するための諸手段なしには、物や事物や制度というような形態をつくりだすことはできない。形態はポイエーシス的行為の産物であり、またこの行為が構想力に規定されていることは事実であるにしても、ポイエーシス的行為そのものの物質性が唯物論的にとらえられていないかぎり、「形の弁証法」は成り立たないのである。

たとえば「技術とは行為の形である」といわれても、なぜ・どのような過程のゆえに「行為の形」がうみだされるのか、ということは不問に付されている。「行為の形」というのであるならば、これはむしろ技能的動作に近い。この規定は行為の現象論的規定にすぎないのであって、それ以上でもそれ以下でもないであろう。「技術とは生産力向上の方法である」という高島善哉の規定と五十歩百歩のものでしかないであろう。

三木哲学からはそもそもポイエーシス的行為の論は導きだせないのではないか、ということが問題ではないか。歴史的行為にかんする彼の哲学は、そのことをしめしているのではなかろうか。

「ロゴスとしての歴史」（語られる歴史――現在において、残されている史料をつうじて語られるそれ）と「存在としての歴史」（現在において史料を介して再構成されるところの歴史的存在過程をあらわす規定）との二つから区別されるところの「事実としての歴史」――これは、瞬間的現在においてある「現実存在」（人間実存をさす概念）の「事実（Tatsache）」の、そのノエマ面が行為としての「有」であり、そのノエシス面が「無」としての「主体的時間」である、ということにもとづいて基礎づけられているにすぎないのであって、このゆえに歴史的行為そのものを説き明かすことができないのである。

「主体的時間」とは、過去・現在・未来というように直線的に流れてゆく自然的時間でもなければ、人間存在によって創られた歴史的時間でもないとされる。それは、「今の今」として、永遠にふれる瞬間であり、この瞬間が「決心」としてあらわれるとされている。そして、この瞬間としての「主体的時間」の永遠性が、「現実存在」の無としての事実の側面をなし、この事実の客体面としての「有」が行為であり、「今の今」的行為であり、ポイエーシス的行為である、とされているにすぎないのである。

歴史を創造する行為を、このように「主体的時間」の「今の今」性だけから基礎づける、という存在論からは、ポイエーシス的行為そのものの論理はでてくるはずもないのである。うみだされるのは、行為された結果の解釈学、つまり形態の「形」の解釈学でしかないであろう。こうした存在論的解釈学をおおいかくしているのが、ほかでもなく「構想力」という概念なのである。

たしかに、現代とは既に過去化された現在にすぎず、瞬間的現在の行為的時間こそが「事実としての歴史」を形成するといえる。たとえそうであるにしても、「存在としての歴史」は、いかに現在的に再構成されるのか。行為的現在において、一定の史観にもとづいて史料を再吟味しつつ、「ロゴスとしての歴史」の部分性を「存在としての歴史」の全体性に、いかにむすびつけてゆくのか。あるいは、過去的出来事（既に生起してしまったこと）の非連続性が、「いつ・どこで・どのように」連続化されたのか、という「存在としての歴史」の具体像は、いかに現在的に再構成されるのか。非連続の連続／連続の非連続として発展してきた「存在としての歴史」の実体構造は、いかに分析されるべきなのか。「存在としての歴史」を形成し発展させてきた主体としての階級（支配するものと支配されるもの）の歴史的過去における行為は、いかに現在的に再構成されるのか。「事実としての歴史」の類推によって果たされるのかどうか。

だが、人間存在を「交渉的存在」（つまり交わり行為をなす主体、関係行為によって関係をつくりだす存在というほどの意味）というように存在論的にとらえるにすぎないかぎり、歴史創造のポイエーシス的行為そのものは明らかにされはしないであろう。ある主体にとって、その基体をなす肉体は客体であり、また他者たる主体にとっても、この主体は客体なのであり、このようなものとしての主体が、彼の客体（対象的自然や物質的に表現されたもの）に関係し、また「感性的にして超感性的」な言語的表現を介して他者たる主体にたいして関係し、後者が主体としての主体になって、前者にそれをみずからの客体として関係する、というような人間相互間の交互作用関係を論じてみたとしても、この論はポイエーシス的行為の論理を明らかにすることにはならないのである。

それゆえに、「形」を「構想力の論理」の観点から解釈したり、また「技術＝行為の形」というように特徴づけたりしてみても、このような哲学はポイエーシス的行為論にはならないであろう。「形の弁証法」なるものは、それゆえに、人間歴史創造のダイナミズムを解き明かすものにはなりえないのである。

高橋里美の「包越」

無知ほど怖しいことはない。――本書を読み終った時の私の感想は、このようなものであった。高橋里美の著作をひとつも読んでいないがゆえに、そのように言うのではない。とにかく無知であることを実感させられたということなのである。

自分自身が無知であることを、仲間や他者たちから指摘されたようなばあいには、これは「有ることが難しい」ことと感じて、「ありがとう」と言って頭を自然に下げるのが、日本人の常である。自分自身の無知を知らされても、このことは直ちに、自分自身の無知を知ったことにはならない。「知ること」それ自体に努力することが必要になる。たとえ「知」を獲得したとしても、またもや無知であることを知らされる。「知」は無知をよびおこし、無知は「知」を誘う。こうして知と無知とは無限進行をくりかえすことになる。いわゆる「無知の知」ということを自覚することは難しい。

それだけではない。ここでいう「知」は学校知でもなければ生活知でもない。日常生活の動作・行為という体験をつうじて身についた「生活の智慧」、これを基礎にした諸実践とその体験をつうじて内面化され身についたもの——これが、ここにいう「知」である。この「知」には、もちろん学校知や科学知や常識などの知識もふくまれるとはいえ、その本性上それは〝実践知〟にほかならない。ただたんに覚えこんだにすぎないような、それゆえに応用することも適用することもできないような知識（いわゆる物知り的知識）は、ここにいう「知」ではない。融通のきかないような人がもっている知識なるものは、生活の知慧の欠けた〝知〟にすぎず、実践知ではないのである。自分自身の無知を知るということは、ほかでもなく実践知の乏しさに気づくことである。「弁証法を学ぶ」ということも、この実践知を豊かにし、磨きあげること以外の何ものでもないのである。

ところで、船山信一による「包弁証法」の解説は余りにも簡単なものであるので、怠け者の私は欲求不満を覚えた。

「ホウ」と聞くと、最近では「ホー、湖面に浮かぶ虚像のような、さまざまな幻影にひきずられながら、輪廻の大海を……」というセリフが頭に浮かぶほどになっている始末なのであるが、「包」という漢字をみれば、「包含」「包摂」よりも、まずもって「風呂敷」のイメージが浮かび、その次には「包装」、「胎児を腹のうちにつつみこんだ母親」とか「包茎」とかのイメージが浮かぶ。手で包むのは「抱擁」の「抱」、からだを包むのは細胞の「胞」、水で包むのは泡、木で包むのは……となる。

卑俗なことを離れて「包」といえば、「哲学的信仰」なるものを説いたカール・ヤスパースの「包越者」なるものが想起される。——人間は有限な存在であるがゆえに、この有限な存在を超出したものを、絶対者・超越者・超絶者・無限者を希求し信仰することになる。科学・技術が未発達であった時代には、荒らぶる自然に脅威を感じ、それに跪くのは自然のなりゆきであったといえる。自然崇拝《ナチュリズム》や呪術やアニミズムなどの発生が、そのことをはっきりしめしている。

こうした人間の精神構造を基盤にして、実にさまざまの宗教が現出したといえる。そして、この既成宗教の惰性態化と産業化（葬式仏教化や神社の「縁むすび神」屋化や祭儀屋化など）のゆえに、そして国家独占資本主義のあらゆる領域での腐朽性の深まりのゆえに、「カルト」と呼ばれる新々宗教なるものが簇生した。

国家独占資本主義経済とこれにもとづく脱イデオロギー化現象と「ゆとり・豊かさ」幻想のひろがりとともにうみだされたのが、働く者の内なる空洞化であり、「個別化・差異化」の名のもとに強制された「大量消費・大量廃棄」にうつつをぬかすことによって生産されたロボット人間であった。こうした現代人の「心の穴」に入り込んだのが、神秘主義への憧憬である。テレビで流される擬似現実（ジャーナリストの主観に加工され変形されたＴＶの映像のこと）を生きた現実と思いこむピーターパン的人間が科学者・技術者になったばあいの悲喜劇が、今日の〝オウム事件〟であった。このことは他面では、二十世紀を彩った「スターリン教」が歴史の屑籠に投げ込まれたことにも関係している。いやむしろ、二十世紀末の「哲学なき時代」の哲学のようなものとしての役割をえんじているのが、もろもろの「カルト」であると言ってもよいであろう。

およそこのような脈絡において、「宗教は民衆の阿片である」という若きマルクスの宗教観に、われわれは想いを馳せることも無駄ではないであろう。

神々や仏のような人格神に、しかもそれらを形どった像や絵に、つまり物神に、人びとは跪き拝み祈る。フォイエルバッハが『キリスト教の本質』においてあばきだし、マルクスもエンゲルスも共感し受容した人間の「宗教的自己疎外」論。――宗教的自己疎外は知の問題ではなく信の問題である、ということが忘れられるべきではないであろう。

いいかえれば、人間脳髄とその働きは生産的労働の長い長い歴史の産物であり、その意味で人間意識は被措定有である。頭脳をもその一部とする人間身体とこの存在、この人間存在のおいてある場所からも相対的に独立した社会的意識という存在、社会的存在に規定される「人－間」的意識。――「何かについて」知られ、「何かを」知る存在である社会的人間の意識は、その現実的＝歴史的起源である労働を逆規定する働きをもっている。この逆規定の働きは、意識内部世界の超次元性と、実践的直観や対象的認識に媒介された概念作用である。この作用が相対的にではあれ自己否定的に自己運動する、という意識の事実を一口でいえば、感性的世界においてある人間存在の意識は、人間存在のおいてある場所に規定されながらも、たえず自己超出してゆく、という否定の働きをするということである。このことが忘れられてはならない。ルネ・デカルトの「方法的懐疑」を日本人風にいいかえると、「ちょっと、私についておいで！」と背後から女性に声をかけられたばあいだけではなく、あらゆる場合に、「だが、ちょっと待てよ。……」と疑ってかかるということになるであろうが、このように立ちどまって考え、疑い、そして肯定したり否定したりするという、いわゆる「心の働き」ないし「精神」の否定的自己運動は、人間存在のおいてある場所から相対的に独立して働くのである。この働きを実在化して展開したのが、ヘーゲル哲学体系であった。

他方、この働きを神秘化することをつうじて創造されたのが、もろもろの既成宗教である。既成宗教の教義・経典や制度その他の問題は、いまのばあいは、どうでもよい。問題は、ただ次の一点にある――人間意識内における限りのない精神の否定的運動を否定することはできないということ。この精神作用の疎外形態として、もろもろの宗教や観念論が生産されつづけてきたのだ、というようなことが並べたてられたとしても、こうすることによっては、事態は一歩も打開されはしないのである。

高橋里美の「包弁証法」とか「包越」とかを解釈する前提として、およそ右のようなことが確認されなければならないであろう。

たしかに高橋里美のあげているAufhebenの三契機――「廃棄・保存・高揚」――は、悟性主義まるだしであるとはいえる。たとえそうであったとしても、「正と反の綜合としての合」の存在性格を捉えようとした一つの試みであって、「合」を「合体」や「統一」や「統合」や「綜合」などより以上のものとして捉えようとしていることは明らかである。「絶対矛盾的自己同一」という捉え方=言表にも、「相対対立の否定の否定の絶対否定としての媒介」という捉え方=言表にも満足することができずに、「包越」というカテゴリーがカテゴリーとして自立化されたのであろう。

いうまでもなく西田哲学には「創られ創り、創り創られる」とならんで「包み包まれ、包まれ包む」という考えがあるのであるが、おそらくは、この論理を定式化したのが、この「包弁証法」なのであろう。詳しいことは分からないのであるが。

そして、船山信一の紹介によれば、「弁証法は弁証法を弁証法的に展開することによって非弁証法となり、この非弁証法はかえって弁証法をつつむことになる」というように高橋は論じているのであるが、この論述は極めて奇妙ではある。けれども、「包越」という概念からするならば奇妙ではない。

現に有るところのものを有るがままに肯定すること、「対立と矛盾と葛藤と抗争にみちあふれている現世」をあるがままに認めつつ越えでていくこと、たがいに矛盾するもの（Aと非A）が自己同一になる（A即非A）こと、「一即多、多即一」、「個物の自己限定即一般者の自己限定、一般者の自己限定即個物の自己限定」といった具合に「即非」を論じること、また「絶対無」を論じることよりも、有るものの絶対肯定にもとづく「包越」を論じることのほうが大切であり、この「包越」の自覚のほうが絶対無の自覚よりも仏教的「無」の思想に近いこと、――このように高橋は考えたのであろう。「否定の否定の絶対否定」即絶対肯定とか、「大非即大悲」とかとする哲学は、論理主義の錯誤として映じたのかも知れない。推測してみても仕方のないことだ。

ところで船山信一によれば、高橋里美が自覚的にではなく即自的にのべていることをもふくめて、『包弁証法』において挙げられている弁証法は、次の八形態であるとのことである。
① 一極弁証法――これはヘーゲル的「正―反―合」の図式としてしめされるもの。「A＝A」という自同律または同一律や「Aは非Aではない」という矛盾律、この形式論理を否定して「A＝非A」を弁証法の基体または原理とする存在の論理。
〔「A＝非A」の直接性を「正（＝反）」としても表記すること、「正の反」としての「反」とこの「反にあらわれた正」つまり「正′」との対立を明確にすること、さらに「反の根底にある正」つまり「反‐‐‐→正」という認識過程を明確にすること、このようなことを追求したのが、武市健人のヘーゲル弁証法解釈である。（なお「A＝A」をば「AはAとしてある」というように認識論的にとらえるなら

ば、「A＝A」は存在論的にも有意味のものとなる。また「A＝A」を記号的同一性として解するならば、これは社会的約束ごとをあらわすものと解釈することが可能である。）」

② 二極的弁証法――唯物弁証法のばあい。図式化すると次のようになる。〈甲〈正－反〉――→反＝乙〈正－反〉――→合＝丙〈正－反〉〉。

〈たとえば、「甲＝商品」とするならば、「甲」のなかの「正－反」は、唯物史観の見地からするならば「正＝使用価値、反＝価値」となり、ブルジョア社会の見地または経済学の見地からするならば「正＝価値、反＝使用価値」ということになる。「甲――→合＝乙」という論理的展開をなすわけではないが、「乙＝価値形態」としてあてはめ主義的に解釈するならば、「乙」のなかの「正＝相対的価値形態にたつ商品、反＝等価形態にたつ商品」ということになる。（ちなみに、こうしたあてはめ解釈をやってのけたのが北川宗蔵である。）〉

③ 場所の弁証法――西田哲学。

さて、⑤としてあげられている「純粋運動の弁証法」は、「根源無」の哲学者コーヘンのものであるらしいのであるが、詳しいことは分からない。

④「中の弁証法」、⑥「三極円融の弁証法」、⑦「二極円融の弁証法」、⑧「絶対極の弁証法」という順序で弁証法の諸形態が列挙されているのであるが、これらの諸形態は基本的に「③場所の弁証法」のもとに包摂されるものであるといえる。「周辺がなく、半径が無限であり、あらゆるところに中心点をもつ無限球」というのが、⑧とされているのであるが、こうした表現は、西田にも田辺にも見出される。（ちなみに「無限球」にかんするそうした表現の仕方をフランス文学者・辰野隆は「外国語を知らぬひどい悪

文だ」と評したそうである。けれども、凡人が夜空を見上げるならば、自転し公転する無数の星ぼしのきらめきのなかに、無量無辺の虚空・宇宙を実感するにちがいない。自然人になったつもりで、「キンキンキラキラ……」の可愛い歌でも歌ってみたらどうか。）

無量無辺の宇宙についての極限概念ともいうべき「空」、「虚空」、「虚仮《こけ》」、「中」、そして「円融」。――これらの概念のすべては、おそらく西田幾多郎の「場所の弁証法」のもとに包みこまれ生かされているといえるであろう。

空手師範の広西元信が「わしは右翼でもなく左翼でもなく、中だ」と宣した時の「中」は、「中間定」の「中」であって、「正と反の中間」という意味ではないであろう。「正」と「反」の相互媒介運動そのものであると同時に、この運動のなかにおいてあり超えていることをあらわすのが、「中」の論理的意味であるといえる。そして仏教における「中」とは「空」の否定としての「仮」を否定したことをさすのであるが、論理的にはAと非Aとの中間を、時間論的には過去と未来との中間としての現在をさすものとされる。

他方、「円融《えんにゅう》」とは「円満融通」とも天台宗ではいわれ、「融通無礙」に通じ、「罣礙《けいげ》」なき「円満」のこと。形象的には、まんまるい月をさし、「月満円」としてしめされ、白い紙の上に墨汁でえがかれた円をもってあらわされる。

「円融」という術語の意味は、因縁するところの・あらゆる物や事が、そのようなものであると同時に相互に融け合っていること、あるいは、一即一切・一切即一である。「円融」は、「空」と「仮」と「中」の三諦（三つの真理または原理）からなるとされる。「空」とは因縁によって生じたあらゆるものは実体性がないことを、または非有をさすのであるが、あらゆる物や事がそれ自体として有ることとするのが「仮」諦とされる。本来は「非有＝空」であるものが「有＝仮」としてあらわれていることを否定して、後者が前者によって否定されて「非有＝非空」となることが「中」とされるのである。こうした三諦からなる「円融」のばあいには、「空と仮」を現象的なものとするのではなく、「空・仮・中」のそれぞれが、それぞれ以外の二者を具え融け合っていることにもとづいて、円満融通が説かれるわけなのである。――こうしたことにもとづいて、おそらくは、一極・二極の「円融の弁証法」は説明されているのであろう。

想起しよう――「円融院明哲日克居士」という戒名を！　梅本克己のこの戒名を。

いまや明らかであろう――高橋里美の「包越」Ekstase は論理的哲学ではなく、仏教思想に根をおくものであるということが。西田幾多郎の「絶対無に近づいた」のではなく、西田哲学をも「包越」しようとしたのだ、ということが。「包越」とは、〞神・仏に遭遇し包みこまれること〟にほかならない。「色不異空、空不異色、色即是空、空即是色」の世界を、高橋里美は「包越の世界」と表現しようとしたに違いない。観念論哲学は、仏教思想への超越！

実践の弁証法

生命体として有限な人間的物質存在が、その意識の底にひらく超次元的な無限の時空間的世界。この形而上の世界の限りのない否定的運動がつくりだすところのものを絶対者・超越者・包越者というように実体化するところに、宗教は成立する。だが、観念的に仮設された絶対者やその像に跪拝することは、人間存在の有限性をこえでることにはならない。時々刻々死にむかって生きている人間存在が死を能くすることを希求するためには、神や仏を信じ、それに帰依する必要はない。限りある人間存在が自己の有限性の自覚において限りないものに接するということは、絶対的超越者へ自己疎外することではない。限りある人間存在であるわれわれは、あくまでも《いま・ここ》という行為的現在の場所において実践し苦闘している歴史の創造主体でなければならない。現実の場所においてあるわれわれの実践こそが、将に来たるべきものを開くのである。

もちろん、ここにいう実践とは、「人間生活の社会的生産」という社会の原理に、したがって唯物史観または社会弁証法の原理にのっとったそれである。本質論的レベルにおいて実践を規定するならば、それは、共同体的人間相互間の――言語的および非言語的な表現（行為）を介しての――交わり行為としての社会的実践と、人間相互間の関係としての社会諸関係を基礎にした環境的自然（それ自体が何らかの形で人間化され社会化されたそれ）への働きかけとしての共同体的な生産的＝技術的実践を基礎とするのである。自然にたいする生産的実践と人間相互間の社会的＝「人―間」的実践、この二つの実践の不可欠な契機をなす言語的表現行為。――これらの二形態が、またはそれらの契機としての言語的表現行為を独立化させるならば三形態が、人間実践を構成するといえる。

いうまでもないことではあるが、階級社会においては、生産的実践は歴史的に独自的な形態に疎外される。この疎外に連関し対応して、社会的実践もまた、政治的・階級的なものとなる。そして社会的実践の場所の歴史的独自性に決定されて、階級的・政治的実践は社会変革的実践に転換する。けれども、この転換は自然発生的におこるわけではない。場所的限定を否定しようとする実践的意志の立場に自覚的にたたないかぎり、われわれの実践が変革的実践へ転ずるわけではないのである。

それはともかくとして、一般に人間実践が実践的有意義性を獲得しうるのは、人間実践が展開される場所の特殊性をば、この場所においてある人間存在が、変革的実践の立場にたって対象を認識し思惟する、ということが前提になる。変革的立場にたった実践的直観、この否定的直観のパトス性＝価値性なしには何事もはじまらない。変革的立場にたった実践的直観のなかに、われわれがおいてある場所の特殊的絶対性が、有限にして無限なものとして開かれるのである。場所的立場にたつかぎり、われわれの意識内にひらかれる非合理的にして合理的な／合理的にして非合理的な、あるいは無限にして有限な／有限にして無限なものは、絶対的なもの・超越的なものへの飛翔とはならない。場所においてあるわれわれの自覚は、縦への、また横への自己超出となるのだとはいえ、絶対者への帰依となるわけではないのである。

われわれのおいてある現実の場所を、その超越性において内在化することが出発点になっているかぎり、自己超越は場所への内在の深まりとなる必然性にあり、このようなものとして自己超越は変革的実践の衝動となり、変革的実践への企投として現実化されざるをえないのだ。

われわれの実践は、たしかに「制作」という意味をもっているのだとはいえ、むしろ創造的行為とされなければならない。社会史をつうじて創られた人間存在が社会を変革的に創り、この創造行為によって創るもの自身もまた創られてゆくということ、――これが、いわゆる「創り創られる」ということの物質的構造であるといわなければならない。

こうした物質的関係は、しかし、われわれがわれわれのおいてある場所に物質的に包まれることによって、かえって、実践主体としてのわれわれがわれわれの社会的意識においてこの場所を包む、という関係を前提にしている。われわれが意識において場所を包むことにより同時に、限りない時空間がわれわれの内にひらかれるのである。三木清のいう「主体的＝行為的時間」がしめそうとしたものは、このことにほかならない。瞬間的現在における意識の事実として永遠に接するのであって、この意識の事実を超越者への超越へ疎外させることはできないのである。こうした意識の事実が、あるいは主体的事実が、「報いられることを期待することなき献身」として直覚されるのである。行為的現在の場所に生き実践しながら、同時に将に来たるべきもののうちに生き実践しているものとして、われわれは自覚するのである。

行為的現在の場所においてあることの自覚こそが、われわれを実践へ、変革的実践へと駆りたてるのである。《いま・ここ》における「報いられることを期待することなき献身」的な実践が、行為的現在の場所の非連続を破って、この非連続を「次の今」に連続させることになるのである。このような実践の論理を明らかにしてゆくこと、これがわれわれの実践論なのである。

（一九九五年六月二十五日）

西田哲学の「脱構築」なるもの

A　哲学することと〈哲学知〉

中村雄二郎の『西田哲学の脱構築』は、日本文化を、しかも哲学の領域におけるそれを代表する西田幾多郎の哲学を、フランス人に紹介することを主目的としたところの、フランス語の論文やフランスの学者（哲学者だけではなく文学畑の学者をもふくめる）の前でおこなった講演などを、日本語に翻訳して収録したものであるようである。著者には『西田幾多郎』という別の著作があるだけではなく、『現代情念論』という主著をはじめとする多数の著書があるのであるが、礼を失することになるのだが、これらのすべてを私はまだ読んだことがない。礼を失することになることを充分に承知したうえで、私の読後感を、断片的になるかもしれないけれども、以下にしるしておきたい。

マルクスやレーニンやトロツキーの古典的名著をさえ読破していないほどの私であるからして、哲学史的知識などは殆どまったくもってはいない。それゆえに、あたかも智慧熱にかかった子供のように、無我夢中になって本書の論述をたどったのであった。本当に色々なことが書かれている。

古今東西の哲学者の諸著作が西田哲学の解読のために総動員されている、という感にうたれた。本当に中村雄二郎の〈哲学知〉は大したものだと思う。哲学者というものは、いや〈哲学〉でメシを食っている者は、これぐらいの広範な知識をもっていなくてはならないのであり、ごく当り前のことなのであろう。和書・洋書・漢書をあわせて、一日に七百ページも読まなければならぬ、というように奨めている〈物象化〉の哲学者もいるほどなのだから、中村雄二郎の博覧多識に驚くのは、驚く者のほうがむしろ変なのであり、みずからの哲学史的知識の貧困さに想いを馳せるべきなのだ。〈共産主義の終焉〉ということが喧伝され、このことが神話化されさえしている今日、私たちは、マルクス思想を主体化するためにもっと努力すべきなのであって、哲学史的知識の欠乏を概嘆するような時ではないのである。勉強が足りないことを大前提にして、僭越ではあるが、湧き上がってきた疑問をしるしておこうと思う。

もちろん、フランス人をはじめとするヨーロッパの人びとに西田哲学の独自性を理解してもらうために、西洋哲学のカテゴリーでもって西田哲学を解読することは必要ではある。とはいえ、同時に、こうした方法では西田哲学そのものが解体されてしまうのではないか、ということが気になる。

たしかに、晩期（昭和初めから昭和二十年春まで）の、西田哲学と呼称されるようになった彼の哲学の核心を象徴する「場所の弁証法」を解説するために、トポス（場所）とかコロス（歌唱隊およびそれらのおいてある場面としての劇場＝場）とかのギリシア哲学的カテゴリーを援用することは、必要不可欠なことであるとはいえよう。けれども、哲学的知識を総動員して西田哲学を解釈し解説することは、西田哲学を解体することになるのではないだろうか。いやむしろ、こうした解体的解説は、解説する者じしんの哲学の質を露顕させることになるのではなかろうか。

自分の知識をひけらかすので有名な或る社長が、こう言ったことがある。――「科学する心を片時も忘れてはならん。〝科学する〟という言葉は、君たちが使っている変な日本語とは違う。あらゆる名詞に〝する〟という動詞をつける出鱈目な喋り言葉ではない。……東条内閣の時の文部大臣となった生理学者の橋田邦彦さんが発明されたのが、〝科学する心〟なのである。……」と。

この「科学する」ということは、「哲学する」ということに対応するのだと思われるが、この科学する心で哲学する、あるいは哲学する心で科学するならば、哲学的知識を色々ならべたてたり、西洋哲学的カテゴリーを駆使して西田哲学を解説したりすることが、哲学であるわけではないということになる。哲学とは、哲学的知識を基にして哲学することである、――とするならば、〈哲学知〉を豊かにもっていることを披露することがすなわち哲学である、とは言えないのである。

西田幾多郎の哲学的思索の初期・中期・成熟期のそれぞれの時期における鍵概念を拾いだし、拾い上げたこの鍵概念のそれぞれを西洋哲学のもろもろの概念で解釈し説明することは、――たとえ必要条件であったとしても――同時に西田哲学そのものを解体することになるのであって、西田哲学を〈脱構築〉することにはならないのではないか。構築なき解体になってしまうのではないか。あるいは、解体即構築、構築即解体にはならないのではないか。

東洋的無あるいは仏教的無の論理化＝哲学化という点に、西田哲学の独自性があるのであるからして、西洋哲学上の諸概念をもって西田哲学を切り盛りすることそれ自体が、限界づけられているということは確かである。だからといって、西田哲学を神秘化すべきではない。

或る一定の哲学または哲学体系を解体しながら構築し、構築しながら解体してゆく、という哲学的思弁は容易なことではない。特定の哲学は、これに先行する哲学を——それぞれの時代の社会的背景や危機的状況をふまえて——批判的に継承しながら新たに創造されてゆく、というように言えるではあろう。このことは、しかし、或る一定の哲学ないし哲学体系をバラバラに解体することを何ら意味しはしない。〈脱構築〉あるいは〈解体構築〉という考え方は、もともとは建築学の用語でありアプローチの仕方であって、この考え方にもとづく建築様式は、とどのつまりは和洋折衷とかモダンとアンチークとの折衷とかになり終ったとのことである。こうした〈脱構築〉という方法が哲学の領域にもちこまれるならば、やはり折衷主義の誹りをまぬかれないようなものになり終るのではないか。いや〈折衷〉以前の〈解体〉になっているのが、中村の〈脱構築〉ではないであろうか。

B　西田哲学の〝切り身〟

実際、『脱構築』を読みながら、ふと私は、魚屋の店先にたたされたような気がしたのであった。最近では、「骨なし皮なし匂いなし」の〝三無〟の魚しか売れないので、鮪のさくや、鰤、鲯、鮃の切り身から、年輪のような脂身をもった鮫や鯨とかイルカとかの切り身が、魚屋の店先に並んでいるのを想い出させられた。かつて吉本隆明が〝おれは待ってるぜ〟と歌いながら、駿河台下からお茶の水駅にむかって歩いていたとのことであるが、この歌の裕次郎ではなく、哲学者の雄二郎先生のお好きらしい〈前言語的イメージ〉を、『脱構築』は私に湧き上がらせてくれるのである。――「純粋経験」、「自己」、「歴史的身体」、「行為的直観」、「無の場所」、「場所的論理」、「逆対応」、「即非」などの諸概念が、魚の切り身よろしく並べたてられ、そしてこれらが西田哲学を解読するための鍵概念である、とされているからである。

或る種類の魚の切り身は、この魚の全体をうつしだした「部分」ではあるが、魚の全体の姿をあらわしてはいない。○○の切り身としるされているので、切り身にされる前のこの魚の姿をイメージしながら買い求める。もしも既知ではない魚の名称が記されているばあいには、当該の魚をイメージすることはできない。このばあいと同様に、〝西田哲学の切り身〟を西洋哲学のカテゴリーでもって、フランス式料理のムニエルにしたり、和風の照り焼きや網焼きにしたりしたものを食わされると、これは大変なことになる。味わって食う余裕を失って、ゴクッと呑みこまなければならないばあいもでてくる、というわけなのだ。

哲学者以前的な私がいだいたこのようなイメージは、あまりにも卑俗かも知れない。あるいは、これまた哲学以前的な話であるが、労働者たちが、もろもろの部品の検査をしたり寸法を測ったり、また品質管理室で完成品の耐湿性や耐熱性を検査するやり方などのように、〝西田哲学の部品〟をあれやこれやと検査することが〈脱構築〉の課題である、というようにも思われてくるのであった。これは卑俗であるかも知れないが、少なくとも常識人的共通感覚に、いや労働者的共通体験にもとづいた印象ではなかろうか。……

〝切り身〟にせよ〝部品〟にせよ、とにかく或る一定の哲学や哲学体系をば、これを構成している主要概念のいくつかにバラバラに解体してしまうような方法をもってしては、決して理解することもできなければつ解釈を深めることもできないのである。いわんや〈脱構築〉においてをや、なのである。

たとえば『善の研究』の鍵概念の一つとしての「純粋経験」について。「個人あって経験あるにあらず。経験あって個人があるのである。」という西田幾多郎の言葉が高く評価されている。「経験」という概念が、近代哲学の主観客観の二項図式を否定して「主客未分」の経験の直接性に出発しているからであるとされている。デカルトが、みずからの哲学的思惟のうちにあったパトス的なもの・共通感覚をみずから切り捨てて、自己の哲学を合理論に純化してしまったことについての歎きを発条にして、中村雄二郎は、デカルトの合理論とこれに対立するイギリス経験論との両者を超えでた哲学的地平に、西田幾多郎の「純粋経験」という概念は創造されたのだ、と述べている。このように言えるかも知れない。

そして、感覚論者のマッハやプラグマティストのジェームズの「経験」や、生の哲学者ベルクソンの「純粋持続」などと、西田の「純粋経験」との類比がのべられている。たしかに〈哲学的知〉的豊かさからするならば、そうした比較ないし類推的解釈は意味あることかも知れない。けれども、こうした解釈は哲学することにとって、どれほどの価値があるのだろうか。フランスの哲学者たちに西田哲学を紹介しようとするかぎりにおける意味は、もちろんあるにしても。

また、近代的自我から区別されるべき「自己」、「身体的自己」、「歴史的自己」などについて、西洋哲学的カテゴリーを駆使しての解釈が生き生きと展開されてはいる。高唱されている主観・精神・心をば、それを支える身体から、眼・口・耳・身から切り離すことはできないのであって、西暦紀元前の仏教思想にみられる五蘊とか、「知行合一」とか、〝精神としての身体〟とか、共通感覚とかというような事について哲学することは、重要なことではある。しかし「身心問題」を今更のように騒ぎたてることもないであろう。

近代ヨーロッパ哲学には仏教思想のようなものが創造されなかったのは何故なのか、というように問うことのほうが生産的いや〈制作的〉であるといえる。

もちろん、自我とは区別された現実的自己、情念をもち身体を有つ自己。これは、ユングの心理学や精神病理学などを援用しながら、「無意識を中心にした自己」としてとらえなおされ、無意識の意識化、前意識的なものの意識化、〈前言語〉の意識化、意識化され言語化されたものの無意識化ないし〈非言語化〉、〈過去の言語化〉としての記憶（言語化されず語られざる過去は記憶ではない!?）とイメージと想起など――これらを追求することが、現代哲学の地平だとされ、このような方向に西田哲学は解体構築されねばならない、ということも論じられている。そうした自己の内なる無意識をば、――夢とか信頼関係においてある他者とのお喋りとかをつうじて対象化されたものを媒介にしながら――問題化し、この謎をさぐることは、科学的課題の一つであるといえる。

だが、自己の内なる無意識への接近の重要性ということを論じながらも、西田哲学における「無」とか「絶対無」とかをとりあげた箇所では、右の問題についてまったく論及されていないのは、どういうわけなのであろうか。無意識の〝無〟と西田の「無」とは学問のレベルが異なるがゆえに、問題にはならないのであろうか。もちろん、「我と汝」にかんする西田幾多郎の哲学的展開は精神分裂病患者の論理をよくあらわしている、といっている或る学者（木村敏）の見解を紹介し、二度三度このことに論及されているのであるが、中村雄二郎の解釈は極めて珍奇であるといわなければならない。

哲学にかんしていえば、『西田哲学の脱構築』の白眉をなすともいうべき「場所」論（トポロジー論）は、誠に不思議な展開である。「トポスということを普及させたのは、どうやら私である」と自己宣伝しているが、これはこれで良いとして、西田哲学における「場所の論理」と〈共通感覚〉論とを同一平面上に並べるというこのやり方は、なんとしても解せないのである。

『脱構築』の後半部分でも「無の場所」「相対無の場所」「絶対無の場所」が解説的に、つまり西洋哲学的カテゴリーとは無縁な形で論じられているのであるが、〈場所と共通感覚〉の部分では「場所＝トポス」が「意識の場所」に局限され、そしてこの場所を自己の甲羅に似せて大胆な解釈がほどこされている。「意識の場所」を哲学することは〈共通感覚〉を哲学することと、ほぼ同じものとされている。なぜ、どうして、そうなのか、ということについては、『共通感覚論』を読んでみなければわからない。

ここでは、むしろ、中村式の恣意的な解釈が可能になった根拠は何か、ということについて考えてみることにする。或る哲学（体系）を構成する基本的カテゴリーが、〝機械の部品〟や〝魚の切り身〟のように扱われるという方法そのものにも、関係することである。

哲学的思弁を展開するさいに用いられる普遍的抽象概念、この抽象的概念をば、概念をあらわす《言葉》（これは、いわゆる〈言語〉ではなく、言語実体である）に帰着させ、もって概念的展開についての分析把握をば、概念をになう実体としての《言葉》の分析解釈に横すべりさせる、という操作をしているかのように思われる――この方法こそが、かの恣意的解釈の根拠をなしているといえるのではないか。いわば〝品質管理〟の視点から〝西田哲学の切り身〟を品定めする、というこの方法は、もろもろの哲学的カテゴリーをば論述全体の脈絡から切り離してバラバラに解体するとともに、そうしたカテゴリーをあらわす〈記号としての言語〉なるものに直結して解釈する、という方法にわかちがたくむすびついているといえる。〈記号としての言語〉のがわから哲学的カテゴリーをとらえるということは、いわば言語学的に哲学することであると言えないわけではないが、むしろ問題となるのは〈言語〉の捉え方そのものにあるといってよい。構造主義的言語学とは如何なるものであるか、ということについて全く無知である私は、このことについて論じる資格は全くない。とはいえ、『脱構築』においては西洋哲学的カテゴリーを用いて西田哲学を再解釈するだけではなく、〈言語〉というブロックを積み上げた一つの構築物として解釈していることは確かである。この場合の〈言語〉は、これを、人間相互間の精神的交わりのために社会的・歴史的に創造された客観的存在としての言葉＝言語実体および言語規範として、これらにもとづく言語的行為の実体としてとらえるという唯物論的アプローチとは無縁に論じられている、ということは明らかである。すなわち、表現主体と言語的行為と言語実体の三者を基本的には未分化にしたままで、人間意識の独自な作用として、主客に内在するものとして〈言語〉は論じられているということである。

言語実体がそれぞれに固有な音や文字をみずからの形式とし、固有の意味をみずからの内容とする客観的存在であるということと、こうした社会的存在としての言語実体が現実的個々人の実践的体験をつうじて習得され意識内に内面化され、そうすることによって内面化された言語体・言語規範としての《内―言語》が認識＝思惟作用または概念作用の実体となるということ、――この両者の区別が没却され、後者の側面が自立化され、そうすることにより〈言語〉は主観化される。聴覚表象や視覚映像に、一般的にはイメージにむすびついた概念が〈言語〉である、とされる。〈前言語的イメージの言語化〉なるものが説かれるゆえんである。そしてあるばあいには次のようにも言われる。

すなわち言語的表現主体（社会的実践主体の現実的一規定）の表現手段としての言語実体をば、人間意識に内在するものとして主観化するだけではなく、この言語実体あるいは言葉・語を〈記号としての言語〉とみなし、〈言語＝言語実体〉とするのが、中村雄二郎である。そして彼は、ヤコブソンにしたがって〈指示性〉と〈表示性〉（前者は〈換喩〉、後者は〈隠喩〉とされる）とに〈言語〉を分類的に解釈する。〈記号としての言語〉は記号形式と記号内容・意味との統一をなす、という言語論についての彼の考えは、ここでは明らかではない。

それはともかくとして、中村雄二郎は基本的にはソシュール言語学（ラング＝言語実体も、ランガージュも、パロールという音声的表現行為も、すべて主観化したもの）に、おそらくは依拠して、西田哲学の言語的解剖学にいそしんだのだといえる。こうした言語的解釈と西洋哲学的カテゴリーによる〃切り身〃的解釈論との合体統一において、中村式の〈再構築〉は試みられているわけなのである。まさにこのゆえに、独自の観念論的体系をなす西田哲学は、鍵概念とされる〈言語〉のブロック建築のようなものとして解釈されることになるのであって、アプローチの仕方それ自体に決定されて、〈脱構築〉は初めから解体にしかならないのである。

C　趣味としての知的お喋り

言語学の観点から日本文化を西洋人に紹介するために西田哲学を〃切り身〃ないし〃部品〃に解体し、

そして解体したそれらの品定めをする——このような方法をもってしては、体系化された西田哲学の全体像をとらえることも、これを西洋哲学風に解体的に再構築することも、全く不可能に近いといわなければならない。

そもそも東洋的無の思想や日本人に独自的な《自─然《じねん》》観を、〃西ヨーロッパ的伝統を継承した理性〃や〃情念で補完された理性〃やいわゆる哲学的カテゴリーをもってしては、理解することは無理であるといわなければならない。このことを深く自覚しないかぎり、西田哲学の〈脱構築〉はとうてい不可能なのである。

西ヨーロッパの思想にとって仏教が説く世界は、それなりの存在理由をもっているといえる。「絶対無の思想」は西洋哲学にとってどのような関係をもつのか、という湧き上がってくる疑問に、彼は応えてはくれない。このことが大問題なのである。いや、次のような珍奇な主張に出会うと、むしろ驚きの目をみはらざるをえない。実際、「絶対矛盾的自己同一」や「逆対応」とか「即非」とかの論理の解釈には目をみはらないわけにはいかない。

①〈場所的弁証法＝深層の知＝垂直軸＝隠喩＝間接表示性〉。

②〈過程的弁証法＝制度的思考＝水平軸＝換喩＝直接指示性〉。

〈深層の知＝垂直軸〉と〈制度的思考＝水平軸〉という対比には、著者の問題意識が奈辺にあるかがしめされているのであるが、彼の他の著書を勉強していないので、その内実は理解できない。とくに前者が場所的弁証法に、後者が過程的弁証法に、なぜ、どうしてむすびつき関係するのかということも、さっぱり理解できない。なお一層分からないのは、前者が〈間接表示性（隠喩）〉に、後者が〈直接表示性（換喩)〉にむすびつけられていることである。こうした理解できないことに拘泥していても仕方がない。そもそも、場所は縦・時間軸と横・空間軸との交点というべきではないのか。しかし、とにもかくにも、西田哲学における場所的即過程的の弁証法が、〈脱構築〉ではなく解体されてしまっていることは、確かなことであろう。〈垂直軸と水平軸〉という特徴づけそれ自体は、〝図解マルクス主義〟の観点からするならば理解できないわけではないとしても、論理的＝共時的＝垂直的な軸にたいして、過程的＝通時的な軸が、なぜ〈水平軸〉なのであるか。〈垂直軸〉とは、生きとし生けるものの生成・形成・発展・消滅ともまったく無縁なものなのであろうか。西田哲学における「歴史的身体」があつかわれ、また〈制度論的思考〉が〈深層の知〉に対比ないし相関させられているかぎり、〈水平軸〉は何らかの形で歴史的なものに関係づけられているのであろう。しかし、このことは定かではない。

このように、場所的弁証法と過程的弁証法が幾何学的連結においてとらえられているのは、そもそも、なぜなのであろうか。このことは、戸坂潤の『無の論理の非論理性』が高く評価されていることのなかに回答が見出されるのではないであろうか。

〝「無の論理」は論理であるか〟という戸坂潤の悟性主義がまるだしになっている有名な一論文が、なんと「優れた・含蓄あるもの」として高く評価されているのである。「唯物弁証法は〝存在の論理〟であって、この見地からするならば〝無の論理は論理ではない〟」ということを、恥ずかしげもなく主張したのが、戸坂潤であった。この主張は、旧唯研的唯物論を、またはデボーリン弁証法やM・B・ミーチン流客観主義＝タダモノ論を基準にしたものでしかない。あるいは、治安維持法による弾圧に抗して闘いつづけてきた戸坂潤の合理主義・科学主義という優れた側面の裏側にある否定的なものを如実にしめしたものが、彼の西田哲学批判であったともいえる。だから当然にも、〝「無の論理」は論理であろうか〟という論文が発表された直後に、この論文が戸坂潤の悟性主義の賜物であることを敢然とあばきだしたのが、若き梯明秀であったのだ。

ところが、情念にみちあふれていると思われるわが中村は、この事実に一顧だにあたえてはいないのだ。これは一体どういうわけなのだろうか。おのれの甲羅に似せて知的解釈をやってのけるのは、もはや学問とはいえないのである。これは趣味に堕してしまっているのではないか。豊かな哲学的知識を披瀝しながらパトスをこめて論じることは結構なことではあるが、いやしくも日本唯物論研究の歴史を論じようとするかぎり、西田哲学にたいする戸坂潤の批判の没哲学性を闡明にした梯明秀の哲学的探求を無視することは、決して許されはしない。

悟性主義的唯物論の代表者としての戸坂潤を美化し、彼の批判者を日本唯物論史から抹消するのは、明らかに、自己の問題関心にもとづく恣意的な解釈でしかなく、自己の知的趣味にもとづくお喋りとしかいえないのである。

『戦後精神の探求』の付録として収められているところの、「無の論理」にたいする戸坂の批判を批判した梯明秀の論文を、たとえ中村が読んでいなかったのだとしても、梯明秀の哲学的営みを無視し抹消することは不可能なのである。なぜなら、『脱構築』の一三一ページには、西田幾多郎の次のような歌が日記にしるされていることが紹介されているからである。——「夜ふけまで又マルクスを論じたりマルクスゆゑにいねがて（寝難）にする」。

ここに詠われている西田幾多郎の弟子である「マルクス主義者たち」とは一体どういう人たちなのかと

いうことが、直ちに問題になる。そのなかの一人は三木清にちがいないけれども、初めて翻訳された『経済学＝哲学草稿』が収録されている改造社版『マルクス＝エンゲルス全集』第二十七巻を西田幾多郎宅にもっていったのが、ほかでもなく若き梯明秀であること——これは余りにも有名な事実である。そして、一ヵ月ほどたって梯が西田宅を訪ねた時には、西田幾多郎はマルクスの『草稿』をすでに原文で読了していた、ということも周知の事柄である。

それだけではない。梯明秀の「絶対有の哲学」を継承しながらも、どうやら神の呼びかけに応える「響存」を論じはじめたかのような鈴木亨の哲学が、カール・バルトから直接教授をうけた唯一の日本人学者である滝沢克己のそれと並べて紹介されている以上、西田哲学批判者としての梯明秀の存在の無視抹殺は、明らかに、故意であるか、さもなければ恣意的であるか、そのいずれかでしかないのである。まさにこのゆえに、戸坂潤の美化的評価は趣味であると言うべきなのだ。

さらに、「無の論理」は論理ではない、というように一方的に断罪するのではなく、「無の論理性と党派性」を論じつつ、自己の哲学的問題意識を展開した梅本克己もまた、同様に無視されている。西田・田辺哲学の戦後日本における研究から、梅本克己や梯明秀の哲学的営みを抹消することは、明らかに講壇哲学者の西洋哲学かぶれの証拠であり、哲学学説輸入業者の趣味の証左でなくしてなんであろう。

日本文化の独自性の一端をフランス人に紹介するばあいに、西田哲学の〝切り身〟を切り売りすることができるのも、そうした哲学的探求の故意あるいは恣意による抹殺のゆえである。こうして当然にも、場所的弁証法と過程的弁証法にかんする珍奇な解釈が製造されるのは、理の当然といわなければならない。トポス、場所、トポス……と騒ぎたてていたとしても、場所の弁証法は形骸化されてしまうゆえんである。

有の場所および相対無の場所を超えた「絶対無の場所」であれ、また「絶対有の場所」（梯明秀）であれ、いやしくも「場所」の問題が哲学的思弁のテーマになるということは、歴史を創造するとはどういうことなのか、歴史的創造行為の可能根拠は何か、歴史を創造する主体および創造的実践は現実には如何なるものとしてあらわれるか、ということを問うことにほかならない。それは観照的解釈の対象でもなければ、哲学的解釈のレベルにかんするものでもない。それは、まさしく、おのれ自身の生死につながる実存的深みにかかわる哲学なのである。たんなる理性ではなく、パトスにつらぬかれた理性をもってしてもなおかつ迫ることのできないところの、歴史創造の根源に肉薄することが、ほかならぬ場所的弁証法の課題なのである。

創られるものが創り、創るものが創られてゆく、という歴史の発展の連続の非連続／非連続の連続の論理に迫ることが、その課題をなす。十九世紀末葉には〝神は死んだ〟ことの確認のうえにたって、哲学的思弁はなされてきたにもかかわらず、死んだはずの神を、絶対者とか包括者とか一般者とかの哲学的概念をもって生き返らせることになるのは、なぜなのか。

宗教的信仰ではなく「哲学的信仰」なるものが真面目に語られたり、世紀末世界を超えた「聖なるもの」が希求されたりするのは、一体なぜなのか。情念のなせる業なのか、世紀末をおおっているテクノロジー信仰の裏側に踵を接し影のようにつきまとう不安のためなのか。バイオテクノロジーの飛躍的な発展とともに人びとを襲っている絶望のためなのか。……それとも、無意識の深層から、ふとほとばしり出るところのものが歴史を創造することになる、とでもいうのであろうか。あるいは、その方向性が定かではない情念の発露が創造の根源なのであろうか。……

「フォイエルバッハ・テーゼ第一」にしめされているマルクスの哲学に西田幾多郎が大きく影響をうけた、という事実は確かに指摘されてはいる。しかし、その構造にかんしては何ら掘り下げられてはいない。「連続の非連続／非連続の連続」という論理が西田哲学の一鍵概念としては扱われていないことと、そのことは関係している。

場所的弁証法を語っても歴史の創造については、彼が全く無関心でいられるのは、一体なぜなのであろうか。このことが『脱構築』についての最大の疑問である。

（一九九二年十月五日）

西田哲学の解体へ――中村雄二郎のばあい

非実存性

およそ「哲学すること」とは無縁の地平において、ただただ自己の問題関心にもとづいて、もろもろの哲学者が説いた学理を紹介するにすぎない代物をみせつけられるとき、ひとは空しさを体感させられるのが常である。

西ヨーロッパの哲学（史）についてたとえ該博な知識をもっていたとしても、このことだけでは哲学したとは決していえない。哲学することを知らない哲学者なるものは、つまるところ〝歩く哲学的エンチクロペディー〟でしかないのである。

しかも、或る哲学体系をば、この体系にとって基本的であるとともに・この体系がそれによって成りたっているところの主要カテゴリーに分解して解釈すること――或る哲学体系のターミノロジー的解釈――、これは、哲学的職人のなせるわざであるとはいえ、真に哲学することとは区別されなければならない。たとえ哲学的方法として〈脱構築〉なるものが標榜されていたとしても、そうである。デコンストラクシオーンとは、たんなる解体でも脱出でも超脱でも蟬脱でもなく、本質上 Aufhebung の意をあらわすものでなければならないからである。それによって哲学的展開がなされるところの基本的カテゴリー（または術語）をば体系的展開との関係において剔りだすことは必要条件であるとはいえ、剔りだされた諸基本カテゴリーを連結することによっては、この哲学体系をかかるものとして復元することなどは到底できないのである。或る哲学体系の術語的分解や用語的解剖は、このようなものヨリ以上のものには決してなりえないのである。

それだけではない。特定の哲学体系を考察しようとするばあいには、この体系をつくりだした哲学者への、畏敬の念とはいわないまでも尊敬の念をいだいて、解釈する必要がある。たとえ自己自身の問題意識を投影して、この体系を検討するようなさいにも、先哲にたいする尊敬の念は滲みだすものとならなければならない。このことは、——もちろん、ためにする批判は論外として——前進のための革命的批判の有意義性を何ら否定するものではない。批判はむしろ先哲にたいする尊敬の念なしには本来的にありえないとさえ言ってもよい。

ところが、「西田哲学と日本の社会科学」という中村雄二郎論文（雑誌『思想』一九九五年十一月号）は、その長大さにもかかわらず、すこぶる奇異の感を読むものにあたえる駄作でしかないのである。哲学的術語解釈学者よろしく、おのれの余りにも貧弱で断片的な問題意識のもとに、しかも自己の思弁力の欠乏をさらけだす形において、さらに情念論的パトスもなしに、ただただ成り行きにまかせて引用文を次々に羅列しているにすぎない代物なのだからである。

「西田幾多郎没後五十年」は同時に大東亜戦争敗北五十周年にあたるのだからして、この「今の今」において、この「今の今」の哲学的思想状況をどのように突き破ってゆくべきか、という観点から、西田哲学はふりかえられるべきなのである。また、田辺元や京都学派のように「万世一系の天皇」への絶対随順を積極的には主張しなかったのだとはいえ、大東亜戦争下では時流にただよった西田幾多郎の実存そのものとは無関係に、彼の哲学をあげつらうことはできないはずなのである。ところが、こうしたことがらには一顧だにあたえることなく、ただただ自己の哲学的問題関心――〈場所的弁証法の脱構築〉――から、しかも十六～十八世紀的な明るい健康的な曇りのない知性の観点から、西田哲学を軽やかにあげつらっているにすぎないのが、中村雄二郎なのである。

そもそも、実存的不安とは全くかけはなれた境位を歩きつづけているフランス哲学エンチクロペディストには、「人生の悲哀と苦悩」を絶えず体感し「打坐」の日々を非常時においても生きつづけてきた西田幾多郎の、この生き方を理解することが始めからできないといったほうがよいであろう。満州事変いらいの十五年戦争という日本の特殊的現実において、この特殊的現実においてある個（個物）が人格的個たりうるとは如何にして可能なのであるか、ということを問いつづけた西田幾多郎の実存そのものにおいて、彼の哲学的思弁を省察することこそが問題なのであって、この哲学を術語的に解剖し、もってこの哲学を解体してしまうことが問題なのではない。西田の実存の実存的把握とでもいうべきことがらが問題にならないのは、そもそも、わがターミノロジー解剖学者の生き方そのものが非実存的であるからにほかならない。

だが、ひとは言うかも知れない――西田哲学は実存哲学とは言えないがゆえに、これを実存哲学としてとらえることはできない、と。もちろん、そうである。けれども、いわゆる中期以降の西田哲学は、場所においてある個物と個物との相互限定（「我と汝」の問題）や個物的限定と一般的限定（「弁証法的世界」の問題）や歴史的世界においてある身体的自己の芸術的および歴史的創造（「制作」の問題）やレーベンの問題やが主要課題とされていたかぎりにおいて、また、ハイデッガーの現存在の存在論を現象学的解釈学にすぎないというように断じているかぎりにおいて、仏教的空の思想ないし東洋的無の思想にもとづいて人間存在を実存論的に思弁していたといえるのである。「そこへゆき・そこにかえってゆく無基底の底」とか「平常底《びょうじょうてい》」とかは、もちろん「底抜けバケツ」のようなものかもしれないけれども、虚無体験からの脱出が、相対無をもこえた絶対無への超越即内在／内在即超越の論理の非論理が、つまりは解脱の構造が、哲学されていると言うべきなのである。

あるいは、ひとは言うかも知れない――課題意識が異なる、と。社会科学の西田幾多郎による受容という問題が主要テーマなのだ、と。だからこそ、ヘーゲル弁証法やマルクス実践論の西田式の継承のしかたや、西田幾多郎と三木清とにおける「イデオロギー概念」が考察のテーマになっているのだ、と。

たしかに、そうした角度から哲学的考察らしいものはなされてはいる。けれども、このような展開それ自体が極めて非実存的なのである。

中村の哲学的思索の出発点が三木清の『パスカルに於ける人間の研究』に触発されたことにある、ということが吐露されてはいる。そして大東亜戦争下の三木清が、イマヌエル・カントにヒントをえて、主観性と客観性との、パトスとロゴスとの統一的二重性をなすものとして「構想力」をとらえ、さらに「神話

・制度・技術・経験」などをテーマにした諸論文で、対象化された「形」において構想力を見出した、というようなことが論じられてはいる。しかも、三木清のような哲学的思弁が西田幾多郎の追求した「ポイエーシス（制作）」の論理を承継したものである、ということもまた、三木のしるした日記に即して跡づけられてはいる。けれども、こうした跡づけ方は、たんに哲学的術語解剖学の見地から論じられているにすぎないのであって、西田が、そして三木が、なぜ・どうしてあの非常時に「制作」の論理を自己みずからの哲学的追求課題にしたのか、ということについて、わがターミノロジストは全くのべていないのである。このゆえにこそ、中村雄二郎の西田・三木哲学へのアプローチのしかたそのものが非実存的だというのである。

いいかえれば、精神のたえざる上昇・下降の運動や、パトスにつつまれたロゴス／ロゴスにつつまれたパトスなどを、ただ対象的に、誰のものでもあるとともに誰のものでもない、という形において客体的に、まさにこのように考察することそれ自体が非実存的である、ということなのだ。この非実存性に、いまなお気づいていないということは、気づいていない者自身が「神の死・実存の不安」を現代の精神的状況として体感してはいないということを示しているのであって、骨の髄まで近代合理主義と科学主義・技術主義に冒されてしまっているからなのである。

二十世紀末をむかえた今日の世界的現実と思想のカオスのなかに、「情報ネットワーク社会・ニューロサイエンス・バイオテクノロジー」の発達によって輝くバラ色の二十一世紀を見ることができる徒輩にむかって、非実存的であるなどとつぶやくことのほうが、むしろ野暮というべきなのである。

非哲学性

三木清の「構想力の論理」の追求が西田幾多郎の「ポイエーシス」の思弁を継承しようとしたものであることを、時代的背景と彼らの実存を没却してあげつらうことの観念性は、誰の目にも鮮やかに映じている。だからこの点については一応除外することはできる。けれども、そこに三木清が西田哲学の核心があるとみなしたところの〈場所における制作〉の論理そのものにかんする粗雑で歪んだ展開については、黙過するわけにはいかない。相も変わらず、「一般者」という西田哲学的ターミノロジーをとりあげ、この術語が「判断的―自覚的―行為的―叡智的＝表現的―弁証法的」というように変化したことがのべられているのであるが、しかし、このような「一般者」というカテゴリーが実体化されたのは、なぜ・どうしてなのか、ということについては依然として全くふれられてはいないのである。

誰かに指摘されて、「西田幾多郎によるマルクス受用」ということに焦点をあわせないわけにはいかなくなったことは、見やすい道理である。がしかし、西田の諸著作からの夥しい引用をもってしては、責めをふさぐことにはならないのである。唯物論にたいする西田の批判的見解を羅列するだけならば、さしあたり目をつぶってもよい。けれども、引用文と引用文とにはさまれている「すなわち……」文において論旨のすりかえが平然とおこなわれていること（たとえば「行為」というカテゴリーが「感覚」に、「つまり」という接続語を跳躍台にしておきかえられていること）は、許されはしない。本来むすびつかない二つのカテゴリーをむすびつけてつくられたのが「行為的直観」という術語である、というように解説しておきながら、「行為的直観」を「行為」と「直観」とに解体し、後者を「感覚」として〝構築〟しなおす、という手品をやってのけているのであるが、これは許せない偽造である。

こうした偽造が偽造として意識化できないのは、もちろん、戸坂潤の「無の論理」批判を、合理主義者・科学主義者よろしく是認していることに由来するのである。分析悟性主義とイデオロギー論主義の権化である、というように梯明秀によって断罪された戸坂潤、彼の西田批判に共感し共振するほどのオツムの持ち主であるがゆえに、かのすりかえも偽造も、やすやすと可能になるのである。

いや、そもそも、西田哲学の継承者としては三木清があげられ、その批判者としては高橋里美と務台理作という二人の観念論者と、二人の唯物論者（梯明秀と戸坂潤）があげられているのであるが、そもそも、このようなことが何のためになされているのか、ということが全くわからないのである。いや、二人の観念論者は、いわば〝さしみのつま〟としてのみあつかわれているにすぎない。すなわち、二人の哲学者の文の引用がなされているだけであって、この引用文に盛られている思想との関係において、西田の「弁証法的一般者の自己限定」にかんする論述の問題性は、したがって西田哲学のいわゆる観念論哲学そのものの内部において問題にされたことは、少しも掘りさげられてはいないわけなのである。というよりは、むしろ掘りさげることができないがゆえに、引用文だけをかかげたにとどまっているのだと言うべきなのである。戸坂潤に時ならぬ秋波を中村がおくっているのであるから、そのことは余りにも当然のことなのだ。

だが、二人の観念論者による西田哲学批判は、――たとえこれが一面の正当性と妥当性をもっているのだとしても、――まさに考究に価するものなのである。まず、ここで彼らの西田批判の中村による紹介を引用しておくことが必要である。

高橋里美――「無の場所は今や弁証法的世界とか歴史的社会的実在の世界とか呼ばれるようになったが、それは絶対者の相対化、無限者の有限化、永遠者の時間化をもたらしてはいないだろうか。」

務台理作――「行為はその根底に客観的・世界的な〈表現的媒介者〉を含まねばならないが、西田哲学においてはそれが真に基体性を持った媒介者としてはとらえられず、したがってその論理は神秘的な〈発出論理〉にならざるをえないだろう。」

高橋里美と務台理作の西田哲学にたいする批判のベクトルは、明らかに逆である。それぞれがとっている哲学的立場にもとづくのだからである。もはや、哲学的思弁をこえる領野にまで哲学的思弁がふみこむならば、この領野は概念化され相対化されてしまい、超越性は超越性を失ってしまう。絶対的なもの・超越的なもの、この「信」の対象を哲学的概念をもってあらわそうとするかぎり、ここではすでに「信」の問題が対象化されてしまっている。対象化できない個別的な「信」を哲学的に対象化しようとすること自体が、哲学の越権行為である。自己存在を不断にこえでてゆくという精神のたゆみない運動は、ただ人間存在を超越した或るものに包まれるとするほかはなく、この包まれることによって包まれた者がかえって包むものを包むことになる。こうした包まれ包むという関係は、もはや哲学的思弁の埒をこえている。弁証法的思弁の運動は弁証法的に展開すると同時に弁証法そのものをも揚棄してしまう。――おおよそこのような包弁証法の立場からの批判が、前者であると言えるであろう。

自己超越のしかたを、あるいは哲学によっては手のとどかない「信」の問題のありかをさぐる見地とは反対に、超越的なもの・無限なものを表現するあり方に焦点をおいた西田哲学批判が、後者であると言えるであろう。無限なもの・超越的なものが映され表現されるのだとしても、このことは超越的なもの・無限なものを表現する場所においてのことでなければならない。「表現される」ことは「を表現する」ことなしにはありえないのであって、「を表現する」場所における、事実的限定と場所的限定との場所的自己同一こそが、場所的論理でなければならない。――これが後者の西田哲学批判の核心をなすと言ってよいであろう。

仏教の教義上の対立（さしあたり浄土宗と禅宗とのそれ）についてのすべてのことは、これを割愛することにする。この姑息な前提にたつかぎり、務台理作の西田哲学批判は、若き田辺元がおこなったそれをいわば踏襲するものであると言えよう。

田辺元の口真似をして言うならば、次のようになる――〔個物と個物との〕相対対立をば、〔表現的なあるいは弁証法的な一般者の自己限定として〕統一化する、とするのは、単なる過程的立場にすぎない、と。

そこから歴史が、いや、あらゆる事が創造されるところの根源（アルケー）が、いろいろな形容詞の冠された「一般者」や「絶対無」とされたとしても、この根源からの存在論的自己限定を説くかぎり、つまるところ「過程的立場」から脱却することはできないのであって、「種」（特殊）においてある個物の相対対立と相互限定こそが、「弁証法的一般者の自己限定」の根底になければならない。個物と個物との相互限定や個物と一般者との相即ないし逆対応がたとえ強調されたにしても、つまるところ「非連続の連続の媒介者の自己限定」という角度からの存在論が展開されるかぎり、これは所詮「過程的立場」の埒をこえるものではない。――おおよそこのように主張するのが田辺元であって、この田辺の見解は、「が表現される」ことの基礎に「を表現する」場所がなければならないとする務台理作の見解と軌を一にするものであるといえるであろう。

もちろん、田辺元も務台理作も、「種」や「場所」における個物相互間の自己限定や、個物の自己限定と場所の自己限定との相即についての存在論と、個物の行為的直観においてひらかれる「弁証法的一般者の自己限定」としての個物相互間および個物の自己限定を自覚することとの存在論とが、同じ地平において扱われている。前者は存在論であり、後者は行為的直観の自覚内容にかかわる存在論である。いずれも存在論であるとはいえ、その論理的性格ないしレヴェルは異なる。誤解をおそれることなく表現するならば、前者が存在論であるとするならば、後者は自覚論であるともいえる。そして前者をontischにかんする論であるとするならば、後者はontologischにかかわる論であると言えないこともない。この珍奇な特徴づけも、あながち誤っているとはいえないであろう。なぜならば、ハイデッガーも、西田・田辺などと同様に、「存在的」を存在論的に説明しているのだからである。

たとえば制作されたもの・芸術作品は、これを創造した芸術家という時代的に制約された存在者(彼の情緒・情熱・生きた思想)「を表現」したものである、という存在的性格をもつのであるが、しかし他面では、この芸術家を介して、存在そのもの「が表現」されたものが、創造された芸術作品である、という存在論的意味をもつ、というようにされているのだからである。

いわゆる優れた芸術作品は直感力・直観力のある芸術家が「存在そのものを」表現したものであるが、しかし同時に存在論的には「存在そのものが」芸術創作をつうじて表現されたものとしての意義をもつとされる。芸術作品の創造における、存在そのものの「を」―「が」という関係は、「現―存在」の存在的と存在論的という二重的とらえ方にもとづいた実存論的照明にかかわるものであると言ってよいであろう。まさにこのような脈絡において、「を表現する」と「が表現される」とにかんする務台理作の所説をとらえるならば、事の本質は自ずから明らかになるはずである。

そこにむかって人間存在が超越してゆくところのものをば或る哲学的概念を用いて実体化して捉えることは、「信」を哲学化する誤りにおちいることになる。これと同様に、絶対的・超越的・無限的なものの「自己限定」をば、「場所」ないし「種」においてある個物間の相互関係（相対対立）から捉えかえし意味づけるのではなく、前者「から」後者を、存在論的に意味づけることもまた誤りである、というわけなのである。「非連続の連続の媒介者の自己限定」という存在論的展開についての思弁が自立化されるかぎり、個物を一般者から導出することになるのであって、そうすることによっては一般者からは導きだすことのできない個物そのものの主体的人格性は意味づけられないということなのである。

西田哲学にたいする高橋里美および務台理作の批判の核心点を引用しておきながらも、こうした批判の哲学的意味を省察しようともしていないがゆえに、いわゆる中期西田哲学の――ヘーゲルやマルクスの哲学との関係における――特徴づけは引用文の羅列になり終ってしまうのである。しかも、すでに指摘したように、西田幾多郎その人の実存を抹消し、彼の「行為的直観の立場」を没却して解釈するがゆえに、この解釈それ自体が不恰好にデフォルメされることになるのである。

それだけではない。中村雄二郎の思惟とはおよそ体質的には異質な梯明秀の哲学的思弁が、突如としてもちだされている。この突如とした持ちだしもまた、たんなる引用とターミノロジストにふさわしい単純不明解な特徴づけに堕しているのである。唯物論者として、あれほど西田哲学と四つにとりくんだ梯明秀。西田哲学にたいする彼の独自性は、ここではスッポリ欠落させられているのであり、「制度的自己」にきりちぢめられさえしているほどなのだ。

たんなる主観ないし主観性ではなくして、肉体を基体とした身体的自己は、それが歴史的世界に内存在しているがゆえに歴史的自己であるとしただけではなく、かかる歴史的自己がポイエーシスの、したがって歴史創造の主体である、としたのが西田幾多郎であった。こうした展開に立脚しながらも、哲学の原理は「絶対無」ではなくして「絶対有」（相対有ではなく、これに対立する相対無もみずからの契機とする絶対有）であるとする唯物論を提唱し、この見地から、西田の「行為的直観」の現実肯定性を否定し、もって「実践的直観の立場」の否定性を対置したのが、一九三五年の若き梯明秀であった。この実践的直観の否定的立場とは全く無関係に、ただただターミノロジーの見地から「制度的自己」という術語を摘みだすにすぎないのは、まさに非哲学の誇りをまぬかれはしないのである。

春の訪れとともに養蜂家たちは、咲き乱れるレンゲを求めて、鹿児島から北海道にむかって徐々に北上してゆくのであるが、こののどかとさえいえる春季の作業は、いうまでもなく蜂が集める蜜の性質をレンゲのそれにおいて統一するためなのである。多種多様な花の蜜をごたまぜにするならば、蜜の味は「ごたまぜ」になってしまうのである。もろもろの哲学の学理をおのれの問題関心にひきよせて摘み食いするならば、うみだされるものは、ただ「ごたまぜ」にしかならないということである。とはいえ、「ごたまぜ」はごたまぜとしての意義と価値をそなえているのであって、このことまでをも否定しようとは思わない。

西田哲学にたいする高橋里美および務台理作の批判を、お飾りのように引用しただけで、これらの批判の意味するものを少しも理解していないことを自己表明しているのと同様に、西田哲学とこれを批判しつつ展開された梯明秀の哲学的思弁とを何ら対質させなかったということは、まさしく哲学者たるものにあってはならない哲学的行為ではないのか。

遊びにくる客人《ひと》を、芸妓は二つに分類する――「色ずきの女ぎらい」と「女ずきの色ぎらい」とに。この「色」を術語に、「女」を哲学に、それぞれおきかえるならば、中村雄二郎のばあいは、さしあたり「術語ずきの哲学ぎらい」とでもいえるであろう。しかし「哲学ずきの術語ぎらい」というのは「女ずきの色ぎらい」のようには単純になりたたないのであるが。……

非思弁性

あたかも蜜蜂が花ばなの蜜を吸うように、もろもろの哲学的に思惟されたものから断片的に術語を摘み食いすることを「なりわい」にしているかのように思われるターミノロジストとしてのわが哲学者が、「中期西田哲学」を特徴づけるさいには、当然のことながら、西田幾多郎という歴史的実存そのものとはおよそ無関係に、いわゆる唯物論にたいする西田の批判的見解を探索し、拾い歩く、というていたらくとしてあらわれる。おのれの実存的不安を少しも感じてはいないがゆえに非実存的に生きていることからして、西田のいう「行為的直観の立場」を理解することができずに、中村はただただ西田が展開している唯物論批判を引用することにとどまっている。このことは、しかし、〝社会科学にたいする西田哲学〟が主テーマであるから仕方がない、という開きなおりが許されることを何ら意味しはしない。

レーニン式にいえば「自然科学的概念としての物質」、一般的には自然科学の対象としての「物質」――これを、「弁証法的物質のノエマ」を自体存在として抽象したものにすぎない規定であるとするのが西田幾多郎であるが、このことにかかわる文章が、たとえ引用されていたとしても、この問題についての哲学的掘りさげを、わがターミノロジストは少しもやろうとしてはいない。ただただ西田のマルクス批判が紹介されているにすぎない。いいかえれば、西田幾多郎に多大な影響をうけつつ同時に、彼に若きマルクスの哲学の存在を教えた梯明秀が、「弁証法的物質」について、したがって「絶対有」について、どのように論じているのか、ということにかんしては一顧だにあたえることなく平然としていられるのが、哲学的思弁をどこかに置き忘れてしまったわが哲学者なのである。

西田幾多郎も、マルクス哲学から多くのものを摂取しているとはいえ、――中村雄二郎と同様に――自己の哲学を投影して摘み食いをやっているにすぎないといえる。たとえばマルクスの草稿『経済学批判序説』のなかから、生産は直接的に同時に消費であり、消費も直接的に同時に生産である、という「即」の論理が如実にしめされているような文章を引用して、自己の哲学的論理の正当性を自己確認したり、もろもろの経済的カテゴリーはそれが抽象される資本制商品経済という歴史的世界において、はじめて抽象されうるとしたりしている部分に、西田は着目している(「実践と対象認識」を参照)わけなのである。『経済学＝哲学草稿』の学び方も同様のものであるといえる。「みずからの対象化した物において自己を見る。」というマルクスの一文に、「我と汝」についての自己の哲学的思弁の意義を見出しているとも言えるであろう。こうした事柄については、いまはどうでもよい。

若き梯明秀の哲学的思弁を「制度的自己」に切りちぢめる蛮勇に、われわれは驚きの目をみはらないわけにはいかない。これこそがむしろ問題なのである。雑誌『思想』研究者であるならばともかくとして、いやしくも西田哲学の形成においてはたした梯明秀の役割と意義について言及した以上、少なくとも、西田の「絶対無」にたいする梯の「絶対有」について、術語的ではあれ論及することが絶対的に避けることはできなかったはずなのである。しかるに、この点についての論及は皆無なのである。まして、「過程的弁証法のなかに場所的契機をもとめる」というアプローチのしかたについての梯明秀の苦悶などは、わが合理主義者の射程には決して飛びこんでくることはないのである。

西田哲学の性格を「二元的相対対立の統一化の過程的立場」として田辺元が批判し、また「非連続の連続の媒介者の自己限定」という発出論の傾きをもった西田の存在論的論理にたいして務台理作が「場所的自己同一」の論理を力説したりしたことが無視されているかぎり、「絶対有としての物質の自発自展的自己運動」にかんする梯明秀の存在論主義的存在論の欠点に説き及ぶことができないのは、あまりにも当然のことであると言わなければならない。

いやむしろ、次のように言ったほうがよい。すなわち――

『歴史哲学』の著者である三木清が晩年の西田の哲学的探求から「制作（ポイエーシス）」の論理を学び、歴史創造の論理を、一方ではカント的構想力の視点から、他方ではすでに制作された「形」（具体的には神話・制度・技術など）を考究するという観点から、それぞれ論じようとしたこと――このように三木哲学を解釈するのが中村雄二郎であって、彼のこの問題意識を首尾一貫して確保しようとするかぎり、当然にも、彼は「制作」にかんする西田幾多郎の哲学的思弁についての考究を軸にしなければならなかったはずである、と。

だがしかし、底ぬけの楽天家であり合理主義者でもあるわが哲学者が、現代における歴史的制作とは何か、というような問いを発するであろうことを期待することのほうが、むしろ愚かなのである。二十世紀とは「神の死んだ」世紀であるとしながらも「実存の不安」の一片も感じられないわが哲学者に、二十世紀末の現代の思想的混沌を突破し現代史を制作してゆく歴史的行為そのもののあり方を思弁することを要請することとそれ自体が、むしろオカド違いというものなのである。

実際、西田幾多郎の「制作」の哲学を論じながらも、彼の「場所の弁証法」の核心に言及することをせずに、むしろ場所的弁証法の〈脱構築〉なるものに没頭しているのが中村雄二郎なのである。〈脱構築〉とは、なんとまあ、〈場所〉と〈弁証法〉という二つの術語に場所的弁証法を解体することなのだそうである。もちろん、「さしあたりまず」の話ではある。

それにしても〈脱構築〉という方法が、〈脱構築〉しようとしている哲学者の思想性の低さを、まさにもろだしにしているではないか。西田幾多郎の「場所の論理」を「過程的立場」として論難した田辺元や、「を表現する」場所における場所的対応・場所的自己同一の論理に迫ろうとした務台理作、そして場所的弁証法と過程的弁証法とを統一することに失敗したとみずから慨嘆している梯明秀。——こうした先哲たちの学問的探求の歩みとはおよそ無関係に、場所的弁証法は〈場所〉と〈弁証法〉という二つの術語に分解され解体されてしまうのである。〈脱構築〉とは、ここでは、構築なき単なる解体としてあらわれている。解体された〈場所〉という断片は、次の四つに分類される。

「①存在の根拠としての場所、②身体としての場所、③象徴空間としての聖なる場所、④言語的トポス。」

「乾坤一擲、いざバラバラ」とは、まさにこのようなものをいうのであろうか。

そもそも、このような四つのものに分解できないのが場所なのである。だからこそ、これは「存在の根拠」（①）とされているのである。「存在の根拠」である場所そのものから離れて身体的自己存在があるのではない。いわゆる身体的自己が場所においてあるがゆえに、この身体的自己は制作しうるのであり社会史を創造する実践主体たりうるのであって、「身体としての場所」（②）あるいは「場所としての身体」なるものがあるのではない。人間が制作した種々の道具（労働手段）は、それが使用され消費されるかぎりにおいて、人間身体の延長となるのであって、道具それ自体が「身体の延長」であるわけではない。いわゆる身体的自己がおいてある場所が時空間的に果てしなく拡がってゆく、というように存在論的には言えるのだとはいえ、知覚する自己をみている「木にとまった鳥」をば、これを見ている「身体的自己の延長」である、というようにみなすのは、ポイエーシスから切りはなされたテオーリア（観想または観照）と裏腹のものであって、後者（テオーリア）の裏返しが前者（鳥＝「自己の身体の延長」）にほかならない。

そして「象徴空間である聖なる空間としての場所」（③）なるものは、場所においてある人間存在の階級的に疎外された意識においてひらかれる宗教的時空間（宗教的時間性のない宗教的空間性はない）のことをさすのであろう。けれども、このことと、場所においてあり場所に内在する身体的自己の意識のなかにひらかれる形而上的時空間（宗教的自己疎外に転落することのないところの、たえず自己超越をはたしつつ自己にかえってゆく働きのおこなわれる意識内の超次元的世界）とは、当然にも区別されなければならない。この後者（形而上的世界）の階級的に疎外された形態が、宗教的時空間を演出的に創造する儀礼なのである。神社・仏閣が存在する場所（「垣」で囲まれた「聖なる時空間」の対象的形態）または空間の創出や人格神（およびその画や像やイコン）の設定は、精神的自己疎外の対象的表現でしかないのであって、「聖空間としての場所」なるものを聖化するということは決してできないのである。たとえ人格神が信じ祈られ寺社において拝礼や儀礼がおこなわれるのが現実であったにしても、これらは人間存在の精神的自己疎外の究極をしめすものでしかないのだからである。

さらに、「言語的トポス」④とは何をさすのか、ということが全く明らかではない。おそらくはそこにおいて言語的表現がおこなわれる場所（表現のトポス）のことをさすのであろう。もしもそうであるならば、この「言語的トポス」なるものは、身体的自己とも、またこの自己がおいてある場所ともきりはなすことができない。右の④は右の②および③との統一においてのみ現実性をもちうるのである。いや、意識野における言語的思惟は位置づかないことになる。

ところで、場所的弁証法の〈脱構築〉なるものは、このような〈脱構築〉をめざすその人を欠落した展開になりさがっている。まさにこのゆえに、「場所」という基本的カテゴリーが実体化されることになる。この実体化された「場所」に〈として〉という限定が外的・対象的に付加されることになる。こうして、四つの〈としての場所〉なるものが観念的に悟性主義的に捏造されることになるのである。

今や明らかではないか。〈～としての場所〉を四種類に分類し、このそれぞれに種々の既存の科学のようなものを対応させることは、場所的弁証法の追求を断念したことの証左でなくして何であろう。

「場所的弁証法」の〈脱構築〉なるものは、場所的弁証法の悟性主義的解体と、この解体の既成科学の科学主義的導入による隠蔽としてあらわれたことは、いまや明らかではないか。〈西田哲学の脱構築〉なるものは、ここにおいて完成したといわなければならない。

このことは、哲学者・中村雄二郎の非実存性と非思弁性の必然的帰結であるといわずして、何といえようか。

（一九九五年十一月二十二日）

〔付記〕　時枝誠記の言語過程論の中村雄二郎による受容（雑誌『世界』一九九六年六月号）について

日本語文の特質は風呂敷型――「辞〔客部表現〕が詞〔主部表現〕をつつむ」または「詞が辞につつまれる」という形式――をなし、この文形式は判断論的には「主語〔文法上の主部表現〕が述語〔文法上の客部表現〕につつまれる」という述語論理を如実にしめすものであるとはいえる。たとえそうであったとしても、「客部表現（辞）が主部表現（詞）をつつむ」という形式をとる口語文のすべてが、中村のいうように〝主体的表現である〟というわけではないのである。

わが「述語的世界」憧憬者は、時枝が規定した「客体的表現」を無視し、日本語文のすべてを「詞が辞につつまれる主体的表現デアル」などと断言しているほどなのである。時枝説の一知半解とは、かくのごときものを指すのである。

Ⅲ　現実場

現代思想の問題群

極めてチャーミングな題名が冠されている本書＝『21世紀問題群』（中村雄二郎著）は、おそらくは読者たちに期待感をいだかせるに充分なものであるといえよう。なぜなら、本書には、情報ネットワーク社会への著者の底抜けの楽天感がみちあふれているからなのである。いやむしろ二十一世紀のインターネット社会への狂騒に棹さし興奮しているデジタル思考のロボット哲学者の面目が、実に鮮やかにしめされているからなのである。

ソ連邦のドラマチックな瓦解以降に現出した二十世紀末の現代世界の混沌とはおよそ無縁な地平において、喧伝されている二十一世紀の科学・技術に、手ばなしの讃歌が、本書ではおくられている。われわれがいま生きている歴史的現実が、二十一世紀への過渡期にある歴史的現実そのものが提起している問題群は、まさに科学主義的にとりあげられ、その超克がめざされているはずの近代的合理主義にちょっぴり「パトス（受動＝受苦―情動）」を接穂したにすぎないような「非線形的思考」に依拠して、単純不明解にあつかわれているにすぎないのである。まさにこのゆえに、二十一世紀問題群はもちろんのこと、二十世紀の世界がつくりだし未解決のままに残した問題群もまた、なんら剔出されてはいないのである。それは、なぜであるか。

A　歴史哲学の欠損

いやしくも「二十一世紀の問題群」を問題にするのであるならば、二十世紀末の現代世界の生きた現実そのものがはらんでいる諸問題が何であり、この問題群がいかなる過去的出来事からおくられてきたものであるか、そしてこの問題群はいかなる視点から・どのように突破されなければならないか、ということがまずもって浮き彫りにされなければならないはずである。「もしもクレオパトラの鼻が……」という問題のたてかたは歴史学には禁物である。また「歴史は夜つくられる」とも言いたくなるようなブルジョア政治が古今東西のしきたりとさえなっているという事実をあげつらってみても、これは「物語」とはなっても学問とはならない。こうした解釈と同様に、二十世紀における情報科学・情報技術の発展に瞠目して、二十一世紀の「情報ネットワーク社会」を欣喜雀躍してバラ色にえがきだすことも、極めて愚かなことである。

一般に、つねに歴史は現在的に書きなおされると言われる。このことは、歴史を省察する者が、彼のおかれている生きた現実にたいして抱く問題関心に、彼の時代的ないし歴史的意識に、そして彼の駆使する方法に規定されながら、過ぎ去った時空間のもろもろの出来事を記述することになる、ということを意味する。直截に言うならば、二十一世紀への過渡にある今日の世界史的現実に立ちむかう者自身の価値意識が、またはその自覚的表現としての彼の抱く歴史観が、歴史的省察の前提になり、この歴史観ないし価値意識によって歴史的省察の内実は決定づけられる、ということなのである。二十世紀末の世界史的現実の問題群を剔出し整序することは、剔出し整序する者自身の歴史観に規定されるのであって、前者のうちに後者がおのずから表現されるのである。

二十一世紀社会を「情報ネットワーク社会」としてしか描くことができないがゆえに、太陰太陽暦でもイスラーム暦でもなくキリスト教暦（十六世紀につくられたグレゴリオ暦）にのっとって、時代の区切りを観念的に想定するにすぎないことになる。百年毎の時間的区切りもあるけれども、間もなく訪れるであろう西暦紀元二千一年は西暦一千一年というスパンでもとらえられるとされる。二百年とか三百年とか五百年とかのスパンでもって過去の人間社会の歴史的歩みをとらえることも可能であるにもかかわらず、このようなことには何らふれられてはいない。それというのも、キリスト教の終末観のゆえに、西暦紀元一千年前後には、歴史的事実として、キリスト者たちの間に不安と動揺と末世の観念がはびこったという事実がある、ということを重視し、これに拠り所がもとめられているからなのである。

十九世紀末には時代的動揺をうつしだす形においてニヒリズムがまんえんし、「西ヨーロッパの没落」が一九二〇年代に叫ばれたのであった。けれども、これと同様の思潮は、二十世紀末の今日においてはうみだされていない、というような事実は指摘されてはいる。だが、このことについての省察は殆どない。「殆どない」と言ったのは、アメリカや日本におけるカルト集団のばっこや民族紛争については断片的にではあれふれられているからなのである。

いやそもそも「一千年」という単位での歴史の省察が試みられているのだとはいえ、この省察は所詮は年表の文章化という代物でしかないのである。しかも、自己が抱いている歴史観そのものをそれとしてとりだし考察してはいないがゆえに、年表の文章化それ自体も雑然としている始末なのである。

十五世紀のイタリア・ルネッサンスに先立って、すでに十二世紀には、——西暦紀元前のメソポタミア文化やギリシア文化を継承して栄えた中世のアラビア文化が、イベリア半島を支配圏におさめていたムスリムから、「古代ギリシアの辺境地」であったヨーロッパに伝播し、そうすることによって——ルネッサンスが開花した、ということが力説されている。アラビアの科学・技術文明と、アラビア語に訳されたアリストテレスの文献のラテン語訳をつうじてのキリスト者による研究などによって、西暦十二世紀にはルネッサンスがすでに始まっていたということが強調されている。けれども、「フィリヤ」をかかげた十二世紀のグルジアのルネッサンスについては何らふれられてはいない。

イタリア・ルネッサンス以前に、すでにヨーロッパ近代の曙はあったのだ、ということが「のれんに腕押し」式に力説されているにすぎないのである。だが、中世・近世・近代の思想および経済史の驚くべき粗雑さについてはB節でのべる。ここでは、二十世紀という時代のとらえ方の粗雑さについて簡単にふれておくことにする。

転向スターリン主義者とは異なって、「ねあか」のわがリベラリストは、いまなお「思想としての社会主義」は無用の長物になったとはみなしてはいない。それゆえに、一九一七年革命を現代史の一つの結節点としておさえることを忘れてはいない。けれども、「国家社会主義（ナチズム）」と「マルクス主義（実はスターリン主義）的社会主義」とを——それらの本質的相違を一応は認めながらも——同列に並べてあつかっているにすぎない。まさにこのゆえに、両大戦の時代的状況も、第二次世界大戦以降五十年の歴史的過程も、何ら動態的に明らかにされてはいないのである。いわゆる「二大陣営の平和共存」の時期がなく、すべてが「米ソ冷戦」におきかえられている。そして、帝国主義世界の諸国は、情報科学・技術のめくるめく発展が期待され・バイオテクノロジーおよびニューロサイエンスが開花するであろう二十一世紀世界の立役者として、ファナチックに描きだされている。

他方、一九五六年のハンガリーについては少々ふれられているのだとはいえ、一九六八年のチェコスロバキア事件についても、またインドシナ半島において勃発した史上はじめての「社会主義国家間戦争」（いわゆる中ソ代理戦争）についても、まったくふれられていない。「経験とパトスと記憶」を重んじると称しているがゆえに、かの「フランスの五月」は位置づけられてはいるが、一九六〇年代の黒人暴動や一九九二年のそれについても、「黄禍」とわめいてバッシングやパッシングを平然とやってのけている人種差別・排外主義まるだしのヤンキーの傲岸についても、まったくふれられていない。このことは、彼には歴史観だけではなく、世界観も哲学も欠損していることをしめしているというべきではないか。

それだけではない。ソ連圏崩壊のゆえに死語になっているとさえいえる「第三世界」における植民地からの独立闘争と、一九五〇～六〇年代に各地域において高揚した民族解放闘争、そして二つの分割国家における戦争、さらにインドシナとアルジェリアとポリネシアにたいする帝国主義国フランスの権力者のゴーリズム的尊大さをはねのける闘争など――これらについての記述は、脈絡のない単なる年表の文章化に堕している。ソ連軍のアフガニスタン侵略が「民族」問題の項でとりあげられているにすぎないことは、中ソ代理戦争とチェコスロバキア事件を二十世紀の歴史から消し去ったことと密接にむすびついている。

J・デューイさえもが弾劾したスターリンの「血の粛清」にもまったく言及しないということは、情報ネットワーク社会にからめとられたデジタル頭のみが能くなしうることなのである。こうした展開の仕方には、吸血鬼スターリンとその徒党の犯罪にたいする怒りのひとかけらもない、いやむしろ、二十世紀世界をアメリカとともにソ連邦が動かしたというような時代認識が欠けていることを意味する。このことは、たとえ「共同体と個」をフランス哲学者たちの尻尾にぶらさがって思索しようとしたにしても、スターリン主義の世紀の犯罪を免じることになるのである。こうした二十世紀のとらえ方こそは、歴史観の、そして歴史哲学の欠損を象徴するものにほかならない。

B　不明解な短冊

デジタル頭のわが哲学者は、二十一世紀の未来社会にむかって跳躍するのではなく、後方にむかって一千年も昔に飛んでいく、という芸当をやってみせ、そこからUターンして十二世紀ルネッサンス時代に、さらに十七〜十八世紀の近代ヨーロッパ世界に舞いもどる。そして、誇らしげに、次の二つのシンボルを、いや単純不明解なアドバルーンをかかげる——

ⓐ「自然科学・宗教改革・資本主義」

ⓑ「神の死・個我の不安・科学の細分化」

もちろん前者は、近代西ヨーロッパ文明の特徴と思われるものを思いつき的に図式化したものであるといえる。後者はいかなる時代の特徴づけであるか、ということは明らかではない。ニーチェが「神は死んだ」と宣告してニヒリズム哲学を展開したことは十九世紀末の思潮を代表するものであるとしても、しかし「科学の細分化」とは、いかなる時代のいかなる時期のことがらをさすのであろうか。おそらくは、このⓑ短冊図式は、十九世紀後半から二十世紀前半の時代の特徴を指しているのであろうか。

ギリシア的自然哲学の地平をこえて自然科学が自然科学として登場し産業革命を達成したのは、ほぼ十八世紀のことであったといえる。この時期に物理学が、そして化学が、さらに後れて生物学が、科学として形成された。――フロギストン説を否定する酸素が発見されたのは、研究費をひねりだすために徴税事務をやっていたことのゆえにラボワジエが逮捕された一七八九年のことであった。（実際に彼がギロチンにかけられたのは一七九四年であった。）またダーウィン／ウォーレスの進化論は一八五九年に発表されたのであり、一八六五年に発表されながらも一九〇〇年になってやっと再評価されたにすぎないのが、メンデル遺伝法則なのである。電子は一八九七年に、X線は九五年に、ラジウムは九八年にそれぞれ発見。相対論と量子力学の形成は二十世紀初葉のことなのである。

十八～十九世紀は自然科学の各分科が形成される過程にあったのである。社会にかんする学問は道徳論と経済学とが未分化なものから出発し、十九世紀初頭に「社会学」がようやくオーギュスト・コントにより提唱された。そして十九世紀後半においても、自然科学に対立する学問は「精神科学」（ディルタイ）とか「文化科学」（リッケルト）とかと呼称されたりしながら、これらの哲学的基礎づけが試みられたにすぎなかった。「社会科学」という術語が通用性を獲得したのはほぼ一九二〇～三〇年代のことであろう。

いわゆる「科学の細分化＝専門化」が進展したのは第二次大戦以降のことであるといえる。そして諸科学の発達に促迫されて、諸科学の境界領域の科学が自立化しはじめた（化学物理学、物理化学、生物化学、分子生物学など）。さらに、分化した諸科学の専門化を克服するために、いわゆる学際的研究も始まったのである。他方、近代経済学は数量計算の学となり下がって脱イデオロギー化し、機能主義（函数主義）を徹底化し、社会にかんするブルジョア学問が細分化されたのは、ほぼ一九六〇年以降のことであるといえる。

こうした脈絡からするならば、ⓑ図式は、あまりにも単純不明解であるといわなければならない。これにたいして、ⓐ図式のほうは、やや明解ではある。というわけは、M・ウェーバー説をまるごと承認するかぎりにおいて理解することが可能になるのが、ⓐシンボルなのだからである。

財源難に悩まされていたローマ教会が発行した「オフダ（免罪符）」と教会での礼拝儀礼を拒否し、自己の職能をベルーフにして勤勉貯蓄にはげむこと——これは、プロテスタンティズム（ピューリタニズムとかカルヴァニズムとかをふくむ）を自己の生活信条（エートス）とする生活様式にもとづくものであるとはいえる。そして、都市および形成されかけていた農村都市の手工業者たちや商人たちのエートスとして、プロテスタンティズム（の倫理）が或る役割を演じたことは確かな事実であるにしても、こうした小生産者や商人資本の直接発展線上に産業資本主義経済の時代が開かれるわけではない。早い話が、ポルトガルやオランダが、いわば世界を股にかけて交易を華々しく繰りひろげたにもかかわらず没落しなければならなかったのは、何故なのか、ということに思いを馳せるならば、そのことはおのずから明らかになるであろう。

前近代社会において発生し盛衰してきた商品経済が直接連続的に、産業資本的蓄積様式にもとづく資本制経済に発展するわけではない。直接的にはゲルマン的「共同体」にもとづく農奴制経済（あるいは封建的大土地所有制経済）が、その外部に存在し成長してきた商品経済によって掘りくずされ解体される歴史的過程――「血と火の文字で刻まれた」とマルクスのいう「資本の根源的蓄積過程」――をつうじてのみ、はじめて資本制生産様式は資本制生産様式として形成されたのである。唯物史観を商品経済史観にすりかえるスターリン主義者ならいざしらず、右のように把握するのがマルクス主義なのである。わがデジタル頭が依拠している大塚史学なるものは、スターリン主義者の商品経済史観の一変種でしかないのである。

M・ウェーバーの社会学ないし大塚史学の観点にたつかぎりにおいて、ⓐ図式は成りたつ。だが、それ以上でもそれ以下でもないのである。

経済過程へのエートスの反作用を力説したいのであるならば、むしろデカルト的ないしベーコン的な「理性」とこれがうみだしたブルジョア的学問を位置づけるべきではないのか。あるいは、科学と（その応用としての）生産技術とを区別する見地にたつならば、ⓐ図式の中の「宗教改革」のかわりに「産業革命」を位置づけるべきではないのか。

だが、反論がなされるかも知れない。――ⓐ図式のなかから「宗教改革」をしめだしてしまうならば、ⓑ図式のなかの「神の死」というシンボルが死んでしまう、と。だが、こうした反論にたいしては次のように反批判することも可能である――ニーチェが「神」を殺したにもかかわらず、二十世紀末現代において中村雄二郎が「国家と宗教」を問題群の一つとして掲げざるをえなくなっているのであるから、「宗教改革」をむしろ二十一世紀のシンボルにすべきではないか、と。つまり〈情報ネットワーク社会―宗教改革―国家〉という短冊が、二十一世紀のシンボルである、という具合に。

それはともかくとして、さきのⓐおよびⓑ図式という単純不明解なデジタル的図式がでっちあげられた根拠は何か。いうまでもなく、それは近代西ヨーロッパのイデオロギーを「線形的思考」とみなし、かかるものを「普遍主義・論理主義・客観主義」として特徴づけたことにもとづくのである。この特徴づけが第三の図式＝ⓒにほかならない。

近代的知性が近代的知性として成立したのはデカルトの「コギト」においてであり「理性」である、と宣言されてはいる。そして「知は力なり」のフランシス・ベーコンには挨拶程度にふれられているにすぎない。ということは、J・ロックにはじまるイギリス経験論にも、またC・S・パースにはじまるアメリカのプラグマティズムにも、全然ふれられないこととしてあらわれる。したがって当然にも、イギリス経験論と大陸合理論とを、いわば統合することを指向したイマヌエル・カントとドイツ観念論には、まったくふれないことにもなる。さらに、「神が死んだ」世紀の証人としてニーチェはもちだされても、この彼が興奮を覚えたところのショーペンハウエルの哲学にも、またⓑ図式のなかの「個我の不安」に関連してケルケゴールやハイデッガーにも、またサルトルにも全く言及しないことになる。それほどまでに、わが「ねあか」哲学者は科学主義的であり合理主義的であり健康優良児なのである。

とはいえ彼は近代科学が科学として成立した根拠を「理性」の高らかな宣言にのみ求めているのである。「理性」から切り離された縦横前後の「延長」を、「眺め」わたし、もって「客観性」を確認するところに、テオリア（観想）が成立したとされる。この「客観性」のゆえにあらゆる事象を要素に還元し、そうすることによって「均質性」を探求する近代科学が成りたち、そして「論理的一義性」を確保する「論理主義」に科学はつらぬかれる、というわけなのである。この「論理的一義性」とは、形式論理的な演繹論理のそれをさすのであろうか。それは、相補的一元性でもなければ一元的弁証法性でもないことは確かである。そして二元論者のデカルトには帰納法と演繹法の両方があったはずであるから、「論理的一元性」なるものだけを近代的思惟とするわけにはいかないのではないか。

いやそもそも、近代自然科学は客観的に妥当する法則を探究することを自らの課題にするのだとはいえ、「自然を拷問にかける」実験なしには不可能なのである。

ところが、情報科学を物神化している、哲学することのないわがターミノロジー解説家は、近代的な実験的精神を完全に没却することにパトスをたぎらせているかのようである。博覧多識の哲学者に「実験と法則」という問題がすっぽりぬけおちている、などと指摘するのは甚だ片腹痛いというものだ。

では、なぜ近代自然科学の方法の特質をⓒ図式に、つまり「普遍主義・論理主義・客観主義」に、彼はまとめあげたのであろうか。（精神科学・文化科学・社会科学などの科学の方法については一切オミットされていることに注意。）

その答は至極簡単である——近代科学につらぬかれているのは「線形知」にすぎないからである、というのである。近代知のこの特徴に対抗して高唱されているのが「非線形の知」である。すなわち、客観主義ないし法則的客観性および「均質性」にたいしては「経験」に基礎をおくことが、また「論理的一義性」にたいしては、「事象のもつ多義性」をパトス（受動=受苦）と記憶にもとづいてとらえることが、近代的知の地平を超えるものとして強調され、そうすることによって「普遍主義・論理主義・客観主義」から脱出できるとしているのである。しかも、そのばあい、個のおいてある「場所的固有性」を拠点にして、「行為の相互性」ばかりではなくあらゆる生命体（植物・動物・人間などの〝生きものたち〟）も、自然力・社会力も、リズミカルに自己組織化的に自己運動するものとしてコギトする、という「汎リズム論」にのっとらなければならない、と主張されるのである。

その内実が本書では展開されてはいない、このような「非線形」論や「汎リズム論」が前提になっているがゆえに、まさにこのゆえに、近代性も近代主義も近代化主義も脱近代も区別することなく、近代ブルジョア資本主義社会がうみおとした自然科学の性格をⓒ図式のようなものにまとめあげざるをえなかったのである。このデジタル図式が基礎になって、これの具体的あらわれとしてⓐ図式が、ⓒ図式の否定ないしⓐ図式の反対としてⓑ図式が、それぞれ捏造されているのだといってよい。まさにこのゆえに、近代西ヨーロッパの思想史は極めて矮小なものたらしめられているとともに、資本主義の歴史的形成も、科学の発展史も、粗雑きわまりないものたらしめられてしまうのである。

C　技術主義的倒錯

あまりにも軽率に、あまりにも単純素朴に、あまりにも粗雑に、十二世紀以降の西ヨーロッパ文明を三つの図式にまとめあげるようなデジタル式頭脳のゆえに、訪れるであろう二十一世紀技術文明は輝かしい光を放つように思われてくるのは当然のことである。

たしかに、二度にわたる大量殺りく戦（ヒトラーによるホロコーストをふくむ）と原子爆弾の発明およびその投下によるジェノサイド、数々の戦争によって甚大な惨禍がもたらされたことが、二十世紀の悲劇としてあげられている。とはいえ情報にかんする科学および技術の二十世紀的発達に手ばなしで讃歌をおくっているだけではなく、バイオテクノロジーとニューロサイエンスの世紀として来世紀がバラ色にえがかれている。しかもパトスをみなぎらせて。

遺伝子操作が農業技術や医療技術などに具体的に応用されてゆくこと、その肯定面と裏腹の否定面に、もちろん注意のまなざしはむけられなければならない。バイオテクノロジーを適用した耐虫性・耐病性・耐冷性をそなえた食用植物の品種改良などは、今後とも当然おしすすめられるであろう。が、そのさいに、「ポマト」や「オレタチ」のような新品種をつくりだしてみても、実際には何の役にもたたなかったということが忘れられてはならない。また癌の遺伝子治療法を開発したり、筋ジストロフィーをなおすためのそれを開発したりすることも、二十一世紀の医療技術の課題となるであろう。けれども、脳死にいたることは肉体から霊が抜かれたことを意味するとするキリスト教的死生観にのっとって、「ポアされた肉体」の臓器を部品として扱うような科学主義的発想にもつながるものであるがゆえに、バイオテクノロジーの応用は倫理的に限定されなければならない。ヒト・ゲノムには一指もふれてはならないのである。

こうした生命倫理やターミナルケアーなどにかかわる問題は措くことにする。ここでの問題は、情報技術の著しい発達に驚愕するだけではなく、ニューロサイエンスとニューロコンピュータに異常ともいえるほどに期待を寄せているところの中村雄二郎の錯倒について、ふれておくことにする。

「人間のように考える機械として〔の〕人工知能」。「脳の働きの一部を工学的にとり出した機能的モデル」。——このような観点から次のように述べられている。

「連合性皮質系の働きが、次第に高次なものに至るまで体系的・システム的に外化されるようにな
った。いや、さらに、それがシステム的に外化されるにつれて、人間の社会生活の多様な在り様から、大脳周縁系の働きまで情報機械として外化することが要求されるようになった。」（前出『21世紀問題群』一〇〇頁）

今日のコンピュータの記憶容量や演算機能は人間頭脳の働きをはるかに上回っていることは確かである。そして文法・辞典がインプットされているならば、ある自然言語（民族語）を他のそれに一定程度は変換できるほどまでに、コンピュータは発達している。注意すべきことは、これらのすべては、数理計算にもとづいておこなわれるのであり、またインプットされている内容より以上の働きをするというわけではないということである。とりわけ、コンピュータは判断することも意志することも情動することもできない。コンピュータは、それを使用する人の意思・選択・使い方にかかっている。たとえ個々人のパースナルコンピュータが「インターネット」をつうじて全世界につながったとしても、データ・ベースを使いこなす能力をもちあわせていないならば、データ・ベースは使用されない図書館・博物館の類にしかならないのである。

情報ネットワークとデータ・ベースとこれらを使いこなす能力をもった人間――この三者は全く別のことである。コンピュータに指図され使われているような人間はコンピュータを使いこなすことはできない。彼らはコンピュータ・お宅ッキーでしかなく、実質上ロボット人間に堕しているのである。

こういうことを熟知しているにもかかわらず、わが哲学者は考える――大脳新皮質が司る一定の働き（記憶や計算）がすでにコンピュータによって代置されているのであって、人間頭脳の中心部に位置して

「個体発生における系統発生」をしめすところの原始脳の働きも、二十一世紀にはコンピュータによっておきかえられるであろう。（ちなみに、一対の海馬・一対の扁桃体・帯状回と海馬傍回をあわせた脳弓回が「大脳辺縁系」をなすのであって、視床や視床下部は「辺縁系」にはぞくさない。原始脳とは、脳幹、視床、視床下部、大脳辺縁系の総称である。）

たしかに、たとえば興奮するばあいに頭脳の色々な部位の血流が速くなったり、短期記憶のさいには主に海馬や小脳のニューロンが大脳新皮質の連合野と連動して活性化したりするということが、実験的にたしかめられている。こうして温度を上げたり下げたり、圧を強めたり弱めたり、また電位差をつくったりしながら、人間頭脳の働きに似た作用をつくりだそうとして、研究者が四苦八苦していることは事実である。

けれども、扁桃体が発する「好き・嫌い」という電気パルスや視床下部が発する諸欲望の電気パルスなどが、たとえ実験的にとらえられたとしても、そしてこの電気パルスを組み合わせたとしても、何の役にもたちはしないのである。

たとえば中村雄二郎が情動したり智慧熱を発揮したばあいに、あるいはルネ・デカルトが数々の宮廷の貴婦人たちに恋心をいだいた時に、視床およびその下部から発せられた電気パルスと大脳新皮質の或る特定の部位から発せられたそれとが、どのようにシナプス結合をつうじて連合するか、ということを空想するのは楽しいことではある。とはいえ、こうしたことを人工知能で再現しうるように考えることは、まさしく現代の機械論でしかない。このように考えることは、唯脳論的「唯―物―論」いがいの何ものでもないのである。くそ真面目ではあるが同時にフェミニストでもあるJ・ロックのニューロンの働きや「時計の人」カントのそれを、コンピュータで再現しようと試みることそれ自体が野暮であるだけではなく、科学主義的・技術主義的倒錯でしかない。

問題の核心は、次の点にある――どのようにニューロサイエンスが発達し、またこの発達にもとづいて「認知」が「科学」されたとしても、このことは六十数年前の古い表現を用いるならば「大脳の構造と機能」を対象的に明らかにすることにしかならないのである。人間の動作やそのまとまりとしての行動にともなう感覚器官の働き（視覚・聴覚・嗅覚・味覚・体性感覚の作用）が人間頭脳のいかなる部位に関係し、いかなる局位のニューロンがどのようなシナプス結合をするのか、そのさいにアセチルコリンやドーパミンやエンドルフィンやノルアドレナリンなどがどのように放出されるのか、というようなことがたとえ明らかにされたとしても、このことは人間的自然の認識＝思惟作用を明らかにすることとはならない。認識＝思惟作用の大脳的基礎が、ただ対象的＝科学的に記述されるにすぎないのである。いわゆる「認知」の物質的＝大脳的基礎が、中心部の原始脳をふくむ脳髄の各部位および諸部位の連合の仕組みが、たとえ明らかにされたとしても、この解明はいわゆる「認知」そのものを明らかにすることにはならない。

たとえば情動は視床下部から、視覚表象は視床から、それぞれ発せられる電気パルスにかかわるのだとはいえ、この電気パルスが大脳新皮質のもろもろの部位ないし連合野に連動し、連合の連合が瞬時におこなわれ、そうすることによって情動は情動として、視覚表象は視覚表象として意識されるのである。しかも、このような働きはニューロンの尖端のシナプス結合より以上のものであり、非対象的な対象化作用であるがゆえに科学的＝対象的には捉えられはしないのである。それにもかかわらず「捉えられうる」とするのが、いわゆる認知科学なるものなのである。そしてニューロサイエンスに絶大の期待をよせフィーバーしているのが中村雄二郎なのである。

こうした錯誤がうみだされるのは、そもそも、人間脳髄（その構造および機能）が、「類としての人間」が永きにわたっておこなってきた協同労働の歴史的産物であることを完全に没却していることにもとづくのである。こうした共同体的協同労働の所産であることを没却して、発達した人間頭脳の構造および機能を緻密に分析するならば「人工知能」をつくりだすことが可能である、とする考え方それ自体が誤りなのである。こうした考え方は、明らかに人間機械論の今日版でしかないのである。

現代技術文明をば――共同体的協同労働とその疎外の長い長い歴史的過程とは無関係に――〝脳化〟の見事な産物として解釈する唯脳的「唯―物―論」に、わが哲学者が陥没しているがゆえに、欲動や思考もコンピュータ化できるかのような妄想にとりつかれることにもなるのである。デカルト的パトスもコギトも、デジタル方式で記述できるなどと夢想することにもなるのである。だが、これこそは、わが情念論者が精神的免疫不全症候群にかかってしまっていることを自己表明する以外の何ものでもないではないか。

植物の光合成をおこなう葉緑体に対応するものとしての、動物の細胞内にもぐりこんでいるミトコンドリア。「細胞内の発電機」とも呼ばれるこのミトコンドリアの遺伝子を分析した結果として、次のことが明らかにされた。すなわち、アフリカのネグロイドとヨーロッパ系のコーカソイドとモンゴロイドとしての日本人が分化したのは、今からおよそ十四万五千年前ごろであるということが。そもそも、四百数十万年前に同一種から分化した人類祖型（アウストラロピテクス→ホモ・エレクトゥス→旧人‥‥→）と類人猿（ただしマントヒヒを除く）、後者に属するチンパンジーと、前者の系列のホモ・サピエンスとの遺伝子の相違はわずか二パーセントにすぎない。それにもかかわらずホモ・サピエンスがチンパン人とは質的に異なるのはなぜであるのか。狩猟・採集・漁撈などからはじまった人間的協同労働が、人間頭脳をかかるものとしてつくりだしたのだといわなければならない。この歴史的事実を没却するがゆえに、発達した人間頭脳の構造および機能を対象的＝科学的に分析するならば、「人工知能」をつくりだすことが可能である、という妄想が不可避にうみだされることになる。

オランウータンとは「森の人」の謂であるが、動物園で飼育されていたオランウータンに、社会復帰ならぬ〝森復帰〟を促すことを試みたとしても、オランウータンはもはや森の人にはならないのである。森への復帰を促しても、〝人間化されたオランウータン〟は、自主的（?）に餌をとることをしないだけではなく、どこからか探してきた布切れで、井戸端においてある鍋を磨くしぐさなどをやってみせたりするとのことである。動物園で人間化されたオランウータンは、もはや「森の人」ではないのである。こうしたオランウータンと同じように、情報ネットワーク社会にあみこまれてしまったわが哲学者も、まさに「コンピュータの人」つまり精神的エイズにおかされたロボット人になり下がってしまったというわけなのである。もともと悟性主義的に思考することしかできないことを「情念」という概念でおおいかくしてきたにすぎないがゆえに、中村雄二郎は二十一世紀問題群の省察においては、このデジタル頭を白日のもとにさらけだすことになったというわけなのである。

D　コンピュータの物神化

デカルト的物心二元論と同様に、現代版人間機械論と〝パスカル的宗教心をいだくデカルト的情念〟の論とを仲良く共存させているのが、わがデジタル頭の持ち主なのである。

情報ネットワーク社会とニューロサイエンスおよびバイオテクノロジーが開花する世紀として、二十一世紀技術文明社会をバラ色にえがきだしているわが哲学者も、一抹の不安を、だが底ぬけの明るさにみちた「不安」を抱いていることは確かな事実である。チェルノブイリ原発爆発事故の惨禍に、そして原水爆という「業の兵器」による皆殺しに思いをはせて、人類の未来についての責任を、二十世紀を生きてきた人類は負うべきである、ということが説かれているからなのである。

近代ブルジョア社会をば階級分裂をとびこえて「社会契約」の観点からとらえ、ブルジョア的人間の共時的な相互関係・社会契約関係を、彼ら相互の権利・義務の関係を基礎にして、この関係を未来にまで延長して人類の責任を説く「世代間倫理」に共感し共振し、もって「人類の未来社会への責任」が説かれている。このことは、地球環境を破壊してはならない、とする観点から主張されている。いわゆる「かけがえのない地球」論の観点からなされている。右のような説を基礎づけるためにもちだされているのが、一九一四年のオルテガの見解である――「私とは、私と私の環境である」と。

いまさらのようにこのような説をもちだしても、何の役にもたちはしない。そもそも、わが哲学者は二十世紀石油文明の荒廃について、大量生産・大量販売・大量消費・大量廃棄の独占資本家的政策およびこれにもとづく経済構造のゆえにもたらされているところの、「公害」と呼ばれもする地球環境破壊（地球温暖化・オゾン層の破壊・河川湖沼海洋の汚染・熱帯雨林や寒帯林の伐採・砂漠化の進行など）について、まったく論及してはいない。いわんや、この破壊の独占ブルジョア的階級性についてをや、なのである。

人類（社会）の未来について語ろうとするかぎり、現代技術文明の資本主義的性格が、その荒廃のブルジョア的本質が、まずもって剔りだされなければならないはずである。支配階級の側から流しこまれた「ゆとり・豊かさ」イデオロギーに踊らされて「バブル経済」のお先棒さえかつがされた民衆もまた、あらゆる資源の枯渇を促進することに奉仕させられてきたのであって、この国家独占資本主義的腐朽のあらゆる領域における露呈を現実的に明らかにすることの彼岸において、「世代間倫理」を説くなどということは、まさに茶番でしかないのである。わがデジタル頭は、かくも無残なのである。

全地球上のいわゆる環境破壊の資本主義的根拠をあばきだすことができないのと同様に、チェルノブイリ原発爆発事故とその汚染拡大がスターリン主義経済体制そのものの官僚主義的疎外にもとづくものであるということも、なんら分析されてはいない。——スウェーデン産のトナカイの肉が放射能汚染されていたことのゆえに日本の税関で輸入差し止めになったことがあった。チェルノブイリ原発がまきちらした放射能灰（セシウム137）を吸収し沈澱させた苔をトナカイが食ったからである。ところが、「放射能汚染された泥を食った」がゆえにトナカイは汚染された、などと一九八七年秋に説明したのが正村公宏であった。こうした無常識なことを中村雄二郎は書いてはいないけれども、わが哲学者も、現代資本主義世界の形態を変えて深まっている階級的および階級内階層的分裂をないがしろにしたところの、コスモポリチストの観点から、「人類の未来」にアプローチすることしかできない。まさにこのゆえに、「世代間倫理」とか「未来の人類への責任」とかをモラリストよろしくあげつらうことしかできないのである。

こうして、二十世紀の問題群としては次のものがあげられている——①環境破壊への対処のしかた、②情報ネットワーク社会にあみこまれた人間のロボット化の歯止めとしての個我の確立（だが、デジタル頭をそのままにしたそれ）、③絶大な信頼と熱い期待を寄せているコンピュータづくりのためのニューロサイエンス、④バイオテクノロジーが「ヒト・ゲノム」いじりに突進しないように倫理基準をもうけるべきこと、⑤日本において急ピッチで進展した高齢（化）社会への対処、⑥長生きした人びとに死生観をもつことを促すために、またターミナルケアーのために、「神の死んだ」二十世紀末において宗教を復活させること、そして⑦阪神・淡路大震災においてしめされたような、パソコン通信にもとづくボランティアのネットワークこそが未来社会のあるべき姿であるということなど。

右の⑦は、「情報ネットワーク社会」という未来像を没階級的なコスモポリチズムの観点からいいかえた代物でしかない。また、この没階級的観点のゆえに、現代ブルジョア国家の政府が国家独占資本主義政策の一環としてとろうとしている社会福祉政策を、いわば尻押しする、という発想のもとにふれられている代物でしかない。そして十九世紀末以降の現代を特徴づけるシンボルとしての「神の死・個我の不安・科学の細分化」（ⓑ図式）に抗してもちだされているものが、死をかいま見た現代人に信心をもって死生観をうちかためよ、と要求する⑥の主張である。物心二元論にたつのではなく心身は一如であるとして、身体を自己の延長とみなし、環境をも私と私の身体であるとみなす観点から、「脳死を人たるものの死であるとみなすキリスト教的観念は受け入れがたい」としていることは、是認されうる。けれども、死に臨在する人間に信心を厚くせよなどと説くことによって、彼らに「個我の不安」から脱出することを促す、などということは、はたして可能なのであろうか。

そもそも、わがデジタル頭の科学主義者は、勃興期ブルジョアのイデオローグと同様に、きわめて楽天的で健康な知性の持ち主である。このゆえに彼が「神の死・個我の不安」をあげつらったとしても、彼の説いているものには、運命の悲哀も、レーベンの苦悩も、人生のはかなさも、生活の二十世紀先進国的頽廃および後進国的悲惨も、まったく欠けている。デカルト的な合理主義的コギトのゆえに、非合理的な心情もニヒリズムも、彼の内面世界のなかに見出すことはできないのである。たとえ「受動＝受苦」としてのパトスやコモンセンスが人生経験の芯であるとされてはいても、あまりにも楽天的で、あまりにも合理主義的で、あまりにもデジタル的な彼の「パトスとロゴス」は、場所においてある個の主体性を、あらゆる意味において曇らせてしまっているのである。いや、いや、哺乳類にも共通な原始脳の機能を、とりわけ辺縁系の機能を、ニューロサイエンスがやがて解明することができるだけではなく、この機能をニューロコンピュータとして外化できる、というようにわが哲学者は信じ込んでいるほどなのである。たとえば裕次郎の歌も演技も脳味噌も、コンピュータを駆使してヴァーチャルリアリティーとして再現できるというわけなのである。このように妄想することこそは、コンピュータ物神にとりつかれた人非人の茶番でしかない。

E　脱モダンのない科学主義

ブルジョア資本主義的モダニティを、まさに安直に「自然科学・宗教改革・資本主義」というシンボルにくくりあげるとともに、ここにつらぬかれている思惟様式を「普遍主義・論理主義・客観主義」にまとめあげていたことについては、すでに述べた。こうしたⓐ図式にたいして、「個としての場所の固有性」および「行為の相互性」と「事象のもつ多義性」と「パトス的経験」などが、脱モダンのシンボルに高められていたのであった。

このように対置されたところのものは、しかし、本質上近代主義の枠内におけるものでしかない。そこには、近代的個我が、「不安」とはかかわりのないコギトが、大前提にされているのだからである。ブルジョア的モダニティをばその社会経済的基礎をなす資本主義との関係においてとらえかえす、という初歩的な方法が没却されているからである。このことは、チェルノブイリ原発爆発事故をもふくめての地球環境破壊の現代性を、その経済的基礎をなす現代資本主義ならびにスターリン主義の体制との関係においてとらえる、ということが欠落していることと同様の誤りである。

実際、二十世紀世界における「共同体と個」の問題の、あるいは「類としての人間」の問題のあつかいかたは、まさに超時空間的なものに堕しているのである。スターリン主義的全体主義にたいするジョルジュ・バタイユの批判的見解（一九三三年）を高く評価するのと同じ地平において、ジャン・ジャック・ルソーの「一般意志と個別意志」にかんする思想をもちあげたり、「斜行運動〔クリナメン〕によるアトム同士の衝突によって成立する諸〈関係〉こそが共同体なのである。」（前出『21世紀問題群』一八五頁）などと言って、バタイユに共振しているのが、わが哲学者なのだからである。

十七〜十八世紀の資本主義社会における私利・私欲を追求する個、「万人の万人にたいする闘争場」としての市民社会に投げこまれている個。自己と他己との相互衝突が「見えざる手」をつうじて宥和されること（このことを「理性の悪だくみ」としたのがヘーゲルであり、「価値法則の貫徹」として明らかにしたのがマルクス・エンゲルスであった）。そして利己的諸個人のあいだの社会契約にもとづく秩序を想定したり、「人間生命・身体・財産の所有権」というブルジョア的観念にもとづいて、この財産権を保障するための国家の必要を説いたり、この国家が「リヴァイアサン」ともなることに警告を発したりしたこと。……

これらについて論じたのがブルジョア・イデオローグたちであった。このことを百も承知のうえで、だが類推の論理に依拠しつつ、近代ブルジョア社会における個と全（社会）との分裂および「統一」にかんする思想を、帝国主義現代の社会における個と全の分裂に投影し、もって近代的分裂と現代的分裂の両者を重ねあわせて解釈すること――このような方式は、まさしく非現実的であり反歴史的であり非論理的であると言わなければならない。

それだけではない。①近代ヨーロッパがつくりだした近代性（モダニティ）、②先進的なヨーロッパ近代を帝国主義段階において後進諸国が模倣する、という意味での近代主義、そして③十九世紀末にあらわになった資本主義的頽廃にたいするアンチとして、つまり脱モダニティとして、おもにドイツやロシアや日本などにおいてあらわれたモダニズム——これらの異なる事象が未分化にあつかわれることとしても現われている。

いわゆるモダニズムは脱モダンとしての性格をもっていたがゆえに前衛性を帯びていたのであるが、近代ヨーロッパ政治経済・技術文明を帝国主義段階の後進諸国において模倣的に移植することとしての・いわゆる近代主義（つまり近代化主義）は、ブルジョア的肯定性を帯びることをその特質とする。「中国の現代化」（農業・工業・科学技術・国防の〝近代化〟）が同時に「ブルジョア的精神汚染からの脱出」としての「精神文明建設」としておしすすめられたゆえんでもある。

近代ヨーロッパ技術文明（産業革命にもとづく資本制経済の発達とこれにもとづいて形成された生産様式・文化などの総体をさす）に深くむすびついているモダニティをば、これにはらまれているブルジョア的階級性から解き放ちつつ進歩的なものとみなし、しかも超歴史的コギトに陥没しているがゆえに、脱モダンとしてのモダニズムとモダニティとを二重うつしにすることになる。それだけではなく、これらを〝帝国主義的現代における個と共同体との関係〟にまでもちこむ。このような観念的操作は、まさに二十一世紀にむかって蟷螂《とうろう》の斧をふるうのたぐいでしかないと言うべきなのである。

たとえ場における個の多種多様なパトス的経験なるものが基礎にすえられたとしても、ブルジョア的モダニティの地平にとどまっているかぎり、近代的アトミズムから脱却することは不可能なのである。そしてこの近代ブルジョア的アトミズムへの低迷をおおいかくしているのが、パトス的コギトと「人類の未来」への憧憬の念にあふれたコスモポリチズムなのである。ブルジョア・アトミズム的個をそのままにしておいて、この個が「ななめに」むすびつきあいつつ「共同体」をつくりだそうとする発想のなかに、コスモポリチズムへの遁走が不可避になるのである。

それだけではない。わがコスモポリチストのオツムは、対象化されたデジタル信号の累々たる堆積をなす。かつては「言語化された過去」としてとらえられ、イメージとは無縁なものであるとされていたにもかかわらず、本書においてはイメージとむすびつけられているところの記憶や、これに関係したパトスや経験、などという短冊のような術語を組み合わせることが「哲学」であると錯覚している以上、科学主義・合理主義の囚からは決してぬけだすことはできないのである。

二十一世紀問題群のなかから、次のことがらが脱落しているのは、一体なぜなのであるか。――いまなお形をかえて続行されている軍拡競争と平和の問題。国家間対立と抗争の問題。宗教対立とからみあった民族間・民族国家間の紛争の問題。「南」の世界における貧困の蓄積と人口爆発の問題。金融恐慌の問題。現代思想の不在の問題などなど。……

「神の死・個我の不安」を第二シンボルのなかに組みこみながらも、「国家と宗教」の問題を現代的問題群の一つとみなすかぎり、オウム真理教的ひとが生みだされるゆえんのものが説かれなければならないはずである。「科学する心」もなく「人の道」をわきまえることができないようにマインド・コントロールされたパソコンロボット人間のなかに共生しているところの、技術主義と神秘主義。――このパラドックスならぬ悲惨は、熱烈に「情報ネットワーク社会」を期待し、この社会に期待されているデジタル頭をもってしては、到底解きあかすことはできないであろう。特定産業の廃棄物を次々に・しかも連続的に他の業種が原料として活用し、もって産業廃棄物を極小にしてゆく、という生産技術システムについて驚嘆のまなこをむけているほどの科学＝技術主義に堕しているかぎり、オウム的人びとの自己解体的自己分裂の悲惨は了解不可能のことなのかも知れない。

エコ・システムの果てしない循環運動が現代資本主義文明によって切断されている現実を技術学的に打開するという方策がたてられ、かつこれの実施を独占資本家どもは、利潤追求を按配して試みるではあろう。こうした技術学的＝工学的打開策に瞠目することも結構ではあるが、しかし、「私とは、私と私の環境である」というオルテガの命題より以上に思弁することのほうが大切なのである。

いや、それ以前に、「世界－内－存在」としての存在である現存在がナチズム世界に「内－存在」し、そうすることにより「この世界に神はいない」という悲痛な叫びとともに滅びていったマルティン・ハイデッガーについて、また彼を「回転する車輪に手をつっこむ子供のようなことをした」と評し、「はるか遠方から」彼に忠言をおくりつづけていたカール・ヤスパースについて、また、ハイデッガーの弟子でもあるジャン・ポール・サルトルやメルロ・ポンティについて、わがデカルト解釈家は一顧だにあたえてはいない。それゆえに彼は、現代哲学の哲学としての非存在に思いをはせることもなく、わずかに「共同体と個」についてのバタイユやガタリなどの哲学を紹介してお茶をにごしているにすぎないことになる。いやしくも「神の死・個我の不安」に言及し、「国家と宗教」という問題を問題としてとりあげるかぎり、戦後日本において一時期ではあれ風靡した実存哲学とその行方について、一言すべきではなかったのか。「構造主義」とか「ポスト構造主義」とかの空さわぎを〝あとの祭り〟として忘れるためにも、「実存主義とマルクス主義」問題は清算してしまったほうが辻褄があうからなのであろうか。

いや、いや、「情報ネットワーク社会とニューロサイエンスとバイオテクノロジー」の〝祭りのさなか〟という症状におかされているだけではなく、エセ科学をもふくめてのあらゆる科学にたいして、とりわけ唯脳的現代機械論にたいして免疫不全を露呈させているほどなのであるからして、〝ナチス党員としてのハイデッガー〟という問題は非哲学の領域にぞくすることなのかも知れない。

ナチズム世界に「内－存在」したハイデッガーとは無関係に、彼の高弟である九十五歳のガダマーの尻尾にぶらさがって、今なおハイデッガー哲学の解釈にひたりきっている哲学者（渡辺二郎）たちが存在しているとともに、西欧哲学のキリスト教的性格に厭気を感じて、世界の原理を「火・水・土・風」に見出すソクラテス以前の古代ギリシア哲学と、日本人に固有な祖霊信仰（自然崇拝）とを重ねあわせることによって、反西欧哲学を「反哲学」としておしだしているハイデッガー解釈者（木田元）もとびだしているのが、昨今の風潮なのである。

古代ギリシア哲学よりも古い、仏教以前の古代インド思想や、「天の理」ないし「天という理」を根幹にした古代中国思想には、なぜであるかは明らかではないが、この「反哲学」学者はふれようとしていない。エコ・システムを決定する五つの要因が「光・温度・水・土・空気」であるとする現代生態学と古代ギリシアの「四原素」説とが、奇しくも一致していることにも、彼は気がついていない。

あらゆるものが燃えるのはフロギストンのためであろうというように十八世紀末までは信じられていたのであり、またニュートンをはじめとする自然科学者たちのすべてが錬金術に精をだしていたのであるからして、今から二千六百年以上も前に「火」が原理の一つとされていたのは、あまりにも当然のことである。現代生態学の説く「光と温度」を「火」とみなすならば、古代思想の「火・水・土・風」は現象論的に上手に整序された「原理」であるといえる。けれども、ハイデッガー研究者が、いまさらのように「反哲学」を説くのは一体どういうわけなのであろうか。

ハイデッガー解釈者たちのこのような二分解にも注目しながら、「現代哲学は、どこへゆく」ということが論じられないかぎり、「二十一世紀問題群」の探求は決して終りはしないのである。いや、そもそも、わがデジタル頭の哲学者の脳裡には、このような問題は全く存在していないかのごとくではないか。『21世紀問題群』なるものは、明らかに二十世紀問題群にさえふれていない代物にすぎないのである。

（一九九五年十月十七日）

世紀末の思想問題

Ⅰ 〈ポスト冷戦〉の神話化

スターリン主義に等置したところの「共産主義」にたいして〈自由主義の勝利〉や〈民主主義ないし市場経済の永久性〉を謳いあげるブルジョア的没理論にもとづくような非ないし超歴史的思想のばっこ。自称「社会主義」ソ連圏の予想しえなかったゴルバチョフ式破壊に有頂天になって歴史的思考をなげすて、ただもっぱら現状肯定主義の泥沼にはまりこんでしまっていることについての自己正当化。マルクスの共産主義思想についての無知蒙昧の公然たる自己暴露について気付かないほどのお目出度さ。

〈新世界秩序の創造〉というアメリカ式展望の――ゴルビーに助けられた帝国主義権力者のイラク武罰の強行をつうじての――あっけない崩壊、帝国主義諸国間および資本主義諸国間の公然たる経済的争闘戦

（ウルグアイ・ラウンド交渉の実質上の破綻に象徴されるもの）や、発展途上諸国の、先進工業諸国にたいする抗議と批判、そして宗教的対立とからみあったエスノナショナリズムや後進国ナショナリズムの高まり（一九九二年六月の地球サミットにむけてあらわになった対立や噴出した民族間戦争にしめされるそれ）。――これらに驚愕して、二十一世紀にむけての〈新世界秩序〉ではなく、二十世紀末から二十一世紀にむけての混沌＝無秩序に当惑しはじめている傾向の露呈、この傾向への対応としての経済ブロック化の指向と、これに対抗するそれぞれのブロック内における新しい地域主義の抬頭。

資本のグローバライゼイションに対応した政治的ボーダレス化とグローバルな環境破壊問題の前面化――これが同時に、帝国主義諸国の国益ナショナリズムと発展途上諸国ないし後発資本主義諸国のさまざまなナショナリズム（エスノナショナリズムや反米アラブ民族主義や、そして宗教的・人種的・民族的などの諸対立とからみあったナショナリズムなど）の複雑にからみあった相互激突としてあらわれている。

ソ連邦の現存を前提にして展望されてきた二十一世紀の世界像の崩壊、残存している中国スターリン主義国家の現在と未来についての判断停止ともむすびついた展望喪失、ＣＩＳ［独立国家共同体］の空中分解にもとづく旧ソ連圏の経済的・政治的大混乱にたいする帝国主義諸国の政策的対応なき当惑ないし無為無策。

旧ソ連邦の大破滅に連動した資本主義経済の――マルクス経済学が明らかにする方向での――危機的様相の深まりと進行（今日的には「バブル経済のパンク」という形で示されているもの）。

Ⅱ　〈平和〉理念の混乱

米・ソの対抗的軍拡の終わりを謳歌する帝国主義列強は、今、自国の経済危機をのりきるために大童になっている。これまでの軍拡競争への狂奔のゆえに経済構造にビルトインされてきた軍需生産〈経済の軍事化〉というこの構造に決定されて、これら諸国は後進資本主義諸国への通常兵器の売却に狂奔し、そうすることにより民族国家間および人種間・部族間の新たに噴出するであろう戦争の火種をまき散らしている。これが、世紀末現代世界のありのままの現実なのである。一九九一年九月の国連総会に提出された兵器輸出禁止にかんする日本提案が圧倒的多数で採択されたにもかかわらず、そうなのである。

階級国家の国家としての現存をそのままにしておいて、〈世界平和〉や〈軍縮〉を指向したり、〈国連〉を中心にした紛争・戦争の平和的＝政治的解決を目標にしたりすることが、いかに観念的であるかということが現実にしめされている。現代における平和の問題に、国家の階級性と国家内の階級分裂の現存在と〈南北格差の拡大〉の階級的本質などの分析から遊離してアプローチし、衝突しあっている国家ないし民族の諸利害を〈国連〉を中心にして調節することが可能であるとするのは、まさに〈冷戦の終焉〉神話にとりつかれた俗物どもの妄想でしかないのである。

空中分解しつつあるＣＩＳおよび独立した各共和国経済の崩壊、全資本主義世界を軍事的にも経済的にも決定的におびやかしているこの要因や、北京官僚政府の新しい三不政策（不介入・不挑発・不妥協）への転換などの分析とは無関係に、そしてソ連邦崩壊以後のアメリカ帝国主義国家の戦略転換の内実とは無縁な形で、〈国連〉がはたすべき新しい役割の拡大に期待をよせ、〈国連〉中心の新しい世界秩序を創出しうるかのように夢想するのは、まことに観念的であり愚かなことである。

なぜなら、そもそも国連安全保障理事会常任理事国五ヵ国が、それぞれの国益を貫徹するための政治的道具として〈国連〉を利用するというのが、国連安保理の五ヵ国による世界支配の構図である、という階級的本質が見失われているからである。そして、それら五ヵ国が世界最大の兵器輸出国であるという犯罪を今なお犯しつづけているというのが厳然たる事実であるにもかかわらず、この事実を弾劾することなく、むしろこれら諸国を免罪することにもなっているからなのである。

それゆえに、とりわけ、経済的危機にみまわれていながらも唯一の超軍事大国として余命をたもっているかのようにみえるアメリカ帝国主義の国家戦略が、ポスト・ゴルバチョフ情勢のもとで、どのように転換しているかということが明確にされるべきである。

（1）これまでの対ソ軍事同盟の再編――それは、既存のすべての軍事同盟をそのままにしておいて、その機能を若干変更する程度のものにすぎない。いいかえればこの再編は、既存の軍事同盟体制を基礎にして、地域的な集団安全保障を追求するというようなものでしかない。

（2）崩壊したソ連邦にたいしては、①核兵器および生物化学兵器の拡散の防止、②核技術者の国外流出の防止、③旧ソ連邦全域にわたる公然たるスパイ活動の強化、これにもとづく反エリツィン派＝反改革派の封じ込め、その他が目論まれている。

（3）アジアにおける対ソ軍事包囲網は、基本的には、鄧小平型社会主義を堅持している中国を孤立させるためのものに、その機能を変換しつつあるといえる。（北朝鮮の核開発問題にかんしての執拗な追及も、その一環である。）

（4）ヨーロッパにおいてはＣＳＣＥ（全欧安保協力会議）を基礎にしたヨーロッパの平和と安定の確保が追求されてきた。旧ソ連構成共和国のほとんどすべても、このＣＳＣＥに形式上組み込まれることとなった。

（5）しかし、アジア・太平洋地域にはなおＣＳＣＥのような集団安保構想さえもが存在していない。経済圏構想においても、マハティールのものと、これに対抗するアメリカのものとの抗争が依然として進行過程にある。アメリカの対アジア政策がもたらしている〝嫌米〟や〝侮米〟や〝忌米〟の感情が――「市場経済」思想・「完全自由競争」理念にもとづいたアメリカ権力者による経済摩擦の人為的創出や「反独占」の国内法の外国へのおしつけなどにも規定されて――日本支配階級のなかにひろがりはじめていることのゆえに、また〝カジノ経済〟の破綻と社会共通資本の荒廃と〝双子の赤字〟の厖大化に決定されてうみだされている帝国主義国アメリカにおけるネオ・モンロー主義の抬頭のゆえに、アジア・太平洋地域におけるアメリカと日本とのヘゲモニー争いは、今後ますます激化することになるであろう。

崩壊したソ連邦にたいして経済援助をすることは「ドブに金を捨てるようなものだ」（サッチャー）と断言して拱手傍観してきた帝国主義権力者（アメリカ・イギリス、そして北方領土問題をかかえた日本）が、ロシアの経済的崩壊を目のあたりにして政策的転換をはかりはじめた（一九九二年三～四月）のと同様に、アジア・太平洋地域への帝国主義的対応も、試行錯誤の歩みをしめしているにすぎない。フィリピンの米軍基地の撤去問題、フランスの太平洋核実験場問題、その他。

（6）　イスラエルをテコにした、アラブ世界および石油を支配するための政治的＝軍事的戦略――リビアの狙いうちと、かつての強硬派シリアやイラクやイランなどの封じ込め、さらにアルジェリアにおけるスンナ派系イスラムの拡張を防止するための旧政権へのテコ入れ。

（7）「シーア派革命の輸出」を国是にするイランに対抗しているトルコ（政教分離にもとづいて西ヨーロッパ化を指向しているイスラム系国家）、これをテコにしてＥＣＯ（トルコ・イラン・パキスタンなどのイスラム系諸国の経済機構）をアメリカ帝国主義の国益のもとに従属させるための策動。さらに、「暫定政権」の樹立の方向にむかっているアフガニスタンをふくむＥＣＯを拠点にしたところの、ＣＩＳ中央アジア部（カザフスタンなどの五ヵ国をふくむ地域）を経済的に支配するという展望の練りなおし――「シーア派革命の輸出」を志向し、反米の旗をなおおろしていないラフサンジャニのイランと、イスラム圏におけるアメリカの橋頭堡としてのトルコとの利害対立の激化、そしてこの動向と、中国政府がウズベキスタン（中国式社会主義をめざすことを大統領カリモフが闡明している国）を橋頭堡にして中央アジア五ヵ国と経済交流を拡大してゆくという動きとが衝突する可能性が大きく、その必然性があるということ。そして同時にこのことは、インドの今後のなりゆきにむすびついている。（ロシアの或る政治家などは〝モスクワ・ニューデリー・ペキンのトライアングル〟を主張しはじめたことに注意。）

（8）　ＮＡＦＴＡ（北米自由貿易協定）の形成がめざされているさなかでの、ローカル・コンテント法を楯にした、アメリカへのカナダ自動車輸出にたいするアメリカの抗議（自国の第二次産業の空洞化のゆえの経済的地盤低下を無視した帝国主義権力者の横暴のあらわれの一つといえる）。

低賃金で雇用できる労働者が大量に存在するメヒコへのアメリカ諸産業の進出（＝アメリカ本国での「産業空洞化」のより一層の促進）、――これに比例した中南米にたいするアメリカの政治的＝軍事的支配の強化。――ハイチでのクーデタ、パナマ侵攻によるノリエガの逮捕、麻薬撲滅を口実にしてのコロンビアなどにおけるマフィア退治、キューバにつづいて成立したニカラグア人民政権の軍事的壊滅、ペルーでのフジモリ政権に反対している反動派へのテコ入れ、――今後、毛沢東主義者や亡命スターリン主義者がひきおこすであろう種々の反政府闘争を未然に防ぎ破壊するための（CIAを中心にした）政治的＝軍事的工作の強化。

（9）アフリカにおける「社会主義指向国家」なるものが経済的に破産し国家的に倒産した後におけるアフリカ支配の戦略。エチオピア、モザンビーク、ソマリアなどにたいするそれ。そしてアパルトヘイトの南アフリカ政権への対応。

（a）アメリカ帝国主義権力者の軍事戦略につながる動向――㋑米ソが「協力」した宇宙開発、「第三世界」にむけたものとしか言いようのないSDIの米ソ共同開発についてのエリツィン提案。㋺地球にむかって落下してくる大きな隕石迎撃システムの開発についての科学者の提案。

（b）アメリカおよびロシア、そしてフランスなどがなお続行している核実験。

（c）アメリカを中心にした既存の軍事同盟システムの無解体＝再編。

（d）これまでの軍事力を保持し、かつ絶えず軍事同盟体制のハイテク化を実施し、「経済の軍事化」という非生産的生産をやめることのできない現代国家独占資本主義の経済構造そのものの性格と、これに決定されたアメリカの世界支配戦略。

これらの動向を明確におさえつつ、国連依存主義の観念性をあばきだすとともに、軍事基地撤去・軍事同盟解体・地域紛争への――〈国連〉の名における――介入反対、民族間紛争への介入反対などの諸闘争をくりひろげることこそが、核心問題なのである。平和主義を掲げるだけでは、「一国平和主義」の打破を前面におしだして強調している自民党＝支配階級の反動攻勢にたちうちできない、ということを知るべきである。ＰＫＯ法案をめぐる野党内の対立、ＰＫＦを是認するか否かをめぐる対立などは茶番でしかない。

いまＰＫＯ問題をテコにして自民党がめざしているのは、「政界再編」という名において、かつての近衛体制のようなものを確立することなのである。野党をもまきこんだ大政翼賛会の創出なのである。

没落帝国主義国アメリカは、エリツィンのロシアが帝国主義へ完全に屈伏したことに凱歌をあげながら、唯一の核軍事超大国として、〝世界の憲兵〟として横暴にふるまい、経済的破産を政治的にのりきるために、〈国連〉を錦の御旗にして自国の国益をグローバルに貫徹しようとしている。経済的危機が、歪んだ形での階級闘争（すでに噴出している黒人やプアー・ホワイトの〝占拠闘争〟などにしめされるそれ）として爆発していることのゆえに、「アメリカ第一主義」（モンロー主義の今日版）を内部にかかえているにもかかわらず、アメリカ権力者は外に向かっては依然としてヘゲモニー主義的外交をくりひろげ、帝国主義世界の盟主としてふるまっている。

ソ連邦の崩壊直後にうたいあげられた〈新世界秩序〉の展望があえなく潰え去った以後の情勢のもとでは、アメリカ帝国主義権力者は、それぞれの地域における「集団安全保障体制」の再構築に、いわゆる

「危機管理」の名においてのりだしている。続発しつつある宗教＝民族間抗争・民族国家間戦争・旧ソ連（圏）において勃発するであろう内乱（これにともなう西欧への大量の難民や亡命者の流れ込みなど）――これらに即時的に対応できる緊急展開部隊を再編し強化する軍事的政策が、いちはやく練られ現実に遂行されつつある。ＮＡＴＯ（北大西洋条約機構）に所属するアメリカ軍は、四つの形態に再編されることが、すでに一九九一年秋に決定されている。

経済的危機にたたきこまれているアメリカの〈国連〉での政治的威信の高まりという仮象は、〝唯一の軍事超大国〟という現状に辛くもささえられているものにすぎない。没落帝国主義国アメリカが表面上確保している政治的＝軍事的威信の全世界にむかっての誇示は、しかし、自国の国家的諸利害をグローバルに貫徹してゆくためのものであって、したがってそのことは、抬頭しつつある「アメリカ第一主義」となんら矛盾し衝突するものではない。ＵＳＡナショナリズムの煽りたてとアメリカの国益のグローバルな貫徹とは、車の両輪なのである。〝世界の憲兵〟としてのアメリカ権力者のふるまいは、それゆえに、その他の帝国主義諸国の国益ナショナリズムや後進国ナショナリズムなどとの衝突を必然にする。* これが、二十一世紀にむけての現代世界が、《混沌の時代への突入》をあらわにしている、ということのイデオロギー的根拠である。

＊　もろもろのナショナリズムの相互衝突については、黒田寛一著『二十世紀文明の超克』（一九八一年刊）、酒田誠一著『中ソ代理戦争』（一九八〇年刊）、同『革命なき革命の悲劇』（一九八二年刊）などを参照されたい。

Ⅲ　価値観の相克

（1）　スターリン主義の瓦解を〈共産主義の終焉〉とみなしたうえで、十九世紀マルクス思想にたいして十七～十八世紀の近代ブルジョア価値観の絶対性を謳歌し、この価値観の普遍妥当性への信仰にもとづいて、文化的伝統・習俗・民俗・民族などの相違を没却して、近代的価値観を、あらゆる地域に貫徹しようとしているブルジョア階級的傲岸と錯誤。

（2）　普遍的理念にまで祭り上げられているブルジョア的価値観が、〈自由・人権・民主主義〉に抽象化され形式化されることによって、ブルジョア的＝資本主義的悪をばっこさせていること。――このことは、「労資協調」という名の階級協調主義の普遍化によっておしかくされてはいる。

けれども、〈自由〉は自由放任の別名となり、〈人権〉は人種差別を容認し階級闘争の激化を非難するための常套語にまでおとしめられ、貧困層の生存権・労働権がおびやかされている事態を放置することの別名と化していること。そして〈民主主義〉はブルジョア支配階級の諸利害を基準にした愚民主義を正当化するためのものに堕しているだけではなく、いわゆる「搾取の自由」を正当化する機能をもはたすことになっている。こうして、今日のブルジョア的理念からは、――階級分裂にもとづく貧富の差の拡大という動かしがたい現実のゆえに――〈平等〉は消え失せ、〈平等〉を口にするのは、ブルジョア政党の補完物と化してしまっているところの、没落しつつある社会民主主義勢力の機能とさえなっている。そしてまた、〈友愛ないし兄弟愛〉は、地上の世界ではなく天上の世界に昇天させられることになっている。

スターリン主義・ソ連邦を崩壊させたゴルバチョフが〈人類共同体〉の夢にとりつかれてブルジョア・イデオロギーに屈服したことのゆえに、旧ソ連邦全土において資本主義世界よりも深刻な階級分裂がうみだされただけではなく、全世界において新たな階級闘争が形をかえて続発する可能性が現実化しつつある。

ブルジョア的価値観の貧民・虐げられた者への押しつけは、さまざまな反ブルジョア的な自然発生的闘争をうみだしつつあると同時に、マルクス思想を不死鳥のようによみがえらせることになるであろう。

(3)　帝国主義各国権力者が——みずからの過去における植民地主義政策の罪業を顧みることなく——それぞれの国益ナショナリズムまたは国家エゴイズムを外にむかって貫徹しようとするかぎり、当然にもさまざまな後進国ナショナリズムの爆発をもたらすであろうこと。——第一次オイル・ショックのさいの資源ナショナリズム、イスラエルのパレスチナ占領を黙認するアメリカへの中洋の反逆としてあらわれているところの、アラブ民族主義＝反米ナショナリズムや、さまざまなエスノナショナリズムなどの噴出。

(4)　近代ブルジョア価値観とむすびついているキリスト教およびそれにもとづいた発想や諸政策、これにたいする非キリスト教世界(とくにイスラーム)の抵抗と反逆。——この宗教上の相違とナショナリズム(またはエスノナショナリズム)がむすびつくときには、宗教＝民族戦争という形態をとった局地戦が必然的に勃発することになる。

（5） ブルジョア的価値観の普遍妥当性を信じることなく資本主義経済の否定面を告発し、「第三世界」のナショナリズムに共感をいだく市民主義者、かれらのエコロジー的反抗のブルジョア的支配との穏やかな衝突。問題化している地球環境破壊――資本制商品経済のグローバルな拡大のゆえにもたらされている破壊――これを、資本の利潤追求の自己目的化の帰結であるとして弾劾する後進諸国の権力者および民衆の、環境破壊問題のレベルでの反帝国主義意識、これらにたんに〝連帯〟することしかできないのが、エコロジー的市民主義者どもなのである。このことは、資本制商品経済のもたらした地球環境破壊にたいする市民主義的＝エコロジー的反撥の限界をしめしている。

（6） 環境破壊・麻薬・エイズ・「第三世界の貧困」などを、――帝国主義経済および新旧植民地主義からきりはなして――それ自体として自立的に現代的問題とみなすイデオロギーのまんえん。帝国主義の世界支配とその悪を免罪するイデオロギーのばらまきは、一九六〇年代の――大量生産・大量消費・大量廃棄と踵を接して現出した――「脱イデオロギー」現象の今日的補完であるともいえる。

（7） ブルジョア的価値観およびイデオロギーを補完するもの――トランス・ナショナリズムを標榜する社会民主主義。エコロジー主義とウルトラ・ナショナリズム。

（イ） レーニンが分析したところの帝国主義時代における社会民主主義の存在性格およびその役割。（ロ） 第二次世界大戦後の社会民主主義のそれ（ゴーデスベルク綱領と国家独占資本主義の労働＝社会政策との補完関係）、そしてスターリン時代やフルシチョフ時代以降のスターリン主義党の戦略転換や反労働者的役割。（ハ） 一九八〇年代以降の社会民主主義の党およびイデオロギーの変貌（ストックホルム宣言やドイツ社民党のベルリン綱領など）とその役割、それと西欧における社民化したスターリン主義の党およびイデオロギーとのからみあい、これらによる帝国主義の延命。

資本主義の変革をめざしてきた左翼の諸政党および諸潮流が、イデオロギー的にも組織的にも変化し変貌し変質してきたことのゆえに、国家独占資本主義という形態を創出した現代帝国主義が、戦争と恐慌と「冷たい戦争」をつうじて再生し延命してきた、という歴史的事実、――このような創出された現実を、ブルジョア・イデオロギーへの屈服を跳躍台にして右から教訓化し、スターリン主義体制の資本主義化に活路を見いだし、もってソ連邦を壊滅させた世紀の犯罪者、それが、大統領ミハイル・ゴルバチョフであるということ。（資本主義と社会主義にかんするマルクス思想を十九世紀の遺物とみなしている彼は、今日のブルジョア支配階級のイデオローグと全く同じようにしか考えられなくなっているがゆえに、右のようなことは時代錯誤の戯言としか感じなくなっているのであるが。）

ソ連型スターリン主義のブルジョア的＝ゴルビー的破壊に抵抗し、毛沢東主義の伝統をひきついで、「改革・開放」に突進しているのが、今日のペキン官僚イデオローグである。そして毛沢東主義者は、いまなおアジアの一部（とくにフィリピンの新人民軍）やラテン・アメリカの一部（たとえばペルーのセンデロ・ルミノッソやボリビアの毛沢東派など）において、いぜんとしてゲリラ闘争を展開し、「農村根拠地革命」方式を採用しながらも、さらに都市部にまで反政府闘争を拡大しつつある。――こうした生き残り毛沢東主義者の「革命闘争」に、亡命したソ連のゴリ・スターリン主義党員および軍人・ＫＧＢが、今後いかに関与してゆくか、ということは、旧ソ連邦全体の経済的破滅によって促進され連動してうみだされるところの、資本主義世界全体の今後の経済的混乱と新たな激変にかかっているのである。

〈国連〉を中心にした〈新世界秩序〉の創出は、十七～十八世紀のブルジョア・イデオロギーの普遍妥当性への信仰にもとづくかぎり、凄絶な破綻を現出させることになるであろう。このように断定するのは、すでに破綻した唯物史観が説くところの「歴史的必然性」の神話にとりつかれたドグマチストの妄想にすぎない、と世人は言うであろう。だが、二十一世紀の歴史的現実こそは、十九世紀のマルクス思想が勝利することを実際にしめすにちがいない。今日におけるさまざまな価値観の相克を、透徹した理性と生きた感覚にもとづいて、グローバルかつダイナミックに分析することによって、そのことは確認されねばならない。

(A) 帝国主義世界において並存している価値観ないしイデオロギー

① 超歴史化された近代ブルジョア的諸価値あるいは近代主義イデオロギー(合理主義・効率万能主義・個人主義など)。

② 帝国主義国家の国益ナショナリズムまたは国家エゴイズム。

③ 民族差別・人種差別・外国人排斥などとむすびついた民族排外主義の風潮。

④ キリスト教倫理――カトリシズムと東方正教とプロテスタンティズムと「解放の神学」の相互対立。

⑤ 修正資本主義の諸イデオロギー――社会民主主義やスターリン主義。

⑥ 反資本主義イデオロギー――ニヒリズム・実存主義から小ブルジョア急進主義やエコロジーにいたるまでの諸傾向。

⑦ マルクス主義。

（B）後進および後発資本主義世界において並存しているイデオロギー

①〈反帝・反植・反覇権〉に代表される中国型理念。――過去の帝国主義支配にたいする現在的反逆のイデオロギー〈地球サミットにむけての〈北〉にたいする〈南〉の批判の基底にあるもの〉。

②民族・人種・部族〈エスニック集団〉、文化的伝統・生活様式・宗教などの違いにむすびついた独自なナショナリズムまたはエスノナショナリズム。

③欧米的価値観のおしつけに反抗する形態をとった反近代主義。

④輸出されてきたカトリシズム、イスラーム〈その内部におけるスンナ派とシーア派との対立〉、仏教、ヒンズー教、儒教などの宗教の違いにもとづく生活様式・習俗・文化的伝統の相違、これに基礎をおいて対立するイデオロギーの並存。

⑤貧困・飢餓・人種差別というような現状を打破することをめざしたところの、もろもろのラディカリズム。

Ⅳ 〈民主主義〉の疑似宗教化

〔A〕 ブルジョア的諸価値の普遍妥当性についての信仰に近い信念をいだく帝国主義権力者の、世界制覇のための国家戦略

ゴルバチョフのソ連邦の崩壊いごには唯一の核軍事超大国として生き残り、経済的危機にあえぎながらも、政治的にたちふるまいつつ、自国を〈世界の憲兵ないし警察官〉としておしだしているのが、帝国主義国アメリカである。この国家の〈国益〉に、屁理屈に近い正当化をほどこして、公然たる侵略戦争や種々の謀略をあえて強行してきたアメリカ帝国主義政府は、レーガン大統領の時代には〈宣戦布告なき戦争〉をたてつづけに強行してきた（グレナダ侵略、リビア空爆、さらにブッシュによるパナマ侵攻など）。こうした帝国主義権力者の世界支配の野望と驕りは、帝国主義列強へのゴルバチョフの政治的・イデオロギー的屈服が歴然としはじめた以降には、ますますつのった。〈国連〉の旗をかかげて敢行されたところの〈無法者フセイン〉を懲らしめるためのアメリカ同盟軍のイラク軍事攻撃は、そのひとつの典型をなす。帝国主義権力者には〈世界秩序を乱すもの〉と映じたところのものにたいして、直接に〈宣戦布告なき戦争〉をしかけるのではなく、〈国連決議〉を楯にして、帝国主義諸国の諸利害を確保し実現することを目的とした経済的そして軍事的の制裁を発動することが、〈正義〉とみなされ、これが常套手段となりはじ

めた。唯一の超大国となったアメリカの世界制覇にとって障害となるところのものを、暗殺〈パルメやインドのガンジーなど〉や謀略や〈宣戦布告なき戦争〉という非合法的手段をも駆使して排除してきたアメリカ権力者どもは、いまや、ソ連邦崩壊という歴史的現実に立脚して、自国の国益に〈国連の大義〉をかぶせる操作をおこないながら、旧ソ連邦そしてロシアをまきこんだり、経済的困難に直面している中国を孤立させ（国連安保理事会での投票において棄権にまわさせること）たりしながら、経済的および軍事的制裁措置を正当化しようとしてきた。

アメリカ権力者が軍事制裁の対象にしているのはロナルド・レーガンのいう〈左右の独裁国家〉にかぎられている。ソ連邦崩壊いごという世紀末の現代においては、制裁の対象は、なお残存しているスターリン主義中国や反米民族主義がうずまいている中洋の諸民族国家であり、またゲリラ戦がなおたたかわれている中南米諸地域である。

アメリカの世界制覇の野望に〈世界の平和と安定〉というベールをかぶせることに役立っている〈国連安保理（常任理事国）〉、そのお墨付きのもとに発動される〈制裁〉措置。――それは、アメリカン・デモクラシーの欺瞞性を象徴するものにほかならない。

アメリカ権力者とその同盟者どもは、〈制裁〉のために実にさまざまな御託をならべている。〈法と正義〉の名において〈自由と人権と民主主義〉を守りとおす、という具合に。……自国の、あるいは帝国主義的世界の現状を維持しつつ延命するために、自国の〈国益〉に超国家的＝グローバルな意味を付与するために、ブルジョア的理念が総動員される。近代資本主義社会がうみだしたものであるがゆえに歴史的＝階級的被規定性を刻印されている諸価値を普遍妥当的なものと確信し、もって、こうした価値観を、地域

・民族・宗教などの相違を飛びこえてグローバルに妥当させ貫徹し、そうすることによって〈新世界秩序〉を、〈世界の平和と安定〉を確保しようとするのは、現実主義的政治のようにみえても、実は反時代的なものでしかないのである。そうすることは、近代ブルジョア的理念に飾りたてられた帝国主義的平和を確保しようとすることいがいの何ものをも意味しないからである。

アメリカ権力者が〈国連〉を、みずからの世界制覇のための政治的道具として利用していることを、危殆にひんするロシアが全面的に肯定しているのだとはいえ、また〈土着の社会主義〉を指向している中国が当面はおずおずとそれに従っているのだとはいえ、そのことは、正当化されえない。〈制裁の発動〉とか〈国連平和維持軍の派遣〉とかが頻繁におこなわれるということそれ自体は、世紀末の現代世界が新世界秩序にむかっていることをしめすのではなく、むしろ現代世界が――真の理念を喪失して――無秩序と混沌にたたきこまれていることを端的にしめすものにほかならない。

いわゆる東西冷戦に敗北し〈脱イデオロギー〉の旗をかかげてアメリカの軍門に降った自称「社会主義」ソ連邦が、連邦制の自己解体以降に創出されたばかりのＣＩＳの空中分解をつうじて、ますます資本主義世界に編みこまれることとなった。こうすることによって、いまやこれまでの〈東―西〉対立にかわって、〈北―南〉対立が基軸として登場した。すなわち政治的には〈東〉を包摂した〈西〉が〈北〉を象徴し代表することとなった。それとともに他方、〈東をふくんだ西〉としてのこの〈北〉に対抗するものとして登場したのが、みずからを〈第三世界〉の盟主として位置づけふるまってきた「人民中国」を先頭にした新たな〈南〉である。この対抗軸は、従来の〈南―北〉対立をひきついでいるとともに、それを現段階的に形態変化させたものともいえる。

このあらたな〈南―北〉対立が、世紀末現代の世界の動向を決定する要因としてうかびあがっている。しかも、これまで民族自決権をふみにじられてきた旧ソ連圏および旧ソ連邦内の諸民族は、民族独立・民族主権・民族自治を達成するために、それぞれの信仰につらぬかれた没階級的な民族的情念をもえたぎらせて、民族間抗争や民族国家間戦争をひき起している。こうした宗教的＝民族主義的闘争が、〈北〉にたいする〈南〉の伝統的な反米・反植・反覇権のナショナリズムの闘争と同時的に噴出しつつある。

ボーダレスエコノミーを基礎にした政治的統合の時代とさえ呼ばれる世紀末現代において噴出しているこのような種々の形態のナショナリズムの劇的の噴出にたいして、帝国主義権力者どもは、〈国連〉を中心にした新世界秩序の創造を願望するとともに、ブルジョア的諸価値の信仰にもとづく、この諸価値の〈南〉への貫徹をも夢想している。これが、プロレタリア的階級性の蒸発した世紀末現代世界があらわにしている悲劇的な様相なのだ。

〔付〕　一九九二年はじめの国連ＰＫＦ活動の破綻

①　国連やＥＣ外相会議などがユーゴスラビア内戦の仲介・調停をかさねながらも、停戦協定が十数回もやぶられて内戦が続けられていること。――クロアチアやスロベニアにおけるユーゴ軍（＝セルビア主導下の軍隊）が停戦にこぎつけた途端に攻撃を開始し、こうすることによって和平協定が破綻したこと。東方正教を信ずるセルビア系住民とカトリシズムを信仰するクロアチア系住民とイスラム系スラブ住民との間で内戦が新たに勃発し、いまなお収拾されてはいないこと。

②　一九九一年十一月二十日に、ようやくカンボジア各派による停戦合意が成立し、ＳＮＣ（カンボジ

ア最高国民評議会）が形式上成立。そして九二年三月十五日にＵＮＴＡＣ（国連カンボジア暫定統治機構）が設けられたのであるが、コンポンソム地区などにおいてポル・ポト軍は依然として軍事攻撃をしかけていること。

③　一九九二年四月上旬に国連がのりだしてアフガニスタンに暫定評議会を、現ナジブラ政権をもふくめて樹立する、という構想がうちだされた直後に、この構想が、反政府ゲリラ各派のカブールにむけての進撃が開始されたことのゆえに、あえなく頓挫してしまったこと。アフガニスタンにおいては、国連の構想とは無関係に、穏健派といわれるマスード司令官がひきいるゲリラ軍と旧政権の民兵が主体となって、ラバニを首班とした「暫定評議会」が四月二十五日に樹立された。これに怒った強硬派のヘクマチアル軍がカブールに攻撃をしかけた。けれども、ヘクマチアル派は当面は妥協の姿勢をしめし矛をおさめようとしているかにみえる。

④　一九八八年以来内戦の様相をしめしはじめているナゴルノ・カラバフにおけるアルメニアとアゼルバイジャンとの死闘——三月につづいて、五月八日に、イランが仲介役となって二度目の停戦合意にこぎつけた途端に、アルメニア軍が攻撃を開始して、またもや頓挫。——こうしてナゴルノ・カラバフ問題も国連にもちだされることとなっている。

〔Ｂ〕〈市場民主主義〉（＝完全競争）の名における経済的制裁、〈人権蹂躙〉や〈民主主義の無視ないし破壊〉の名における、いわゆる共産圏諸国および後進国ボナパルチスト諸国家への非難・経済的封鎖・軍事的制裁（自国の犯罪行為の自己正当化のために〈国連〉を利用して軍事的攻撃をかけるばあいをふくむ）。

そして、〈市場経済原理〉をふりかざし、産業資本主義時代の自由放任の自由主義経済＝完全競争を理念型とみなす経済観（商品売買をブルジョア選挙における投票行為になぞらえて、市場経済一般を、民主主義の市場における現われ＝市場民主主義とみなす考え）、この経済観にもとづいて、自国の経済的利益に損害をあたえるような諸国にたいして経済的制裁を発動するのが、アメリカ帝国主義権力者である。いわゆるジャパン・バッシングが、その典型をなす。

他方、資本主義諸国とのいわゆる経済摩擦（その本質は帝国主義国家間の経済争闘戦という点にある）、これを、①帝国主義国家間でむすんでいる軍事同盟を絶対的基礎にして、②自国の世界制覇戦略および国（家利）益を基準にして、かつ③理念型化された〈市場民主主義〉（＝完全競争の観点からする自由貿易主義）の観点から、しかも④国内法（たとえば通商法スーパー三〇一条とか反トラスト法とかのそれ）を経済競争の相手国にたいして一方的に発動し、⑤他国の貿易保護主義を槍玉にあげたり、輸出自己規制を強制したりして、〈自由貿易主義〉の名において実質上管理貿易の道を歩んでいるのが、アメリカ権力者の現実の姿なのである。

しかも、そのばあい、通商における〈国益〉の擁護を、同時に国民的利益の確保・貫徹として権力者はおしだすがゆえに、他国との経済摩擦の問題は、自国のナショナリズム（アメリカのばあいはＵＳＡナショナリズム）の煽り立てとして、また排外主義（イエロー・ジャップないし黄禍を非難攻撃すること）として、あるいはそれぞれの文化の特異性をみとめることなく自国の価値観を一方的におしつけている傲慢としてあらわれる（いわゆる文化摩擦としての経済摩擦の発展）。――ウルグアイ・ラウンド交渉や地球環境保全問題においてあらわれているアメリカ権力者の傲岸な態度に、そのことは端的にしめされている。

自己および自国のブルジョア的価値観への信仰と自己絶対化。

二十世紀末の帝国主義経済の、一九三〇年代以降に国家独占資本主義という形態を創出した晩期資本主義の、この構造的特殊性とは無関係に、経済完全競争の市場原理を基準にし、しかも〈国家的＝国民的〉の諸利益の確保を名分にして、貿易収支の黒字の記録を更新している他国にたいして、アメリカ権力者が経済的の制裁措置を発動することは、おおよそ次のような諸条件に決定されているといってよい。

① 近代資本主義が形成したブルジョア的諸価値を普遍妥当的なものに祭り上げているのと同様に、産業資本主義段階的特殊性を刻印されている自由主義経済を〈市場経済原理〉として超歴史化し絶対化しているということ（市場万能主義）。いいかえれば、帝国主義経済の段階的特殊性したがって国家独占資本主義の形態的特殊性や、それらの経済政策的特殊性を無視抹殺していること。——このことは、資本主義的秩序およびそのイデオロギーを永遠化する勃興期ブルジョアジーと同じ楽天主義にはまりこんでいることをしめしている。

② ブレジネフのソ連邦の軍備拡張（とりわけＩＮＦ（中距離核戦力）の増強）に対抗するためのレーガンの軍事スペンディング政策、インフレーションを抑制するための高金利政策をとりながらも同時に景気を浮揚させるための減税政策をレーガンがとったことや、種々の規制をはずしたこと。これらのゆえに、帝国主義国アメリカは、かつてのアングロ・サクソン帝国主義の轍をふんで、世界最大の債務国に転落した（約一兆ドル）。それだけではなく、膨張しつづけている国家財政赤字および貿易収支赤字の削減を、Ｇ７サミット（先進七ヵ国首脳会議）での警告を無視しておこなわないだけではなく、カード・ローン時代にのっかった大量消費・浪費の体質のゆえにうみだされた家計の赤字もまた、ふくれあがったのであっ

た（いわゆる〝三つ子の赤字〟）。――これが、アメリカ経済の「カジノ経済化」とよばれる。こうしたアメリカ経済の末期症状をなんら打開することなく、ソ連邦に対抗しうる唯一の核超大国としての政治的・軍事的地位に胡座をかいて、〝没落盟主〟よろしく勝手にふるまってきたのが、アメリカ権力者なのである。

③　アメリカのもろもろの金融資本および第二次産業部門の諸独占体の多国籍企業化（安価な労働力をもとめての、また経済のボーダレス化の時代に対応しての諸資本の海外進出）、そのためにもたらされたアメリカ国内の第二次産業の空洞化の著しい進展と社会共通資本の驚くべき荒廃。空洞化を補完し、かつ日米経済摩擦を緩和するための日本企業のアメリカへの進出。――この反面をなすものが、手っ取りばやく利潤を確保することを狙った投機やＭ＆Ａ（企業合併・買収）にアメリカ資本が走ることの常態化であって、これは、末期資本主義の腐朽性を如実に示すものにほかならない。

④　とりわけ第二次産業における直接的生産過程のたえざる技術化および技術革新の放棄。――新しい技術諸形態の開発および生産過程へのその導入についての意欲の衰退と喪失、日本式の多品種少量生産のための技術開発や経営管理・品質管理などの改善の放棄その他。〔アメリカにおいては産学協同が組織的におこなわれていないだけではなく、日本式の官僚主導型産業政策（「行政指導」として端的にしめされているもの）は、むしろ非難の的にされているほどなのである。いいかえれば、〝日本株式会社〟というような形式での晩期資本主義の諸矛盾ののりきり策を、〈市場原理〉を楽天的に堅持しようとしているアメリカ人は拒否するのだということである。〕

⑤　アメリカ本土において現地生産を開始した日本企業が実施した日本式経営方式にたいする非難。

――アメリカ式労働慣行の無視、たとえば職能別組合にぞくする労働者たちに多能工化を強制したり、労働組合をつくらせないで被雇用者を家族主義的に囲いこんだりすること。（このゆえに差別されてきた黒人たちは、日本企業に雇用されることによって初めて〝人間扱いされた〟と感じるほどであった。）

⑥　対日貿易赤字の根拠を国内的諸要因から追求することを投げ捨てて、この問題を、金利差・為替レートの観点から調整するだけではなく、この問題にまさに排外主義的にアプローチするという姿勢は、「日米構造協議」という名の内政干渉的政策の押しつけとしてもあらわれている。――「系列・談合・土地価格・大店法」が槍玉にあげられただけではなく、さらに、日本の内需拡大を促進するために、十年間で約四百兆円の公共投資をおこなうべきことも、日本政府は約束させられた。

⑦　文化相対主義という観点をさえとることができずに、アメリカ式価値規範を絶対的尺度にして、「日本の特異性」や「黄禍」論をもひっさげて、日米経済摩擦を同時に日米文化摩擦にまで引き上げてしまうだけではなく、USAナショナリズムを鼓吹し排外主義を助長するという政策もまたとられることになる。――このことは、しかし同時に、反米にまでは高まらない「嫌米」とか「忌米」とか「侮米」とかの感情を日本国内に呼びおこすことにもなる。さらに、日米軍事同盟の持続にたいする疑問を呼びおこすとともに、アジア太平洋圏における盟主としての日本への飛躍という新しい気運を醸成することにもなっている。

〈世界の憲兵〉としての自負と〈市場経済原理〉への信仰にもとづく経済的対立国への経済的制裁措置の発動。――これは、資本主義諸国間の〈協調〉を錦の御旗としたところの、アメリカ権力者の国家意志の強引な貫徹でしかない。これは、〈ボーダレスエコノミーの時代〉の名において辛くも許されている帝国主義的横暴以外のなにものでもない。

〔C〕〈人権と民主主義〉という虚飾でおおわれた階級分裂社会・差別社会

一　〈人権蹂躙〉とか〈民主主義の破壊〉とかは、かつては帝国主義国アメリカに対抗し敵対してきた〈共産圏〉諸国を非難し攻撃するための殺し文句であった。だが、それは今日では、6・4天安門事件をひきおこした鄧小平の「現代化」中国や、かつては〈反共の砦〉としてアメリカ国家が育成してきた軍事ボナパルチスト国家（北朝鮮にたいする朴の韓国、インドシナ半島の三国にたいするタイ、パーレビ政権を打倒しシーア派革命を達成したホメイニのイランにたいするイラク、チリのアジェンデ政権を打倒したピノチェト政権などの〝反共軍事ボナパルチスト国家〟）にたいする攻撃のシンボルに化している。

アメリカ権力者に譲歩し妥協し屈服したゴルバチョフは、スターリン主義からの転向と変節を〈脱イデオロギー〉の現代性の名において正当化し、もってブルジョア階級的イデオロギーのすべてに屈服したのであった。これにたいして、まさしく毛沢東型スタイルで民主主義のブルジョア的形態とプロレタリア的形態とを区別し、プロレタリア民主主義を、したがって中国式の人民民主主義を現代における民主主義のあり方として強調しているのが、ペキン官僚である。それだけではなく、民主主義を標榜しているブルジョア社会に現出している事態のまやかしを、堂々と原則的につきだすとともに、「社会主義」を指向している国における人権についての独自の考え方および内容を展開しているのが、彼ら官僚である。（一九九一年九月の国連総会での銭其琛外相の演説や人権にかんする諸論文を参照のこと。）

帝国主義権力者たちが抱き喧伝している〈民主主義〉がまがい物でしかなくきわめて御都合主義的なも

のでしかない、ということは、次の事態に端的にしめされている。――一九九一年十二月二十六日におこなわれたアルジェリアの総選挙において、FIS（イスラム解放戦線――スンナ派系）が八〇パーセントの得票率をあげたのであったが、これに危機意識を抱いた現政権が、第二回目の投票（九二年初頭）の中止を宣言しただけではなく、FISの強権的弾圧にのりだした。これにたいして、フランスやアメリカをはじめとする帝国主義権力者のすべてが、一斉に死の沈黙を守っているということに。

イスラム勢力がアルジェリアにおいて圧倒的な力を獲得したという事実に驚愕した旧宗主国のフランスの権力者は、自国内に流入しているアルジェリアの大量の移民労働者の問題が社会問題化していることのゆえに、論評をさしひかえないわけにはいかない。これは当然のことであるとはいえる。けれども、クウェートを侵略したフセインのイラクを軍事的に制裁した後に遂行されるべき〈中東和平〉が遅々として進展していない現状のもとでは、フランスだけではなく帝国主義権力者のすべてにとって、中洋におけるアラブ民族主義およびイスラム革命の再燃は、まさしく脅威そのものなのである。

欧米文明の永久性を信じ、近代ブルジョア的諸価値を絶対化している彼ら権力者にとって、イスラム異文化とアラブ民族主義のエネルギーは、まさしく不倶戴天の敵であるがゆえに、アルジェリア現政権によるFISの強権的弾圧を〈民主主義の蹂躙〉として非難することができないのである。

革命ロシアのスターリン主義的変質とゴルバチョフ式ペレストロイカによるソ連邦の自己解体。現代ソ連邦のこの崩壊を〈共産主義の終焉〉とみなして凱歌をあげた帝国主義権力者ども。とりわけアメリカの権力者は、これまでの〈東西冷戦の勝利〉を〈新世界秩序〉の創出にむかって転換すべきことを高らかに宣言しながら、〈国連の大義〉をふりかざしてアメリカ同盟軍をイラクへの軍事的制裁のために投入し、もって〝世界の憲兵〟たるの実をしめした。そして、「社会主義」の旗をかかげて延命している中国にたいしては、〈人権と民主主義〉にかんするブルジョア的理念を依然として押しつける政策をとり続けるとともに、〝中洋におけるアメリカの橋頭堡〟としてのイスラエルを確保するために、アフリカ北部から中洋を経てアジアに帯状にひろがるイスラム世界に燃え上がっているアラブ民族主義およびアジア民族主義や、このナショナリズム運動の反帝・反植・反覇権の闘いへの高まりに対抗するために、新たな政策を模索しつつある――これがアメリカ権力者なのである。

キリスト教的伝統をひきつぎながらも、キリスト教の否定のうえに成立した近代ヨーロッパの物質文明、これにつらぬかれているブルジョア的価値観。――この古い価値観を世紀末現代世界においても依然として絶対的に普遍妥当的なものとして信仰しているアメリカ権力者どもは、現代化をめざしている中国のスターリン主義や息をふきかえしつつあるイスラム文明に抗して、〈人権と民主主義〉の神話化に懸命になっている。経済的危機にたたきこまれながらも唯一の軍事超大国としての威信にかけて、〈人権と民主主義〉の守護神として彼らはふるまっている。アメリカとその権力者にとっては、いまや〈民主主義〉と〈人権〉は疑似宗教のようなものとなっている。しかも、権力者にとって都合の悪い事態が現出したようなばあいには沈黙をもってのりきることが可能であるのも、〈民主主義〉の良さなのである。

二　〈民主主義〉の守護神として自他ともに任じてきたアメリカにおいて、またもや黒人暴動が爆発した（一九九二年四月二十九日以降）。商品を窃盗した黒人青年を逮捕するさいに警官が暴行した、という事件にかんする陪審裁判の不公正――事件発生地域が黒人居住地区であったのに白人の居住者の多い地域に裁判の場を移動して陪審員の大多数を白人に選び、非白人を構成メンバーにする（黒人はゼロ）、そして不公正な評定を下したということ――、この裁判の不公正に怒った黒人たちが鬱積した差別への反感と虐待と貧困への怒りを一挙に爆発させ、火つけや掠奪に突進し、商売が上手で黒人よりも豊かな暮らしをしている韓国人街の商店をも襲撃したのが、今回のロスアンゼルスの暴動事件であった。その翌日からアメリカ全国各地での黒人のデモが敢行され、各地で暴動がひきおこされた。……

〈人権と民主主義〉を国家理念とする権力者がよってもって立つ基盤であるアメリカ社会、その恥部が、南アフリカのアパルトヘイトほどにひどいものではないにしても、黒人差別・人種差別・民族差別が依然として行なわれていることにたいする暴動的叛乱として、明るみにだされた。

一九六〇年代の黒人運動・公民権運動や、キング牧師の暗殺のような忌まわしい過去を清算したかのように思い込んできたアメリカ権力者どもは、〈民主主義〉社会における人種差別・他民族蔑視の悪弊をひきついでいることを、全世界にむかって赤裸々にしめした。肌の色の違いや非白人系民族やヒスパニックとかプアー・ホワイトなどにたいする差別・蔑視・白眼視を容認し温存しつづけているアメリカ社会。――この事実こそは、権力者や支配階級の口をついてでてくる〈人権〉や〈民主主義〉がまやかしのものでしかなく、疑似宗教性を帯びているブルジョア的エゴイズムがまかり通っていることの証左いがいのなにものでもない。

レーガンやブッシュの共和党政権が、黒人ゲットー問題・ホームレス問題・麻薬・犯罪などの内政問題をないがしろにしてきたことのゆえに、今回のような暴動がひきおこされたのであって、いまこそ「アメリカ・ファースト」でなければならない、とする民主党の主張が滑稽であるのと同様に、一九六〇年代の民主党政権が社会福祉政策をとり黒人たちを甘やかしてきたのが悪いとする共和党の主張も、馬鹿げている。いずれも、全国的に拡大した黒人暴動にショックをうけて、責任のなすりあいに終始しているとしか言えない惨めきわまりない言動でしかないではないか。そうした言辞しか吐くことができないということは、〈民主主義〉を表看板にしてきたアメリカ社会の末期症状を自己確認するものでしかないのである。

噴出した今回の黒人暴動は、人種的・民族的差別の社会習慣化の根底には、資本主義的階級分裂の深刻さが横たわっていることに目をつぶってきたことの必然的帰結である。

黒色や黄色の皮膚をもった人種を差別しさげすんだり、異民族を蔑視したりすることを慣習化し、これを固着化する、というような風潮を持続しているアメリカ〈民主主義〉社会なるものは、次のような諸要因に決定されているといってよい。

（a）アングロ・サクソン系およびユダヤ系の移民として、キリスト教（プロテスタンティズム）の信仰を共通の精神的基盤にして、ブルジョア階級にのしあがったものたちのエリート意識。このエリート意識が同時に、支配階級としての、国家意志の体現者としての意識に結びつくばあいには、それは同時に国民意識としても観念され、USAナショナリズムとしてもあらわれる。そして対外的には、排日主義のような民族排外主義や異人種排斥主義としてもあらわれる。

（b）USAナショナリズムとしてあらわれるアメリカ支配階級のエリート意識は、社会経済および政治の諸政策のプラグマティックな実施をつうじて、アメリカ国民としての黒人層の内部に階層分化を促進し、そして階層分化した黒人層のなかの富裕な部分を支配階級の一部にとりこむ、という政策をとり、黒人差別を除去したかのような仮象をもつくりだしてきた。——市長や知事や大統領候補などに黒人がなるということをもって〈リベラルな民主主義〉の滲透と開花の証しとするということは、すこぶる欺瞞的なことである。アメリカ国民としての黒人層の内部に階層分化をうみだす、ということそれ自体が、アメリカ式〈民主主義〉社会そのものの階級社会的本質に決定されたその階級分裂の縮図でしかないことを意味するからにほかならない。

（c）アメリカ社会の階級分裂の縮図としての、黒人層の内部における階層分裂のゆえにうみだされた、アメリカ国民としての黒人の下層は、いまなお依然としてスラム街に住む失業者の群れとなっているだけではなく、麻薬と犯罪の温床として放置されたままである。このことは基本的に、アメリカ国民としての黒人層が依然として人間扱いされていないことの証左であり、彼らが憐愍や救済の対象としてしかみなされていないということを意味する。

（d）そして事実、アメリカ経済が不況におちいったようなばあいには、まずもって彼ら黒人たちが首切りの対象になり、失業においやられるのであって、〈民主主義〉社会のもとでの彼ら黒人たちの失業率は極めて高いのである。

（e）黒人たちが産業予備軍として位置づけられスラム街にプールされているということは、アメリカ国民としての黒人たちを労働力として育成するための普通一般教育および職能教育が完全にないがしろにされていることを意味する。

三　近代ヨーロッパ文明を基礎にしてうみだされたブルジョア的諸価値を基準にし、政治理念としては〈民主主義〉を、経済の原理としては〈市場民主主義〉ないし〈完全競争〉を、それぞれ堅持し貫徹しようとしているアメリカ権力者は、まさにそれゆえに、資本主義社会に固有な階級分裂を固定化し促進しているだけではない。その時々の政権の諸政策のゆえに階級分裂は極端化され、ゆえに貧富の差はいよいよ拡大され、富める階級の内部にも、また彼らに支配され搾取される労働者階級の内部にも、顕著な階層分化がうみだされることになっている。

ソ連政府が増強したＩＮＦに対抗して強行されたレーガン政権の大軍拡政策（軍事スペンディングによる軍産複合体の活性化、西南部の軍需独占体のボロ儲けとアメリカ経済社会構造の軍事化を促進する政策）と、二ケタのインフレーションを抑制するための高金利政策のもとでの減税政策の採用。――いわゆるレーガノミックスにもとづいてアメリカ帝国主義は〝双子の赤字〟に悩まされつづけてきただけではなく、世界最大の借金国となった。このことは、アメリカ経済そのものを〝カジノ経済〟化した。株式・債券・為替・土地などの投機とＭ＆Ａに走る手っ取りばやい金儲けが横行し、「情報化社会・サービス化社会」の名のもとに第二次産業部門における諸企業の諸設備の非技術化とこの部門の空洞化が促進されることになった。アメリカ経済は国家独占資本主義に固有な腐朽性をいよいよ深めてきた。

マネーゲームの横行と第二次産業部門の空洞化、これによる産業構造の再編＝いわゆる「情報化・サービス化社会」への移行――これらは、株式所有と経営との分離をいよいよ促進するとともに、企業売却やＭ＆Ａによる金儲けや土地・ビルなどの外国資本への売却を横行させた。レーガン式の減税政策にも助けられて、一部の資本家の所得はますますふくれ上がり（重役クラスは、日本のそれの百倍にものぼる）、たえざる技術革新および「減量経営」をサボタージュしてきた諸産業の独占体の生産性は低落し、国際競争力を喪失するにいたるとともに、それらの企業に雇用されてきた労働者の労働力の質もまた低下した。

産業別労働組合にぞくしてきた労働者たちが、いわゆる多能工化ないし異職種兼務を拒否しつづけてきたことのゆえに、諸独占体の労働生産性は低下し特定の諸企業は国際競争力を失うことになった。こうして日本式経営や労働慣行の採用が〝日本株式会社方式〟として槍玉にあげられ、日米経済摩擦は同時に一九八〇年代末ごろから文化摩擦としての様相を帯びて問題化することになった。日米経済摩擦の解消のために開始された日本企業のアメリカ各地での生産開始は、こうして日本とアメリカのあいだでの、文化的伝統の違いとこれにもとづく経営方式や労働慣行の相違を明るみにだすことになった。

こうした摩擦をつうじて、資本家階級の内部にも階層分化が著しくなる（マネーゲームにうつつをぬかすものと、高所得を満喫しながらも競争力喪失にあえぐ自動車産業の経営者などにしめされるそれ）、それとともに労働者階級の内部にも階層分裂が発生することになった。

一九二〇年代のフォードシステムを改良した生産形態や、産業別労働組合組織に決定された伝統的な労働慣行などの惰性的延長のゆえに、不況時に必然となるレイオフの増加にともなって失業者数も増大する（このばあい、まず犠牲になるのが黒人労働者たちである）。他方、直接的生産過程の技術化が、いわゆるME化やFA化が進展する度合いに応じて、技術者や技能労働者の層が厚くなる。ブルー・カラーから区別されたスカイ・カラーがうみだされる。多能工化を受け入れる者と受け入れない者との分化が、このスカイ・カラー層の形成とからみあいながら進展する。

伝統的な二分化——ブルー・カラーとホワイト・カラー——に、スカイ・カラーが加わるだけではない。運輸サービス・情報通信サービス・医療サービスなどの第三次産業部門のサービス産業の肥大化と第四次産業部門（レジャー産業など）の肥大化にともなって、サービス労働に従事する労働者数も増加し、労働者階級そのものの内部における階層分化や所得格差の拡大が進展することになる。（とりわけ金融サービスに従事するものが〝カジノ経済〟のもとでの花形とみなされることにもなる。）ブルジョア階級内の一部の富めるものはますます裕福になり、他方、搾取される者ではなく〝労働サービス〟の資本家への提供者とみなされる労働者たちの内部にも、産業別・業種別の、さらに職能別の所得格差の増大とこれにもとづく貧富の差が増大することになる。

このような階級分裂と階級内階層分化の進展とそれらの矛盾の激化をおおいかくしているもの――それが〈リベラルな民主主義〉の神話にほかならない。

アメリカ国家の基盤をなすこの〈民主主義社会〉は、このような全社会的規模での基本的な階級分裂に決定されたところの、所得格差の著しい階級社会にほかならず、労働者階級内の階層分化を露骨にあらわした社会でしかないのである。それゆえに、黒人差別も異民族蔑視も日常的な事柄なのであって、このことを白人系のアメリカ国民は誰も気にとめることはないのである。問題が「暴動」というような形態で噴出したときにだけ、白人系アメリカ人はみずからを〈民主主義〉の守護神であるとしておしだすにすぎない。

〈自由と人権と民主主義〉の普遍妥当性を信じ込み、〈市場経済原理〉を絶対化している底抜けの楽天主義者がアメリカ富裕層なのである。アメリカ支配層は資本主義の悪に盲目になり、ポスト資本主義について熟考することを完全に投げ捨てているかのようである。

〔D〕　近代的諸価値の普遍妥当性への信仰

近代ヨーロッパ物質文明の所産である〈自由・平等・兄弟愛・人権・民主主義〉というブルジョア的諸価値の超歴史的で普遍的な妥当性への絶対的確信と、キリスト教的信仰とが、まさにないまぜになったようなメンタリティをもつ底抜けの楽天的なプラグマティスト。――これが、アメリカ人の、とりわけアングロ・サクソンの血をひく彼ら支配階級に共通する思想傾向であるといってよい。そこには、資本制商品経済の発達のゆえに必然的にうみだされた社会経済的の、そして政治的の諸矛盾についての明確な意識化が、ほとんどまったく欠如している。それだけではなく、十九世紀末葉のヨーロッパがうみだしたニヒリズム思想の影はまったくない。むしろ、『西洋の没落』というようなシュペングラー的終末意識とは正反対の、フロンティア精神にみなぎった前向き主義的なメンタリティが、つまり未来に挑戦するベンチャー精神がみなぎっている。このメンタリティは、とりわけ第二次世界大戦のさなかでモンロー主義からぬけだすことを強要され、米・英・仏・ソの連合軍が勝利した時期以降には、世界の超大国としてのしあがったことを歴史的背景にして、アメリカ支配階級のものとなった。そしてこのメンタリティは、帝国主義的世界制覇という国家意志として昇華したのだといってもよい。さらに、この国家意志は、ゴルバチョフ・ソ連邦の自己解体による東西冷戦の当面の終熄という今日の情勢のもとでは、ますます居丈高の様相と傲岸さと奢《おご》りをむきだしにした世界支配戦略としてもあらわれている。

アメリカ権力者どもの口をついて吐き出される〈自由〉――それは、自己崩壊した〝共産主義〟にたいする近代ブルジョア自由主義の説くような自由の勝利でしかない。それは、古典的ともいえる自由放任の自由に等しいものでしかない。それは、十九世紀ヨーロッパ知識人や哲学者たちが、自由について政治的・経済的・哲学的に思索し思弁したようなこととは、およそ全く無縁の代物でしかない。というわけは、経験と行動を基礎にし、それを真理性の基準にするプラグマティズムを哲学的根幹にして、自由がとらえられているにすぎないからである。プラグマティズム的自由は、その性格上、ペシミズムやニヒリズムから予め解き放たれているとさえ言える。ここに、落日の帝国主義国アメリカに底抜けの楽天主義がなお支配している思想的根拠のひとつがあるといってもよいであろう。自由も人権も経済的平等も、まったく保障されていない黒人たちの暴動が全国的に燃え上がったにしても、このような事態はプラグマティックに対処すべきものとしてしか、権力者の目には映じないゆえんである。

アメリカ社会における〈平等〉――それは、ブルジョア民主主義社会一般におけるのと同様に、法律上でのそれに、経済的裏付けのない形式上のそれにすぎない。失業者の大群、プアー・ホワイトや大多数の黒人たちの貧困と窮乏化、ホームレスの放置（黒人ゲットー問題と重ねて〝都市問題〟などともいわれているらしい）、麻薬と犯罪とエイズの横行などは、アメリカ社会を支配する著しい経済的不平等の端的なあらわれでしかない。それは、深刻な階級分裂をあらわにしている末期のアメリカ資本主義を象徴するものにほかならない。

だから権力者どもは、対内的にも対外的にも〈平等〉については殆んど語ろうともしない。〈東〉の、そして〈南〉の貧困についてのおしゃべりに、それはとってかえられる。

アメリカ人の〈人権〉意識――それは、ロナルド・レーガン流に言えば「左右の独裁政権」を非難し攻撃するばあいの常套語が〈基本的人権の蹂躙〉である、という点に象徴的にしめされる。いいかえれば、アメリカ国民の内部で差別され虐げられている人々にたいして、アングロ・サクソン系およびユダヤ系のアメリカ人たちは、形式上基本的人権をみとめているにすぎないということである。

異人種や異民族にたいして彼らを差別し蔑視する、というこの体質は、基本的人権にかんする考え方にも露骨にしめされている。というわけは、そもそも基本的人権なるものが、――マルクスが喝破したように――ブルジョア的私的所有者としての私的個人の権利にすぎず、私有財産権の法律的表現でしかないのだからである。

アメリカ社会の内部における人権とは、この社会の支配階級にぞくする人びとの権利にすぎず、アメリカ国民には形式上保障されているにすぎない。国家権力者が対外的または対内的にUSAナショナリズムを煽りたてる必要に迫られるさいには、黒人層のすべてを動員して国威の発揚をはかるのを常とする。けれども、アメリカ国民を人種的および民族的に差別したり迫害したりする風潮が社会慣習とさえなっているがゆえに、たとえ公民権をあたえられていたとしても、アメリカ国民のなかの異人種・異民族の人びとは基本的人権を現実に蹂躙されているのである。今回勃発した暴動においてもこのことが端的にしめされた。アメリカ権力者の口をついてでてくる〈人権〉にかんする思想がまやかしものでしかないゆえんである。

〈人権〉思想がまやかしものでしかないのと同様に、アメリカにおける〈民主主義〉も形式的なものでしかなく、その本質はブルジョア階級的なものでしかない。民主主義のこの階級的本質を不問に付して、超歴史的な普遍妥当性をもつものとして喧伝しているところに、アメリカ式のリベラルな民主主義の虚偽性と欺瞞性がある。

アメリカにおける〈民主主義〉の〈民〉とは、基本的には、この社会に編みこまれている国民のすべてを自立かつ自律した個々人＝私的所有者とみなし、しかもこのアトム化された個々人を量としてのみとらえるところに成立するものでしかない。社会の階級分裂をおしかくし、孤立した私的所有者の政治的平等の仮象的権利をあたえるものが、いわゆる議会制民主主義である。数年に一回おこなわれる選挙は、孤立的諸個人が公民たるの資格において政治に参加する、という形式以外のなにものでもない。アトム化された個々人の投票行動が民主主義の証しとみなされ、多数決が民主主義の原理とされている。だが、階級支配と階級分裂という現実をおおいかくすための選挙・投票でしかないことは、つとにレーニンが明らかにしてきたことであった。

それだけではない。ブルジョア民主主義の証しであるとみなされている選挙は、カネまみれ・コネずくめであるだけではなく、論争を棚にあげて相互に対立候補を誹謗し中傷することにうつつをぬかすということが、アメリカでは常態化しさえしているのである。いや、政敵の暗殺や謀略や盗聴（ニクソンのウォーターゲート事件のようなもの）も、アメリカにおける選挙そのものにビルト・インされさえしている。四年に一回挙行される大統領選挙は、お祭騒ぎ的アメリカン・デモクラシーの茶番的本質を如実にしめしているのであって、ブルジョア社会一般における民主主義の形骸化とその愚民政治としての本質は、まさに種々の選挙戦において如実にしめされている。

〈自由・平等〉とならんでブルジョア的価値の一つをなす〈友愛（兄弟愛）〉も、アメリカ社会ではキリスト教的隣人愛という形で残存しているのだとしても、異人種・異民族に対する差別意識・侮蔑が根強くはびこっていることのゆえに、ブルジョア的個々人間の関係は同一人種・同一民族の内部での人間関係の一形態でしかない。労働者階級の階級的組織化が彼岸化され階級協調主義がはびこっているかぎり、アメリカ労働者の内部に階級連帯（感）がうみだされるはずもない。

アメリカ権力者どもは、その他の帝国主義権力者との政治的・経済的な協調を口にはする。そして、アメリカに屈伏したゴルバチョフやエリツィンを「アメリカのパートナー」とみなす。このことは、彼らのいう〈協調〉がアメリカの国益を基準にしたところの〈協調と連帯〉にすぎず、権力者の外交的マヌーバーいがいのなにものでもないことをしめしている。

そして、いわゆる〈新世界秩序〉なるものも、帝国主義国アメリカの覇権をつらぬくための国家権力者の政治的・経済的協調を美化して表現したものでしかないのである。まさしくこのゆえに、もろもろのナショナリズム運動の噴出のゆえに、この構想は消え失せてしまった。

V　〈ポスト資本主義〉感覚の蒸発

一九八九年の秋から冬にかけての中部ヨーロッパのいわゆる東欧社会主義諸国の将棋だおし的な壮烈な倒壊。〈連帯〉が主導するポーランド政権の成立とハンガリーやチェコスロバキアにおける〈ビロード革命〉なるものの出現、そしてベルリンの壁の崩落を経て、〝東欧の異端児〟チャウシェスク銃殺（六ヵ月前にゴルバチョフ指導部が作成したシナリオにもとづくもの）を発端にしたルーマニア政権の崩壊にいたる東欧の激変。さらにゴルバチョフ指導部の帝国主義国アメリカへの公然たる屈服と、帝国主義列強のイラクへの経済的および軍事的制裁へのその加担。〈国連の大義〉をふりかざして強行されたアメリカ同盟軍のイラクへの軍事攻撃と反米アラブ民族主義の暴力的おさえこみ、ヨルダン川西岸・ガザ地区を占領し支配下に収めているイスラエルの、アメリカ帝国主義による正当化、あるいは〈中東和平〉を願望した欺瞞的な湾岸戦争の収拾。さらに、ゴルバチョフ派内反ゴルビー派による八月クーデタの頓挫を契機にしたところの資本主義ロシアの復活と、これを動力としたソ連邦の自己解体的崩壊。——二十世紀末をむかえた今日においてひきおこされたのが、あらゆる人びとの予想をこえて進展した、このような世界史的事件の連鎖であった。

党書記長にのしあがったゴルバチョフの〈新しい思考〉にもとづく外交政策と国内的ペレストロイカ政策がスターリン主義・ソ連邦の崩壊をひきおこすであろうことは予感されていたとはいえ、これほどまでの急テンポと大きなスケールでソ連圏全体が壊滅することは、予想しえなかったといってよい。それほどまでに、スターリン主義の政治経済体制の硬直化はどん詰まりに逢着していたのだ。まさにこのゆえに、ソ連圏は、もろくも崩れ去ったのである。

ソ連邦とその衛星国の、この世紀の倒壊に、帝国主義権力者どもは一斉に勝利の凱歌をあげた。対抗的軍拡のゆえに自国経済が危殆にひんしているだけではなく、国内的な社会経済的諸問題が黒人暴動という形態をとって噴出し、そうすることによっていまや米・ソ共倒れの危機に直面させられているにもかかわらず、いわゆる東西冷戦における西側の勝利が高らかに歌いあげられた。

スターリン主義およびその政治経済体制を何ら現実的に分析することなく、オールターナティブ的発想にもとづいて〈ペレストロイカ〉なるものに突進し、欧米型の多元的民主主義と市場経済を選択したのが、ゴルバチョフ＝ヤーコブレフ指導部であった。彼らクレムリン官僚をあやつってきたブッシュらの帝国主義者どもは、こうして、やすやすと、スターリン主義をマルクスの共産主義思想に等置するという伝統的詐術を弄しながら、〈共産主義の終焉〉を宣言して自由主義を謳歌し、ソ連型社会主義にたいする〈市場経済〉（資本主義経済）の優位性を高らかに宣言し有頂天になりはじめた。〈人権の尊重〉と〈民主主義政治〉と〈市場経済〉の三つを原理として〈新世界秩序〉を創出することが、まさしく二十一世紀の課題であると闡明したのであった。

〈人権と民主主義〉を国家理念とするアメリカ社会なるものは、しかし、人種差別と他民族蔑視と下層人民の貧困化がはびこっているだけではなく、はなはだしい所得格差という名の階級分裂および階級内階層分裂をその内にはらんでいる階級社会にほかならず、政治的民主主義はブルジョア階級の諸利害を確保し貫徹してゆくための欺瞞的道具としての機能をしか果たしておらず、支配されるすべての人びとを瞞着し支配し統治するための政治的道具として活用されているにすぎない。多数決を原理とするブルジョア民主主義や基本的人権思想を、アメリカ国家は対内的支配と対外的覇権を貫徹してゆくために金看板にしているにすぎない。この〈民主主義〉は、自国内の異人種・異民族を〝衆愚〟とみなすことにもとづいた形式的なものでしかない。まさに〈民主主義〉のこの形式性とそのブルジョア階級的本質をおしかくすために、アメリカ権力者は、自国の国家的諸利益を同時に国民全体のそれとみせかけ、〈国家的＝国民的〉の諸利害を内外にむかって貫徹しようとしている。まさにこのゆえにUSAナショナリズムをあおりたてつつ、世界の覇者としての夢をかきたてることに、アメリカ権力者は汲々となっている。

実際、いわゆる日米経済摩擦にたいする権力者的対応のなかに、ジャパン・バッシングを同時に日米文化摩擦にまで高めてゆくこのやり方のなかに、そのことは端的にしめされている。しかも、民主主義の経済的形態として理由づけられている完全競争（＝〈市場経済〉）の実施を他国に迫る、という形式をとって、それは強行される。自国経済そのものおよび経済政策の破綻（四兆ドルにのぼる貿易収支赤字と十三兆ドルにのぼる国家財政赤字という双子の赤字、そして莫大な家計の赤字に端的に示されているそれ）――この経済的危機をなんら打開することなく、既存の国内法の一つにすぎない反トラスト法や通商法スーパー三〇一条を他国にむかって発動する、というような形式をもとって、貿易摩擦に対処しようとしたりしているのが、没落帝国主義権力者どもなのである。

そしてまた、たとえば地球温暖化を阻止するために二酸化炭素の排出量を西暦二千年までにどの程度まで削減するか、という問題にかんしては、世界最大のガソリン消費国であるという事実を棚にあげて、石油消費削減を景気後退に直結させたり、地球温暖化の原因がどこにあるかが科学的にはなお立証されていないなどとほざいたりしながら、CO_2規制の多数意見に反対する、という態度をとっているのが、ブラジル・サミット準備会議に出席したアメリカ代表どもなのである。形式上民主主義を重んじるアメリカ代表は、国益にもとると感じるばあいには、多数決原理をふみにじるという御都合主義を発揮する。国連安保理事会常任理事国会議において拒否権を行使する大国としての傲慢な意識を露出させることは善である、というような態度を、CO_2削減問題にかんしてもとることになる。

多数意見を拒否するこのような態度は、地球環境の保全――〝環境安全保障〟――のための国際協調よりも、むしろ自国経済のリセッションからの脱却のほうを優先させるものであって、国家エゴイズムのあらわれ以外のなにものでもない。多様な種の保存のための環境保全という人類的必要からして、経済開発にブレーキをかけようとする先進工業諸国の主張と、これにたいして反撥をしめし、むしろ帝国主義列強の新旧植民地主義のゆえに環境破壊がもたらされているのだ、というように断罪する後発資本主義諸国の権力者たちの主張とは、異質なものなのである。

国家エゴイズムをむきだしにして地球温暖化ガス（二酸化炭素・メタン・フロンその他）の規制に反対するアメリカ権力者の論理は、自由貿易主義を旗じるしにしていながらも、輸出補助金を出したり輸入課徴金をかけたり、非関税障壁をもうけたりする貿易保護政策をとってきたところにしめされるアメリカ権力者の国益第一主義と同様のものであって、その別のあらわれでしかないのである。貿易における完全競争・市場開放を名分にして、貿易収支黒字を出している他国に圧力をかけ、当該国に譲歩を迫ったことからうみだされたものは、自由貿易ならぬ管理貿易に等しいものでしかなかった。こうした事実にも、国家エゴイズムをむきだしにするアメリカ権力者の御都合主義が如実にしめされているといってよい。

さらに、〈反ソ・反共の砦〉としてアメリカ帝国主義が育成し援助してきた軍事ボナパルチスト諸国家（かつての南ベトナムや韓国やフィリピンやタイなど）に〈民主化〉を強要するやり方も、同様に御都合主義以外のなにものでもない。ソ連邦の崩壊以後という歴史的条件に決定された世界制覇戦略の転換、この転換にもとづいてアメリカ権力者は、みずからが育成してきた軍事ボナパルチスト諸国家にたいして、〈人権の尊重〉と〈民主主義政府〉と〈自由主義経済〉の実施という〝三原則〟をおしつけている。時代の変化に対応した政策転換といえば聞こえはよいが、これは、みずからが信じているブルジョア的諸価値および資本主義的市場経済を永遠不滅のものと観念しているお目出度さを露骨にしめすものでしかないではないか。

ソ連邦の崩壊を〈共産主義の終焉〉としてとらえ凱歌をあげているアメリカ権力者は、近代西ヨーロッパがうみおとしたブルジョア的理念を普遍妥当的なものにまで高めるとともに、資本主義商品経済=自由主義経済を超歴史化し、〈市場経済〉を永遠不滅のものとして観念している。超歴史的な原理にまで祭り上げられたこの近代主義を、彼らは二十一世紀にまで延長しようとしている。もちろん、後発資本主義諸国における近代化主義は――限定づきではあれ――一定の妥当性をもってはいる。けれども、末期資本主義としての帝国主義段階において、ポスト資本主義を何ら感覚しえないのは、底抜けの楽天主義のゆえであるだけではなく、愚かなことである。

たとえば、「社会主義国」であると自他ともに任じてきたソ連邦が、革命以後七十四年のジグザグの歴史過程を経て最期をとげ、そして――ゴルバチョフが忌み嫌う旧式の概念をもちいるならば――〝社会主義から資本主義への逆戻り〟の道を歩んでいるかのように見える。とはいえ、このことは、〈市場経済〉という名の資本制商品経済の、いわゆる社会主義経済に対する優位性・効率性を、その永遠性を、なんら示すものではない。

そもそも、大統領就任以前の彼が「権威主義的・官僚主義的・縄張り主義的」と断罪してきた自国の国家機構および社会経済構造を、大統領就任以後には――リトアニアの人民戦線にならって――〈全体主義〉と烙印し、もってヒトラーのナチス統制経済体制とスターリン主義的官僚制計画経済とを意識的に二重うつしにし、そうすることによって〈市場経済への移行〉を正当化する、という詐術をやってのけたのであった。ここには、ソ連労働者国家の成立をもって〈社会主義〉の成立とみなす虚偽と欺瞞が隠されている。彼らは、ロシア革命の世界史的意義を抹殺するだけではなく、ソ連労働者国家の――レーニン死後における――スターリン主義的変質の過程をなんら具体的に分析しようともしなかった。レーニンのNEP〈新経済政策〉を〈真の社会主義〉とみなす偽造をさえ、ゴルバチョフは副首相にひきぬく以前のアバルキンなどに命じたのであった。NEPという意識的後退政策を、それにもかかわらず〈真の社会主義〉政策とみなすことを跳躍台にして、〈調整される市場経済〉路線から〈人間のための市場経済〉路線への転換がはかられたのは必然であった。この転換は、不能率・不効率のスターリン主義的計画経済への絶望から、資本主義的商品経済の〝合理性〟なるものへの憧憬に転じたことをしめすものにほかならず、価値法則の廃棄の不可能性の没理論的確認のうえにたって、価値法則の生を、その永遠化を宣言したものにほかならない。こうした転換をおこなったゴルバチョフ指導部と、資本主義ロシアの復活のなかにスターリン主義から脱却するための活路をみいだそうとしたエリツィン指導部に、〈市場経済原理〉を信奉するブッシュをはじめとする帝国主義権力者や全世界のブルジョアどもが危惧をいだきながらも、〝ブル転〟した彼らスターリン主義官僚どもを祝福したというわけなのだ。

ソ連邦の空中分解によって独立した諸共和国は――軍事的必要と経済的統一の維持という観点から――CIS形成についての空中戦をおこないつつ同時にCISの空中分解をいよいよ促進し、〈市場経済への移行〉なるものを――ハーバード大学のジェフリー・サックスなどのシカゴ学派の指南をうけた〝ガイダール坊や〟（最高会議議長ハズブラートフの言葉）にひきいられつつ――まさにバラバラに開始しはした。軍産複合体における生産諸手段の驚くべき老朽化、生産技術水準の中進諸国以下的惨状、インフラストラクチュアの驚異的後進性、資源の驚異的浪費とこれにもとづく涸渇、異常な環境破壊、とりわけ生活諸手段の劣悪さと払底、IMFに指示された〈価格自由化政策〉によるインフレーションのギャロップ化傾向などなどが明るみにだされたことのゆえに、たとえ〈市場経済への移行〉が政策理念としてかかげられていたにしても、旧ソ連邦構成諸共和国を経済的にたてなおすための支援をおこなうことは「底抜け樽にカネを捨てるようなもの」だというように、全世界のブルジョアには観念された。けれども、東ドイツを吸収したマルク帝国主義だけが、イタリアのデミータが提唱した対ソ連・マーシャルプランを具体化しようとしてきた。それというのも、もしもソ連邦の経済的破産が現実化するならば、膨大な亡命者や難民が西ヨーロッパ諸国になだれこむだけではなく、残存するスターリン主義党が暴動をひきおこすことにもなるからである。

けれども、遅々として進まぬロシアなどの〈市場経済への移行〉に、そして核兵器の拡散および核技術者の国外流出が現実問題として浮かびあがったことに、危機感をいだいたブッシュが、IMFを衝立にして、旧ソ連にたいする経済＝金融支援にのりだした。「北方領土問題」をかかげて「政経不可分」の政策をとりつづけてきた日本政府も、アメリカ権力者に尻をたたかれて、重い腰をあげはじめた。〔国際科学技術センターには二五〇〇万ドル、ルーブル安定化基金六〇億ドル（四二〇億ドルの中の一部）についての一部負担などの拠出が決定された。〕

エリツィン指導部の帝国主義各国権力者への懇願と哀訴と忠誠心が、空中分解しつつあるCIS各国の経済的破滅についての帝国主義権力者たちの異常な危機感の増幅にむすびついて、ロシアなどへ経済援助を促進することが緊急の課題となった。

だが、いま帝国主義世界は全体として景気後退＝不況に低迷している。まさにこのゆえに、危殆に瀕しているCIS各国への経済援助は同時に資本主義世界全体の破滅的危機を加速するものとならざるをえない。だからこそ、金融・技術援助をおこなっても、これは〝焼け石に水〟なのであって、必要なことは、人づくり〈資本家的経営者の育成と労働力の技術性の向上と勤勉という倫理観の注入〉・経営技術・労務管理方式をめぐっての、あらゆる分野にわたるノウハウの提供である、とする意見がでてくるのである。

たとえ経済的テコ入れに狂奔したとしても、経済的奈落にころげ落ちつつあるロシアを資本主義経済の支配する国として再生させることなどは、決してできない。スターリン主義的抑圧の長い長い歴史と、ロシア的忍従というメンタリティをひきずっているロシア民衆の、無気力化と惰性態化に決定されて、なお転向しきれていないスターリン主義官僚の残党どもの根強い抵抗のゆえに、土地の私有化や国営企業の民営化＝私有化は、なおはかばかしく進んでいない。スターリン主義的統制経済から〈市場経済〉への移行のスローガンは掲げられてはいても、あたかも〝盲人盲馬に乗る〟といった観を呈しているのが、ロシアをはじめとする今日の各独立共和国なのである。

ボリスやミハイルがこの世に生を受ける以前からすでに形成されていたスターリン主義とソ連官僚制国家。スターリン主義の六十七年におよぶこの歴史を空無化し、ツァー・ロシアの延長線上に資本主義国ロシアの創出を夢みているボリス・エリツィンをはじめとする独立国家共同体の転向スターリン主義官僚ども（ただしウズベキスタン大統領カリモフは中国型社会主義を指向していると目されているのであるが）。――彼らのすべてが、〈共産主義の終焉〉の凱歌をあげているブッシュなどの帝国主義者どもと一緒になって、〈市場経済〉の讃歌を斉唱している図は、まさに世紀末を象徴するものではないか！　帝国主義列強にたいしてばかりではなく、あらゆる資本主義国の権力者やＩＭＦなどの国際機関に援助と金融支援を哀訴している転向スターリン主義官僚どもに、ブルジョア化したマフィアや資本家的党官僚や彼らに搾取されている国民に、資本主義世界の権力者どもは〈自助努力〉を要求し、後者に応えて前者は〈市場経済〉の荒波に恐怖をいだきながら蝸牛の歩みをはじめた。それと同時に、私有化に反対する残存スターリン主義者どもも、いま活動を開始しているかのようである。（レーニン生誕百二十二年記念日に、エゴール・リガチョフを迎えて、コムソモール再建大会が開かれた。また反体制的体制派であったロイ・メドベージェフらの右翼スターリン主義者も活動を展開していることにも、そのことはわずかにしめされている。）

他方、〈民主主義と市場経済〉の勝利をうたいあげたブッシュは、自国の経済的危機に脅かされて大統領再選が危ぶまれているだけではなく、ウルグアイ・ラウンド交渉が、とりわけ農産品問題で完全に行き詰まっても、なおかつ保護貿易に反対し、自国の問題を括弧に入れて自由貿易の旗だけは降ろそうとはしていない。それだけではなく、CO_2規制にかんしては、アメリカは国家エゴイズムをむきだしにした。たとえアメリカ権力者が〈市場経済〉を原理化し自由貿易主義を基本として対外政策を実施しようとしたとしても、第二次世界大戦の廃墟からたちあがり〝没落するヨーロッパ〟の起死回生のためにＥＥＣ（欧州経済共同体）を結成することを歴史的出発点にして、今やＥＣ市場統合の形成にこぎつけた西ヨーロッパ各国権力者たちが、一方的要求に応じるはずはない。スウェーデンのような実質上破綻した福祉国家や社会民主主義党政権などは、資本主義経済の否定面を経験し、なんらかの形でポスト資本主義についての意識をもっているからであり、また経済のブロック化が帝国主義間戦争勃発の原因であることも熟知しているからなのである。

〈自由・平等・友愛〉の理念をうけつぎながらも、この理念を二十世紀現代に見合ったものに飾りたてたものとも言うべき社会主義インターナショナルの理念――〈自由・社会的公正・社会福祉・連帯〉――が浸透し、これにもとづいて社民党政権はその内外政策をねりあげ実施しているといっても過言ではない。みずからの政権を維持するために、各国権力者たちは農業保護政策を一定程度はとらないわけにはいかないだけではなく、貿易収支を改善するための諸政策も実施しないわけにはいかない。これは、一九三〇年代以降にアメリカ権力者がとってきた政策と同じである。

アメリカ権力者が自国の経済的危機を打開するための諸政策を実施することなく、ECや日本にたいする貿易収支の赤字を削減するためと称して、貿易の〈自由化〉やさまざまな要求を押しつけようとしているのは、彼らアメリカ権力者の国家エゴイズムのあらわれでしかない。そうした押しつけは、自国の国益を優先させることとしてしか、EC諸国権力者の目には映じないのである。アメリカとECと日本の間の経済摩擦という名の帝国主義間経済争闘戦の激化を回避するためには、ウルグアイ・ラウンド交渉は成功させなければならない。しかし資本主義各国の国益に衝突するような条項は肯定できない。これが各国権力者の本音である。たとえ経済のボーダレス化（各国の金融・独占資本の国境を越えての自己運動――旧ソ連圏への経済進出を含む）が喧伝されたとしても、そして実際に全世界的な規模で特定国の特定諸資本が多国籍企業化し集中・合併を実施しているのが現実の事実であるとしても、この資本のグローバルな自己運動は、特定国家の国益や地域主義に背反したり衝突したり、また、この多国籍企業に雇用される労働者たちの諸利害を侵害したりすることになる。

いや、そもそも、財政赤字の膨脹、貿易赤字の肥大化、カジノ経済化、貯蓄率の異常な低下、第二次産業部門の空洞化および技術革新のたち後れ、対抗的軍拡の必要性がなくなったにもかかわらず経済の軍事化が宇宙開発（隕石迎撃技術の開発というSDIの今日版をふくむ）の名において維持されていること、さらに不況から脱出するために強行されている後進諸国へのおびただしい兵器輸出など、――こうした経済的危機にたいする無為無策をさらけだしつつ、市場開放を迫るアメリカ権力者の御都合主義に、EC諸国権力者は驚きの目をむけている。このことは、ポスト資本主義についての予感をさえ、アメリカ権力者がいだいていないことの一つの現れであるといえる。

これまでと同様に、帝国主義権力者のあいだでの協調をつうじて、政治的・経済的・軍事的の諸問題は解決されてゆく、というようにヤンキー権力者は考えているにすぎない。特定国との経済＝貿易摩擦には――〈ボーダレスエコノミーの時代〉の名において――内政干渉ともいえるような外圧を加えて、実質上管理貿易のような形にして自国の国益を守ったり、もろもろの制裁措置をとったりしながら、問題の解決をはかる、という方式。局地戦が続発している中洋や中南米の諸国への通常兵器の輸出を〈平和のために〉と称して禁止する、というような問題にかんしては、世界最大の兵器輸出国（アメリカ・フランス・イギリス・ロシア・中国）のあいだで牽制しあい、解決をはかる。その時々の、こうした二国間あるいは多国間の政治的協商の積み重ねの集約的表現が、一九七五年以来もたれてきた帝国主義サミットである。強大帝国主義国家の権力者が政治上・経済上・軍事上の諸問題にかんして協調してゆくことが「世界の安定と平和」を維持し世界秩序の形成のためになると考えていることのなかに、アメリカ権力者にはポスト資本主義についての感覚がまったく欠如していることが示されている。

社会主義とか資本主義とかといった旧い概念を用いないノーボエ・ムィシュレーニエにもとづいて、二十一世紀の未来社会を「ひとつの文明」として創造する、というバラ色の夢をみることをシャフナザーロフやゴルバチョフに吹き込んだところのアメリカ権力者。建国二百年をむかえてフロンティア精神の今日版ともいえる世界支配の野望をいよいよ高揚させ、近代西ヨーロッパが創造した物質的技術文明を、そのイデオロギー（近代主義）を、歴史を超えて妥当するものとして確信し信仰している彼らヤンキー権力者。——彼らが抱いている歴史観よりもはるかに楽天的であるだけではなく聞くものをして赤面させるような歴史観を披瀝しているのが、自称ペレストロイカ派のスターリン主義者どもなのである。

唯物史観によってすでに超克されたものでしかないジャン・ジャック・ルソーやアダム・スミスの歴史観と寸分たがわぬ歴史観を吐露し、「全体主義（ナチズムとスターリン主義とを重ねあわせたところの概念）から文明社会への転換」とか、「未開社会から商業社会への発展」とかを、彼ら転向スターリン主義者どもは帝国主義の手先よろしく真面目につぶやいているほどなのだ。これにたいして、〈共産主義の終焉〉に雀躍しているアメリカ権力者やその御用学者どもは、それほどまでに楽天的ではない。近代工業社会が同時にうみだした悪に、近代技術の副産物としてのもろもろの弊害・公害や政治的・経済的・道徳的の腐敗に思いを馳せて、〈農業社会―産業社会―脱産業社会〈情報化＝サービス化社会〉〉というような展望をうちだしてはいる。そして転向しブルジョア・イデオロギーに改宗しながらも、そのようなものとして自覚してはいないスターリン主義官僚も、この〈脱産業社会〉のイメージに共感をしめしてはいる。けれども、彼らが後ればせながら採用しはじめた近代（化）主義ということの本質においては、両者は何ら異なるところはない。

近代西ヨーロッパ文明を理想型化する思想が近代主義であり、これをモデルとして自国の社会経済の後進性を打破し開発を促進しようとする思惟様式は近代化主義なのであって、スターリン主義の破産のゆえに改宗したものどもはこの近代化主義者にほかならない。

　だが、いうまでもなく近代西ヨーロッパ文明とそのイデオロギーは、それ自体のうちに時代的制約性を刻印された過渡的なもの・経過的なものでしかない。〈自由・平等・友愛〉にせよ〈人権と民主主義〉にせよ、すべて近代ブルジョア資本主義社会の産物である。私利・私欲を追い求める利己主義、これと裏腹な関係にあるところの、人格的尊厳を重んじる自立した市民的個々人の個人主義、そしてこのような市民としての私人（孤立した個人）は、資本主義経済にあみこまれた存在としては、生産諸手段の私的所有者であるか、無所有者（これは、自己の労働力を商品として販売することなしには生存できないことを意味する）であるか、いずれかなのである。それだけではなく、彼らすべては階級国家の成員としては「政治的獅子の皮」をかぶった公民でもある。近代資本主義社会に生存する個々人は、直接的には市民的個々人であるとはいえ、生産諸手段の所有の観点からすれば階級的存在であり、社会的存在としては、私人と公人とに分裂した歴史的に独自的な存在なのである。――このことは、若きマルクスが暴きだしたことである。

　ところが、ソ連邦におけるスターリン主義的抑圧体制が、その官僚主義的支配体制が、ようやく全世界の人びとの眼前でもろくも崩れ去ったことに驚愕して、ソ連型社会主義のオールターナティブとして観念され提出され、しかも共感と共鳴を集めているのが、「社会主義的市民社会」ならぬ〈市場民主主義〉モデルなのだ！　形成されはじめた〈民主主義社会〉をば、二十一世紀にむかって再創造することが、〈新世界秩序〉を形成しようとする人びとの使命であるかのような風潮がかもしだされ喧伝されている。これは、しかし時代錯誤いがいのなにものでもない。

それだけではない。

経済的統合をめざしている西ヨーロッパに存在する社会民主党政権や、福祉国家なるものや、社会民主主義的諸政策を部分的に採用している資本主義国家などにたいしても、〈市場民主主義〉とか〈市場経済原理〉とかを楯にして、保護貿易主義的傾向を非難したり管理貿易への移行という目論みをちらつかせたりすることも、アメリカ政府の現代経済についての錯認であるといってよい。なぜなら、社会民主主義のイデオロギーは資本主義的商品経済の悪弊のそれなりの認識に立脚して、社会正義・社会福祉・完全雇用などの諸政策を、基本的には階級協調主義（労資協調主義）の路線にのっとって実施しているのだからである。その本質は修正資本主義という点にあるのだとしても、資本主義商品経済に立脚し資本主義を改良主義的に修正するようなものなのだからである。このような性格をもつブルジョア国家にたいして、〈市場経済原理〉なるものをふりかざすのは、――たとえその主眼が保護貿易主義を打破し経済のブロック化を阻止することにおかれているのだとしても、――やはり時代錯誤ではないか。

そもそも、〈完全競争〉とか〈自由貿易主義〉とかは、資本主義の自由主義段階（十九世紀産業資本主義段階）における経済運行メカニズムの謂いである。自由主義段階の〈市場経済原理〉を万能化したうえで、このモデルをば、資本主義の帝国主義段階にあるもろもろの階級国家に、とりわけ国家独占資本主義的諸政策を採用している諸国家の政府に押しつけようとしているのが、いうまでもなくヤンキー権力者どもなのである。このことは、ブルジョア的諸価値を絶対的なものとして信仰していることの証左ではある。しかも、アメリカ経済の次のような過去を忘却の淵になげこんでしまったことと決して無関係ではないのである。

革命ロシアの成立とスターリン式高度経済成長の衝撃を受けて、一九二九年恐慌をのりきるために採用され実行されたニューディール政策（これは一九三六年にケインズ政策として定式化された）、帝国主義段階における資本主義国家の政府の採用しはじめた国家独占資本主義政策（有効需要の人為的創出による完全雇用政策、社会福祉政策、政府による「経済の組織化」政策）、さらに第二次世界大戦のただなかでの戦時統制経済（ナチス型に代表されるもの）、そしてさらに大戦後に成立したソ連圏に対抗するための軍備拡張政策の遂行とこれによる経済の軍事化（軍産コンプレックスの構造化）、ソ連封じ込め政策のために強行された南ベトナム侵略戦争の拡大にもとづくIMF体制の崩壊、すなわち金本位制からのアメリカの離脱＝ドル体制の実質上の崩壊、レーガノミックス（二ケタのインフレーションをおさえこむための高金利政策を採用しながらも、対抗的軍拡のための軍事スペンディング政策と減税政策を同時に推進するという政策）をつうじてのアメリカの〝双子の赤字〟の傾向的肥大化およびアメリカの世界最大の債務国への転落とその持続、同盟諸国に莫大な戦費を出させ〈国連決議〉を楯にしてフセインをこらしめようとしたアメリカ―イラク戦争、これをつうじてのアメリカ経済そのものの危機のより一層の深化、このゆえの〈アメリカ・ファースト〉主義の抬頭と落日帝国主義国アメリカの正体の露呈……。

つまるところ、資本主義の帝国主義段階においてうみだされた経済形態としての国家独占資本主義およびその諸政策（金融政策・財政投融資政策・労働政策・農業保護政策その他）とは殆んど無関係に、超歴史化されたブルジョア民主主義としての〈民主主義〉理念に相即した〈市場経済原理〉を普遍的なものとするのは、――たとえ〈脱産業社会化〉の展望をもっていたとしても――ブルジョア資本主義社会を永久化する権力者の戯言でしかないのである。そこには、ポスト資本主義の感覚の一カケラもない。こうした権力者が、ポスト資本主義について一定程度の感覚をもち、社会民主主義的諸政策ないし社会福祉政策をとっている資本主義国家の政府に、産業資本主義時代の経済理念や経済政策を押しつけるがゆえに、経済的協調のための帝国主義サミットは、諸国家の国益の相互衝突とだましあいの場となり、国家エゴイズムをむきだしにした対立の場と化すことになる。延々と続けられても結着のつかないウルグアイ・ラウンド交渉が、そのことを端的にしめしている。

それだけではない。石油の世界最大の消費国であるにもかかわらず、アメリカ権力者は、CO_2の削減に堂々と反対意志を表明したり、「種の多様性の保存にかんする条約」にも屁理屈をならべたてて反対したりして、唯一の核超大国アメリカの威信をも失墜させることを辞さないほどの国家エゴイズムを発揮することにもなるのである。

経済的基盤が旧ソ連邦と同様に崩壊的危機にあるにもかかわらず、そして異人種差別・異民族蔑視が、〈民主主義〉を標榜するアメリカ社会に満ちあふれているにもかかわらず、そして新しい軍事技術開発と独自的軍拡に狂奔しているにもかかわらず、〈民主主義〉の守護神を自任しているアメリカ権力者は、驕りたかぶり傲慢にふるまっている。アメリカン・デモクラシーとは、このような傲慢と夜郎自大の別名なのであろうか。このことに彼らが気付かないのは、世界制覇の野望の実現をつうじて〈反ソ・反共の砦〉として育成し構築してきた後進国軍事ボナパルチスト国家をば、現情勢に即応させて〈民主化〉することが課題として残されているためであるかもしれない。特定の後進国を〈反共の砦〉として確保するために、軍部・官僚・地主または首長などの保守層に依拠した軍事政権にテコ入れして資本主義化をおしすすめてきた過去の政策（反共主義的な〝上からの資本主義化政策〟）から転換し、一定程度成長した資本家層および労働者階級に依拠して、〝下からの資本主義化〟（＝〈市場経済〉化）を促進し、もって軍事政権ではなく〈民主政治〉を実施する政府をうちたてることに、今アメリカ権力者はのりだしている。〈民衆の決起〉という仮象をＣＩＡがつくりだしつつ、それは実行されている。タイのばあいがそうである。（中部ヨーロッパやソ連邦においてＣＩＡが成功したやり方が、いまや後進国軍事ボナパルチスト国家にも適用されはじめているというわけなのだ。日本やドイツなどのハイテクノロジー開発の進展を調査し、開発中の高度技術を盗みとるためのスパイ活動などとしても、ＣＩＡの仕事はなお拡大しつつある。）

それだけではなく、なお残存している中国スターリン主義国家を、ソ連邦と同様に解体し、その資本主義への転換を促進してゆくこともまた、アメリカ式〈新世界秩序〉を創出するための現実的課題であって、ことあるたびごとにアメリカ権力者どもが中国における〈人権蹂躙〉を非難するゆえんであり、一九八九年６・４事件にたいする制裁措置をなおも続けているゆえんである。

みずからを〈民主主義〉の守護神として任じているアメリカ権力者のこの奢りと傲慢は、アメリカン・デモクラシーの明るみに出されている欺瞞を自己暴露するものである。労働力の商品化のうえになりたっている資本主義経済そのものを転覆し、価値法則を根絶することをめざしたマルクスのコミューン主義は、全世界的規模で実現されなければならない。世紀末の世界史的現実は、そのことをいよいよますます浮きぼりにしているのだ。

（一九九二年五月――未完）

続編の予定は――

Ⅵ　多元主義の破綻

Ⅶ　混合経済論のまやかし

Ⅷ　〈南―北〉戦争またはエコロジー主義

Ⅸ　〈共産主義終焉〉の神話

（追記）　ソ連邦の崩壊の理論的根拠については、次のものを参照されたい――『死滅するソ連邦』、『ソ連のジレンマ』、『ゴルバチョフの悪夢』、『クレムリンのお家騒動』、『ゴルバチョフ架空会談』、『米ソ角逐』、『現代世界の動き―その捉え方』など。

ホモサピエンスオロジーの幻影

今もなお同じことのくりかえしである。「歴史の審判」を下されて死に絶えたにもかかわらず、死に絶えたことに気がつかず、社会的に葬り去られたにもかかわらず葬り去られたことについての自覚もない。反省し総括すべきことを何ら総括しえず、またこうした能力も兼ねそなえてはいない。生殺しの蛇のような姿態をとって辛うじて生きのびている者も、つい先日までの経済的・社会的の地位を活用して「Δg稼ぎ」のマフィア的資本家に成り下がった者も、さらにスターリン主義の位牌を後生大事に抱きかかえている者も、すべて同じである。

十八世紀のブルジョア的理念に遅ればせながら目覚め〈ペレストロイカ〉の名においてソ連邦の自己解体を促進しながらも、今では「緑十字総裁」におさまって自己顕示欲を満たしているかのような世紀のドン・キホーテ的犯罪者も、彼の指南役であったが今では自己のこの過去をさらりと流して政治評論家に成り下がっている者も、そしてこの過程にたちあわされながらも抵抗闘争らしい闘争を組織的に展開することもできずに過去の亡霊にとりつかれたままでいる者どももまた、今現出しているロシアの悲惨を痛苦の念をもって凝視しようとはしていない。

驚くべき貧困の蓄積と飢餓と伝染病（ジフテリアや肺結核など）の蔓延、あらゆる社会保障制度の壊滅、五千パーセント台のインフレの高どまり、寒帯林のあいつぐ伐採とツンドラの溶融、これらにもとづいて露出した血をすすったロシアの大地、ＧＤＰのマイナス成長（一九九〇年の約半分）の持続、世界第二位の兵器輸出および石油資源輸出を主としたマフィア的蓄積様式にもとづく虚飾の繁栄、労働者・農民・年金生活者のうめきと塗炭の苦しみの深まりと拡がり。——このようなロシアの、そしてＣＩＳ諸国の驚くべき悲惨な現状に、かつてはスターリン主義官僚であった彼らは、みずからが犯した世紀の犯罪についての責任を問うことを完全に回避している。「社会主義の母国」そして「平和の砦」という神話を全世界にむかって約七十年間もの長きにわたってふりまき、全世界の勤労人民を騙し欺いてきたみずからの過去に頬かむりしている。

革命ロシアの栄光を今日のロシアの悲惨に転じてしまったこの世紀の犯罪を不問に付すかぎり、こうした徒輩には「ロシア革命八十周年」を祝賀する資格などはまったくないのである。六十七年間にわたってみずからが呪縛されてきたスターリン主義と積みあげられてきたこの汚物を根底からえぐり出し除去しないかぎり、ヴェ・イ・レーニンの革命的伝統とボリシェヴィキの革命的パトスに結びついた思想を現在に蘇らせることもできなければ、二十一世紀を「戦争と革命」の世紀たらしめることもできないのである。

古風な言い方をするならば、今こそ「革命的マルクス主義の旗の下に」全世界の労働者階級・人民は、新しいロシアの開けにむかって邁進するのでなければならない。

時あたかも、地球を一回りした株式の連鎖反応的大暴落と迫りくる金融恐慌によって、晩期資本主義は根底から揺さぶられているのである。一九八七年のブラック・マンデーに比すべき、あるいはそれを超える、コンピュータ操作にもとづく通貨為替相場の操縦と株の投げ売りによってもたらされた今回の〝目くらましマンデー〟は、あらゆる国々の経済・政治・社会の大転換の契機となるにちがいない。ヴァーチャル・マネーに踊らされる世界経済の今日的腐蝕の深まりは、今頂点に達しているのだからである。冷えきり眠りこけている世界の労働運動は、今こそ新しい世紀のために再出発すべきなのである。

A　亡霊の寝言

みずからが大統領補佐官として歴史的犯罪に寄与したことについての負い目も恥じらいもなく、ただただヤンキー・スタイルのドゥーフーミー（自己顕示欲の意をあらわす沖縄弁）をむきだしにして時おりたちあらわれるのが、ゴルバチョフ・ソ連邦の亡霊たるシャフナザーロフなのである。気が弱そうな顔つきにもかかわらず鉄面皮であるという意味では、彼に指南されたゴルバチョフと同様に、彼は超一級であるといっても言い過ぎではないであろう。二十世紀末という行為的現在のトポスについての歴史意識を、破廉恥きわまりないこの男は持っていないことを悠然とさらけだしている始末なのである。帝国主義国アメリカの国家意志の体現者であるサミュエル・ハンチントンの「文明の衝突」論に仮託して、地球という「かけがえのない舟」を――ゴルバチョフ時代とまったく同じ時代錯誤の思想をひきずりながら――熱い民族間戦争と経済競争とによって、広大な中国市場やカスピ海沿岸諸国の石油開発をめぐる争奪戦によって、そして人類の存亡を左右するような驚くべき自然破壊によって、さらに飢餓と貧困と疫病によって、壊さないように、と彼は祈りにも似た思いをもって披瀝しているのである（「地球を読む」、『読売新聞』一九九七年十月二十七日付）。

だが、老いさらばえたこの男よ！　君はゴルバチョフと同様に、ソ連邦国家の亡霊ではないか。現代世界の政治的・社会的・文化的の趨勢について僅かばかりの危機感を吐露してみたとしても、そのようなものはしょせん亡霊の寝言でしかないではないか。

今現出しているＣＩＳ諸国の驚くべき経済的悲惨、ヤンキーもどきの数々の犯罪の横行、社会的アパシーの拡がりと深さ、ブルジョア国家の金権政治と同じような諸現象の跋扈、つまり汚職および国家官僚とマフィアとの癒着、チェチェン共和国の流血の惨事、朝鮮民主主義人民共和国とほぼ同じような生活水準へのロシア被支配階級の叩き込み、――まぎれもないこのような無惨な社会的現実の彼岸において、いや過酷な現実に眼をつぶって、衝突のない文明の多元的な共存・共栄を説くなどというのは、まさに、開いた口がふさがらぬというべきなのである。

塗炭の苦しみに苛まれているロシアの、そしてＣＩＳ諸国の人びとの生活実感を共有することもなく、また現代という時代についての歴史意識もなんらもちあわせていないこの男に、今日の歴史的現実について喋々する資格などは、そもそもないのである。せいぜいのところ、ゴルバチョフ・ソ連邦の亡霊の寝言にしかならないのである。

実際、ソ連邦の破壊を非難したこの男は、相も変わらず近代西ヨーロッパの啓蒙思想の落とし子のようなものでしかないのである。チェコスロバキアへのソ連軍の侵攻という事件の直前までは『平和と社会主義の諸問題』誌の編集員としてオダをあげていたことのゆえに、スターリンの、そしてブレジネフの圧政を身に刻みこんではいないらしいのである。はじめからスターリン主義のイデオロギー的汚濁から解き放たれて育ってきたことのゆえに、昔も今も、彼は同じブルジョア的理念にどっぷり漬かっているのだと言った方がいいのかもしれない。そのゆえに、この男は含羞もなければ羞恥心もなく、おのれの無知についても知ることができないのであろう。

メソポタミア文明から二十世紀技術文明にいたるまでの「文明」を超歴史的観点から眺めわたす愚かさに、彼は気づいてもいないのである。彼はマルクス主義の素養のひとかけらも持ちあわせてはいない。彼にとっては唯物史観はダサイのである。ヤンキー式の多元的文化主義やフランス式の文化多元主義の方が、とどのつまりは多元的因子の相互作用関係論という機能主義の方が、ナウイのである。しかも、〝壊れやすい宇宙船地球号〟の船長気取りのこの亡霊は、人類ないし「ヒト」の延命をこいねがってホモサピエンスオロジーのようなものに浸りこんで、亡霊の寝言をブツブツ呟いているにすぎないのである。

B　幻想的構想

ゴルバチョフ時代と同様に、ハイカラ気取りのこの亡霊は、ロシアの歴史的現実の無惨な動向の冷徹な具体的分析とはおよそ無関係に、「こうあってほしい」という願望を勝手につくりだし、つくりだした願望としての未だ存在しない「新しい世界秩序」という名のユートピア（どこにもないトポス）に酔い痴れ、このユートピアを、ホモサピエンスがホモサピエンスとして共存し共栄する「舟」を、みじめきわまりないCCPないしCISの現実に投射して、内外政策を観念的にひねりだすことを、つい先日までやっていた。しかし、大統領補佐官から解き放たれた今日でも、彼はまったく同じ発想と思考法にもとづいて寝言を呟いているにすぎないのである。変わったのは、時代の波にのっかって、あつかうテーマを変えていることだけなのである。

かつては権力者の高みから世界を見まわしていたのであるが、彼は、今日では人工衛星の高みから〝地球＝舟〟を見やっているだけのことなのである。〝文明の衝突を回避するには、どうしたらよいか〟ということについての聞くにたえない説教を、さもさも意味ありげに述べたてているにすぎないのである。ジリノフスキーやレーベジのようなロシア・ナショナリズムもスラブ主義もなく、ただひたすらに近代西欧的知性にすがって皮相きわまりない〝あるべき世界〟構想というべきものを、恐ろしくたどたどしく開陳しているにすぎないのである。

一八四〇年代にゼレン・キルケゴールが、そして一九三〇年代にカール・ヤスパースがおこなった〝現代の批判〟ないし現代技術文明の悪の哲学的批判には到底およびもつかない幼稚な思想を、得意げに披瀝しているわけなのである。

いかなる立場から論じるか、いかなる階級の階級的特殊性の観点から論じるか、つまりブルジョア階級の観点からか労働者階級の立場からか、ということが、現代技術文明の様相を考察するさいには問題になるのである。

民族間および民族国家間の対立が現に存在しているとはいえ、一定の民族間または民族国家内に階級対立および分裂が存在していることに眼をつぶって、まさしく無媒介的に「全人類の救済」を志向するイデオロギーはホモサピエンスオロジーでしかないのである。階級的観点も党派的観点も野蛮なものとして嫌悪するわが亡霊は、明らかに階級性を没却し、各国の諸階級を超絶したホモサピエンスの立場に立っているといわなければならない。

階級的観点の蒸発と文明の歴史的被規定性の没却とが結びつくならば、「文明と文化」にかんする考察は、きわめて皮相的なものとならざるをえないのである。すなわち、近代技術文明のグローバル化、これに結びついた地域文化（エスニック集団または近代的民族、自然言語としての民族語・エスニック語、地域の風土的特殊性、習慣および慣習や土着宗教の違いなどにもとづいてうみだされる伝統の相違などとしてあらわされるところの、いわゆるイデオロギー的上部構造）――これらが、時代的および社会階級的発展度合いをあらわす生産様式に決定されるということについての考察も、歴史的にも社会的にも異なる生産様式に決定づけられた生活様式の特殊性についての考察も、没却されることになる。こうして近代西欧出自の技術文明と地域文化との衝突・葛藤・受容・ハイブリッド化・拒絶などのもろもろの様相は、考察の埒外におかれることになる。むしろ近代西ヨーロッパ文明および文化の方が普遍妥当的なものに祭りあげられるといった方がよい。

現に在るところの文化の多元性を是認し、多元的文化の並存をあらかじめ前提したうえで、現代ブルジョア的技術文明の地球的規模での拡がりの醜悪面を棚にあげて、文明と文化の多元的緊張関係を調整する、ということが、あたかも世紀末世界の課題でもあるかのようにみなす倒錯に陥ってしまわないわけにはいかないのである。このような文明・文化についてのお説教は、資本主義の帝国主義的段階にある諸社会そのものの問題性をとびこえたユートピア幻想のようなものでしかないのである。「あるところのもの」とは無縁に、あるいは「あるところのもの」の分析をとびこえて、「こうあってほしい」とか「あるべきところのもの」とかを呈示するのは、いにしえより「空想」とか「幻想」とか「幻影（イドラ）」とかに類する観念論的おしゃべりとみなされてきたのである。現にあるところのものからかけはなれた「あるべきもの」や願望やを、多元的なものの交互作用関係の調整という機能主義の観点から呈示し、しかもかかるものを歴史的現実に投射して解釈するのは、アントロポロギーならぬホモサピエンスオロジーにもとづく自慰行為にはなっても、なんらの現実的価値もありはしないのである。つまるところ、近未来や未来についてのありふれた、あまりにもありふれた幻想的な像を構想することになり終わらざるをえないのである。たとえEUやNAFTAやAPECなどについてふれられていたにしても、そうなのである。

C　思考の逆倒

あまりにも悲惨なロシアの、そしてCIS諸国の歴史的現実を打破しようとする良き意図をもっている人びともまた、はかない幻想に浸っている亡霊＝シャフナザーロフと同様に、経済的＝政治的青写真の作成に余念がないかのようである。

イデオロギー的自己破産についての自己省察を放擲し、スターリン型唯物論からプラグマチズムへの軽やかな跳躍を、彼らはやってのけているかのようである。ヤンキー仕立ての思考とホモサピエンスオロジーの観点から、ロシア経済のあるべき姿＝モデルを構想して難破したブズガーリンも、コーペラチーフとブルジョア社会内存在としての協同組合と資本家的協業を三重うつしにし、しかもマルクス経済学とはおよそ無縁な「労働支出節約〔何を基準にして？〕の法則」なるものを想定し、もってタタールスタンの現状を構造的に改革しうるかのような夢想に浸っているグバイドリンも、いずれもマルクス思想を没却した「青写真」の作成者でしかないのである。現実分析とは無関係に「こうあるべきである」という達成目標モデルを作成し、このゴールにいたる過程―手続き―手段を選択肢として呈示する方法のもとに、ロシアの政治経済の改革構想をたてるのは、まさにヤンキズムでしかないのである。

　ゴルバチョフ時代からボリス・エリツィンの時代にいたるまで、実にさまざまなヤンキー経済顧問の助言やら指南やらを受けて「改革」にいそしんできた旧ＣＣＰ構成諸共和国の権力者どもは、それぞれの国の経済構造を破綻させ、価値法則の働かない擬似資本主義経済をつくりだすことしかできなかった。達成されたのは、「Δg稼ぎ」を自己目的化したマフィア型経済であり、武器輸出依存型経済であり、勤労人民の飢えと寒さと貧困と疫病の流行であった。ヤンキー哲学（プラグマチズム）にもとづく経済改革プランのあいつぐ破産は、旧来のスターリン主義国家官僚と経済＝政治官僚の私利私欲のブルジョア的追い求めと不可分に結びついているとはいえ、わが亡霊シャフナザーロフと同様に、スターリンの哲学およびスターリン主義的諸政策から訣別するために不可欠な総括をないがしろにしてきたことの必然の帰結なのである。「溺れる者は藁をもつかむ」の思いからであるかどうかは知る由もないけれども、東西軍備拡張競争と経済的発展において、無惨にもアメリカ帝国主義に敗北したＣＣＰの官僚どもは、かつての敵に

「物乞い」してきただけではなく、ヤンキー哲学をも鵜呑みにしたというわけなのだ。このことは、まさに売春婦と交ることで「カサ」というみやげものをもらっても十年間も気がつかないという買春男とも類比しうることではないか。……

破産した「社会主義」ソ連邦の政治経済および企業経営のペレストロイカのために、ヤンキー学者に助けをもとめ、こうすることによってプラグマチズムという梅毒をもらいうけ、発想法も思考法も逆倒し、みのり豊かなマルクス実践論の大地から高く舞い上がり、「青写真（達成目標モデル）」づくりに狂奔したことからして、今やロシアは、マフィア的資本家どもとその日その日の飢えと寒さをしのぐために精一杯の勤労人民とへの階級分裂をあらわにすることになったのである。

もがき苦しんでいるのはロシア（そしてＣＩＳ）国家ではなくして、革命ロシアの、そして第二次世界大戦を勝ちぬいたロシア人民の孫たちなのである。この惨めきわまりない冷厳な歴史的現実のもとで、今ロシア革命八十周年を迎えようとしている。これは〝歴史の悪だくみ〟なのであろうか。

いや、そうではない。今なお牢固として残っているスターリン主義およびその政治経済システムのゆえなのである。今こそ、ばらまかれているホモサピエンスオロジーの幻影を打ち砕き、夥しい血で塗られたソ連型社会主義の崩壊の必然性を、今のロシアの歴史的現実に根をおろして、すべての人びとが追求するのでなければならない。今こそ、「反帝・反スターリン主義」の戦略とこれをつらぬいている哲学が、全世界のたたかう労働者階級のものたらしめられなければならない。

（一九九七年十月二十九日）

Ⅳ　実践場

物象化論の陥穽

A　哀歌の響き

Freude durch Leiden!

あの大合唱の響きにカタルシスを覚えるのが常である。にもかかわらず、この心象風景が一瞬にして、前後左右に揺らいでいた林の梢が地面にひれ伏す形でお辞儀するような暴風雨の音の世界に変わる。――これは、錯認ならぬ錯聴ではない。われわれも、しばしばではないにせよ、時折に経験する夢の中の一風景である。心地良い音につつまれた「色」(五蘊のひとつとしてのそれ)の世界の鮮やかな現前化である。

いまは亡き広松渉が残した最期の著作『存在と意味』第二巻を、ようやく今できた〝暇〟を活用して、発刊後十一ヵ月目に、十三日間もかかって耳読した。その結果において、私の脳裡をよぎったのは、右のような心象風景であった。

たしかに彼は、生きられた時間のその都度に、自己の生命の限りを眼前にして苦闘し、充実と完璧と十全を、いや自己浄化を感得していたのかも知れない。「目次」にしめされている学理的展開の形式美は、まさにそのことをしめしている。この形式美にもかかわらず、学理的展開の内実は、まさに盲人（めくら）に嫌がらせをしているのではないか、とさえも言いたくなるような錯構造をなしている。叙述展開が錯構造をなしているのは〈二肢的二重構造〉の論述のためではない。〈物象化的錯認〉の解析においてしめされた、あの鋭さが、いまや完全に消失してしまっているからなのだ。

学理的展開の旋律は揺らぎはじめているだけではなく、この揺らぎは動揺に変じ、さらに不協和音をかなでつつ混乱をさえ呈している。それだけではなく、〝学理的〟弥縫と弁解がましい言説が随所に挿入されてもいる。

〝学理的展開〟のリズムは崩れ、メロディーは途切れたり乱れたりしている。讃歌につつまれてきた彼の〈物象化論〉は、不協和音を交えた哀歌のようにさえ、私には聞えてならない。いや、彼の呻き声さえもが、乱れた旋律のなかに見えてくるのである。――「私は、挫折した革命家なのだ！」「私は唯物論者なのだ！」と。

〈用在的世界〉や〈営為的世界〉の存在構造論の展開のなかに、そうした感慨をいだくのは邪道であるかも知れない。けれども、誰のものでもなく誰のものでもあるところの〈意味的所識〉ではなく、ほかでもないこの私の〈意味的所識〉が、そして私の内なる〈意義的価値〉が、そのように感得させ評価させ選択させ判断させるのである。

同一の音であらわされる異義語がしばしばでてくる。例えば「キセイ」のばあいには、「機制・規制・既成・期成・寄生」をさす漢字が用いられている。また「シンタイ」のばあいも、「身体」と「心態」、「シンシン」は「身心」「心身」「身―心」など。「シコウ」は「思考」「指向」「志向」「視向」（ただし視向はあっても「聴向」も「嗅向」も「味わい」もない）「試行」。

私は愚痴をこぼしているわけではない。おのれの無知を棚に上げて批難しているのでもない。学理的展開の旋律のなかに学問的追求の乱れを見ている私の内なる〈意味的所識〉が批難がましい言辞を吐かせるのである。

もちろん、わが〈物象化論〉者の〈巨きな〉胃の腑に、われわれは驚嘆しないわけにはいかない。エミール・デュルケームいらいの社会学も、プラグマティズム系の発達心理学・動物行動学・社会学も、おのれの問題関心にのっとって切りとりつつ消化不良のままに、彼の胃袋の中に詰めこまれているのだから。あるいは、次のように言ってもよい。

エポケーによって外界から遮断された〝フッサール現象学〟ダルマ（菩薩の達磨ではない）に、その目に百万ボルトの〈視向〉を添付したもの――それが、〈価値性を帯びた財態〉としての広松渉ダルマであって、このダルマに放射線をあててみると、ハイデッガーやサルトルやメルロ・ポンティなどの存在学やアメリカ式の心理学・行動学・逸脱行動の社会学などのチャンコ鍋が入っているということが直覚できるのだ、と。

現代哲学のパラダイムを確認することにとどまることなく、行為論の領野に分け入ったことのゆえに、彼の〈知覚風景的世界〉は必然的に錯乱したものと化したといえる。しかも、否定すべき近代主義に終始一貫して仮託するという方法が——「好便」の名において——とられている。

それだけではない。限りある自己生命の限りを告知されて苦悶したに違いないのだとはいえ、彼の強靱な思弁は、余りにも合理的であり合理主義的でさえあり、そして余りにも科学主義的であったといえる。存在学風にいえば、「死を能くすること」「不可能性の可能性」に投企すること——このことは、彼にとっては『存在と意味』を完成させることでしかなかったと言える。おのれ自身の実存の危機の「覚悟性」さえもない極めて〝健康〟で健全な〈心態〉に満ちあふれていることからしても、そう言える。この合理主義、この科学主義は、どこから興起され誘発されるのであろうか。

現代哲学の地平をマルクス主義にもとめているのが、わが自称〈哲学屋〉なのである。が、それにもかかわらず、彼の〈関心態勢〉にひらかれるのは、前世紀中葉から今世紀末にかけての実にさまざまな〝価値性を帯びた哲学的財態〟である。その主なものは、論理学であり認識論であり、科学哲学である。さらに社会学であり発達心理学であり動物行動学などである。けれども、G・ルカーチ風にいえば「非合理主義の哲学」（実存哲学やニヒリズムの哲学や実存主義やウルトラ・ナショナリズムなど）にたいしては、明るい合理主義的な論理主義のゆえに、彼の〈視向〉作用は働かないだけではなく、それらは配視に価しないかのごとくである。

虚無と実存と被投的投企の哲学は、近代ブルジョア的な主観主義的で実体主義的な哲学の地平をこえでようとするものとしてはみなされず、近代主義の地平にとどまるという〈射映相〉とみなされるのであろう。このことは、おそらくは若き日の彼の左翼スターリン主義者としての〈情動興発性向〉に、また〈行動誘起性向〉に由来するといえる。そして「心」とか「精神」とかを自存するものとみなす〈実体主義〉を錯認の産物とみなし、〈心態〉なるものは〈間人間的共同主観性〉または〈共同主観性〉の一肢を自存化し物象化したことから帰結するものとされる。あるいは、〈共同主観的協働連関態〉または〈社会的編成〉における一結節を反照関係的被規定性としておさえないことのゆえに、「精神」とか「心」とかを独立自存するものとみなす錯認が妥当性のあるものたらしめられるのである、とされる。

〈実践的関心態勢〉にひらけるところの〈実在的所与―意義的価値〉のそれぞれの肢の〈対他・対自―対自・対他〉構造をふまえて、〈全一態〉の二肢として、〈環境―主体（の心態）〉や、〈財態―価値〉は位置づけられるべきだとされる。こうした〈心態〉や〈能知・能情・能意・能動的な主体〉の存在論的な、いやむしろ存在論主義的な位置づけからするならば、「不安」の実存的内省も、「死にのぞんでいる現存在」の実存的省察も、あらかじめ哲学的領野の埒外に抛擲されることになる。ほかならぬ自己自身の肉体的存在が危機におとしいれられ、絶対的否定性を直覚していながらもなおかつ、彼が明るい健康な知性を充満させることができたゆえんである。

世人が思索しているような問題も合理的に割り切り、世人が想像もできないような厖大な読書量を背景にし下敷きにして、ただひたすら自己の哲学体系を構成することに汲々となってきたわが〈物象化論〉者に、われわれも敬意を表することにやぶさかではない。このことは、しかし、築きあげられながらも中途で頓挫をよぎなくされた彼の哲学体系そのものの質を問うこととは、おのずから別のことである。われわれとしての私は、遺された『存在と意味』第二巻から流れだしてくる〝広松節〟に哀愁を感じないわけにはいかない。それは、なぜであるか。

〔第二巻が一千数百枚にのぼる大著であるために、記憶まちがいや理解しそこないがあるであろうことを、私は怖れる。〕

B　包越と超克

〈対象―意識（内容）―意識作用〉というようにまとめられた近代主義的三項図式――これを超克することを、まずもって認識論的に、そして次に行為論的にめざすことが、広松渉によって試みられた。前者は〈共同主観的世界〉の存在構造論として、後者は〈実践的世界〉のそれとして、それぞれ追求された。

近代主義的三項図式のなかの第一項をなす〈対象〉をフッサール現象学を範型として切り捨て、〈知覚風景的世界〉を心理学的＝哲学的に、つまりは現象学風にとらえ、もってこの世界を〈所与―所識〉という基本形式を根幹にして、しかもこの二肢のそれぞれが〈レアール＝イデアール〉という性格をもつものとして展開した。〈与件〉にもとづいて、〈前人称〉的〔つまり〝誰にも属さず・誰にも属す〟という意味〕な知覚的世界にひらけるところの〈所与〉は、〈フェノメナルな現相的所与〉として同時に能記〈シニフィアン〉であるということ（つまり〈能記的な現相的所与〉）、かかる〈所与〉に等値化的に統一されの〈所与〉との直接的同一性にあり意味をあらわすところの〈所識〉も、〈所記的＝意味的所識〉であるということ。こうして、知覚し知覚されたものの二肢のいずれもが〈対他・対自―対自・対他〉という二重構造を、つまりは四肢構造をなす、とされた。――このことそれ自体については、ここでは論じない（本下巻所収［本巻第Ⅳ部の］第三、第二論文を参照）。

こうした基本形式にもとづいて論述されるのが〈実践的世界の存在構造〉なのである。すなわち、この存在構造においては〈実在的所与―意義的価値〉が基本形式であるとされる。ところが、〈現相的所与―意味的所識〉形式（第一巻）と〈実在的所与―意義的価値〉形式（第二巻）とは〈知覚的世界〉の二相であって、この両者は別のものではないとされているにすぎない。いわゆる〈おさえ方の違い〉というわけなのである。第二巻冒頭部分においてではなく、第二巻第一篇第三章および第二篇第一章においてはじめて、〈実在的所与〉項に、〈所識が向妥当する質料的所与〉または〈所与―所識〉形式が〝投入され〟、そうすることにより〈実在的所与―意義的価値〉成態が成立する、という苦しまぎれともいうべき意味づけがなされているにすぎない。

〈所与―所識〉形式と〈実在的所与―意義的価値〉形式とのこのような連関づけは、知覚することそのことの形式的構造を論じるさいには潜在的であるともいえたところの、現象学的存在論の限界および破綻が、如実にあらわになったことをしめすものにほかならない。

知覚するさいのその形式の第一肢としての〈所与〉は具体的にはフェノメナルな〈現相的所与〉なのであるが、この〈現相的所与〉は――存在論的現象学という追求方法に決定されて――同時に〈所与現相〉とされ、しかもこの〈所与現相〉が――現象学的存在論の見地から――実在的なものとみなされ、このようなものとしてこの「実在」の存在論が展開されることになる。オンティッシュ的オントロギーが、それである。ここにおいては、〈所与〉と〈与件〉とがファジーになり、無区別的に同一化されることになる。

知覚すること・知覚の作用形式と、知覚されるもの・知覚されたものとが、現象学の見地のゆえに相互、、、滲透させられる。しかも、知覚形式の二肢のそれぞれが「レアール＝イルレアール」な性格をもつものとされているがゆえに、なおさらそうなのである。こうして、「現相的所与──→所与現相＝与件＝実在（性）」という内実が構成される。

知覚することと知覚されたものとが、──存在論的現象学または現象学的存在論の立場のゆえに──〈知覚風景的世界〉の名において同一次元（いわゆる意識内世界のレベル、または形而上の場というレベル）において存在論的に展開されることになる。こうした存在論的現象学の方式が、第二巻における基本図式であるところの〈実在的所与─意義的価値〉の内容展開にも、当然のことながら貫徹される。

すなわち、〈用在的世界の存在構造〉においては、〈全一態〉の第一肢である〈実在的所与〉が〈財態〉として、その第二肢である〈意義的価値〉が〈価値〉として、それぞれ反照的被規定性のもとに規定され、その後に〈間主観的共同性〉が主張される、という構制がとられることになる。この第一篇は、そこでの展開上の破綻が透視されうるとはいえ、現象学的存在論の見地からは破綻としては覚識されにくい、という構制をなしている。けれども、第二篇の〈営為的世界の存在構造〉論は全く別の様相を呈する。

〈営為的世界〉においても、〈用在的世界〉のばあいと同様に、もっぱら存在学（オントロギー）の観点から〈行為〉の結果解釈学ないし存在論が展開されているにすぎない。すなわち、①行為を決定する目的・動機・企投・価値と、②これらに決定された〈行為の型〉、③二つの型の行為の遂行過程、および④こうした行為の結果としての〈業態的行為〉、⑤〈協同態〉において協働する能為的主体のあいだの共互関係などが、同じ論理的レベルにおいて、ただただ結果的に・かつ社会学の伝統を生かす形においてとりあつかわれているにすぎない。いいかえれば、〈間主体的協働連関態〉を〈営為的世界〉の原理としたうえで、㋑この〈協働連関態〉を担掌する能知・能情・能意・能作的な〈主体＝われわれ〉の、〈実践的関心態勢〉にひらける〈実在的所与―意義的価値〉成態が、㋺この成態に決定された行為およびその遂行過程ならびに結果が、そして㋩能為主体相互間の交互性が、もっぱら存在学主義的にあつかわれているにすぎない。しかも、〈für uns の第三者的立場〉なるものから〈当事者 für es の共互行為〉をとらえる、という流儀になり終っているのである。――第一巻においては「学理的見地」とされていた für uns は、この第二巻においては〈第三者的観望者〉とされさえしている。

右のことは何を意味するか。簡単にいえば、協働（協同労働）というような行為を決定するところのものと、この決定するものによって規定された行為（その過程および結果＝〈業態〉）とは、論理的レベルが異なるにもかかわらず、この両者が〈知覚状景的世界〉におけるものとして、同じ論理的レベルにおいてあつかわれている。もちろん、〈位相の違い〉ということが論じられてはいる。けれども、三ヵ所にわたる弁解的弁明からしても明らかなように、「認識は実践の構造内的一契機である」ということを力説することによって、《実践を規定する認識》そのものにかかわる問題は、第二巻からは追放され、第一巻で論及されている認識論または〈共同主観性〉論の領野にゆだねる、という弥縫策がこうじられないわけにはいかなくなっているのである。このことは、実践または行為を決定する〈その都度その都度に〉、能意・能作体としての〈主体＝われわれ〉の知覚にひらかれるところの・〈実在的所与―意義的価値〉成態の、その二重構造にもとづいて遂行される協同的行為そのものの論理を追求することが、彼岸におしやられたことを意味する。いいかえれば、〈間主体的協働連関態〉そのものの内部的な実体的編成構造が、もっぱら対象的・過程的にしかあつかえなくなっているということなのである。

実際、滑稽なことには、近代主義に〈仮託〉してしか〈能作体的所作態―所作態的能作体〉の構造が展開できなくなっているのである。能為的主体の他のもろもろの能為的主体へのかかわりを、まずもって近代主義的に展開し、そしてこのように近代主義的にとらえられた行為の諸形態を、〈共同主観性〉という大風呂敷で包みこむこと、――これが〈物象化的錯認〉を超出した現代哲学の地平である、というわけなのだ。

〈近代主義に仮託して〉展開した行為の存在学を、そのまま自己の行為論体系のなかに包みこむことを〈包越！〉とさえ、わが〈物象化論〉者はうそぶいているほどなのである。だが、こうした〈包越〉は、もちろん近代主義の超克たりえない。近代主義的展開に、原理としての〈共同主観性〉または〈間人間的主体性〉という網的風呂敷をかぶせたような代物でしかないのだからである。

たとえ〈包越〉などと豪語し悦に入っているのだとしても、この〈包越〉は、もちろん近代主義哲学の超越とはなりえない。近代主義に仮託して展開された行為および行為連関を、〈間主体的協同性〉とか〈共同主観性〉とかが包みこんだというものでしかないからなのである。〈能為〉とか〈精神的エージェント〉とか〈主体＝われわれ〉とかを〈関係の項〉または〈関係の担掌〉としておさえ、それらのあいだの交互関係をあげつらうことが現代哲学の地平である、とされているにすぎないのだからである。

いや、そもそも、前者（〈能為〉や〈主体＝われわれ〉）の物質性が没却されているがゆえに、前者そのものが〈共同主観性〉を逆に包みこむことは不可能なことなのである。〈共同体的協働性〉に包みこまれる〈われわれ＝主体〉が〈共同主観性〉を包みこむ、という側面は完全に没却される。包むもの（〈共同主観性〉）が〔〈能知・能情・能意的主体〉に〕包まれ、包まれるもの（＝〈能知・能意・能作的主体〉）が〔〈共同体的協働性〉を〕包みこむ、というように考えることは、近代主義の埒をでてはいないというわけなのだ。包み包まれ・包まれ包む、という関係のないところに、〈包越〉はなりたたない。それにもかかわらず、〈包越！〉と。

近代主義的な〈主—客〉図式にのっとった行為および振る舞い連関の展開を、殆どそのまま自己の体系のうちに包摂することが〈包越〉である、というように錯認しうるのは、直接端的に言うならば、F・エンゲルスのかの「合成力」論をば〈物象化された行為〉の論述とみなしつつ、この「平行四辺形」論を哲学的思弁の基底においているからにほかならない。意図したことが行為的に実現されず、意図しなかったことが結果的に生起するのであって、もろもろの行為の合成力として人間歴史は創造されてゆく、というようなエンゲルスの、そして『歴史哲学』のヘーゲルの思想が、隠された黙示的前提にされているからなのである。このような階級的に疎外された社会における人間行為の疎外された形態および運動は、原理としての絶対理念の観点からは《理性の狡智》とみなされ、唯物史観の見地からは《生産力と生産関係にもとづく社会構成の運動》としてとらえかえされる。

ところが、わが〈物象化論〉には、こうした人間社会史の運動と社会諸関係の連続的で非連続的な変動の論理が全く消失してしまっている。それだけではなく、このような論理は導きだせない構成に、〈物象化論〉は堕しているのである。なぜであるか。

〈実践的関心態勢〉にひらけるのは、〈前人称的な知覚状景世界〉であるがゆえに、この世界の一契機である〈実在性〉の存在論的解釈において、まさにこの〈解釈〉において、この実在性に先行するものと、これに後続するものとが、――『ドイツ・イデオロギー』のエンゲルスに倣って――接ぎ木的に論述されているにすぎない。すなわち〈空間的＝共時的〉なものと〈継起的＝通時的〉なものとが、体系外的強制として、〈知覚風景的世界〉に侵入させられるのである。こうした方法は、次のことを意味する。

㋑　発生したものと発生し発達する過程との、個体発生と「個体発生における系統発生」との、論理的なものと歴史的なものとの、また論理的なものにおける論理的なものと歴史的なものとの、場所的現在における統一についての論理、これを省察することが欠如していること。

㋺　本質論と現実論（または疎外形態論）との論理的区別および論理的レベルの相異が無視抹殺されていること。

「好便」という処理のもとに、現に成立しているものの存在構造をば、それが形成され確立される過程に遡及して〈発生論的・発達論的〉に論じる、というこの方法は、現存在するものそのものの場所的存在論または実存論的解釈を抛擲するいがいの何ものでもない。この方式は、われわれの観点からするならば、エンゲルス・スターリン主義に膠着している伝統的な方法でしかないのである。いわゆる過程的弁証法とか歴史主義とかと呼称されてきた誤った方法が、それである。そしてこの方法の裏面が、㋺のような、理論の段階構造および諸理論の階段的つながり構造を無視し没却した手法の駆使にほかならない。

〈間人間的協働性＝共同性〉にもとづいて、これに開かれ・かつこれを内在するところの共同体的人間としての〈われわれ〉の協働的行為連関、その〈対他・対自―対自・対他〉構造、この構造は、その例証的説明においては、小経営者（単純商品生産者に類推できないわけではない服仕立て職人）と彼への注文主とのあいだの売買契約や、さらに商品と貨幣との交換という歴史的に独自的な交換関係をモデルにして、正当化される。

それだけではない。貨幣を介しての能為的主体相互間の関係行為は、資本制商品経済的独自性がとりはらわれて超歴史化的に解釈がえされ、商品交換関係は普遍妥当的な共互関係たらしめられてもいるのである。――この方法は、母子一体化から〈あの身―この身〉への、そして「他己―自己」への発生的発達（しかも非言語的な動作に局限された形でのそれ）をば、成人の自他共軛関係ならびに〈共同主観性〉の存立構造にまで一般化するのと同様に、一般化的方法の錯誤性の証しにほかならない。

さらに驚くべきことには、いやむしろ当然のことではあるが、国家や株式企業やもろもろの集団のような〈幻想的共同態〉と、原理としての〈共同体または協働態〉との本質的違いを確定しながらも、この両者を〈間人間的共同性〉としては連続するものとしてとらえているということである。それだけではない。原理としての〈共同体＝協働態〉そのものの内部には、すでに〈支配＝服属関係〉が伏在し内属するとされさえしているのである。――このことは、自然発生的共同体と、これを基礎にして論理的に構成されうる《共同体の本質形態》とが分析的に区別されていないだけではなく、原始共産体と、この社会形態が崩れ落ちた以降にうみだされた階級社会のもろもろの歴史的形態（ギリシア・ローマ共同体やゲルマン的共同体や資本制的「共同体」なるものなど）とが、スターリン主義者のかの悪名高き商品経済史観にもとづいて、連続的に同一の論理的レベルにおいて、とらえられている、という点に鮮やかにしめされている。

このような論理的段階構造の抹消こそは、マルクス的疎外の論理をば近代主義の地平にあるものとして排却してしまったことの必然的帰結ではないか。それは、もろもろの歴史的形態をとって現出してきた階級社会の、したがってそれぞれの社会に存在していた固有の諸階級の形態論的把握を、まさにマルクス疎外論の見地から試みようとはしなかった、ということの論理必然的な破綻にほかならない。

　もちろん、世人は言うかもしれない——若きエンゲルスは「家族のうちに伏在する奴隷制」と書き留めているではないか、と。そして老エンゲルスもまた、自然発生的共同体の内部において、灌漑・治山治水の必要にかられて社会的権力が出現し、こうして支配＝隷属の関係が形成されるのであって、この社会的権力の形成が「国家の起源」である、というように論じていたではないか、と。

　だが、こうした展開は、周知のように、エンゲルスの方法論の歴史主義的本質に決定されたものなのであって、ここには、論理的段階構造についての問題意識や方法が全く欠落しているのである。本質論と現実論とを、——分析主体の問題意識・分析視角や分析対象の特殊性に決定されつつ——立体化してとらえ、かつ階段的つながりにおいて概念的にとらえかえす、という当り前の方法論が没却されているのである。下向的分析の過程を論理化したものとしての武谷三段階論と、上向的な存在論的展開の論理化という意義をもつ宇野三段階論が、わが〈物象化論〉者の射程外におかれている、ということを端的にしめす破綻が、商品交換関係を〈能為的主体の交互関係〉のモデルとするところの行為論なのであり、支配＝隷属関係をみずからのうちに潜在させ伏在させている〈共同体（態）〉論なのである。

　〈疎外論から物象化論へ〉をシンボルとすることにもとづいて近代主義の超克が試みられたのであったが、産出されたものはといえば、これは、近代主義的展開をそのもとに包みこんだところのものに〈共同主観性〉のシンボルをラベリングしたものでしかないのである。たとえ〈包越〉であると豪語したとしても、《疎外の論理》の欠損のゆえにうみだされた難破は歴然としているではないか。

ひとたるものは、〈その都度その都度に〉ではなく、まさしく《いま・ここ》において、しかも他者たちとの対向関係において、いかに生き、何のために労働し、そして死を能くしうるのか。想起される過ぎ去った明るいことへの郷愁にひたったり、暗い深淵に沈みこんだりすることでもなく、また未だないものへの可能性に生きることでもないところの、《いま・ここ》において生き情感し働くとは、どういうことなのか。——このような問いにこたえることができない〈間人間的共同主観性〉のオントロギーは、すでにそのことだけで、共産主義者として日々苦闘しているわれわれにとってはなんら有意義性をもってはいない。

C　行為と投企

〈企投〉とか〈投企〉とか〈被投的企投〉とかの用語が乱舞し、また〈役割期待―役割取得（―役割放棄―役割変容、つまりは役割移行）〉の「対他・対自―対自・対他」の構造が対象的かつ客体的に詳述されたとしても、そしてまた、実存の問題が近代主義の枠内にあるものとして朗らかに投げ捨てられたとしても、〈主体＝われわれ〉が〈客体＝われわれ〉とともにおいてある場所を、このようなものとして措定し確認することが原基とされないかぎり、あらゆる哲学的思弁は空無なものになり終らないわけにはいかないのである。〈営為的世界の存在構造〉は、そのことを如実にしめしている。

一　行為結果の解釈学

対象化することと対象化されることと対象化されたものとは異なる。疎外することと疎外されることと疎外されているものとは、同様に様相もレベルも異にする。それだけではない。生産的生活世界におけるそのような運動の過程と結果ばかりではなく、この世界の運動によって創られ・現実に運動を創りだすところの、だがこの生活世界とは次元を異にするところの、いわゆる意識内の形而上的世界における前意識的なもの・下意識的なもの・無意識的なものの対象化作用もまた、いわゆる〈主体＝われわれ〉の〈客体＝われわれ〉にたいする関係において明証されなければならない。（このような形而上的世界のことを哲学することは、それを心理学的に・また大脳生理学的に分析するということとは異なる。）さらに生産的生活世界における物質的対象化作用の、またこれに規定されこれを規定しかえす形而上的な意識場そのものの対象化作用の論理は、本質論のレベルでも現実論のレベルでも解き明かされなければならない。このような全領野に、いわゆる行為論はかかわるはずなのである。少なくともわれわれのいう実践論とは、そのような全領域を包括するのである。

ところが、〈営為的世界の存在構造〉なるものは、ザッヘとなった行為に、つまり事物化された行為という結果に止目した伝統的な社会学的解釈学でしかないのである。しかも、そこでは、「ザッヘ」というカテゴリーの非学問的な乱用がみられる。すなわち、資本制商品経済に独自な物化および物神性、階級的に疎外されたもろもろの社会に妥当するような《事物化》(生産された生産物や生産力や土地などが生産者たちから切り離されて、彼らから独立した力となるということ)、そして社会的存在としての人間の創造的行為の所産(もろもろの制度・理論・芸術作品など)、さらに人間存在に先立って存在する生産諸関係の物質性、——これらのすべてが、「物象化」という唯ひとつの言語体ないしカテゴリーのもとに統括されてもいる。〈物象化〉という言語体であらわされる広松式カテゴリーは、ヘーゲル哲学における「理念」ないし「総体性」にも比肩しうるような地位にまで高められている。このことについては、ひとまず措くことにする。

行為をば〈間人間的共同主観性〉の〈学理的見地〉から論じるのではなく、近代的〈主—客〉図式に〈仮託〉すると称して、行為の結果のがわから、つまりその事物化された形態のがわから捉える、という社会学的解釈学が開陳されている。すなわち、その歴史的被規定性が定かではないところの既成性となった行為、または行為連関の既成性が論じられているにすぎない。だが実際には、ブルジョア的個々人が相互の私的諸利害を追求し貫徹しあい、そうすることによりこの諸個人の諸利害が衝突しあいつつ、自然発生的かつ事後的に「見えざる手」(価値法則)をつうじて調整される、という資本制商品経済の支配する社会が基底におかれて、行為および行為連関の既成性または事物性が特徴づけられているにすぎない。

いわゆる目的合理的な行為が必ずしも実現されず、たえず偶然性を媒介にして「合成力」をつくりだし、そうすることにより人間社会史は無自覚のうちに創造されてゆく。だが、そこには、社会の経済的必然性がつらぬかれる。——これが、すべての階級社会における疎外された人間の行為の姿(タートザッヘ)なのであり、階級社会における行為連関である、としたのが老エンゲルスであった。このことは周知の事実である。

こうした行為および行為連関のザッヘ〈事態またはタートザッヘ〉をば、この既成性のがわから特徴づけたもの、――それが行為の〈目的性動機〉および〈理由性動機〉にかんする論述なのである。階級的に疎外された社会（とりわけ資本制社会）を前提にして立論しているにもかかわらず、このことを不問に付して、事物化され既成化された行為および振る舞い連関のなかに、目的性および理由性の動機を摘出して解釈してみせたとしても、このことは、しかし、行為の動機づけやその企投性そのものを明らかにすることにはならないのである。いわんや、階級的疎外とは無関係な本質論のレベルにおける行為・実践の論にはなりえないのである。

行為ないし振る舞い連関をば、その結果のがわからではなく動機づけのがわから、あるいはその企投性のがわから追求するさいには、二つのモデルが提示されてはいる。すなわち、①〈目的達成型〉行為と、②〈役割期待型〉行為とが、それである。そして、この後者の類型は、モデルとしては前者から区別されるのだとしても、行為性格としては前者に服属するものとされている。

〈目的達成型行為〉なるものの特徴づけもまた、しかし〈行為〉の構造内的諸契機の存在論的解釈学に堕している。近代主義に仮託しながらも、能知・能情・能意・能作的主体が、いかなる場において、何にむかって・何のために・どのように行為するのか、というように問題を設定することが忌避され、〈第三者的見地〉にまで貶められた für uns の観点からの存在学が展開される。〈営為的世界〉の二肢をなす〈環境―人間〉、この後者の項の自立的・人格的な存在性格が〈間主体的協働連関性〉の観点から直接的に否定されている。まさにこのゆえに、マルクスのいう「労働するたびごとに発現される精神的および物理的な諸能力」としての労働力（《人間種属本質力》）という規定は、近代主義的錯認としてしりぞけられる。人間身体それ自身が精神であり精神が身体そのものである、という見地から、労働力を自己の身体内に潜在させている物質的＝精神的存在としての社会的人間または「人―間」的人間存在は、或るばあいには〈能意〉に、他のばあいには〈能作者〉にきりちぢめられる。しかも、対象化・外化・疎外というような運動の論理および「否定の否定」の論理（反照の論理はただ共時的にのみ使用されているにすぎない）が欠損しているがゆえに、〈能作的主体〉がみずからの労働力を、それ自体が技術的＝間人間的諸関係の歴史的産物であるこの労働力を、発現し対象化することは完全に没却される。こうして、〈能意・能作的主体〉の投企は、〈所業的・遂行的行為〉（行為過程にかんする規定）と〈業態的行為〉（行為の結果・所産にかんする規定）という二契機からなるとされる。

行為を結果的かつ過程的に特徴づけることは、〈三体図式〉においてなされている。その基本形式は〈客体―用具―主体〉であるとされ、その都度その都度の問題意識にもとづいて、または機能性に則して、三つの項のそれぞれは規定しなおされる。

たとえば〈主体〉の項は〈精神的主体〉とか〈能為〉とか〈自分〉とかに置換され、この置きかえによって、中間項も、〈主体〉の項の対極項も、それぞれ規定しなおされる。そのばあい、第一項は〈主体〉であるのか〈客体〉であるのかは明らかではない。相互作用という機能連関に止目した図式化になっているからなのである。他己との関係において自己が成立する、ということが力説されている、という意味においては、〈事物的客体〉、〈目標〉、〈相手〉が第一項をなすといえる。けれども他方、行為の過程および結果にかんする〈三体図式〉であるという意味においては、〈精神的主体〉や〈能為〉や〈自分〉という項が第一項をなすといえる。そして中間項は、〈用財〉、〈肉体的用具〉、〈手段〉、〈配備〉というように、機能関係において具体化される。

こうした理解は、もちろん近代主義に仮託して〈三体〉の相互的ないし交互的な作用連関を図式化したものであって、作用面からは〈客体⟷用具⟷主体〉というように図示される。für uns の存在論の見地からするならば、〈三体〉のそれぞれは存在論的に同じ位相にあるのだということなのである。具体化された〈三体図式〉とは、次のようなものである。——

a　〈事物的客体―肉体的用具―精神的主体〉

b　〈目標―手段―能為〉

c　〈相手―配備―自分〉

〈主体〉項のがわに配置されているa、b、c図式の諸規定態が、〈中間〉項に位置づけられている諸規定態を介して、〈客体〉項に位置づけられている諸規定態に連結する。——このような連結関係は、もちろん「あらゆる社会に共通な労働過程」の三契機（「労働そのもの―労働手段―労働対象」）に対応させられている。けれども、b図式における〈客体〉項に対応する項である〈目標〉という概念のもとに、「目標実現」と「実現された目標」と「目標実現の成果（つまり〈業態〉）」の三つが同時に指示されているといえる。

またc式は、いわゆるコミュニケーション的行為の三契機の図式化であって、b式の中間項=〈手段〉に〈他者の一定の役割行為〉を差しこんだ形式も可能である（協同労働のばあいをさすであろう）とされ、またc式の中間項=〈配備〉に、自分または相手の〈目的達成型の行為〉（b式に該当するもの）を挿入した形式も可能である、とされる。この〈配備〉は、自分と相手との距離や布置などをさすだけではなく、実現目標およびそのための手段もまた〈配備〉項に配置されることになる。

このような解釈が披瀝されるのは、なぜであるか。いうまでもなく、能意・能作者が構想する〈目的〉、イメージに切りちぢめられている〈目標〉、このようなものとしての〈目的〉の実在性をあらわし〈目的を担掌する〉のが〈目標（ゴール）実現〉であるとされているのだからである。

実際、〈目的〉を達成する手段としては、次の五つが、位相の違いを無視して羅列されている――すなわち「①舞台的環境条件、②道具的使用財、③肉体的活動、④技術的・規範的な準則、⑤いわゆる企投的・嚮導的意識態」。

右の①〜③を同列にあつかうことは納得できないわけではない。けれども、生産的および間人間的実践の経験のつみかさねをつうじて形成されたところの〈物象化〉された行為基準・規矩・マニュアルにかかわることが④であり、また⑤も、たとえば設計士の設計という精神的＝物質的活動の対象化された形態である。この意味において、④および⑤の存在性格は①〜③のそれとはレベルが異なるのである。

唯物論の立場からするならば、①〜⑤のすべては物質的という存在性格をもつのだとはいえ、①〜③が物質的質料という対象性をもっているのにたいして、④と⑤とは生産的＝社会的実践に直接につながっている精神的対象化作用の一産物としての物質的なもの、という対象性なのである。①〜⑤のそれぞれの存在性格の同一性（物質的対象性）およびレベルの相違がとらえられるべきである。――とはいえ、もちろん、労働対象や労働手段に転化するところの物質的なものが、すでに労働に媒介されたその産物であるばあいには、また生命体としての自己の身体それ自体が社会的・歴史的形成体であるという成立機序に立入るばあいには、労働過程に投げこまれるこれらの物質的な存在の構造上の違いがとらえられなければならない。物質的＝生産的実践に媒介された物質的なもの（①～③）と、間人間的実践および精神作用に媒介された物質的なものとの相違が、おさえられるべきなのである。

さて、〈投企〉的行為そのものが、〈三体図式〉として過程的かつ客体的にのみあつかわれ、こうして行為の社会学的存在論の展開になってしまっているということ。このことは、行為を決定づける〈企投〉〈企て・企図〉または〈目的〉そのものの構想および選択という意識内での対象的で非対象的な諸作用の内実が、〈客体―用在（手段）―主体〉という行為過程において、あるいはこの客体的過程に投射するという形式において説明されていることに由来する。――ここにいう「意識内での対象的で非対象的な諸作用」つまりは精神作用とは、「心」とか「精神」とかを独立自存の実体とみなしたうえでのその作用ではない。それは、環境（自然的および社会的のそれ）や他者たちとの対向関係においてある能知・能情・能意・能作的な社会的存在としての「主体＝われわれ」において働いている意識作用のことである。この作用は、環境への実践的働きかけをつうじて形成されるところの、環境との反照関係的被規定態としてのわれわれ実践主体が、みずからの形而上的世界においておこなう対象化作用のことである。

能作的＝実践的主体としてのわれわれが〈実践的関心態勢〉をとることによってひらかれるところの〈実在的所与―意義的価値〉成態、これにもとづいて企投的目的が構成されるということ、――このような実践的目的の構想が〈目標実現〉のイメージとしてとらえられてはいない。このことは、〈現相的所与〉のレアール＝イデアール性のレアール的側面が所与的〈実在性〉とみなされ、そして、〈意義的価値〉との反照関係にあるこの〈実在性〉が同時に実在そのものとして、つまり〈価値性をおびた財態〉としてみなされることにもとづくのである。〈知覚状景的世界〉における所与的〈実在性〉が同時に〈与件〉とみなされることにより、〈遂行的行為〉の過程およびその結果としての〈業態的行為〉の総体が、同時に企投的目的と同一レベルにおいてあつかわれることになる。こうした現象学的アプローチからして不可避になる認識論的＝存在論的錯誤のゆえに、いわば「過程しつつある行為」とこの行為を動機づけ決定づけるところの企投的目的とを、つまるところ実践そのものとそれを規定する指針ないし認識とを、〈フェノメナルな現相〉世界の具体像としてしか描きだせなくなるのである。

いいかえれば被投的投企という性格をもつ目的意識的な実践の構造が、したがってかかる実践を決定する目的が、どのようにして形成され構想されるのか、またこの実現可能な目的そのものの存在論的根拠は何か、ということとそのことの追求は欠落することになるのである。

〈行為の目的合理性〉とか〈行為の目的性動機〉とかというような社会学上のカテゴリーと、行為または実践を決定し規定する〈企投〉ないし〈目的〉というカテゴリーとは、アプローチのしかたも性格も全く異なるのである。実践の合目的性（構想された目的にかない、認識された法則にのっとったという意味での合法則的な実践）と、いわゆる〈目的合理性〉とは、異質の事柄なのであって、異なった位相において開示されるものとして掘りさげられるべきなのである。

つまるところ、行為の社会学あるいは行為結果の解釈学は、われわれの主張する実践論にはなりえない。この社会学は、階級社会における諸階級・諸階層のもろもろの行為の自然発生性と、かかるものとしての行為連関・振る舞い連関をば、ただ客体的・対象的・結果的に、しかも過程的に、つまりは事物化された様相において分析し特徴づけるにすぎない存在学的解釈学の地平にとどまるものでしかないのである。

〈認識は実践の構造内的契機である。〉ということが如何に力説されようとも、行為および行為連関についての社会学は、所詮は行為の存在学的解釈学としてしか展開されはしないのである。

二　〈装束〉ロボット人

たとえ〈企投〉とか〈投企〉とかの用語が乱用されていたとしても、被投的企投とも規定できないわけではない実践的行為の主体的な物質的構造は、全く追求されてはいない。せいぜいのところ〈客体⇅用在（手段）⇅主体〉という〈三体図式〉の基本型にしめされているような共互的＝交互的な作用関係が、そして〈協働態〉を担掌する共同体成員の間の協同労働における〈同調・即応・協応〉の諸形態や、〈順次交替型（交互型）、並行共業型（協同型）、同時相補型（補完型）〉という行為の種別的類型にみられるところの、労働の機能分化および機能分化した諸労働（異種的および異質的のそれ）が、結果解釈論的社会学風に展開されているにすぎない。

右のことは次のことを意味する――『資本論』においてマルクスが明らかにした労働過程の弁証法が等閑に付されていることを。そして、労働過程の主体的契機をなす全即個としての労働者がみずからの労働力を対象化し疎外し外化しつつ、労働諸手段を媒介にして労働諸対象に働きかける、というこの労働過程の主体的構造が無視されているということを。

それだけではない。『資本論』第一巻第一章第二節で展開されている「労働の二重性」論を人格化して理解し・かつ過程化してとらえるとともに、単純商品生産者のそれとして理解する、というスターリン主義者に共通する倒錯におちこんでいる。それにとどまることなく、マルクスの叙述をば近代主義に即したものと断定している。まさにこのゆえに、若きマルクスの「疎外された労働」にかんする理論展開を近代主義の地平をこえるものではないと断罪することにもなるのである。これこそは、〈物象化論〉者の戯言なのである。

疎外・対象化・外化の論理の完全な欠損こそが、〈能意・能作的主体〉の共互関係を結果的かつ客体的にしか展開できない根拠をなすのである。こうした疎外・対象化の論理の欠落を隠蔽している論理もまた、マルクスの論理なのである。すなわち、価値関係をむすんでいる二商品のあいだの反照論理が、それである。

商品Aが商品Bをみずからに等置することによって、前者の価値が後者の使用価値において表現され、したがって商品Bの自然的形態（使用価値）が商品Aの社会的形態（価値）として意義をもつ、ということにかんするマルクス的反照の論理。――この論理の広松的整序が、すなわち〈対他・対自―対自・対他〉構造にほかならない。（「対他＝価値」、「対自＝使用価値」としてとらえられうるということは、自ずから明らかなことであろう。）

マルクス価値形態論につらぬかれているヘーゲル的反照の論理が行為論に適用されたもの――それが〈能作体的所作態―所作態的能作体〉という二肢的二重構造にほかならない。そして、創られ創る《主体＝われわれ》と創り創られる《客体＝われわれ》との共互関係論に、アメリカ式プラグマティズム的行動論が補完的にもちこまれているのである。〈「目標実現―手段的過程」（因果的事実性連関）〉と〈「目的達成―手段的機能」〈技術的価値性連関〉〉とについてのアメリカ式行動論の結果解釈論理と並存させられているのが、〈能意・能作的主体〉相互間の反照論理なのである。〈〈能作〉の「作」はポイエーシス＝制作の「作」であるから、この「作」を創造におきかえて、創られ創り・創り創られる、というように言いかえた。〉

ところで、〈能作的主体〉の行為論は、〈役割期待―役割取得〉論としても展開されている。すなわち、〈役割（役柄）演技者或者―能為者誰某〉の〈舞台的世界での演技〉として論じられてもいる。たとえば、〈「孫悟空」演技者或者―能為者「エノケン」〉というわけである。エノケンが「孫悟空」という役柄を演技するとともに、舞台場面では演技される「孫悟空」がエノケンなのである。

〈役割期待―役割取得〉の〈対他・対自―対自・対他〉の構造は、次のように形式化される――〈所期待者・能期待者―能期待者・所期待者〉。〈期待され期待する―期待し期待される〉。

近代主義を超克すると称して〈函数〉〈「かくかくしかじかであるような何か」という函数命題であらわされるそれ〉が大前提とされている以上、認識論の領野においては〈知覚風景的世界〉の〈現相的所与―意味的所識〉形式にもとづく〈所知と能知の渾然一体態〉が、しかも前人称的なそれが出発点におかれる。これと同様に、行為論の領野においても、〈用在的世界〉の原理は、〈環境と人間〉に分裁する以前の〈全一態〉なるものにおかれ、〈営為的世界〉の原理は〈間主体的共同性〉または〈間人間的協同性〉とされた。

けれども、〈営為的世界〉が数多の人間行動の共互的・交互的な作用関係からなりたっているとしているがゆえに、近代主義的〈主―客〉図式に〈仮託〉して〈能知・能情・能意・能作的主体〉相互間の関係を函数関係として機能主義的に論じないわけにはいかなくなったのである。この機能主義的関係づけの論理として活用されているのが、〈対他・対自—対自・対他〉の反照関係の論理である。主体ないし主観と客体ないし客観をそれぞれ実体化する近代主義的発想をしりぞけて、〈能作体的所作態—所作態的能作体〉図式や〈所期待的能期待者—能期待的所期待者〉図式が提示され、これらが、㋑〈目的達成型〉および㋺〈役割遂行型〉の行為の基本的論理であるとされる。さらに〈主体＝われわれ—客体＝われわれ〉が共同的協働連関の基本的構制でもあるとされる。

「期待されて期待し・期待して期待される」とか「〔経営者に〕期待されて働き・働かせて〔利潤を〕期待する」（所期待的能作者—能期待的所作者）とかの機能的関係は、実際には、近代ブルジョア的企業経営者たちが、彼らが交渉・交換・取引きをおこなうさいに、この関係をスムースにするためにとるところの礼儀作法・弁解・言いのがれを基礎にして説かれているものでしかない。言いかえれば、近代ブルジョア的市民の相互期待・相互瞞着・相互依存や資本家的労務管理強化の関係や、いわゆる「相互作用儀礼」を一般化した論理が、広松式〈役割〉論にほかならないということである。

〈役割期待—役割取得〉の構制についての展開もまた、行為過程の存在学的解釈学に堕している。〈装束〉論が、それを象徴している。もろもろの〈役割の束〉を装着し、この装着した役割の束（つまり〈装束〉）を、〈その都度その都度に〉脱いだり着たりすることが、〈人生劇場〉という〈舞台的世界〉に登場する〈間主観的共同主観性〉に決定され・そのもとにある能知・能意・能為的主体が遂行する社会的行為であるとされる。この〈役割遂行型行為〉なるものもまた、〈目的達成型行為〉と同様に、ただただ結果的に特徴づけられているにすぎない。

〈営為的世界〉において〈関心態勢〉にひらける〈実在的所与―意義的価値〉成態、この成態の第二肢は〈目的達成―機能的手段〉という技術的価値性連関として、その第一肢は〈目標実現―手段的過程〉という因果的事実性連関として、それぞれ規定され、前者を担掌する実在性の契機が後者である、とされるにすぎない。前者は後者の存在学的意味づけより以上のものではなく、〈因果的事実性連関〉と〈技術的価値性連関〉とは機械的にむすびつけられているにすぎないのである。なぜなら、他者たちと協働連関をとりむすんでいる〈能知・能意・能為的主体〉にひらける知覚的世界における非対象的で非感性的な〃意識の流れ〃は、――言語的に対象化され表現されないかぎり――それが非対象的で非感性的であるがゆえに、〈für uns の観点〉からは展開されず、日常的意識の直接性として、〈物象化〉として説明されるにすぎないのだからである。このようなものが、〈第三者的見地〉なるものからの〈遂行的〉および〈業態的〉の行為の存在論であった。

ところが、〈役割（役柄）演技者或者〉の〈能為的主体誰某〉としての演技・演行のばあいには、〈舞台的世界〉に登場した役柄演技者たち（共演者）の、〈能知・能情・能為〉的な振る舞い演技そのものも、彼らによる〈役柄取得〉そのものも、〃取得した役柄〃の習得的練磨（業の磨きあげ）も、役割行為論からは追放されている。ただ結果的に舞台場面で共演者たちが――〈表情価〉を唯一の手掛りにして――それぞれの役柄にみあった動作や振る舞いを、あるいは同調的・協応的に、あるいは即応的におこない、演技するということが、そして舞台場面で共演者たちの演技・振る舞いに、観客たちが即応的に呼応しカタルシスを体感するということが、〈舞台的世界〉の実相であるとされる。

このような〈舞台的世界での役柄（役割）演技〉をモデルにして導きだされるのが、〈装束〉論である。

すなわち、舞台俳優のように〈その都度その都度に〉、しかも舞台的位置や地位にふさわしい所期待的役割を演じることができる行為主体（〈能知・能情・能意・能為的主体〉）としては、彼らは〈装束〉的存在にほかならないというわけなのである。

〈装束〉的存在としての役割遂行主体の相互間の共互性・協同性・相補性などが存在論的に展開されていたとしても、能為的・能作的主体たちは相互に、他者たちに期待されているように行為する〈装束〉的存在でしかない。そして、〈所期待者的能期待者—能期待者的所期待者〉の機制からするならば、あらゆる行為的主体は〈装束〉的ロボット人として振る舞うことしかできないのである。たとえ〈能作体的所作態—所作態的能作体〉という別の機制がもちだされたとしても、〈装束〉的役割存在としての能為主体のロボット性には、なんの変りもないのである。たとえ〈人生劇場〉において、もろもろの〈装束〉的存在者が能期待的所作態にたいする所期待的能作体としてあらわれるのだとしても、そうなのである。なぜなら、能為主体がおこなう行為が舞台的場面に規定されたり共演者たちや観客の反応に逆規定されたりして、この役割演技的行為そのものの性格や機能や形態などが変化したり、その規定性が変わったりする、ということが、役割の〈装束〉として、まさしく実体論的にとらえられているにすぎないのだからである。

実体主義の錯誤性をあれほど力説してきた所期待的能作者＝広松渉が、役割の〈装束〉的実体化におちこみ、〈装束〉的ロボット人となることを推奨するにいたっているとは?! 〈装束〉的役割存在とは「物象化の事実」なのであって〈物象化的錯認〉ではない、とされるかも知れない。もしもそうであるならば、〈役割期待—役割取得（放棄・変容・移行）〉論は、労働者の搾取に狂奔し労務管理の強化に躍起になっている資本家的経営者が雀躍して迎えるであろう行為論の理念型であり、〝五無人間〟と化し小ブルジョア的礼儀作法も体得していない賃労働者たちに「相互作用儀礼」を説くほどの意義しかない代物である、というべきではないか。〈役割〉の広松式の存在論的基礎づけが、かくも悲惨であるとは。……たしかに、はかない人生は「生病老死」の一幕のドラマに譬えられる。けれども、役割演技や役柄扮技をしながら世渡りするのは、ひとり俗物だけがよくなしうる事なのだ。

さて、〈役割（役柄）演技者或者―能為主体誰某〉という存在構造をなす行為主体が、かかるものとしての他の多くの行為主体との対向関係において、あるいはこの両者の〈共軛関係〉において、機能主義的に〈役割〉の観点から関係づけられている。このばあいに、これらの能知・能為・能作的主体がおいてある場所が措定されていないだけではなく、彼らの行為を動機づけ決定づける〝意識の流れ〟も不問に付されていた。こうした欠損を補うものとしてもちだされているのが、役割行為とむすびついている〈地位〉にかんする存在論である。

いわゆる〈地位〉なるものは社会的編成の網の目の結節の物象化である、ということが説かれている。〈位置的場所＝ポジション、場所的位置＝ステイタス〉という論理的規定がなされる。こうした〈地位〉にみあった〈役割演技〉が行為主体によってなされるのであって、所期待的能期待者としての行為は〈地位〉からではなく社会的編成関係からうみだされるとされる。

資本家的企業組織体内においてであれ、近代的な〝合理的〟支配の行政機構として創出された官僚制組織においてであれ、これらの制度的組織の効率性やブルジョア的合理性を機能的に高めるために位階制が物質的に制度として創りだされる。頂点に位する社長または長官──→数名の取締役または次官──→特定多数の部長または局長──→この数よりも多い課長──→そして数多の社員または下級職員。これらは物質的制度として企業組織内または行政官僚組織内につくりだされた階層的序列をしめすポスト・部署・地位をあらわす。こうした部署ないし「職務」（ポジションと仕事を同時に指す用語）の位階構造と、そのような部署または職務に従事する能為的主体とを一体化してとらえ、位階的地位がこの地位についた人そのものの属性とみなされることにより、むしろ地位や部署がこれに属していた人から離れて自存するかのようになる。マルクスのいう「社会的価値形態をとった人間」が、それである。

資本制商品経済のもとでの人間は、「自然的形態〔使用価値的存在形態〕」としては、ただの人にすぎず、「社会的価値形態」としては、この人間は大臣・銀行家・将軍などなどとして現われる。ある特定の地位または役職という社会的・政治的に規定された存在としてのみ、それにみあった役割をブルジョア的諸個人は演じ、そのようなものとして振る舞うのであって、これが〈地位〉の物神化にほかならない。

一定の地位が、そのような地位につき・そのような地位についた者としての規定をうけとる能為的主体から独立化して自体存在的に運動するのは、諸商品価値がそれを生産した統合労働者たちから独立化し自己運動する、という商品・貨幣・資本の物神性に類比できるような事態なのである。あたかも〈地位〉が人間存在の価値性をうみだすかのようになるということなのである。

右のことは〈物象化的錯認〉ではなくして、資本制商品経済そのものの物化構造を基礎としてうみだされる倒錯性の社会的な一つのあらわれにほかならない。「生産諸関係（または人格）の物化と物（ザッヘまたはディング）の人格化」という資本制経済そのものの転倒性に、直接的には《物の人格化》に対応するのが、〈地位〉の自存的自立化という錯倒である。

地位がそれを担う人びと（諸実体）から切り離されて実体化され人格化され、そうすることにより地位そのものが役割行為とは無関係に権威のあるものとして観念される。そして権威ある地位の位階制が創出され、創出されたこの位階制そのものもまた、その担掌者とは無縁な形で実体化されて権威的な力を発揮し、この位階制それ自体が権威あるものとして観念されるようになる。このような地位や位階制の独立自存化こそは、商品経済的物化の社会的表現形態にほかならない。――先資本主義社会においては、経済的諸関係が身分的・宗教的・政治的な支配＝隷属関係と癒着しているがゆえに、そうした地位や家産制の実体化はおこらないのである。

〈役割期待―役割取得〉の機能主義的存在論の直接延長線上においては、地位の実体化・独立化・人格化と、権威の地位への癒着、という転倒性は解き明かすことはできないのである。さらに、共同体的共同労働または協同労働、その組織体としての労働組織、これらの構造も、〈役割演技〉の延長線上において社会学的に説明することが可能であったとしても、このようなものは、しかし、われわれにとっては有意義性をもちえない。せいぜいのところ、ブルジョア的労務管理の強化のために役立つような理論をつくりだすのが関の山なのである。共同体における〈協働態〉、それを構成する諸実体（担掌者）のあいだの――働きかけるべき対象が定かではないところの、あるいは労働対象となるところの物や〈用在〉を射程外に放逐したところの――交代関係を、交互性・協同性・相補性を、そして能為的・能作的主体たるものの他者たちへの同調的対応とか即応とか協応とかを、存在学的解釈学の手法を用いて類別したり種別したりすることしかできなくなるのである。

それだけではない。すでに若干言及したように、歴史的被規定性および論理的レベルがなんら論定されていないところの〈共同体〉には、支配＝服属の関係がすでに潜在しているとしていることからして、

〈協働態〉の内部に、協働する能為主体の空間的および時間的な〈平行〉関係とともに〈拮抗〉の関係が、さらに労働分割（＝分業）がもちこまれることになる。階級社会一般に妥当する社会的労働分割（＝社会的分業）とは異なるところの作業場内分業の資本制的独自性をば直接に一般化し、もって〈協働態〉の協同労働を〈共業〉として性格づけるということは、方法論的錯誤をしめすものでしかない。

マルクスのいう「協業的労働過程一般」と資本制的協業との区別も、まったくなされてはいない。マルクス技術学とはおよそ無縁な手法を用いて、しかもエンゲルスの悪名高い商品経済史観に盲従し依拠しながら、〈協働〉の社会学が、〈装束〉的能為主体のあいだの共互関係が、――交互性・協同性・相補性を獲得するために欠くことのできない言語的表現行為とは無関係に――まさに存在論主義的に論じられることになる。このようなものは、しかし、環界的自然にたいして働きかける労働組織とその担い手たちに生産性の向上を強制し、そのために管理を強化する、ということに役立つような代物にしかなりえないであろう。とはいえ、――〈協働〉を組織的に実現するための同調的対応（模倣をふくむ）とか、即応・協応とかが論じられているのだとしても、――労働組織を指揮し監督するという機能およびその自立化の必要性と必然性についても、また異種的・異質的に機能分化した諸労働の疎外されない形式での結合（連携・連合）も、考察の埒外におかれている。

こうした事柄のすべては、本質論と疎外現実論との論理的レベルの相違についての考察が欠如していることに起因する。あるいは、〃学際的〃見地の名のもとに、アメリカ製の諸科学をとりこんでも抗原抗体反応をおこさない、というような精神的免疫不全におかされているがゆえであるのかも知れない。〈間人間的共同主観性〉論こそが、精神的免疫不全の源であるといってよい。

三　「おし・つんぼ」の交わり行為論

〈協同態〉を構成するもろもろの能知・能情・能意的な主体のあいだの共互的作用関係を存在論として展開することは可能である。けれども、この共互関係は現実には、つねに必ず〈言語活動に媒介される〉とされている。それにもかかわらず、行為主体の交互関係は非言語的表現によって、つまり〈表情価〉を主にしてつくりだされてゆく、というように〈物象化論〉者は確信している。

実際、他己への自己の、また他己の自己への関係が没却されて、〈他己と自己との共軛関係〉なるものが措定されているのであるが、他己と自己との物質的相互関係はこの両者の機能的連関づけにおきかえられている。それだけではなく、この両者の精神的交通関係――この両者のあいだでの意思伝達および応答――は完全に没却されている。広松渉の〈知覚風景的世界〉には、まさしく、音もなく匂いもなく色もない。あるものはただ形（「地と図」とからなるゲシュタルト）だけなのである。音や音声や匂いなどの〈表情価〉は、この知覚世界からは完全に消失してしまっている。〈見え姿〉〈まな差し〉〈面（おも）差し〉のみが知覚風景世界にひろがっているにすぎない。音もなく色もなく匂いもなく味もない〈知覚風景的世界〉！

絶対黒の世界をおのれのおいてある場所として生きている私＝めくらにとっては、音もなく音声もきこえてこない世界は、まさに絶望の深淵にひとしい。色を聞き、音を嗅ぎとるとともに音声を味わい、触覚

〈体性感覚の一つ〉によって形を確かめているものにとっては、音もなく色もなく匂いもない知覚風景的世界は想像の域をこえる。たとえ健常者であったとしても、〈表情〉のような非言語的表現の知覚だけでは、協同労働はできないのである。能為的行為主体相互間の〈協働〉を、その交互性・協同性・相補性を、その同調性・即応性・協応性などを確保し実現することは、非言語的表現だけでは不可能なのである。

それにもかかわらず、わが〈物象化論〉者の〈知覚状景的世界〉にひらける行為は言語的表現から切り離されている。彼の行為論は「おし・つんぼ」のそれでしかないのである。

〔ちなみに、「めくら・おし・つんぼ」などは差別用語であるわけではない。身障者当人にたいして特定の用語が使用されたばあいに、この使用された特定の用語が差別することを意味するものとなるのである。「差別用語」なるものは、いわゆる言語物神のあらわれにほかならない。健常者であったが病に斃れ、いまは亡き哲学者の行為論に「おし・つんぼ」というラベルをはることは、「差別用語」の乱用には値しないのである。これは、めくらとしての私の信念である。〕

では一体なぜ、「おし・つんぼ」の行為論＝共互関係行為論が創りだされたのであろうか。

言語活動について論じなければならないが、言語的命題については認知的世界の存在構造論を参看せよ、という指示から推しはかるならば、次のようなことが未分化であるといえるであろう。すなわち――

① 言語的命題または命題表現〔言語体または言葉をもちいて表現されたところの、考えたこと・考えられたことの述定〕を分析することは、言語的表現〔行為〕の分析とは異なるということ。

② 命題として言語的に表現される以前の意識内部世界における非音声的な《内―語り》と、音声や文字を手段にして感じたこと・考えたことを外的世界に表出し表現する言語的表現行為〔《外―語り》〕とは、

レベルが異なるということ。

③　意識または認知といわれるもの、意識内＝形而上的世界内の対象化作用にむすびついているところの、学習・経験をつうじて内在化され無—意識化されたところの諸言語体および言語規範（これを《内—言語》と規定する）、そしてこの《内—言語》にもとづいて情動や生きた思想や意志などを他者たちに伝達するための言語的表現行為（《外—語り》）、この三者は区別と連関においてとらえられるべきこと。いいかえれば認識論と言語表現論とはつながっているとはいえ、この両者は分析解明の対象領域を異にするということ。

——こうした事柄についての省察が、まずもってぬけおちているということのゆえに、「おし・つんぼ」の交わり行為論がうみだされたといえる。

つまり、第一に、能知・能情・能意・能作的な主体が、自らの労働力を労働対象に労働手段を介して対象化する、という労働の存在論的論理は近代主義の地平にあるものである、とみなしたということ、第二には、われわれの認識はつねに必ず個人的・社会的であるとともに、実践する〈主体＝われわれ〉を物質的基礎にすることなしには成立しないということ、さらに第三に、言語活動は《内—語り》とともに外的世界への音声または文字を手段とした表現行為でもある（《外—語り》）ということ、——こうした事柄が省察の埒外におかれていることのゆえに、広松式行為論がうみだされたわけなのである。

日常的意識にではなく〈学理的見地〉にひらけるとされる〈間主体的共同主観性〉が原理にされ、実践し情感し思惟する主体の主体性を、他者たちとの関係において機能主義的にとらえる、ということが哲学的探究の眼目とされる。したがって能知的・能情的・能意的行為主体が〈共同主観性〉を実践的経験をつうじて内在化し内面化することも、内在化された〈共同主観性〉を行為主体が彼の外部環境世界に対象化する行為も、いずれも脱落することになる。〈主体＝われわれ〉としての行為主体を拠点にして、彼がなしとげる内在化の作用も、形而上的世界内での・環界的世界への対象化の作用つまり《内－対象化作用》も、いずれも近代主義の埒内にあるものとみなされる。まさにそれゆえに、これらのすべての働きは没却されることになる。こうして、社会－内－存在としての個々人いがいには不可能な言語的表現行為をば、物質的存在としての人間主体に不可欠な実践として位置づける、という余地がなくなってしまうのである。ここに、「おし・つんぼ」行為論がうみおとされる根拠があるといってよい。

生産的生活世界の《いま・ここ》においてあり、たえざる生産的＝「人－間」的実践をつうじて間人間的共同社会性をみずからに内在化（〈内自化〉）するとともに、《場》に開かれ閉ざされ開かれつつ自己発展してゆく物質的実存（いうなれば「スーパーシステム」としての生命体的現存在）、このようなものとして実践し情感し認識し意志する社会的実践主体としてのわれわれが、苦悩しながら生きぬき労働し驚いたり歓喜したりするということの意味を、つまるところその実践性を、みずからに問いつづけることは、近代主義の誇りをまぬかれないようなことではない。

それにもかかわらず、〈関係〉を、したがって誰にも属さず誰にも属するところの〈共同主観性〉を、そして〈営為的世界〉なるものにおける〈間人間的協同性＝共同性〉を für uns の原理たらしめるかぎり、われわれ実践＝認識主体そのものとその実存性は、〈間人間的協同性〉のたんなる〈項〉におとしめられることになる。〈主体＝われわれ〉が〈関係の項〉にまでおとしめられてしまった以上、われわれ・社会的実践＝認識主体そのものの論理と、その実践と情動と認識と意志の論理は、「心」や「精神」を自存的実体とみなす錯誤でしかないものとして、なんの痛みもなく、朗らかに排却されることになる。〈間主体的共同主観性〉の哲学の底抜けの明るさは、国家独占資本主義が現につくりだしている腐朽性のあらゆる形態に苦悩している賃金労働者たちにとっては、まさに武装解除のすすめにしかならないのである。いや、「おし・つんぼ」の共互的交わり行為論なるものは、ブルジョア的経営および管理のむごさを学理的に正当化するような代物に堕しているのである。

おのれ自身の現存在の不可能性の可能性を覚識し、「死」に臨在していながらも、かくも非実存的でありえたのは、われわれ実践主体の実存的＝実践的主体性への問いを不問に付していたからなのであろう。あるいは、暗い不安の夜の明るさを覚識し覚悟性の地平にたどりついていたからであるのかも知れない。〈間人間的共同主観性〉の世界への超越をなしとげ、絶対否定性の彼岸を此岸のものたらしめていたからなのであろうか。……

こうして「現」にあり「現」に関係してある人間的物質的存在の主体性とその実践を省察することは、生命体としての人格的個体が如何にして発生し発達するか、ということの機序の考察に横すべりさせられることになる。児童心理学・発達心理学の今日的到達地平をしめすものと考えられる諸研究への異常な問題関心態勢をしめすこととしてあらわれる。

人格的個体の発生論的・発達論的な研究のとりこみは、発生的現象学の方法にもとづくものであるかも知れない。嬰児の成長における〈母子一体化〉から、〈あの身―この身〉の分化、〈あの身・他己〉にたいする〈この身・自己〉の形成、形成された自己的身体・身体的自己の自覚、「ゴッコ遊び」をつうじての共鳴的同調・共振的同調・模倣的調整・同調的模倣・模倣的協応・模倣的同型化・対抗的即応などの動作や行動の経験的習得（ただし幼児による言葉の習得過程に表現行為は局限されている）。――これらが、〈対他・対自―対自・対他〉構造の例証としてあつかわれている。あるいは〈所期待的能期待―能期待的所期待〉の構制として、執拗なまでにとしか形容できない形式で跡づけされている。

産みおとされた嬰児の時期から個体的人格が形成される過程を発生論的および発達論的に記述することに、現実場においてある自己＝〈主体＝われわれ〉の他者たち＝〈客体＝われわれ〉に対する関係や振る舞いの論理は、とってかえることはできない。すでに発達した人格的＝社会的存在としての物質的人間主体、彼の彼にとっての対象である他の多くの物質的＝社会的人間存在にたいする関係が、共互的な言語的表現を介してのそれが、――たとえ存在論の地平においてであったにしても――場所的構造として明らかにされるべきなのである。

百歩譲って、発生的追求を試みるのであるならば、それが何ものでもないところの生命体としての受精卵の細胞から発生学的にも追跡すべきではないのか。いやいや、「ヒト・ゲノム」という遺伝子にまで遡及すべきではないのか。そのように追求するならば、しかし遺伝子とともに「免疫」をもとりあげなければならない筈である。釈迦に説法の誹りをまぬかれないのであるが、種としてのヒトのオツムではなく人間的個々人の、その遺伝子の配列は異なるのであって、この「異なり」を判定するのが、当該の生命体を維持することにたずさわるリンパ球である。このリンパ球T細胞のリセプターが、みずからに接触する何ものかと交互関係の場を形成しつつ、この何ものかを〝自己にあらざる他のもの〟として、つまり異物＝〝非自己〟として弁別したばあいには、これを排除する、という絶大な機能をはたしている。たとえサイクロスポリンやFK506のような免疫抑制剤を使用したとしても、リンパ球のこの〝非自己〟排除機能をおさえることができないばあいがしばしばある。こうした「ヒト・ゲノムと免疫」の深奥にまで遡及することもまた、自他問題の発生的現象学の課題になるであろう。こうすることにより「自他問題」の現象学は、分子生物学・高分子化学・遺伝学などの果てしない発展に即応し呼応し協応しないわけにはいかなくなるであろう。

　このような発生論的手法は、条件反射論（無条件反射・条件反射・オペラント反応にかんする科学）や大脳生理学・脳神経生理学〔これらの科学は、発達した脳髄が司っている知覚作用・反省的思惟・自己―意識・自覚などの形而上的世界における諸作用の物質的基礎を探究する学にとどまる〕への異常な関心の中に露呈している。けれども、こうしたアプローチのしかたは、認知学やメタ認知学の自然科学化をもたらすことになる。――だが、われわれは、こうした科学的方法をとらない。知覚とこれにもとづく思惟的反省、そしてこの反省の反省や覚悟性などは、決して対象的に・自然科学的には分析することも明らかにすることもできないのである。いわゆる意識作用そのものとその物質的基礎とは異なるのである。

　それはともかくとして、わが〈物象化論〉者の問題関心の焦点が「自他問題」にあるがゆえに、他己にたいする自己の、自己にたいする他己の für uns の構造を、〈自己と他己との共軛関係〉の成立を確認することによって論証できた、ということを広松渉は確認するにとどまることになる。自己的身体・身体的自己を覚認できるようになった幼児が自己中心主義的な世界をつくりあげてゆく過程（この過程は動作の機敏さと行動範囲の拡張と言葉の漸進的な習得的発達に対応し、これらすべての相関関係において発達する過程である）も、そして、この自己中心主義を脱しつつ、自利と利他との関係についての心くばり（配視ではない）を習得し、生活知つまり智慧を身につけてゆく過程も、さらに日常的生活活動の体験としての累積やこの体験の諸表現も、彼の関心の対象にはならないことになる。模倣的な動作・行動と正負のサンクション〈褒賞―許容―委棄―懲罰〉をつうじての規矩・社会規範・行為規則の体得に、彼の関心は注がれることになる。しかも、これらは、非言語的な〈表情価〉をつうじて習得される、ということを想定したうえで、行為論の形において展開される。そもそも、他者たちとの対向的関係においてある〈能知・能情・能意・能作的な主体〉が、みずからの実践をつうじて、対自然・対他者の行為連関および交わり関係の形成と体験をつうじて、人格的自己と自己意識を形成してゆくだけではなく、形成された自己を見る反省的自己およびこの反省の反省としての自覚などを獲得する、というようなことは、「心」の実体化的錯認〈〈心態〉の自存化〉にかかわるものとして、あらかじめ問わない、という機序をなしているのであるからして、そのことは余りにも当然のことなのである。

われわれがわれわれ自身の実践的経験を、つまり体験を基礎とし、これをつうじて自己形成をとげてゆくこと、そして行為規範や言語規範などを習得し身につけ自己の内に沈澱させ無―意識化してゆく、というような形而上的意識場における非対象的にして対象的な作用そのもの、自己の外なるものの内面化〈〈内自化〉〉と内自化されたものにもとづく認識＝思惟作用や、《内―言語》にもとづく《内―語り》という人間に独自な感性的にして超感性的な働きそのもの、などについて哲学することは、〈知覚風景的世界〉論からは放逐される。この放逐を隠蔽するためにもちだされてくるのが、無意識の対象的＝科学的説明であり、深層心理学のたぐいなのである。しかし、心理学や行動科学が明らかにした最新の科学的諸成果をとりこむことがすなわち哲学することであるわけではないであろう。こうして〈所与的所知―能知・能識〉成態論は、いまや科学としてのもろもろの心理学の記述にとってかえられている。

さて、ここで問題になることは、言語的に表現された〈命題〉（表現結果）を分析することは言語的に表現すること（表現行為過程）に媒介的につながるとはいえ、所詮は表現結果の対象的分析にすぎない、ということである。言語的表現態としての〈命題〉を解釈することは、この〈命題〉をば文字または音声を手段にして対象化した表現主体（人間実践主体の一規定）の意識の内部での言語的思惟作用――《内―言語》（内在化され意識下に沈澱され無―意識化された諸言語体および言語規範についての規定）にもとづく《内―語り》internal speaking――の結果を説明することにしかならないのである。それだけではなく、〈命題〉の解釈は、実践＝認識主体としての表現主体がおこなう言語的表現行為そのものを明らかにすることにもならない。もろもろの〈命題〉を解釈することは、いわゆる言語学（言葉や発話されたものの結果解釈論）や判断論にかかわるのであって、《内―言語》にもとづく意識作用そのものを思惟することでもなければ、それ自体も表現主体であるところの他者にたいする或る表現主体がおこなう意思伝達の言語的表現行為を明らかにすることでもない。たとえ〈言語活動〉には〈表情価〉がともなうとか、身振り・手振り・もろもろの動作、車間距離ならぬ身体間距離をおくこと、語気を強くして発声したりゴシック文字を用いたりすること、というような非言語的表現形式がつねに必ずともなうとか、ということが指摘されていたとしても、これは言語表現行為論にはならないのである。そして、〈前言語〉とか〈後言語〉とかという術語をちらつかせて論述にとってかえているのだとしても、これは言語表現行為論とはほど遠い「言語」論にしかならないのである。

他者との関係における〈主体＝われわれ〉の認識＝思惟作用――《内―語り》――→他者にむかっての意思伝達のための言語的表現行為――→他者（聞き手）が表現主体となって、発話者にたいして応答する言語的表現行為。

言語的表現を介しての表現主体Aの他の表現主体Bへの精神的かかわりは、この両主体が構成する場――《表現場》――による規定を基礎にしてはじめて成立するのである。このような過程の全体を、かかるものとして解明するのが言語表現論なのである。いいかえれば、「自他の共軛関係」の構造はfür unsと称する「第三者的立場」なるものからは決して解き明かすことはできないのである。極論するならば、まさしく近代主義的「主ー客」図式を前提にし、これを実践的唯物論の地平にまで高めることなしには、言語論は言語表現行為論としては展開できないのだ。

マルクス主義者として苦闘しつづけている或る者が、マルクスの墓参りをし、「世界革命のために不惜身命……」と誓い、手をあわせた、としよう。このばあい、「心」の問題は措くとして、あわせた両手を知覚して、左手が右手に触れているのか、それとも右手が左手に触れているのか、と問うことが行為論であるのかも知れない。また、拳を天空に突きあげて「断乎、頑張るぞ!」と〃心の内〃で叫んだ、というようなばあいに、拳を挙げようと意志することは同時に腕が物理的にあがることである、とするのが「心身的行為」であるとされる。

動機づけるものと動機づけられるもの、期待することと期待されること、規定するものと規定されるもの、受動と能動、被限定と能限定、というような関係を函数的機能関係としてのみとらえることが、現代哲学の地平であるとするかぎり、行為主体のあいだの共互的関係を〈第三者的見地〉から眺めることしかできないことになるのである。それだけではなく、音声を発する物質的=社会的主体の余りにも主体的な言語表現行為そのものは分析の射程外におかれることになり、「おし・つんぼ」の交わり行為論の客体的な存在論しかうみだしえないのである。まさしく、自己の他者との交わりは、主体的実践の問題として追求されなければならず、非言語的表現形式をもふくめての言語的表現行為そのものの問題として掘りさげられなければならない。

〈言語活動は無視できる〉と称した広松渉は、或る何かに促迫されて、オースティンの言語行為論についてたった三行だけふれている。――「発語行為、発語内行為、発語媒介行為」。

自己の学問的無知を誇りにするわけではないが、はじめて聞くこの言語論に、私は驚愕したのである。言語表現主体のない発語「行為」なるものの存在を想定する愚かさに感銘をうけたほどなのだ。音を見るとともに音声を嗅ぎわけ味わっているこの身＝自己存在そのものの物質性を基礎にしないかぎり、また聞き手との関係においてつくりだされる表現場を基礎にしないかぎり、発話された音声を耳で聞くこともできなければ、音声によってあらわされた言語的表現態がしめす意味を理解することもできないはずである。発話者とその聞き手（＝話し手）とが構成する場、この表現の場においてある発話者＝話し手と聞き手＝応答者、この両者の物質的実体関係。――このことを没却して発語「行為」をあげつらうかぎり、このカテゴリーは純然たる機能概念に堕してしまう。まさにこうした機能主義的発想のゆえに、言語体コンプレックス（言葉複合体）＝言語的表現態がしめすところの話し手および聞き手にとっての「意味や指示対象」（シニフィアン的シニフィエ）をも、「発語行為」に「内－存在」させることにもなる。「発語内行為」なるものが、それである。

さらに、話し手の聞き手にたいする実体的関係を物質的に措定したうえで、前者の発語行為がとらえられていないがゆえに、話し手が音声を手段にして対象化した言語的表現態の意味を了解ないし理解した聞き手が、伝達された話し手の意思に応答すること、聞き手が話し手となり、自己の他者である話し手に言語的表現をもって応えること、——この応答関係が「発語媒介行為」という、二実体の欠落した機能概念によってあらわされているのであろう。

広松渉の函数関係的思考が、オースティンへの即自的共感を覚えさせ、この両者は共鳴し共振したのであろう。

揺らぎ——共振——動揺。広松渉のばあいには「おし・つんぼ」の交わり行為が〈協働連関態〉を構成するものとされていたのであるが、オースティンのばあいには、おそらく、言語的表現行為としての「発声・発語行為」そのものがロボット化（実体化）されているのではなかろうか。これは、意識の底からの言語の湧出論の裏返しの類であるともいえるであろう。

〝感覚され知覚され経験された諸事態〟のみが実在するのではない。そうではなく、伝統的文化＝生活様式のもとで歴史的に「人—間」的実践をつうじて創造されてきた母語としての言葉（母語としての語彙または語）および文法、これらにのっとって表現された言葉の体系が実在するのである。

〝言語的または記号的世界のみが実在するのだ。〟——このように事象を〝言葉の世界〟に還元するとでもいえるような観念論に対抗する意図をもって、オースティンは「発語行為」論を案出したのであろう。あるいは言葉（言語体）と言語規範と意識内での言語的思惟作用（または「内言」と呼称されるもの）、そして意識外部世界（客観的世界）への音声または文字を手段にしての表現主体の知・情・意の表出＝表現、という言語的表現行為の独自性を没却して、意識内部世界から「言語および言語活動」が湧出するものと考え、言語論をいわば言語活動論に還元して解釈する現象学的言語学にたいして対置されたのが、経

験論的機能主義につらぬかれていると思われる「発語行為」論であるともいえよう。〔本書上巻第Ⅰ部〔本巻第Ⅰ部〕参照〕

いずれにしても、〈表情価〉という非言語的表現を重視して他己・自己関係を、および行為連関を論じるのは、「おし・つんぼ」行為論でしかないのである。

D　財態と価値

〈実践的関心態勢という根本的構え〉をとることによってひらける知覚風景的世界は、認識論のそれとは異なる様相を呈する。ここにおいて、かの〈共同主観性〉は〈全一態〉としてあらわれる。知覚的世界に現前化されるもの（表象されるもの）、その所与契機は〈実在性〉であるとともに、それ以上のもの・つまり〈意義的価値〉であり、〈意味的所識〉契機としてのこの〈意義的価値〉は〈実在的所与〉として意義をもつ。〈実在的所与〉と〈意義的価値〉とは等置化され等値化的に統一されて〈全一態〉をなす。かかるものとしてそれは、前人称的知覚的世界であり、この二肢のそれぞれは〈レアール―イルレアール〉の二重性をなす。こうした二肢的二重構造が向妥当するのが〈行為的主体〉であって、その直接性である〈情動興発性・行動誘起性〉においては、〝行為に起動する・起動させられる〟の構制（〈能起―所起〉）をなすというのである。――この〈能起―所起〉関係（「能起・所起―所起・能起」）は、認識論的世界における〈能記（シニフィアン）的現相的所与―所記（シニフィエ）的意味的所識〉に対応するものとして意義づけられる。

〈実践的関心態勢〉にひらける〈実在的所与〉契機は、そのレアール・イルレアール性のゆえに、たんなる〈財態〉ではなくして、〈所識〉的契機に〝浸透され〟たものとして〈価値性を帯びた財態〉であるとされる。〈知覚状景世界〉に現前化する〈実在的所与〉は、〈全一態〉をなす〈用在的世界〉の射映相としての〈価値性を帯びた財態〉なのであって、〈森羅万象、これみな財態〉だというわけなのである。

ところで、まずハイデッガーに独自な術語である〈用在〉を継承しながらも、この術語は広範に拡張して用いると宣言されている。〝手元にあり用いられる存在〟というほどの意味をあらわす〈用在〉という概念は、その内包が定かではない。――「誰が」使用するのか、ということは抜けおちている。また「誰か」が使用する存在、「誰か」によって使用された存在、使用し使用される存在、使用され使用された存在。そして、〈用在〉というカテゴリーとこのような規定をうけとるところの物〔唯物論の見地からするならば「客観的実在」というカテゴリーでもって指示される物質的なもの、記号としてはBであらわされるところのもの〕……。これらのすべては広松にとってはファジーでありファジーでなければならないのである。このように唯物論的に思考することは、それ自体が近代的〈主―客〉図式を前梯かつ前提にした時代錯誤でしかないとされるのである。

行為主体の知覚世界に映現する実在的所与としての〈財態〉、この〈財態〉は行為主体の関係行為〈Verhalten〉にとっての〈用在〉としてあらわれ、そのようなものとして規定され、〈価値性を帯びた財態〉に転化するのである。ところが、第一篇の〈用在〉論においては、行為主体のもろもろの営為から、〈遂行的行為〉から切り離されて、〈財態〉の価値性が、〈実在的所与〉契機の対項をなす〈意義的価値〉のがわから意味づけられているにすぎない。しかも、驚くべきことには、〈価値性を帯びた財態〉なるものは、限界効用学派の説く「効用」から説かれているだけではなく、商品価値ともGleichsetzungである、とされているのである。

自然発生的な共同体の内部にすでに〈支配＝服属〉の関係がはらまれているとし、〈分業〉の発生が同時に商品経済の発展となるとするエンゲルス式商品経済史観を唯物史観であるとみなす、という錯認が堅持されているかぎり、資本制商品経済の物化構造を直接に一般化し、もって社会史全体に向妥当し汎通的なものであるとされる〈物象化〉なるものを論じないわけにはいかなくなるのである。資本制経済の細胞形態というようにマルクスが規定している「商品」、その価値規定の側面（社会形態的側面）をば、その使用価値的側面（自然形態的側面）から切断してとらえ、もって商品価値にもとづいて〈財態〉なるものの価値性を基礎づけようとする所業は、まさに噴飯ものであるといわなければならない。

貨幣を介しての商品交換の関係や、単純商品生産的経営者と彼への注文者との関係を例証にして、自己の他己への、また他己の自己への関係行為を説く、という錯倒にもとづくほどの〝学理〟を披瀝していた以上、商品価値の全社会史への妥当性を主張することになるのは、あまりにも当然のことである。他己と自己との共軛関係を基礎にした自他の共互性・交互性・相補性を商品交換関係をモデルにして説いているのと同様に、〈用在的世界〉にかんする論述においてもまた、商品形態の価値性から〈財態の価値性〉を、あるいは〈価値性を帯びた財態〉なるものを基礎づけようとしている。このような倒錯意識は、しかし広松のばあい、なんら錯倒としては意識されてはいないのである。

商品価値のこのような汎通的一般化は、唯物史観とはおよそ無縁な論理的誤謬を鮮やかにしめしているのであるが、蹉跌はこれにとどまるわけではない。〈用在〉というカテゴリーの理解および使用のしかたそのものが、まさしく非行為論的であるがゆえに、〈森羅万象、これみな財態〉という妄想が、広松渉の〈実践的関心態勢〉にひらけることになるのである。

第二篇〈営為的世界の存在構造〉における〈三体図式〉のなかでは、〈用在〉は客体が主体に媒介され主体が客体に関係する〈中間項〉として位置づけられていることからするならば、〈用在〉は直接的には主体によって bewenden-lassen されるところのものであって、〈財態〉としての〈機能的手段〉（および〈手段的過程〉）をふくむところのものである。マルクス学理からするならば《労働手段》というカテゴリーに該当するものとして、第一篇〈用在的世界〉においても〈用在〉という術語は使用されているといえる。そうであるとするならば、〈用在〉は〈能知・能情・能意・能為的主体〉にとってのそれとして位置づけられるべきであって、自体存在として実体化されるべきではない。〈財態〉もまた同様のものとされなければならないはずである。

そもそも、――などと大仰にのべたてることでもないのであるが――商品にかんするマルクスの本質規定を没却して、その対他的または向他的規定としての商品価値だけをとりだし、その対自的または即自的規定としての商品使用価値を没却したうえで、〈財態の価値性〉なるものをあげつらうのは、一体どういうわけなのであろうか。〈意義的価値〉の反照規定としての所与的実在性をあらわす概念としての〈財態〉、その〈用在〉性を、使用価値にではなく、まさしく商品価値に見出すのは、そもそも商品経済的価値と有意義的価値と道徳的価値などを同一レベルであつかう錯誤をしめすもの以外の何ものでもないではないか。

少なくとも、商品価値でも商品使用価値でもなく使用価値一般が、いわゆる財ないし生産物の普遍的規定としての使用価値が、しかも労働し実践する主体の諸活動との関係において問題にされるべきなのである。〈財態〉の使用価値性が、〈財態〉への能為的主体の関係行為との関係において開示されるべきなのである。〈用在〉というカテゴリーも、まさにこの関係においてある〈財態〉としてとらえられるべきではないか。

そこに現にあるところの既成性として現存在するもの――これをたとえ〈財態〉と規定したとしても、この〈財態〉が直ちに〈用在〉であるわけではない。現存在するものはそれを手でとらえ使用する現存在者（人間実存）にとってはじめて〈用在〉に転化し、この現存在者にとって現存在するものは、「そのようにあるもの」となるのではないか。「物の有用性はその物をして使用価値たらしめる。」（マルクス）ということは、使用される物とこの物を使用する者との関係なしには論じられはしない。すなわち、物を使用したり消費したりする能為的主体＝人間的物質存在の働きかけを基礎にしないかぎり、生産的または生活的実践に媒介されないかぎり、物は使用価値になるわけではない、ということを意味する。いわゆる物または財一般が可能的使用価値として存在していたとしても、この可能的使用価値は現実的使用価値に転化するわけではない。〈財態〉の使用価値性も、〈財態〉にたいする行為主体の行為連関なしには現成するわけではないのである。いわんや〈財態の価値性〉なるものにおいてをや、なのである。

現に《いま・ここ》においてある物質的な社会―内―存在としての人間実践主体にとっての有意義性という意味での価値と、商品価値や経済的価値とを、同一の位相において並列的にあつかうのは、たとえ

〝学際的〟な展開であると自負したとしても、これは純然たる錯誤でしかないのである。〈実践的関心態勢〉にひらける〈全一態〉の一肢をなすとされる〈財態〉なるものについての展開は、そしてこれを〈価値性を帯びたもの〉とみなす論述展開は、能為的主体の行為をつうじてのみ顕在化するということを没却したところの、純然たる解釈学的オントロギーでしかないのである。

それだけではない。〈財態〉一般のなかに資本制経済に特有な商品価値という現実論にかかわる事柄をも直接的に〝投入〟する、というような展開――これこそは、論理的段階性を抹消した〈知覚状景〉論が破綻していることを意味するものにほかならない。

所与的現相として現前化する森羅万象が、そのまま〈財態〉デアルわけではない。「かくかくしかじかの何か」が社会的人間存在にとって、彼らの実践にとって有意義のものとして、可能的使用価値となるのである。放射線が発見される以前には、ウラン鉱石が地表に露出している所は一部のアフリカの土着民にとっては「祈りの場」となっていたにしても、ウラン鉱石は人類にとっては有意義性をしめす〈財態〉ではなかった。この一事をとってみただけでも、森羅万象、これみな〈価値性を帯びた財態〉であるとするわけにはいかない。

電通総研が一九九五年のキーワードとして発表した〝動詞的生活者〟なるものは、「探る・選ぶ・発する・関わる」という行為主体の行動をあらわすものとされているのであるが、こうした探求し・選択し・発信=発起し・関係し関係しあう、といった主体的行為なしには、あらゆる事象も〈財態〉も、その使用価値性を開示することは決してないのである。〈物象化的錯認〉を厳しく論難してきたその人が、ほかならぬ〈財態〉論において錯誤におちいったとは。……

ここにおいてわれわれは、これまで不問に付してきた根本問題に立ち入らなければならない。ここにいう根本問題とは、近代主義的〈主－客〉二項図式または〈対象－意識内容－意識作用〉という三項図式を超克すると称して、知覚的世界に現前するものを〈現相的所与－意味的所識〉の二肢的二重構造にもとづいてとらえ、もって「共同主観的世界の存在構造」を論じる、という基本的構えが欠落していることにかかわるのである。すなわち、〈営為的世界の存在構造〉を論じるさいには、所与としての〈実在性〉のオントロギーや行為論を展開する仕方が、実質上「概念＝実在」論になり終っているということにかかわるものである。〈所作者的能作者〉または〈能作体的所作態〉の行為が、こうした能知・能為的主体の言語的表現行為から切り離され、非言語的表現としての〈表情〉にきりちぢめられた、ということにも密接にむすびついている問題である。

　すぐれて個別的であると同時に社会的であり、社会的であると同時に個別的であるところの〈主体＝われわれ〉の認識＝思惟作用（〈視向作用〉にもとづく知覚作用、所知的な能知＝能識の作用）、そしてこれとは逆のベクトルにおいて働く表現行為・とりわけ言語的表現行為。――この能知・能情・能意・能作的な主体としてのわれわれの、それ自体が反照的被規定態であるところの意識の内部における、また意識外部世界にむかっての対象化作用および表現行為は、〈前人称的な共同主観性〉からも、また〈自他共軛称〉ないし〈われわれ協同称〉としての〈間主体的協同性〉からも演繹することはできない。誰にも属さず誰にも属すところの知覚的世界なるものを――疎外現実論からは論理的に区別される本質論を抽象することができない方法論上の誤謬のゆえに――〈近代主義の超克〉の名において捏造し、そしてこの〈知覚風景的世界〉の形式（〈所与－所識〉形式）および内容（推論にもとづく判断命題として述べられるもの）の存在論を展開することは、日常的意識からしても、「実在」との相補関係において「思惟」を位置づける〝物質一元論〟とでもいいうる実践的唯物論の見地からしても、極めて珍奇なことではある。

そもそも、知覚論や存在論を展開するために駆使される諸理論そのものが、それぞれの用語に特有な言葉＝諸言語体（単語ないし術語）および言語規範（語法・文法・文章法など）――これらは伝統的文化・生活様式に決定された間人間的実践の歴史的形成態である――に決定づけられ、担われている。一口でいえば、特定の言語体にむすびつかない概念なるものはありえないということである。間人間的意識的実践をつうじて歴史的に形成され創造されてきた言語体系（それ自体の意味や指示対象をあらわす諸言語体、ならびに社会的言語規範、内在化され無―意識化された《内―言語》、そしてこれらにのっとってなされる言語表現行為およびその過程、これらのすべてを指す本質的概念が、《言語》であり、そのシステムである）、この体系にのっとって、社会的＝物質的実践主体としてのわれわれが言語的表現行為を――音声または文字を表現手段にして――他の実践主体にたいしておこなうのである。このことは、いわゆる「言語の諸機能」（意思伝達性・手段性・媒介性・応答性・〝声なき声〟という性格＝「音声や文字の表情性」など）や言語的命題表現などを、表現主体としてのわれわれの表現行為から切り離して単に対象的に分析することによっては、説き明かすことは不可能なのである。

われわれ社会的実践主体がおこなう認識＝思惟作用や「人―間」的実践、ならびにこの実践のために不可欠な言語的表現行為（他者たちへの意思伝達および他者たちによる応答という精神的相互交わり）。――これらは、物質的存在である〈われわれとしてのわれ〉を拠点としないかぎり決して遂行されえないのである。

①このような個人的即社会的／社会的即個人的な実践主体が、対象的自然や他者たちにたいして働きかける物質的実践（四囲の環境への人びとの働きかけの物質性）、および②彼の意識内＝形而上の世界での対象化作用・現前化作用、ならびに③意識内で対象化されたところのもの《内―言語》にもとづく《内―語り》ともいえる概念作用とその結果）、④意識内で対象化されたところのものを外的世界や他者たちに――音声または文字を表現手段にして――物質的に対象化し表現すること。――このことは、〈知覚風景的世界〉におけるその多層化や多相化によっては決して解明できないのである。

実際、すでにみたように、知覚的世界の分析という地平にとどまるかぎり、われわれ社会的実践主体がおこなう物質的諸実践と、この諸実践に規定され・これを規定しかえすところの認識＝思惟作用およびその産物との、論理的に区別されるべきレベルの相異が無視される。そうすることによって、能為的主体の実践の過程およびその結果についての存在論と、諸実践に規定され諸実践を規定しかえす〝精神的なもの〟にかんする認識論・イメージ論とが、機械的に切り離されることになる。それだけではなく、生産的＝「人―間」的実践から、それにとって不可欠な言語的表現行為も切り離されることになる。

それにとどまらない。行為および振る舞い連関についての存在論は、もろもろの言語体にむすびついた概念（名辞）を実体化した展開になる。〈実在的所与〉契機の〈実在性〉の構制をば、言語体とむすびついた諸概念を駆使して論述することは、《主体＝われわれ》という拠点が欠落しているがゆえに、実在化されることになる。言語（体）の「感性的にして超感性的」という性格が確認されていたにしても、言語（体）は単に対象的かつ結果的にとらえられ、また言語的命題表現も、〝知覚的世界における実在的なもの〟とみなされる。こうして、概念も言語（体）も言語的に表現された命題も、すべて所与としての〈実在性〉＝〈与件〉とみなされ、さらに実在そのものとして実在化されることになる。こうした展開は、十二〜十五世紀以来の「(普遍)概念＝実在」論(実念論)と本質上同質な現象学的存在論というべきものに堕してしまっていると言わなければならない。

《主体＝われわれ》を拠点にすることを近代主義として排却することのゆえに、次のような追求されるべき事柄が没却されることになる。——たえざる日常的行為をつうじての言葉の学習・習得の過程、日常的＝社会的実践の経験をつうじての・あるいは実践的体験にもとづく実践主体の主体性の形成、もろもろの実践的経験の内面化および意識内での沈澱と無−意識化、たえざる想起をつうじての沈澱したものの再生的保持、さらに客観的世界の法則性の対象的認識に媒介されつつ構想力を働かせて創りだされる目的意識、その形成の内部世界的過程、そして他者の体験が表現されたものをば追体験的に理解し再構成するという精神的作用など。——これらについての哲学的思弁は、まさに結果的で対象的な存在論の砂漠に埋めこまれることになる。

生産的実践の基礎になる法則性およびその適用については終始一貫して無視され、わずかに〈技術的対応〉とか〈技能〉とかというコトバが、それぞれただ一回だけ顔をのぞかせているにすぎない。この欠落をおおいかくしているものが、行為の基準・規矩・規則にかんする社会学風の展開であり、正負のサンクション論なのである。

さて、ここで、「こ・そ・あ・ど」を例にとって簡単に、これまでのべてきたことを要約しておく。

「これ」と「それ」という指示代名詞およびその用法は、日本語としては辞典においてその意味内容が規定されている客観的存在である。そして「これ」や「それ」という指示代名詞および用法を、幼児は母親などから教えられ学んで、つまり日常的行為をつうじて体得するのであって、体得され内面化された〝これ・それ〟はこの幼児の《内―言語体》となり《内―言語》の形成の出発点になる。こうした幼児の《内―言語体》の発達は、非自己である外界についての認知能力および情意の、そして体得した《内―言語体》の発達に相即する。子供が表現主体となって、彼の他者にたいして「これ」という代名詞およびこれにむすびついた音声や人指し指を表現手段にして、「これ」という代名詞によって指示されている客観的対象を指ししめす。「これ」という語そのものと、「これ」という語にむすびついた音声によって指ししめされ〝これ〟とされたところの客観的対象とは位相を異にする。「これ」という代名詞を用いる幼児＝表現主体と、「これ」という指示代名詞の発声に応じた他の表現主体とが、《表現場》を形成する。幼児＝表現主体が感覚したところの、「これ」という代名詞を用いて指示された客観的なものと、「これ」という表現態とは異なる。ところが、「これ」という一つの言葉（言語体）と、「これ」によって指示されるところのものとは、日常的意識においては直接的に同一化（ないし同一視）される。

ところで、イギリス人やドイツ人が「これ」と「それ」を区別する言語体をもっていないのと同様に、今日の若ものは、「これ」と「それ」とを、「このこと」と「そのこと」とを区別することなく、すべて「それ」とか「そのこと」とか、また「そちら」（話し相手のことらしい）とかという語を用いる。このことは、当該の人びとの《内―言語体》から〝これ〟と〝それ〟との用語および用語法上のちがいが消失していることを意味する。〝これ〟という《内―言語体》をもっていない若い世代が表現主体として他者にたいして特定の客観的対象を指示するばあいには、「それ」という代名詞に結びついた音声＝〝ソレ〟を発することになる。

「それとは、どれだ？　あれか？・」と問いかえすと、「これ」と表現すべき対象のことをさししめして〝ソレ〟と発語する人びとが多い。このことは、特定の表現主体を起点にして、彼からの距離が近いものから遠いものへとひろがるところの、指示される客観的対象と彼との位置・布置関係にもとづいて、「これ」──→「それ」──→「あれ」という指示代名詞は用いられる、という社会的約束ごと（＝言語規範）が、当該の表現主体に内在化されていないことにもとづくのである。右のことは、《内―言語》の失調にもとづく「言語失調」の一つであるといえる。──いまのばあい、㋑表現主体としての私によって感覚され認知されるであろうところの客観的対象（O_1という記号であらわす）および㋺客観的対象という概念であらわされる物質的なもの（Ⓑ）、そして、㋩私が感覚し知覚した対象（O_1'）を「これ」という代名詞にみあった音声を発して表現し、表現したこと（O_2）は「私は、これを指さす」という表現態の短縮形であるということ、これらについては省略する。

〈日常的意識 für es〉と広松渉が言うばあい、「es＝これ」〈についての意識〉のことをさしているのであるが、この「es」という語と、この語によってあらわされる対象的なものと、「es」についての考え（＝観念・表象・概念）、この三者が行為主体の存在を前提にしていないがゆえに未分化になっているのであり、ファジーなのである。esという語、esという語が用いられた表現態（命題表現をもふくむ）、esという語を表現手段として用いることとそのこと、esという語によって指示されているところの対象的存在、《内―言語体》としてのes（フロイトのいう「エス」ではない）、──これらのすべてを含意させた「für es の日常的意識」を「für uns の見地」から否定しているにすぎないからこそ、自他の物質的交互媒介関係そのもののなかには表情のような非言語的活動しか位置づけられないことになる。言語的表現行為論そのものの蒸発のゆえに、つまるところ「概念＝実在」論に陥没することになっているのである。この陥没をおおいかくしているもの――それこそが、〈知覚風景的世界〉の多相的・多層的構造についての〈その都度の〉論及という、感覚的に覚識できない貞操帯なのである。

E　物象化論から疎外論へ

〈財態〉にかんして、かなりの廻り道をしてしまった。要するに、〈用在的世界〉なるものが、われわれがそれなしには生きることのできないところの技術的＝協同的な生産的実践から切り離され、また、言語的表現による意思伝達・応答の精神的共互関係を不可欠とする間人間的＝「人―間」的実践から切断されて論じられている、ということなのである。いいかえれば、生産的＝社会的実践に媒介されて創造された〈財態〉（第二篇では〈業態的行為〉に関係して論じられているところの、いうなれば〝人間化され社会化された財態〟としての〝業態〟）と、あらゆる事象＝森羅万象とが、直接的に同一視されているのである。このようなものとしての〈財態〉は、〈実践的関心態勢〉にひらける所与的契機としての〈実在性〉の規定とされ、このようなものとしてそれは、つねに同時に〈価値性を帯びている〉とされる。

このようにとらえるのは、㋑知覚風景的世界の直接性、㋺知覚によってとらえられるであろうところのもの（すでにそこに現にあるところのもの）、㋩かかるものの共同体的人間の諸実践による被媒介性、

㈡被媒介的既成性としての現存在するものを創造した間人間的＝生産的な諸実践、㈭この諸実践（生産的＝「人―間」的諸実践）を基礎としてつくりだされると同時にこの諸実践を規定するものとなるところの言語的表現行為、などが省察の埒外におかれているからなのである。――こうした〈営為的世界〉を構成する諸実践の彼岸において提示された概念が〈価値性を帯びた財態〉なるものにほかならない。

たとえ〈価値性を帯びた財態〉なるものが知覚的世界における出来事であり、ザッへ（事態）であるとされていたとしても、この世界の実在性の契機はオントロギーの名において同時に実在そのものとされている。知覚的世界を論述するために用いられている広松語は直接的に実在化され、彼のオントロギーの内実は「概念＝実在」論に堕している。言語体と概念、言語規範および諸言語体、それらが実践的経験をつうじて内在化されたもの・つまり《内―言語》、この《内―言語》にもとづく認識＝思惟作用および《内―語り》、そして知覚され思惟され構想されたものの環境的外的世界への表現または《外―語り》、それぞれの意味内容や指示対象が社会的に約束されている諸言語体からなる表現態、これを媒介にした話し手と聞き手とからなる《表現場》に決定された表現主体の言語的表現行為およびその過程、これらにかんする事柄のすべてが、〈用在的世界〉からも〈営為的世界〉からも完全にしめだされている。――このゆえに、私はかの廻り道を必要としたのである。

人称以前的な〈実践的関心態勢〉にひらける〈実在的所与―意義的価値〉、その第一肢はその第二肢との反照関係にあるものとして〈レアール＝イルレアール〉な二重性をなすのであって、感覚的与件の所与的〈実在性〉は〈価値性を帯びた財態〉であるとされた。いいかえれば、〈財態〉は同時に〈それ以上のものとして〉、つまり〈意義的価値〉に滲透されたものとして規定され、他方、第二肢をなす〈意義的価値〉は、〈所与的実在〉の〈所識〉として〈イデアール＝レアール〉という存在性格をなすものとされる。

第一肢との反照関係においてある〈意義的価値〉は、〈実在的所与〉契機との関係において七つに分けられる。「心」や「精神」や「価値意識」などを自体存在とみなすこと（つまり〈心態〉）を排却して、ここでも〈価値の存在構造〉が〝誰にも属さず誰にも属す〟というレベルにおいて詳述される。だが、ここでは、中途失明者を想定して〈価値の存在構造〉を人格化して、その大略を指摘することにする。

出発点は〈表情価〉①であるとされ、これは〈情動興起価・行動誘発価〉であるとされる。五感ならぬ四感を働かせ、かつ第六感と想像力を働かせつつ、盲人は、音や音声を聞き見るとともに嗅ぎ味わうことによって、情動興起・行動誘発を体感する、というわけなのである。

そして第二に、たとえば、口にとびこんできた「しかじかであるような何か」をば味覚および嗅覚を働かせ、日常的経験をつうじて体得している〈所識〉にもとづいて、瞬間的に〈較認〉し〈評価〉する②、そして「かくかくしかじかの何か」は〝レモンのかかったキウイである〟と〈評価〉するというわけなのである。

そして第三に、めくらとして生き盲人として仕事をする〈欲動〉③が、次に〈希求〉が、〈意義的価値〉の非連続の連続をなす三つめの「価」とされる。床にある何物かを急いで拾おうとして額を洗面台の角にぶつけたり、急いで歩くことを欲して座卓の角に弁慶（スネ）をぶつけたりして打撲傷を負わないことを〈希求〉し〈渇仰〉する。そして第四に、真っ暗闇のなかでノートに字を書くことを〈欲動〉し〈当為〉④し、そして書いた文字がオンブしたりダッコしたり、一文字が三文字に離散したりしないように

〈促迫〉されて〈当為〉を自らに課す、というわけなのである。

そして第五に、めくらでありながら変革的実践を希求し「革命をめざす」という〈期成〉を〈企投〉⑤し、組織実践を展開することのなかに価値を見出す。そしてこの〈企投〉的目的を投げ企てる組織実践を、つまり投企を現実に遂行し、もってこの企投的投企の質や現実性を〈照会的〉に〈判定〉⑥する。そして最後に、盲人としての革命的実践のもろもろについての〈述定〉に、〈承認—否認〉の〈価値判断〉⑦を与える。

〈表情価〉を、つまり「価」のもろもろを人格化して解釈するならば、およそこのようになるであろう。不正確きわまりない右のようなことがらについて、正確さを期するために、この該当部分を次にかかげておこう。

① 興発的価値感得（歓好—嫌厭）
② 較認的価値評価（撰取—貶置）
③ 慾動的価値希求（渇仰—抑斥）
④ 当為的価値応対（促迫—禁制）
⑤ 期成的価値企投（追求—忌避）
⑥ 照会的価値判定（適盈《じゅう》—反虧《か》）
⑦ 述定的価値判断（承認—否認）

右の①〜⑤までは能知・能情・能意・能為的主体の〈遂行的行為〉を決定する価値にかかわるものであるのにたいして、⑥と⑦は〈業態的行為〉の結果についての判定および判断にかかわると言えるのであって、①から⑦までのすべてを同一レベルであつかうわけにはいかないであろう。さらに、形成された〈価値判断〉⑦でUターンし、〈価値〉の諸形態が、次のように羅列される。すなわち――〈述定的価値、照会的価値、期成的価値、当為的価値、慫動的価値、較認的価値、興発的価値〉。

右のようなことそれ自体については、いまは問わないことにする。〈財態〉なるものが、それに対向する能意的行為主体との交互性において、あるいは行為連関においてとらえられず、〈財態〉の実体論的錯認であると断定しうるような展開がなされていたのと同様に、〈表情価〉をはじめとする〈価値〉の諸形態もまた、社会的実践主体の価値意識とは無縁な形で、対象的かつ客体的に論じられ、〈価値〉のオントロギーが展開されているにすぎないのである。

〈財態―価値〉成態としての〈全一態〉こそは、〈用在的世界〉における〈間人間的共同主観性〉のあらわれである、という意義づけがなされる。そして、この〈全一態〉は〈営為的世界〉においては〈環境―人間〉に〈分截〉され、そしてこの第二肢が、つまり他己にたいする自己の、自己にたいする他己の関係行為が、まさに没価値的に論じられる。

すなわち、他己・自己関係は発生論的・発達論的に、しかも「おし・つんぼ」の世界を想定して発達心理学的知識を動員して記述される。そして〈舞台的世界〉における〈役柄扮技〉の共演をモデルにして、〈人生劇場〉における〈所期待的能期待者―能期待的所期待者〉の、また〈能作体的所作態―所作態的能作体〉の、〈対他・対自―対自・対他〉構造の存在論が展開される。さらに、こうした叙述をふまえて、正負のサンクションをつうじての行為規準や行為規矩や規則随順などが論じられる。行為および行為連関を函数関係としてとらえるならば、いわゆる〈規則〉や〈地位 Status〉の〈物象化的錯認〉にはまりこむおそれは無いとされる。

こうして、〈役割期待―役割取得〉の共互関係が社会的編成＝〈共同体的協同性〉を構成する原理たらしめられる。この〈共同体的協同性〉および〈協働態〉において、突如として没価値的展開は変んじて、〈価値〉的展開となる。

わが〈物象化論〉者が希求し渇仰しモデルとみなす〈共同体〉、この〈共同主観的協働態〉においては、〈われわれ協働称〉が主語になり、〈主体＝われわれ〉と〈客体＝われわれ〉との協同的共互性が原理となり、〈共同利害＝利害の共同性〉が〈共同体＝協働態〉の隅々にまで滲透する。けれども、この〈共同体〉の内部には〈支配＝服属〉の関係が胚胎し、胚胎したこの関係が顕在化されるばあいには、〈幻想的共同態〉が現成するとされる。だが、この社会形態がなぜ、どのようにして形成されるのか、ということについては、唯物史観の見地からも生態史観の見地からも、ほとんど全く論及されてはいない。社会的労働分割（＝社会内分業＝普遍的分業）とこれにもとづく階級的所有が発生しないかぎり、〈共同体〉の〈幻想的共同態〉への転化―疎外は現成することは決してない。このことは論理的にも歴史的にもいいうることなのである。

ところが、すでに簡単に指摘しておいたように、①対象化・疎外の論理が広松哲学には欠損していたのであった。それだけではなく、②エンゲルス式の分業発展史観や③スターリン主義者どもがそれに呪縛されつづけてきたところの商品経済史観を、広松は後生大事に継承してきたのであった。そして④アメリカ社会学や経営学にみられる集団論や企業組織体論をも直接とりこんで、階級国家も企業も家族も〈幻想的共同態〉として、エセ・マルクス的に彼は特徴づけている。

こうした姑息な手法に付加されるもの、それが⑤彼に独自的な、だが学理の新しいパラダイムをひらくものとして提起された〈物象化論〉なのである。

〈共同利害＝利害の共同性〉が論じられているということは、協働態的社会編成の内部に階級対立と階級分裂が現成することが前提にされているということを意味するのであるが、しかし、《階級》概念を〈共同態〉の疎外の把握にもちこむことは峻拒される。エンゲルスの『家族・私有財産および国家の起源』のほぼ末尾の部分で論じられている、階級国家の形成の非論理的な・つまり歴史主義的な展開を念頭におきながらも、直接的には『ドイツ・イデオロギー』にみられる《共同性の幻想的形態》にかんする部分を「解釈」し、そこから〈幻想的協同態〉論を導きだしているのが、わが〈物象化論〉者なのである。

しかも、この「解―釈」は、マルクスの補筆訂正した部分をエンゲルスの問題意識にひきよせて改釈することにもつながっている。このことについては、つとに仲間たちが指摘しているところである。〔『スターリン主義の超克』第二巻に収められている藤葛遼論文「『ドイツ・イデオロギー』の国家論」や片桐悠編『廣松渉の国家論』などを参照のこと。〕

「分業」のアダム・スミス的概念を踏襲して私有財産と分業との関係を論じた直後に、エンゲルスは「共同利害」について論じている。けれども、原始共同体における共同利害と階級分裂が発生した社会形態において妥当させられる「共同利害」とが、――階級的所有の発生と社会的労働分割とは無関係に――不分明のままに論じられている。まさにこの不分明な叙述に依拠し、そうすることによって《幻想的共同性》を理解しそこなっているのが、わが〈物象化論〉者なのである。

階級的特殊諸利害が衝突しあう社会構成のもとでは、普遍的共同利害はそもそも成立しないのであって、まさにこのゆえに《幻想的共同性》が、社会編成を維持しようとする支配階級によって、あるいは、みずからの階級的特殊利害を同時に社会的な普遍妥当性にまで高めようとする階級によって、つくりだされるのである。しかもこうした階級は、この《幻想的共同利害》に物質的形態をあたえようとする。こうして国家という物質的形態がつくりだされる。この国家が《幻想的共同体》であり、国家の本質は《幻想的共同性》にある。——このことは、われわれにとっては、一九五〇年代からの常識である。

ところが、労働の社会的分割（＝社会的分業）ならびに生産諸手段の所有関係（もちろん広松は「所有とは関係の物象化である」としているのであるが）とは無関係に論述されている共同利害の分裂および特殊的諸利害のあいだの衝突にかんする展開を、ヘーゲル左派の哲学との対比において色読し、またそうすることにより「マルクスの補筆」の深刻な意味をつかみそこねたのが、わがエンゲルス主義者なのである。

こうして〈共同利害＝利害の共同性〉が分裂して、特殊的＝階級的諸利害が衝突しあうところの〈共同主観的協働連関態〉、この疎外された社会を支配する価値は、超歴史化された〈真・善・美・聖〉であり、〈公正と不公正〉であり〈善と邪〉であり、〈正義と不正義〉であると宣言される。

〈共同利害＝利害の共同性〉の分裂、この分裂にもとづく〈共同主観性〉の歴史的変動、〈幻想的協同態〉としての諸制度・国家の現成および運動、これに対応した価値観の分裂などは、もちろん第二巻第三篇や第三巻の領域にぞくする事柄ではあろう。けれども、〈正義・不正義、公正・不公正、善・邪〉などの没階級的で一般化的なとらえ方は、『反デューリング論』の老エンゲルスをびっくり仰天させる以外の何ものでもないであろう。

それだけではない。〈正義〉を至高の価値とみなしつつ、通用的価値を打破し〈正義〉を向妥当させる、という〈正義〉のための革命が、〈営為的世界〉の終尾を飾っているのは、果たして有終の美なのであろうか。……

『新哲学入門』（岩波新書）の末尾を飾っていた「正義の革命家的哲学者・哲学者的革命家」にかんするあの叙述に比肩すべくもない論述は、もちろん、プラグマティズムという肯定的現実主義の哲学にのっとったアメリカ製諸科学を、なかんずく社会学・行動学・発達心理学などを、まさに手当り次第にかき集め、呑みこんだことの必然的帰結ではある。

期待され期待し・期待し期待されるという論理、創られ創り・創り創られるという論理、しかも能知・能情・能意的行為主体の意識野にひらかれるところのものを没却し「おし・つんぼ」の共互的交わりを想定するところの〈共同主観性〉の論理……。これらからは、《いま・ここ》においてあり実践し労働しているわれわれの変革的実践の論理は決して導きだすことはできない。われわれが今現在においてある場所を変革するための実践の論理も決してでてこない。〈営為的世界〉の純然たるオントロギー的行為論に、理論外的強制として〈正義〉のための革命が接ぎ穂されることになるにすぎないのである。

では一体、なぜ、このような結末になったのであろうか。その理由は、すでに論じてきたように、疎外論の脱落した〈物象化論〉という一点にあるといえる。〈疎外論から物象化論へ！〉という若き日の広松渉がかかげたスローガンに、すべては象徴されているといっても決して過言ではない。

もとより哲学史的知識の徹底的欠乏のゆえに、ただただマルクス思想の光に照らして、そのように私は言っているにすぎない。十九世紀中葉以降から今日にいたるまでの哲学的探究のすべてとは無縁に生き実践してきたにすぎない私は、――広松式哲学の右のような評価が普遍妥当性をもったものであるとはいえないにしても、――「疎外論の脱落した物象化論」という点こそが致命傷になっていると断じないわけにはいかないのである。

マルクス主義にかんする古典的文献についての余りにも少ない読書量を恥じながらも、やはり私は断言する――「疎外論の欠損が広松哲学の〝死〟をもたらしているのだ」と。

厳しい労務管理のもとで疎外された労働を日々強制され、この強制労働に従事しないかぎり生存できない賃労働者たちの現実を直視するだけでも、一八四四年の若きマルクスが刻みこんだ《疎外された労働》論は、いまなお、いや、いよいよ輝きを増しているのである。このように感得することは、哲学的探求以前の問題なのである。たとえ〈賃金奴隷制〉という用語を乱発したとしても、賃労働者の資本主義的自己疎外が物質的にも精神的にも深まっている、という世紀末世界におけるこの厳然たる事実とは無縁な形で、〈賃金奴隷制の撤廃〉を叫び〈共同主観性〉を説くことは、空叫びでしかないのである。――この素朴な、余りにも素朴な確認が、だが決して消し去ることはできない今日的現実そのものの確認が、まさにこのことが、現代世界において哲学することの出発点なのである。激動してやまない二十世紀末の世界が、おのれが生き働き苦闘しつつ実践する場所であるかぎり、このことの確認のうえにたって、思索し変革的実践に立ちむかわないわけにはいかないのだ。

〈für uns の学理的見地〉から俯瞰するならば、〈間主体的共同主観性〉が浮きだして見え、〈実践的関心態勢〉にひらける〈用在的＝営為的世界〉の原理として〈共同体的協同性＝共同性〉が透視されはするであろう。このことは、しかしオントロギーの領野にぞくすることであって、オントロギーの学理を展開しようとするその人は、誰某ではない。生き苦悶し思索し、あるいは思索しないで解説や解釈に没頭している、特定の身体をそなえた個々人である。「心」や「精神」を自存化することは哲学的錯認である、というようにたとえ断じたとしても、物質的＝社会的存在としての彼・彼らがみずから知覚し意識することなしには、哲学することはできない。この自明の経験的事実そのものを問うということと、この自明の事実を即自的前提にすることとは、まったく別のことである。たとえ無前提の学であると自称したにしても、この無前提の学を学として展開するためには、彼ら哲学者の母語を、したがってもろもろの言葉とむすびついた諸概念を用いないわけにはいかないのである。たとえば〈用在〉なるものは、まずもって、もろもろの言語体および社会的規範としての言語規範にもとづくものであるということになる。それぞれの母語に固有な《言語》ないし言語体系に依拠しないかぎり、〃無前提の学〃でさえ論述することはできないのである。いわんや広松語においてをや、なのである。

　いわゆる存在拘束性の根本的基底には《言語拘束性》があるとするならば、いわゆる「無前提の学」といえども、それぞれの母語の《言語》を措定的前提としないわけにはいかないのである。《言語》なしには、哲学的思弁そのものもその論文としての論述も、不可能なのである。この一事からしても、それぞれの母語の諸言語体が大前提になる。まさにこのことは、日常的生活実践をつうじて習得され意識下に沈澱された《内―言語》にもとづくことなしには認識することも考えることもできないだけではなく、認識し思惟し情感し意志したことを他者たちにむかって表現することもできないことを意味する。「われ（個）としてのわれわれ（全）」とか「われわれとしてのわれ」とかという言語的表現態にしてからが、行為的現在の場所においてある「生身のわれわれ」と規定されるところの物質的存在（これもまた言語的表現態！）がおこなう認識＝思惟作用（これも言語的表現態による規定！）の内実が、外的世界に対象化されたものにほかならない。

もろもろの言語体とむすびついた諸概念を頭脳の内部で対象化し（＝《内―語り》、頭の中でのつぶやき）、と同時に感じ考えていること・感じ考えたこと・感じ考えつつあることなどを、他者たちや外的世界に音声を手段にして対象化し表現すること（＝《外―語り》）。物質的存在としてのわれわれの《～についての意識》そのものの対象化作用、および意識内部で対象化されたものの外的世界への物質的対象化＝表現。このような《対象化の論理》を唯物論的にはじめて明らかにしたもの――それが若きマルクスの草稿であった。

ところが、わが哲学者は、『経済学＝哲学草稿』をば近代的〈主―客〉図式をひきずっているものとして断罪し、そうすることにより労働（能）力の対象化＝疎外の論理ばかりではなく、《対象化》一般や《疎外》の一般的論理をも投げ捨て、もって『ドイツ・イデオロギー』にみられる歴史存在論的展開をば〈物象化論〉という哲学的地平をひらいたものとして位置づける。もちろん、この論の如実相は、マルクスにかんしていえば、『資本論』においてみいだされるとされてはいる。このような論定にもとづいて、〈物象化論〉こそが新しいパラダイムであることを主張するために、マルクス理論も現代哲学の諸学説も発達心理学も社会学も、すべて動員される。これらについての無知のゆえに、マルクスとの関係においてのみ、補足的に整理しておくことにする。

（1）『経済学批判要綱』にみられる「ペルゾンリッヒな依存関係からザッハリッヒな依存関係へ」と

いう論述を、広松が無視したことの正当性。

マルクス学者といわれる人びとの殆どすべてが、この「依存関係」説を随喜の涙を流して神棚に祭りあげるのを常とするのにたいして、これを広松渉は無視する（と思われる――彼の著作を読んでいないので）。彼は商品経済史観を唯物史観であると思いこんでいるのであるから、「依存関係」論を無視するのであろう。自然発生的共同体の内部に伏在していた〈支配＝服属関係〉が顕現するのが階級社会なのであるからして、そもそも「人格的依存関係」という用語が彼にはしっくりしないのである。「人格的依存関係」といえるような社会諸関係は原始共同体にのみ妥当する、という信念に彼はつらぬかれているからなのである、といったほうがよいかも知れない。

（2）　商品経済的物化論が成立する以前に執筆された『ドイツ・イデオロギー』、ここにみられる Versachlichung というカテゴリーの色読。

　現実的には資本制大工業の目をみはるような発展を眼前にしたフリードリッヒ・エンゲルスは、アダム・スミスの分業論を拡大解釈しつつ、「分業」を国家形態のとらえ方にも適用した（たとえばブルジョア的三権分立を「分業」とみなしていることにしめされるそれ）のであった。これにたいしてマルクスは、――商業社会のスミス的とらえ方（「見えざる手」に象徴されるもの）を哲学的カテゴリーを駆使して継承しつつヘーゲルが展開したところの――『法の哲学』の「市民社会」論を唯物論的に転倒することを基礎にして、みずからの思弁をすすめたのであった。このエンゲルスとマルクスの思想形成および質の違いのゆえに、かの《幻想的共同性》の理解においてズレないし齟齬が生じたのだということは疑うことのできない事実である。それとともに、この両者の間には、ヘーゲル的疎外の論理と四つにとりくんだか否か、という問題があり、また、それによって社会（＝「一切の歴史のかまど」としてのそれ）が運動するところの生産力と生産関係の把握のしかたにおいても、微妙な違いがあるのではないかと思われる。

ところで、「生産力が一つの社会的マハトとして自立化する」というエンゲルスの一句に異常な関心態勢をとる広松渉は、二つの大きな誤謬をおかしているといえる。すなわち、その第一は「社会的マハト」をば、資本家的企業のような経済的権力や国家のような政治的権力とならぶ存在形態に祭りあげたことにある。もちろんこのことは、『資本論』第一巻にみられるところの、直接的生産過程における資本のもとへの労働の形式的および実質的包摂、これによる資本の社会的生産力の成立という展開を、広松が「資本の経済的マハト（＝力能）」の成立というように誤読したことにもつながっている誤謬である。

ところで問題になるのは、社会的マハトにせよ経済的マハトにせよ、その成立機序のとらえ方である。一言でいえば、マルクスのように労働疎外論に立脚して、「生産力の社会的力としての自立化」をとらえることができなかったことのゆえに、この生産力の自立化＝事物化が商品経済的物化と等値化的に等置されたのだといえる。

商品経済的物化論が成立する以前には、いうまでもなく、Sache や Versachlichung という術語は、ヘーゲル『論理学』における Sache を踏襲して用いられている。いまのばあいは、論理学体系の内部においてしめるこのカテゴリーの位置については措くことにする。このザッヘは Tätichkeit（活動）と Bedingung（条件）との二契機によって運動するとされる。後続するカテゴリーを先取りしていえば、それによって「現実性」が展開されるところの「能動的実体」が「ザッヘの契機としての活動」に、他方の「受動的実体」が「ザッヘへの契機としての条件」に、向妥当するともいえる。「活動」と「条件」の相互規定から

「ザッヘ」（事柄または事態）が説かれていることからするならば、「ザッヘ」は諸活動に媒介された物としての事を、いうなればTatsache（matter of fact）を、出来事や行為的事象などを含意しているといえる。

人間行為による被媒介性をあらわす物が、ザッヘ（事柄・事態・事物）であるといえる。（Versachlichungはマルクスの造語である。「物になる」とか「物―性」とかとするのがヘーゲルであって、この「物」はDingである。）

他方、現象して外にあらわれた有（Sein）が「現有」（Existenz）であり、みずからの本質を反省した「現有」がザッヘとされていることからするならば、「ザッヘ」は〝事象〟とか〝物象〟とかの概念であらわすわけにはいかないであろう。むしろ商品経済的物化論が形成される以前に用いられている「ザッヘ」は、人間活動による媒介ということをふまえたうえで、（法律用語としては）人格にたいする〝物件〟という訳語のほうが適切ではないか。こうした脈絡からするならば、「事物・事態・事柄」という訳語をザッヘにあて、「Sache」を動名詞にした単語としてのVersachlichungは「事物化・事態化」または「事的物になること」という訳語が用いられるのがよいであろう。〔『Praxiology』参照〕

実際、先資本制社会において現出したとエンゲルスが述べている一つの事象、つまり「生産力がそれを創造した人びとにたいして独立した力としてあらわれ、社会的力を獲得する」ということは、《生産力の事物化》と解されるべきであって、階級社会一般に妥当するこの《事物化》は商品経済的物化や貨幣物神化などとは截然と区別されるべきなのである。このようにとらえられないことからして、また階級社会一般と、前近代的な諸「共同体」の外部に発生した商品経済とを――スターリン主義者に伝統的な商品経済史観にのっとるがゆえに――区別できないことからして、いかなる社会においても〈物象化〉が必然である、とする説がまかり通ることにもなるのである。だが、このばあいには、新たな問題が生ずる。すなわち、《物質化》や物質性をも、〈物象化〉という概念のもとに理解する、という論理的および理論的な混乱が生みだされるということである。

（3）物質化・表現・物質性の蒸発。

ここでは、「主観」とか「意識」とかという存在を自立的な能意的なものとして実体化するのは錯誤である、ということを大前提にする。しかも、生産的＝「人－間」的実践をつうじて形成された物質的＝肉体的な社会的存在としての人間実践主体と、彼らがおいてあり生き労働し実践する場所とを、無条件的な即自的前提にする。

《いま・ここ》においてある実践主体としてのわれわれが、われわれのおいてある場所に関係するばあい、実践主体としてのわれわれの「についての意識」にひらかれるのは、感覚され・知覚されたものだけではない。記憶として下意識に沈澱していたものや前意識的なもの・無意識的なものさえもが現前化し、これが知覚形象とむすびつくのである。しかも、意識内部世界におけるこうした対象化作用は、《内－言語》による認識＝思惟作用としてあらわれ、実践的経験をつうじて形成されたところの構想力や想像力にむすびつきながら、働くのである。そして、こうした認識し思惟する物質的主体が、みずからの意識内の形而上的世界において対象化したところのもの――伝統的概念でいえば「知・情・意」にかかわること――をば、もろもろの物質的手段（音声や文字をふくむ）を媒介にして物質的対象（他者たちとしての人間主体をふくむ）に対象化する、という物質的行為。――これが、生産的生活世界における物質的な対象化・表現という実践である。この現実世界における実践主体の対象化行為＝実践をば、対象化されるであろう「知・情・意」のがわから規定するばあいに、意識化されたものの《物質化》とよぶ〔『革マル主義術語集』参照〕。

いうまでもなく、「なんの手段もなく自らを外化し疎外しうる」とマルクスが『初版・資本論』においてのべているヘーゲル的理念の運動の論理と、この《物質化》の論理は、まったく関係がないのである。たしかに、ヘーゲル的理念の「疎外」は、広松のいうように〝化身〟のようなものであるとはいえる。けれども、われわれが使用している《疎外》という概念は〝化身〟ではない。この概念は、本質的には、いまのべたような物質的構造をなす《物質化》という概念と同じ意味内容において用いられているのである。本質論のレベルにおける労働力の対象化＝疎外＝外化の運動の構造を、その物質性の側面から規定したのが《物質化》であるともいえる。また、芸術作品は芸術家の創造的行為の産物であって、この表現行為を形式主義的にいいあらわせば、芸術家が彼の芸術家としての情動や生きた思想を、もろもろの表現手段を介して表現対象に物質化し対象化することが、芸術作品の創造過程であるといえる。この行為は同時に、この芸術家にとっての主体的真実の表現であるだけではなく、それによって彼にとっての存在の真理がこの作品において顕現する、という存在論的意味をもっているといえる。

一般に人間の創造的行為は、実践＝表現主体が物質的手段を介して物質的対象に働きかけるということなのであるが、しかしそのさいに、現に存在しないもの・未だ存在しないもの・まさに来るべきものを《物質化》することによってはじめて、創造的行為は可能になるのである。

もろもろのイデオロギーや制度や精神文化・物質文明と呼称されるものは、〈価値性を帯びた財態〉または〈遂行的行為〉の産物としての〈業態〉であるといえないことはない。けれども、それらのすべては物質的形態をなすのであって、〈共同主観性〉が〈物象化〉されたものではない。制度やイデオロギーそのものの物質性、人間主体の創造的実践によって物質的に制作された物質的形態（芸術的表現態としても評価されるようなそれ）の物質性は、〈物象化的錯認〉の賜物であるわけではない。

ところで、階級社会一般に妥当する概念としての《事物化》と商品経済的物化とは、――もちろんドイツ語では同じ単語であらわされるのだとはいえ、――区別されるべきである。それにもかかわらず、この両者を同一のレベルにおいてあつかい、この両者をともに〈物象化〉という語であらわすのが、わが広松渉である。しかも、対象化・疎外の論理の欠損したオントロギーのゆえに、〈物象化〉概念の〈化〉性に幻惑されて、われわれが《物質化》という術語であらわすところのものも〈物象化〉として、彼はとらえることになる。

しかも唯物論を錯認の体系とみなすことのゆえに、人間実践の産物である社会的存在の物質性が否定される。こうして、〈物象化〉論の弥縫策が試みられることになる。曰く「桎梏にならない物象化もある」と。

「桎梏的物象化」のカテゴリーのもとに包摂されるのは、明文化されているものをふくめての道徳規範から〈幻想的共同態〉としての国家にいたるまでのイデオロギーおよび制度とされるのであるが、将来社会にも継承されるであろう〈物象〉は〈桎梏にならない物象化〉だというのである。このことは、明らかに、《物質化》と物質性と対象化と疎外などの諸概念を未分化に・曖昧のままにしてきたことの必然の帰結にほかならない。

あるいは、次のようにもいえる——物質的存在としての人間主体の実践に媒介されて現存在しているものであれ、現にそこにあるもの・つまり定有としての既成性（＝実定性）であれ、こうした現存在するものそれ自体の物質性と、それらについての規定性ならびに「社会的被歴史性」などを——まさしく〈同志スターリン〉（広松の言葉）と同様に、——区別できないことに、〈物象化〉概念の拡張解釈は淵源するのだ、と。

〈知覚風景的世界〉に映現したかぎりのものの諸相に哲学的規定をあたえることが現象学的存在論の方法である以上、われわれの唯物論の見地からする右のような把握はどうでもいいことなのである。〈物象化〉概念の内包的意味を拡張しすぎることによって同時に〈物象化論〉は破裂する運命を背負わされたのだ、というべきであろう。

（4）　物化と人格化と物神性。

資本制商品経済的物化（Versachlichung, Verdinglichung）の歴史的独自性をかかるものとして概念的に把握することなく、この物化構造を直接的に一般化し、そうすることによって階級社会全体に妥当するものとみなす、という錯誤にもとづいて展開されているのが、広松渉の〈物象化論〉であるといえる。

このばあい特徴的なことは、「生産諸関係の物化（ないし物象化）」と《事物化》とを概念的に等置するとともに、「物の人格化」（生産諸手段の人格化としての資本家、賃労働のそれとしての賃労働者、土地のそれとしての土地所有者ということ）ならびに商品・貨幣・資本の物神化、および物神崇拝意識の醸成にかんすることがらをば、〈für es の日常的意識〉の倒錯性にひきよせて解釈し、もってこうした転倒性が〈物象化的錯視〉として一括されているということである。いいかえれば、物神崇拝意識を〈物象化意識〉とみなしつつ、この日常的意識をその基底にあるものとしての生産諸関係（または人格）の物化〔ないし物象化〕から説く、という方式がとられる。このばあいに、「物（商品・貨幣・資本）の人格化」にかんする省察がぬけおちる。人と人との社会的関係が物と物との物的関係としてあらわれるという資本制商品経済の独自性の存在論的解明と、資本制経済の物化構造が物神崇拝意識を醸成し助長する、ということにかんする解明との二相が確認され、後者が〈für es の日常的意識〉にかかわり、前者が〈für uns の学理的見地〉からする〈物象化〉の論にかかわるとされる。

　ここでは、「人のザッヘ化」の裏面をなす「ザッヘの人格化」の側面が脱落し、資本制商品経済が支配する歴史的に独自な社会だけではなく階級社会一般もまた、〈ザッヘ化した社会〉に横すべりさせられることになる。社会的諸事象・諸事態・諸出来事・諸事実から諸制度・諸イデオロギーにいたるまでのすべてが、〈物象化〉とみなされるにいたる。そして、このようにとらえることこそが〈学理的見地〉であると強弁されるのである。

　右のような錯誤は、直接的には物化を物質性から区別できない非唯物論に由来する。それとともに、すでにのべたように、商品経済的物化と《事物化》とを区別しえない非学理的見地に陥没し、疎外・対象化・外化にかんするマルクス的論理を近代主義の名において没却し、さらに《物質化》の物質的構造を抹消してしまった、ということに由来する。対象化・疎外・物質化という運動の論理が、したがって否定の否定の論理が抹消されているがゆえに、被投的投企としての意義をもつといえる行為主体の実践そのものの論理が空無化され、〈能作体的所作態―所作態的能作体〉の共互関係的行為は、〈目的達成型行為〉の二つの契機である〈遂行的行為〉と〈業態的行為〉として、結果的かつ客体的にしか特徴づけられなくなるのである。

「日常的意識＝物神性に囚われた意識＝物象化的錯視」にたいして「学理的見地」として提示されるもの、――それが、資本制商品経済的物化を直接的に一般化する、という社会学的錯誤にみちた〈物象化論〉にほかならない。これは、マルクス疎外論にたいして――その真意はなお定かではないのであるが――憎悪に近い批難を浴びせたことの帰結なのである。

（5）　物化の論理と自覚の論理。

商品経済的物化の誤った解釈と、この誤解釈にもとづく物化の直接的一般化（物化と《事物化》との同一視）、物神崇拝意識と二重うつしにされた〈日常的意識〉と〈学理〉との二相構造のでっちあげ（現象論と本質論との二段階論ではなく、知覚された世界内での二相構造の正当化）、そして疎外・対象化・物質化の論理の抹消など。――これらの論理的な致命的欠陥にもかかわらず、いかにも自信にあふれた〈物象化論〉が開陳されたのは、なぜであるか。いうまでもなく、価値形態論に貫かれているマルクス的論理に依拠しているからにほかならない。商品は使用価値と（交換）価値との直接的統一をなすのであるが、価値関係をむすんでいる商品の関係を能為的主体の共互関係の論理として読みこんでいるからにほかならない。

使用価値と価値との直接的統一をなす諸商品が価値関係をむすぶばあい、相対的価値形態にたつ商品Aは全体として価値としてあらわれ、等価形態にたつ商品Bは全体として使用価値としてあらわれる。商品Aが商品Bをみずからに等置することにより、商品Aの価値は商品Bの使用価値において表現される。いいかえれば、商品Bの自然的形態（使用価値）は商品Aの社会的形態（価値）として意義をもつ、あるいは商品Bの使用価値は商品Aの価値鏡となる。この価値形態の質的関係の論理は、ペーテルとパウロの反照＝反省の論理としても説かれている。

こうした反照の論理の広松式定式化――それが、〈対他・対自―対自・対他〉構造図式にほかならない。ここで注意されるべきことは、価値および使用価値をみずからの二契機とする商品（形態）、こうした諸商品（形態）のあいだの物質的対立関係が、したがって商品の人格化である商品所有者としての二実体が、それぞれ――近代主義的解釈からまぬかれるために――意識的に排除されている、ということである。「対他＝価値／対自＝使用価値――対自＝使用価値／対他＝価値」というように、価値関係が機能的関係としてとらえられているということである。そのうえで、この両項の共時的反照が、規定し規定されるという反照関係がとらえられているわけなのである。

しかも、そのばあい、宇野弘蔵のように、「WA＝WB」という価値関係を「WA→WB」としてとらえるのではなく、まさしく「für uns の立場」から第三者的に「WA＝WB」を存在論的に解釈するのが、広松的解釈の特徴をなす。このことは、WAとWBとの〈等値化的等置／統一〉に重点をおいて価値関係を解釈することを意味する。こうして、価値関係にある二つの商品の等価関係をあらわす「＝」をば、自己と他己との〈共軛関係〉の記号的表現とみなすとともに、WAとWBとの関係を自己と他己との共互関係として読みこむことになるのである。

とはいえ、マルクスもまた、「WA＝WB」という関係においてある両極のそれぞれの置きかえ形態は異なるということを、つまり「WA＝WB」という価値関係と「WB＝WA」というそれとは全く異なるということを論じているにもかかわらず、価値形態の形態的発展を説くさいには、「WA＝WB」とそれとは無関係な「WB＝WA」とを、「共通の第三者としての抽象的人間労働」の観点から存在論的に展開している。（この点にかみつくのが宇野弘蔵であって、彼は、「商品所有者の欲望」の観点から価値形態論を解釈し、そうすることにより価値形態論を交換過程論化しているのである。）

さらに「WA＝WB」や「WB＝WA」や「W_x＝W_z」などの商品交換における「共通の第三者」とマルクスが呼んでいる抽象的人間労働に飛びつくのが、わが〈物象化論〉者なのである。価値形態の物的反照関係を〈対他・対自―対自・対他〉構造としてとらえることにとどまることなく、「für uns の第三者的立場」に止目して反照関係を解釈するのが広松渉なのである。そして「共通な第三者」としての抽象的人間労働を説くマルクスの展開（この展開の仕方は価値量の事後的決定を考慮していない瑕瑾的な叙述である、とわれわれは考えるのであるが）に示唆をうけたのが、広松であった。すなわち、商品Aと商品Bとの価値関係の、したがってWAとWBの人格化形態としての「自己と他己との物象的〈＝物的〉関係」の根底には、〈共同主観的協働連関〉が存在するのだ、と。

いうまでもなく、商品価値の実体としての抽象的人間労働を、その歴史的に独自的な規定〈たえざる交換をつうじて事後的に、その大きさが決定されるところの「死んだ労働」であるということ〉を没却してとらえ、しかも「生きた労働」として人格化し超歴史化してとらえるがゆえに、この「抽象的人間労働」は広松哲学の原理である〈共同主観的協働連関〉と二重うつしにされ、さらに〈間主体的共同主観性〉として存在論的に抽象化してとらえられることになる。こうした解釈にもとづいて、「共通な第三者」の〈共同主観性〉へのすりかえは完成されるのである。

明らかに、右のような解釈には二つの誤りがある。その第一は、価値関係においてある二商品のあいだの物的反照関係の人格化的解釈。その第二は、商品価値実体としての抽象的人間労働を生きた労働として人格化し超歴史化してとらえ、そうすることにより同時に、このようなものとしての「抽象的人間労働」が〈間主体的協働連関（態）〉という広松哲学の原理に重ねあわされているということ。

まず、価値形態の両極の物的反照関係は、物化された人間の共互関係として解釈できるのだとはいえ、この物的反照関係がそのまま直ちに自覚の論理となるわけではない。他者たちとの対向関係においてある主体＝われわれは、生産的＝「人―間」的実践を基礎とし、この実践をつうじて自己意識を高め自覚するのである。こうした意識内の形而上的世界における自他反照関係の高まり、その対象的な物質的表現形態として、価値形態の反照関係はとらえかえされるべきなのである。外的世界における、しかも物化した形態における、人間相互間の共互的反照関係、この存在論をば本質論として再構成することなしには、他者たちとの関係においてある能知・能情・能意・能作的な主体そのものが、みずからの内部＝形而上の世界において自覚するという論理を開示することはできないのである。もちろん、〈向自的・向他的存在〉として能意的主体を存在論的に特徴づければよいとするのであるならば、話は別である。

ところで他方、第二の誤った解釈については、ここで立入って論じる必要はない。《抽象的人間労働》にかんするわれわれの追求それ自体が、「für uns の第三者的立場」から抽象的人間労働を色読することが誤りであるゆえんを明らかにしているのだからである。資本制商品経済の物化構造をば直接的に一般化し全社会に妥当するものとみなし、しかも『資本論』の叙述のなかにしばしばみられる物神性＝転倒性にかんする、また物神性に囚われた意識にかんする展開部分を色読したうえで、こうした部分は〈日常的意識の錯認〉をあらわす展開であるとみなし、その他の部分は、商品経済的物化ではなく全社会形態に妥当する〈物象化論〉であるというように改釈する、――こうした改釈は、近代主義的な二項または三項図式の超克の名において『資本論』の経済学を貶しめるものでしかないのである。

現代哲学のパラダイムとして提示されている〈物象化論〉――その錯誤性は、マルクス疎外論の抹殺にもとづく対象化・疎外の論理の欠損に、その論理的根拠をもつのである。またこの疎外論の欠如のゆえに、本質論と疎外現実論との論理的レベルの違いも消失させられることになる。この錯誤は、しかし商品経済史観によって隠蔽されている。

このような〈物象化論〉こそは、まさにマルクス疎外論を基礎として解体構築されなければならない。

（一九九四年十二月四日、『共産主義者』第一五六号～一五七号掲載）

物象化論の地平なるもの

A　広松渉の〝揺動《ゆらぎ》〟

〝広松哲学〟への誘いとしての本書（『新哲学入門』）は極めて中途半端なものに堕している。認識論・存在論・実践論の三分野にわたって、形式上体系的に叙述されているのだとはいえ、論述の仕方が論戦的となっているだけではなく、自己の哲学的探求についての揺動をあからさまにしめすものとなっているからなのである。

「論戦的」というのは自説をきわだたせるために、不特定多数の「論者」なるものを非具体的に想定しつつ、この「論者」なるものへの反論を介して自己主張を駄目押し的に展開しているからである。学界の争点などについては私は全く無知であるがゆえに、論争問題への対応については理解しがたい事柄がある。

ところで他方、認識論プロパーについて広松は自信をもって展開している（しかし叙述に重複が多く思弁の冴えが消失してしまっている）のだとはいえ、存在論にかんしては、かなりの動揺と混乱が露出しているといってよい。いやむしろ、居直り的自己主張と自説の正当化に大童になっているとさえいえる。すなわち端的には、「法則定立的な科学的研究を可能ならしめる大前提」であるところの「自然界の類別的・本質的な同一性、構造的・法則的な斉一性」（一四四頁）つまり「客観的法則性」は、哲学的存在論の「大前提」であると宣言しながらも、同時に他方では、それは「総世界的な機能的連関」の物象化にもとづく概念である（一四七頁）、として退けているのだからである。近代の自然科学および科学論のパラダイムを一応は是認しながらも同時にこのパラダイムを超えてゆく、という志向に決定されて、そのような方式がとられていると言えるかも知れない。けれども、所詮は広松式存在論にこれまでの一切の哲学を包摂するとともに、この包摂したところのものを物象化的錯認として退ける、というものになっているとは言えないのである。

たとえば、「現相的所与の場所に在ること」（一二一頁）とか「現相的所与の在り場所」（同上）とか「〈所識〉態の〝受肉〟している場所」（一二二頁）とかは何をさしているのか、さっぱりわからないのである。近代哲学的三項図式の第一項の「客観的対象」を、現象学的認識論の観点から否定しながらも、「ザッヘそのものへ」という見地にひきずられているのだと言うべきか。フッサール式の現象学は「無前提の学」であったはずであるにもかかわらず、「大前提」なるものを広松が導入することによって現象学主義から逸脱してしまったということに、彼自身が気づいていないのかも知れない。

こうした混乱が向自化されていない根拠は、つまるところ次の点にある。

基本的には言語論や言語意味論の延長線上においての存在論や認識論が追求されていること[注]のゆえに、言語表現論ぬきの「所与―所識」および「所知―能知」の四肢構造論に、言語表現論ぬきの存在判断命題の解釈論になっている、ということである。

たとえば、〝「Aがアル」という存在的判断から、「Aハ存在《アルもの》デアル」以上、Aは「存在《アルもの》デアルA」とみなされる〟（一五一頁）という物象化がうみだされるとし、この物象化意識にもとづいて「客観的実在」を想定することになるのだ、というように彼は主張する。いいかえると、物象化的意識を克服するためには、「知覚風景として現前する現相」を出発点とすべきであって、この「現相」に先立つものは否定されるべきだとしながらも、共同主観的な「判断主観一般」がもろもろの覚識態の基底にある原理たらしめられている――おそらくは、「商品Aと商品Bに共通に存在する抽象的人間労働」というとらえ方を想起し、この抽象的人間労働とアナロガスに「判断主観一般」をとらえているのであろう（一〇〇頁）。「所与―所識」関係を gelten als 関係としてとらえたことからして、「所知―能知」関係を gleichsetzen（等置化的に統一する）としてとらえるばあいには「価値形態の量的関係」についてのマルクス理論が念頭におかれているといえるのである。〔本書下巻の一五一、一八五頁〔本巻四〇三～四〇四、四三一頁〕を参照〕

「判断主観一般」についての広松の過去の見解を全く知らないので、ここでは省略するほかはない。〔『存在と意味』第一巻においては、存在に先立ち各個に受肉するとされる「能知的所知―所知的能知」という判断主観は「認識論的主観」と規定されている。また「がある」判断と「である」判断とは存在判断の二種類とみなされているのであるが、前者は唯物論の見地からするならば、存在判断ではなく事実判断である。この点についてはここではふれない。」

本書においても依然として、現象学的方法のゆえに認識論と存在論との関係が全く不分明であり不整合になっている。「認識といえども、存在論的にみれば、世界における存在現象です」（一四六頁）という論述に、そのことは明確にしめされている。認識の形式は、所知のモメントとしての二肢的二重構造（「所与―所識」）と能知のモメントの二肢的二重構造（「能知―能識」）として追求されている（九四頁）のであるが、しかし存在論になると、これは認識の形式的構造にもとづく認識内容論としては追求されてはいないのである。このことは、認識された結果（推論的判断の成果）を対象的にあげつらうことの必然的帰結なのである。命題（存在的判断命題）から「存在すること」を論じるこの方法に、そのことは端的にしめされている。実際、認識または知覚の形式としての「現相的所与―意味的所識」が同時に〈「現相―所識」成態〉という判断成態としてあつかわれているのであって、このことは、認識・判断の形式と、判断成態＝命題と、判断命題の言語的表現態、という三者が未分化に扱われていることを如実にしめしているといえる。

こうして、未だ知覚され認識されていないところのもの・これから知覚され認識されるであろうところのもの――《がある》という言語的表現によって指示されるほかはないところのもの――までもが、存在論的に説明されることになる。「答」（広松式存在論）でもって「問題」（客観的法則性）を解くことになっている。これはまさしく物象化的倒錯の裏返しの誤りと言うべきではないか。共同主観的判断主観一般を「抽象的人間労働」に擬して想定する滑稽さに匹敵することではないか。

そしてまた、存在論の展開においては、いつのまにか、フェノメナルな「現相」が「諸事象」や「存在界」におきかえられたり、この両者が二重うつしにされたりしているのである。前者の「現相」は日常的意識の直接性（知覚風景的時空間世界）であるにもかかわらず、これが「存在界」そのものでもあるかのように論述されてゆくのである（一二三、一四六頁）。

右の二つのことからして、認識の内容論としての存在論が、認識の形式からきりはなされることによって、同時に実在化されていることは明らかではないか。ontologisch と ontisch とは、広松においてはどうでもいいことなのかも知れない！

ある（存在する）、あるもの（存在者）、あること（事）を区別できないのが物象化的意識なのだそうであるが、「……がある」と判断する存在者のあることを「間主観的＝共同主観的存立」とか「共同主観的協働連関」とかと実体化して規定するかぎり、ontisch と ontologisch を区別できないだけではなく、つまるところフッサール式現象学にハイデッガー式存在論を接ぎ穂する結果しかうみだせないのだというべきであろう。

そして「能知―能識」を所知（―所識）との関係において論じているにもかかわらず、「存在するということ」の存在論的追求において、「ある」は所知と能知において同値であるとして、〝見る自己〟＝主体的自覚の問題は完全に蒸発させられている（一五〇頁）。これは「共同主観性」の存在論の必然的帰結にほかならない。だからまたこの展開は、「所与をそれ以上・それ以外の或るものとして覚識する」とする存在論的現象学の必然的帰結であり、「知覚的風景として現前する現相」と「存在界」とを二重うつしにする現象学的存在論の紋章なのである。

(注)　シニフィエ的所識に滲透されたシニフィアン的所与、これとむすびついたイメージ(心像)・記憶像・想像像・連想。——これは、概念的認識と言語に、言語とイメージにかかわる問題であって、認識論の領域を越えでている問題ではないか。

実践＝認識主体としてのわれわれの感覚も概念的な認識＝思惟も、間接に言語体(言葉)およびそのシステムにむすびついており直接的には《内－言語》にかかわるのであって、この後者から形づくられた諸概念をつうじてわれわれの認識＝思惟作用は進展する。そして、感覚したところのものや概念的に把握したものをば、——認識主体としてのわれわれが同時に表現主体となって、表現の場からの逆規定をうけながら、表現の受け手としての他者にむかって、——文字または音声を手段にして言語的に表現し、もって表現者の表現内容を受け手に伝達する。このような言語的表現行為の過程および構造を研究対象とするのが言語表現論である。言語的に表現された結果だけではなく、言語的表現の過程という表現主体の行為そのもの(したがって過程との関係における結果)を対象とするのが、いわゆる言語過程説である。

ところで、感覚したところのもの、認識し推論し判断したところのもの、あるいは概念されたところのものが、もろもろの言語体を手段にして音声的または文字的に表現されるかぎり、そのかぎり、この表現されたもの＝言語的表現態の形式および構造は言語学の対象となる。とはいえ、言語分析は直ちに判断論や認識論となるわけではない。言語的に表現されたもの(命題表現や文章表現)を媒介にして、推理論や判断論の構造および内容が明らかにされるのだとしても、これらはいわゆる言語分析から区別されるべきである。言語学にたいする認識論・存在論の関係が明確にされねばならない。

ところで、この関係が明確にされていないばあいには、いわゆる「言語の物神性」——「感性的にして超感性的な言語」がこれを表現した主体から切り離されて自己運動し表現者を逆規定するということ、「氏名」の独り歩き、文字や〝音声言語〟に社会的約束ごとないし意味が属性のように付着してしまうということ

――、これが直接的に一般化されて、実践＝認識主体としてのわれわれの感覚も認識活動も思惟作用も、すべて物神性にとらわれているかのようにとらえられることにもなるといえる。日常的意識を物象化された意識とみなすことになるといえる。

広松の「物象化」概念は、理論的にいえば、商品経済的物化と事物化と対象化と表現などを混淆したような概念であるといえる〔片桐悠『廣松渉の国家論』を参照のこと〕。とはいえ、物神性や既成性や物質性などをも「物象化」は含意しているという意味においては、「言語の物神性」に足をすくわれた展開に、広松説はおちいっているといえる。――このことは、認識＝思惟の内的活動にかんしても、また把握されたところのものの外的世界への表出または他者への表現にかんしても、マルクスのように対象化・外化・疎外の論理を貫徹しなかったことに起因するといえる。意識内的世界における対象化、そして意識されたものの対象的世界への――言語体を媒介にしての――対象化、という論理が唯物論的にとらえられていさえするならば、「物象化」という概念のもとに対象化・事物化・物化・物神性・既成性・物質性などのすべてを封じ込めなくともすんだはずなのである。

言語表現論と認識論との未分化的一体化という観点からも、広松式「物象化」概念を立ち入って論破する必要がある。

B　近代主義に仮託した存在論

近代主義的な「主観―客観」図式、あるいは「意識対象―意識内容―意識作用」の三項図式を排して創出されたフッサールの現象学、その方法に学びながらも同時に存在論を追求し、しかもこうした追求を「共同主観的世界の存立構造」についての「認識論・存在論」としておしだしてきた広松渉は、実践の原理を解明するにあたって壮烈な自爆をとげていると言わなければならない。なぜなら、「共同主観的協働連関態」あるいは「間主体的同調化・斉同化、共同主観的相同化」から存在論的に展開しようとするかぎり、協働連関の諸結節を内自化した「所作―能作」的実践主体の論理を明らかにすることができないがゆえに、近代主義的アプローチに仮託せざるをえなくなっているからなのである。「能知・能情・能意・能動的な実践主体」なるものを基礎にして、「目標志向的―手段使用的―投企決意的」（一六〇頁）の実践を説くことになっているのだからである。

所与としての現相を意味的所識との反照関係において覚識することそれ自体は、現象学的方法を駆使して展開することができた。意識をその外部世界から遮断して追求する、という「厳密な学」としての現象学に依拠しながらも、同時に存在とその存立構造を論じたことからして、現象学は同時に存在論化されるとともに、現象学的存在論がうみだされたのであった。ところが、いまや、現象学的に覚識するところのもの（誰某のそれ以上の或者）の「所作―能作」的実践を、共同主観的存在性を本体とするとはいえ「能知・能情・能意・能動的な実践主体」を基礎として論じることによって、大きく近代主義的発想に譲歩することになってしまったのである。覚識するところのものがいかなる存在であるかを不問に付して、覚識することを四肢構造として追求してきたことの欠陥に、そのことはもとづくのである。

共同体内の、また共同体間の「共同主観的相同化」の構造、共同体内（または間）における「正義」の通用性および妥当性、ならびに協働連関態そのものの変革の構造などが、第三章第三節で説かれてはいるけれども、これは所詮、共同主観性をみずからの存在性とする「所作―能作」的実践主体の存在論的な過程的解釈の水準を超えでるものではない。しかも、マルクスの経済学や唯物史観の表層をすくいあげたにすぎない皮相的な展開に堕している。「緒論」では「自然改造・社会変革・文化革命」をも射程に入れて実践論は明らかにされると宣言してはいるのであるが、こうした追求の破綻は予め約束されているといわなければならない。実践を存在論的にとらえるような哲学、存在論的実践論をもってしては、「自然改造・社会変革・文化革命」はただ、「共同主観的協働連関態」の発展として、対象的・客体的・過程的にしか、つまりは非実践的にしか展開されるほかはないのである。実践の非実践論的＝存在論的な追求に堕してしまうのである。

実際、近代主義的発想に仮託して展開されている第三章第一節においては、実践の目的や動機について論及することを回避して、ただ結果的に所作的行動がプラグマティズム式の役割分掌論ならびに地位論の観点から特徴づけられているにすぎない。目標達成の結果としての「所作」＝「終局的目標情景」のイメージを選取（vorziehen）することのなかに「能作」的行動の独自性がとらえられているにすぎない（一六二頁)。いや、「能知・能情・能意・能動的な実践主体」は「人生劇場での共演」を例証として客体的・結果的に説明されているにすぎない。「感情興発性・行動誘起性」そのものについては論じられてはいない(一五八頁)。

しかも、「実践の自由」や「人間の自由」は、総体的連関のなかにおける「揺動」ないし「不確定性」として存在論的に位置づけられているにすぎない! 複雑にからみあったループからでてくる水道の蛇口のようなものとしてしか位置づけられていないのである。当為的必然性は数多くの因果的必然性のなかに完全に埋没させられている。いやむしろ、「当為」は「物象化された価値性」の意識にかかわるかのごとくにとらえられているようである(一八六頁)。

因果法則の網の目をなす「総世界的な機能的連関」と「不確定性」または「揺動」のとらえ方は、エンゲルス主義者としての広松という側面からするならば、「歴史における個人の役割」にかんするエンゲルス理論を基礎にしていることは明らかである。このエンゲルス式役割論をブルジョア社会学の「地位および役割」論やシステム論をもって緻密化したもの、これが広松の実践論であるといえる。したがって、マルクス主義の観点からするならば、この役割論は「唯物史観からの人間論」の系譜にぞくするといえる。

エンゲルスにおいては、かの「平行四辺形」論(『フォイエルバッハ論』や、ブロッホとシュタルケンブルクへの手紙など)と『反デューリング論』にみられる「自由論」とが並存させられている。これと同様に、広松の「実践」の説き方も、因果法則と「実践の余地」とが本質上機械的に並存させられる形になっている。こうすることによって自由の問題は未解決のままに残されているのである。

「総世界的な機能的連関」が、つまるところ函数関係が原理とされていることからして、この関係の物質性が予めとりはらわれていることを措くとするならば、「能知・能情・能意・能動的な主体」の行為のとらえ方、あるいは「目的の実現」のとらえ方は、――プラグマティズムのばあいと同様に――存在論的結果解釈におちいっているのであって、この意味でもスターリン主義的である。「所作的行動をイメージして能作的行動をする」というような説明のしかたが、それである。創りだされたところの行動（実践の結果）を、したがって実現された目的を、イメージとして「選取」または先取するということから、場所における実践とその目的を説くのは、存在論的に実践を解釈するかぎり当然のことではある。場所的現在において実践主体が構想する目的は、それを認識論的にではなく存在論的に規定するならば、もちろんロケベンデラ（将に来るべきもの）＝将来的現実の先取りとして意義をもつ。けれども、構想され設定された目的をその存在論的内容から結果的に規定することによっては、実践の能作性ないし「誘起性」そのものを明らかにすることにはならないのである。――ピョートル・フェドセーエフが、「世界革命の実現」またはは「実現されるべき世界革命」を客観的歴史過程の側においてタダモノ主義的に説明する、という方式と全く同じ誤りに、広松の「実践」論は陥没しているのである。

「知覚風景的世界として現前する現相」を同時に「存在界」とみなすかぎり、この存在論主義とスターリン主義者どものタダモノ論とが、内容展開において合致するのは当然のことなのである。こうして俗流唯物論者と同様に彼は、「実践の余地」なるものを想定するにすぎなくなるのである。

あるいは次のようにいいかえてもよい。すなわち「自由とは必然性の洞察である」としたヘーゲルの存在論的自由論をば、「総世界的な機能的連関」論において再興しているにすぎないのが広松である、と。ヘーゲルが〝存在の砂漠〟に一切のものを埋没させたのと同様に、わが広松はアルケーとしての「関係」

にすべてのものを包含させ、こうすることによって人間実践の能作性そのものを否定している、と。

一九六〇年代後半に発表された或る論文において、若きマルクスの「主—客」図式を排して、むしろヘーゲルの Totalität（総体性）の概念を、広松は高くもちあげていたのであるが、この「関係」概念こそはヘーゲルのこの「総体性」の今日版としての性格をもっているとさえいえる。フッサール式現象学のオブラートでつつみこまれたヘーゲルの「総体性」、これが彼の「関係」であるともいえる。そしてヘーゲルが、客観的事物を「外化された理念」として、「理念の外在態」としたのと同様に、広松は、森羅万象を「関係の物象化」とみなしているにすぎないのだ。

しかも、そのばあい、「経済的価値（商品・貨幣・資本）の物神性」と「言語の物神性」とを、これらの本質的相異を抹消して二重うつしにし、もって「もの」一般の独立自存性をみちびきだし、「もの」一般の独立自存性にとらわれることを「物象化」と規定する哲学がうみおとされた、という側面がみおとされてはならないであろう。現象学的認識論の正当化は、言語的命題の分析とむすびつけられて、「言語の物神性」を直接的に一般化するというまやかし操作をともなっているのである。

C　存在論的行為論

所与をそれ以上・それ以外のものとして覚識することとそのことの現象学は、この覚識する存在の共同主観性を前提にしているとはいえ、共同主観的存在が覚識する者とはされていない。むしろ、誰にも属し属するのではないところの「現相―所識」を出発点にして「対他・対自―対自・対他」の間主体的構造を明らかにする、という方法がとられているからである。こうした現象学的アプローチとは別箇に、これと並んで、共同主観的協働連関態の存在論が存在論として展開される、という方式がとられている。

近代主義的三項図式を否定すると称して、一方では、所与の「としての」覚識の世界（「共同主観的世界」）が、他方では総世界的な機能的連関ないし協働連関態が、並存的・平行的に論じられていた。ところが、実践を論じはじめる段になると、一方の認識論的アプローチと他方の存在論的アプローチとが交錯することになる。対自然・対他者・対社会などの覚識にもとづく目的の実現と、実現された目的（所作的行動）と因果法則的系との関係、そして何よりも共同主観的存在の「所作―能作」的実践そのものなどが、分析されなければならぬからである。

現象学的覚識論においては前提にされてはならないところのものが、存在論的実践論においては出発点（アルケー）とされ基礎とされなければならない。しかしこのばあい、全即個／個即全の論理を駆使しさえするならば、「能知・能情・能意・能動的な主体」という近代主義的主体概念に仮託して自説を展開しないでもすんだはずなのである。すなわち、「共同主観的協働連関態」の存在論を基礎にして協働的実践または共同体的労働を、したがって協働連関の網の目に編みこまれこの網の目の結節をin sichしているところの「項」の労働を、それぞれ総体性と部分性として説くことが可能であったはずである。

ところが、基本的には近代ブルジョア・アトミズムに立脚した行動学とか「システム論」とかを学際的に摂取したつもりになって、実践を「地位および役割」論として展開する、という自己の問題意識に決定されて、近代主義的主体概念に仮託した形で自説を開陳しないわけにはいかなくなったのである。「網の目」の全構造についての存在論と、「網の目の結節」そのものの能作的実践の存在論とが、「人生劇場での共演」論という形における追求によって、あたかも統一されているかのような仮象がかもしだされているのだとはいえ、決して実践そのものの論理を、社会的協働のレベルにおいても労働の個即全のレベルにおいても、明らかにするものとはなっていないのである。

そもそも、広松式存在論は「多階的」なものとされているのだとはいえ、「層」と「層」のつながりが不分明であるだけではなく、基本的には「多階」の「層」が非連続性をもたない単なる連続性においてとらえられているにすぎない。このことは、もちろん「抽象のレベル」を確定できない存在論的解釈主義の方法にもとづくのである。――全社会史的過程を論じるばあいには、原始共同体の生産物交換から直接に商品交換に移行する史観としてもあらわれている〔『生態史観と唯物史観』〕だけではなく、また「物象化」概念の、その哲学的解釈がえにもとづく、拡大適用としてもあらわれている。

さて、共同主観性を存在性格とする実践主体の「所作―能作」的実践をば結果の面から存在論的に特徴づけた第一節につづいて、実践の対他性と社会的相互関係の問題を、道徳的価値とのつながりにおいて論じているのが、第二節である。ここでは、価値の客観性説も主観性説も、かの三項図式にもとづくものとして一蹴され、「所与〔―非価値的所識〕―価値的所識」についての覚識の物象化が、いわゆる価値である、という自説が展開されている。つまり「共同主観性」にとっては「文化的・規範的な当為の物象化・物性化」（一五八頁）が道徳的価値なのであって、これが自存するものとして諸実践を規制するようになる、というのである。社会的実践の規範・則が予め存在し、これによって人間存在とその実践が拘束される、というように思念するのが「物象化」にほかならない、というのである。

ここで問題になることは、まず第一に、「価値的所識」がどのように形成されるのか、ということについては明らかにされてはいないということである。いや、生得的ではなく、対他関係をつうじて経験的・体験的に形づくられること（価値意識の個体発生）が論じられてはいるが、その歴史的形成（系統発生）についても、その場所的形成（個体発生における系統発生）についても、立ち入って論じられているわけではない。「価値的所識」は所与のものとして、実践主体の共同主観的存在性から必然なものとして前提されているかのようである。

そして、「所与―価値的所識」についての覚識の「物象化されたもの」ないし「物性化されたもの」が価値であるとして、客観的価値説と主観的価値説の両方を止揚したと自負しているのであるが、ここで用いられている「物象化」概念についての事柄が、第二の問題である。（本書で、「物性化」という概念はカテゴリー化されてはいない。ただの一箇所（一五八頁）にしか使われていない。）

「物象化」が「物性化」と並列して用いられていることからも明らかなように、ここでの「物象化」は対象化として、物性をとることとして用いられている。「物象化・物性化・対象化」されたものとしての価値意識ないし「共同主観性」、これが道徳的価値であって、この価値が規範（的法則）として諸実践を拘束し規制するということ、言語的表現態として示されるところの規範が既成性となっているということ、――この機制は、その実体が抽象的人間労働であるところの商品価値があたかも諸商品の自然的属性ででもあるかのようにあらわれる、という商品物神性と同じ構造をなすものとして論じられているといえる。

このゆえに、商品価値または経済的価値と同じように道徳的価値を客観的価値とみなすのは、物象化的錯視にほかならないとされるわけである。このような脈絡においては、対象化（物性化）、事物化や既成性、商品経済的物化（人格的依存関係が物的依存関係としてあらわれるということ）、および物神性などが、「物象化」概念のもとにとらえられていることは明らかなのである。

マルクス主義のターミノロジーを用いていうならば、精神的なものであれ物質的なものであれ、社会的存在としての人間のもろもろの実践の産物はつねに必ず物質的形態をとり、この物質的形態はこれを創出したところの者に外的に対立して存在する。この外的に対立する物質的形態が、これを創造した者から独立自存し自己運動するかどうかは、時と場合による、すなわちいかなる社会経済構成のもとにおける事態であるか、ということにかかわるのである。それだけではない。諸実践の産物としての物質的形態、あるいは実践の事物化と事物化された実践（ザッへとなった実践）は、一般的には既成性ないし既定性であるとはいえ、商品経済的物化および物神性とは質的に異なる。いいかえると、商品価値の対象性と道徳的価値の対象性（規範化された道徳的価値）とは本質的に異なる性格をもつのである。

規範化された道徳的価値（しかも言語表現態としてしめされるそれ）が社会的存在としての人間の社会的実践・対他関係を規制することになるのだとしても、これは、商品価値による媒介・規制の構造および性格とは本質的に異なる。後者は価値法則が支配し貫徹する商品経済的物化の構造である。これにたいして前者は、無階級社会または階級社会における社会的人間主体の社会的実践の対他関係にかんする歴史的に独自的な則・規範にすぎない。この規範は、規範としては客観的に独立するとはいえ、商品経済的物化とこれにもとづく商品経済的価値の自立的自己運動（「自己増殖する価値」としての資本において端的にあらわれるところのそれ）とは異質なのである。

商品経済的価値と道徳的価値とをそれらの対象性において共軛し、それらを「物象化」として把捉するわけにはいかないのである。それにもかかわらず広松は、超経済学的存在論の見地から、強引にそのような操作をやってのけている。こうして当然にも、階級社会における共同主観的存在の諸実践の規範としての「物象化された道徳的価値」の延長線上において、将来社会＝共産主義社会における共同体的実践の規範をとらえることからして、「桎梏的物象化」とは区別された「桎梏的ではない物象化」なるものを案出しないわけにはいかなくなるのである。対象化も物性化も既成性も事物化も物化も表現も、すべて「物象化」として安直に一括してとらえるかぎり、「共産主義社会における桎梏的ではない物象化」として人倫的価値を特徴づけることにもなるのである。「物象化」概念をばこれを哲学的に加工して一般化したことにもとづく哲学的破綻を、そのことは如実にしめしているのだ。

いわゆる道徳的価値は独立自存するものではなく、「価値的所識の物象化・物性化」としてとらえられるべきことが存在論的に主張されたとしても、「実践の自由」や「人間の自由」を基礎づけることに完全に失敗している。自然的必然性と当為的必然性にかんする存在論主義まるだしの論述（一八七頁以下）として、そのことはあらわれている。ここで論じられていることは、つまるところ『ドイツ・イデオロギー』にみられるエンゲルスの命題――「偶然性を享受する権利を、これまで〔の階級社会では〕自由と呼んできた」――を一歩もでていないというべきではないか。因果法則の存在論的＝機械論的な説明と、因果法則の連鎖における「不確定性」ないし「揺動」についての不分明な論述（一三九頁）において、そのことは如実にしめされているといってよい。

ところで、価値判断の規準として提出されているのは、「正義と不正義」である。これは論証ぬきに提出されている。善と悪、公平と不公平、正と邪、美と醜といった伝統的価値規準のなかから、「正義と不正義」が摘出された根拠については論及されてはいない。そして社会的正義を軸にして、社会的に通用している価値と妥当的価値との揺動・軋轢・拮抗（二一四頁）が抽象的・一般的に論じられ、そしてこれが社会変動の存在論的弁証法であるなどと強弁されている。そして最後に、共同主観的世界の基底層としての社会経済的編成そのものを変革することを志向するのが、まさに哲学するものの任務である、と宣言される。

社会変動と社会変革にかんする存在論が同時に革命実践論であるとされている観念性については、ここで論じようとは思わない。論じられている存在論的弁証法なるものは、つまるところ、『新左翼運動の射程』において展開されている「物象化された運動」論と同質のものでしかない。

だが、変革的実践の価値規準としての「正義」とは何か？　プロレタリア階級の革命的実践は社会正義のために組織的に遂行されるのではない。正義はドイツ語では Gerechtigkeit または Recht であり、レヒトは同時に法を意味する。だからといって、「正義」のために革命を遂行するわけではない。

人間労働の資本主義的自己疎外を体現しているプロレタリア階級がみずからを階級的に解放すること、これこそがプロレタリア階級の倫理なのだ。社会正義を達成するための変革的実践なるものは、詮じつめれば、マルクス以前の数多の共産主義思想でしかなく、いわゆる空想的社会主義にすぎないのである。共同主観的存在としての「所作―能作」的主体を「身体のゲシュタルト的同形・同一性に拠った持続的自己同一性」（一九五頁）というようにしかとらえられないところの、あるいは「目標的終局情景へと到る過程的推移の相で泛《う》かぶ『自身の所作態』と、現認的に知覚される『能作体この身』」、これを「一個同一の身体として統一的に覚識すること」＝「能知・能情・能意・能動的な主体この身」（一六五頁）というようにしかとらえられないところの、現象学的＝存在論的な人間存在論。――この超ヒューマニズム的本質が、実践論の末尾に位置づけられている社会変革論においてあらわにされているのである。実践哲学を装って登場した広松式実践論は、ここにおいて完全に破綻する。誰にも属さず誰にも属す「フェノメナルな現相」の現象学的＝存在論的追求が「現相―所識」成態と「存在界」ないし「諸事象」との二重うつしとしてあらわれたとしても、これは哲学的破綻の埒内にとどまっている。だが、変革的実践の基準を「正義」においた今日の広松の実践哲学原理なるものは、彼の現象学的存在論の必然的帰結にとどまらず、自己解放を希求するプロレタリア階級の革命的実践を冒瀆するものとしてあらわれている。エンゲルスのマントをぬぎすてた広松渉は、いまや、プロレタリア階級闘争にたいする小ブルジョア的中傷者として現われたというべきなのである。マルクス労働疎外論を近代主義の残滓として放擲し、マルクス「物象化論」の名において〝二十一世紀のエンチクロペディ〟を妄想してきた彼は、プロレタリア階級闘争の桎梏となる「物象化論」の塊を残したにすぎないというべきなのである。

（一九八八年二月十九日）

D　哲学的図式

I　発想

ひとは問題提起の斬新さに眩惑されるのを常とする。眩惑された人びとが新しい問題提起をもてはやせばもてはやすほど、この提起は、たとえそれが本質上二番煎じにすぎないものであったとしても、注視の的となる。学問的探求は本来そうであってはならないにもかかわらず、社会科学のばあいにはしばしば、そうした現象がかもしだされる。そして、提起されたこの問題がほりさげられ追求され体系化の方向にむかうにつれて、当初の斬新さが色褪せるとともに、展開の軋みや齟齬があらわになることもまた、覆いがたい事実である。批判者たちの批判に正面から応答することなく自説の固執と正当化に熱意を注ぐかぎり、非学問的なしくずし的展開が避けられなくなり、こうすることによって、追求のほころびが目立つようになることも傾向的事実ではある。わが広松渉の物象化論の体系化も決してその例外ではない。彼の物象化論の体系的整序の進展につれて、物象化論の図式性と雑炊性がいよいよあらわになっているからである。

彼の哲学的探求の核心は何であり、彼の関心がどこにあり、彼の発想は何を根幹としているのか、ということについて現段階的に省察しておくことも不必要なことではないであろう。

わが広松の哲学的探求は哲学者（哲学する者）としてのそれではなく、政治家的哲学者ないし哲学者的政治家としてのそれである、という奇妙な性格を予め刻印されていることが見落されるべきではない。J＝P・サルトルがみずからの哲学のゆえにスターリン主義的平和運動にアンガージュし、マルクス主義哲学としての弁証法的唯物論を「二十世紀における乗り超え不可能な哲学」とみなしたことが想起されうるのだとはいえ、サルトルの政治性とは異質な性格を広松はもっている。

左翼スターリン主義者として出発した若き彼は、五〇年分裂のさなかに立命館大学の地下室で日共小官僚から厳しい査問とリンチをうけた体験を哲学することなく沈澱させてしまった。一九五六年に門松暁鐘というペンネームで発表した若き彼の革命戦略論（『日本の学生運動』新興出版社刊――彼から直接手渡されたが、まだ読んでいない）にもとづいて、第一次ブント結成にも反対して左翼スターリン主義者（国際派）として、彼は自己確定したのであった。そして第一次ブント崩壊いごの一九六六年には、わが革命的共産主義運動の敵対者として、彼はみずからをおしだし、ブント再建の底流に哲学的塩を送ったのであった（『共産主義』第九号掲載の「疎外革命論批判―序説」がその代表作）。

そして、七〇年安保＝沖縄闘争の直後には、破産した第二次ブントと構改派とを合体させた新政治組織の書記長としてみずからを擬したほどであった。こうした政治家的色気たっぷりの側面は、『現代革命論への模索』や『新左翼運動の射程』という二著作において、いかんなく発揮されている。これらにみられる革命論は、マルクス主義やレーニン主義の歴史的境位を明らかにしつつ同時に、みずからの物象化論にもとづいて「共産主義運動の第三段階」の戦略・戦術を基礎づけようとしたところに、その特色をもっている。すなわち広松式革命論は彼の物象化論の応用篇というべきものなのである。

ところが、『新哲学入門』の第三章においては、革命的実践論が、彼の物象化論の体系そのものにくみこまれることとなった。だが、「地位と役割」にかんするブルジョア行動学・社会学の直接的とりこみの延長線上において、そのような組みこみはなされているにすぎないのであるが。

このようなことは、哲学者的政治家としての広松の一側面をあらわしているのであるが、しかし単なる一側面ではない。むしろそれは彼の本質的側面であるとさえいえる。実際、彼の問題提起と哲学的探求の過程は極めて政治的性格をおびているのである。若きエンゲルスの哲学のもち上げ方や『ドイツ・イデオロギー』草稿の考証の仕方において、また自己の問題提起ならびに自説の展開の仕方において、彼のかの政治性は如実にしめされている。

哲学者としての彼の出立はエルンスト・マッハの二著作の翻訳にあるという意味では、たしかに非政治的であるといえる。レーニンに論破されたマッハ哲学を殊更に紹介するという意味では、反唯物論の旗色を鮮明にしているものとして、もちろん政治的ではある。この意味では、非政治性を装った彼の政治性のあらわれとして、マッハ哲学の翻訳・紹介を位置づけなおすことが可能である。――〈マッハ哲学――→アインシュタインの相対性理論――→「関係の第一次性」の哲学〉という脈絡における広松の自説の正当化作業については、ここではふれられない。

ところで他方、若きマルクスの労働疎外論を否定する前提として、『ドイツ・イデオロギー』草稿の改ざんについての論攷を一九六五年に『唯物論研究』に発表したことにも、政治家的哲学者としての彼の政治性が如実にしめされているといえる。エンゲルスの末裔としてのスターリン主義者どものタダモノ論として純粋化されているところのエンゲルス哲学、これを衝立てにして若きマルクスの哲学を近代主義的残滓として否認するとともに、わが革命的共産主義運動への哲学的敵対者としてみずからをおしだす、というこの構制は、政治家的哲学者としての彼の本性を如実にしめした事件であるとさえ、事後的には評価することも可能なのである。

「関係」の哲学の元祖としてエンゲルスを前面におしだすということは、他面では同時に、『経済学＝哲学草稿』のマルクスではなくして『資本論』の彼を「関係の第一次性」の観点から高唱し、もって「マルクス主義の地平」をば近代的「主観―客観」図式を超克したものとして位置づける、という操作と不可分にむすびついている。――『マルクス主義の成立過程』（一九六八年）から『マルクス主義の地平』（一九六九年）を経て、『世界の共同主観的存在構造』（一九七二年）および『資本論の哲学』（一九七四年）にいたる哲学的歩みは、そのことを端的にしめしているといってよい。

『資本論』で明らかにされている資本制的商品経済の物化構造論を――G・ルカーチに倣って（?）――吸収するとともに、この商品経済的物化論を「物象化論」として哲学的に一般化する、という問題意識のもとに、マルクス主義哲学を「現代哲学の地平」としておしだす。ここに、広松の出発点における課題があったといえる。この哲学的「物象化論」の観点から若きマルクスの「疎外された労働」論をなお近代哲学の枠内にあるものとして排斥し、エンゲルスの『ドイツ・イデオロギー』を「マルクス主義哲学」のハイマートとみなす。しかも、分業発展史観および商品経済史観という色彩の濃厚なこのエンゲルスの唯物史観をば、ほぼそのままみずからの「物象化論」の観点から、人間社会の歴史存在論として受容する。それだけではなく、この歴史存在論の観点から、晩年のエンゲルスの「歴史における個人の役割」論を——スターリン主義者の通説に倣って——そのまま継承すると同時に、哲学的「物象化論」によってこの継承は正当化される。若きマルクスの、そして生涯にわたってつらぬかれたマルクスの哲学とはおよそ無縁なエンゲルス唯物論は、こうして、「物象化論」というマルクス的衣裳によって飾りたてられることとなった。

　他方、アインシュタインの相対性理論のパラダイムを現代認識論はみずからのものとし、「函数関係」を現代哲学のヒュポダイム（基底構造）とすべきであるとしながら、フッサールの現象学の方法を現代認識論のそれとして受容する。エンゲルスの歴史存在論の根柢にも、マルクスの商品経済的物化論の基底にも、「関係の第一次性」の哲学があることの高唱を跳躍台にして、「所与現相—所識」関係を起点にする現象学的認識論はマルクス・エンゲルスの「関係」の哲学に接合されるのである。マルクスから受け継いだと称する「物象化論」で包みこまれたエンゲルス式存在論（「歴史における個人の役割」論をも構成部分とするところの歴史存在論）と、フッサール現象学を基本的に受容した現象学的認識論との統合、——これが広松渉の哲学者としての発想の基底をなすのだといってよい。

　一方では、マルクス主義哲学が広松式「物象化論」にきりちぢめられるとともに、他方では現代認識論への現象学的アプローチが緻密化され、そうすることによってマルクス主義哲学からの脱出と離陸がいよいよ濃厚になっている。「マルクス主義哲学」は広松式の〝物象化論としての存在論〟を充填するための手段にまでおとしめられているというべきである。

〔注〕

(1)『科学の危機と認識論』(一九七三年)や『相対性理論の哲学』(一九八一年)などを読んでいないので、広松式現象学と相対性理論との関係という問題は詳らかではない。

(2)『エンゲルス論』(一九六八年)や『青年マルクス論』(一九七一年)または『マルクスの思想圏』(一九八〇年)などを読んでいないので、広松のマルクス・エンゲルス論の全容はなお詳らかではない。

(3)『世界の共同主観的存在構造』(一九七二年)、『事的世界観への前哨』(一九七五年)、『もの・こと・ことば』(一九七九年)、『資本論の哲学』(一九七四年)、『物象化論の構図』(一九八三年)、『メルロ＝ポンティ』(一九八三年)などを読んでいないので、現象学の広松式受容のしかたについては依然としてはっきりしない。——記号論理学や言語分析学の広松式の摂取のしかたを検討しないかぎり、認識論と存在論と言語表現論の広松式渾然一体態の批判的分析は不可能である。だが、次のことは憶測的に言えると思う。

資本制商品経済の物化構造論を直接的に哲学的「物象化論」として一般化したことからして、「商品の物神性」と「言語の物神性」とを意識的に二重うつしにすることによって「物神性」一般を想定し、この「物神性」が社会史的過程に固有な「物象化」現象とみなされた、ということである。「もの」の独立自存性なるものは「物象化的錯視(ないし錯認)」の所産であるとされていることに、そのことは端的にしめされている。

過去のわれわれは、広松式「物象化」概念をば、それが商品経済的物化や物神性や事物化ないし既成性や疎外や物質性やを未分化的に一体化した独自的カテゴリーとして俎上にのせてきた〔『廣松渉の国家論』、『ルカーチとマルクス』、『現代革命論の探究』〕のであるが、さらに歩をすすめて、言語表現論の観点からも「物象化」概念のまやかしをあばきだしてゆく必要がある。

(4)『唯物史観の原像』(一九七一年)、『生態史観と唯物史観』(一九八六年)、『物象化論の構図』、『資本

論の哲学』などにみられる唯物史観の商品経済史観的歪曲、そして広松式物象化論体系なるものについても、立ち入って検討する必要がある。

(5) 『〈近代の超克〉論』(一九八〇年)、哲学者坊主・吉田宏晢との対談『仏教と事的世界観』(一九七九年)、『弁証法の論理』(一九八〇年)などをつうじて、仏教哲学その他の広松式の受容も検討されるべきである。

Ⅱ　パラダイム転換

哲学的知識の貧困と哲学の諸学説の理解の欠乏に喘いでいる私には、博識をひけらかしていさえする広松の哲学的思弁の全体を射程に入れるわけにはいかない。さしあたりここでは、マルクス・エンゲルスの哲学を「現代哲学の地平」としておしだしていることがらの周辺を考察するほかはない。

哲学のパラダイム転換は、もちろんアインシュタインの物理学における革命をモデルにして主張されていることは明らかであるが、直接的にはマルクス主義哲学が近代哲学の地平を超えるものとして宣揚されている。近代主義的な人間主義と自然科学主義の二つは実体主義の両極的あらわれなのであり、近代的な「主観―客観」図式を超えでて「関係」を原理とするのがパラダイム転換であって、マルクス主義は現代＝二十世紀哲学の地平をしめしている。にもかかわらず、こうした哲学のパラダイム転換を無視して旧哲学的発想に呪縛されているのが俗流哲学者であり、従来の哲学のすべては物象化的錯認の産物でしかない。

——これが広松の自信に近い確信なのである。

「フォイエルバッハ・テーゼ」にみられる「人間の本質は社会的諸関係のアンサンブルである」という規定は、近代主義哲学の地平の超克をしるしたものとみなし、現代哲学の原理は「関係」でなければならないとする。この観点から、若きマルクスの労働疎外論はなお「主観－客観」図式にとらわれたものとして安直に葬り去られ、マルクスの対象化の論理は「化身の論理」として、ヘーゲル弁証法とともに否定される。対象化あるいは疎外の論理、労働の論理などの構造をとらえることは予め放棄され、物質的形態をとった関係あるいは関係の物質性とは無関係に、ただただ函数的＝機能的関係が原理に祭りあげられる。この「関係」は、社会的存在としての人間に内在化された関係であろうが、物質的生産諸関係であろうが、「対他・対自－対自・対他」の構造をなす「共同主観性」であろうが、「共同主観的協働連関態」であろうが、商品価値関係であろうが、「総世界的な機能的連関」であろうが、函数関係であろうが、その時々に規定しなおされる便宜的概念でしかないのである。

論理的にいえば、実体主義を拒否して提起されたこの「関係」概念それ自体が実体化されているのである。たとえ、「関係の項」とか「網の目の結節」とかとして、関係を担うところのものが「後から」導入されているのだとはいえ、そうなのである。そもそも、唯物論的に言うならば、物質的諸実体のない物質的諸関係はなく、物質的諸関係はつねに必ず物質的諸実体をその担い手としているのだからである。「関係と諸実体」のとらえ方それ自体が、うさんくさいものなのだからである。

にもかかわらず、「関係の第一次性」を高唱するのは、次の理由によるといえる。

すなわち、十九世紀末葉から一九三〇年代にかけての哲学は、唯物論でも観念論でもない「第三の道」

の探求に集中されてきたのであるが、この哲学的伝統を広松がうけついでいるということである。「物質と精神」とか「自然と思惟」とかの二元論を排して、一元的原理を志向するという哲学潮流を継承しているということである。フッサール現象学の方法を踏襲しながらも、同時にハイデッガーやサルトルの存在論をも包摂してゆく、という志向を彼がもっていることは明らかである。わが国の哲学についていえば、西田・田辺哲学の「絶対無の場所」がそうであり、三木清の「基礎経験」もそうである。「実存」も「心をもった身体」も、そうである。

そして、現象学的アプローチの限界露呈において案出されたのが、意識の働きと不可分な「言語」を命題の形で（言語表現行為から切りはなして）分析するところの言語分析学をば同時に哲学そのものとみなす、という流れであるといえる。言語意味論や記号論理学と不可分にむすびつけて、言語的判断命題または命題の言語的表現の分析を主要テーマにしているのが、広松なのである。

『存在と意味』でも『新哲学入門』でも、存在的判断命題を手がかりにして存在そのものを論じる、という形式がとられていることをみれば、彼の問題意識がどこにあるかは明らかである。ここで問題になることは、現象学と言語分析との関係、あるいはソシュール言語学の広松式受容という問題である。しかし、勉強していないので、この点についてはまったくわからない。

しかしとにかく、近代的三項図式を否定するという問題意識からするならば、そして「関係」を原理化するという見地にたつかぎり、言語の対他・対自の構造を分析することは、まさにうってつけのものだというべきであろう。ハイデッガーが言語分析をつうじて、みずからの存在論を展開した例に倣って、広松もそうしているにちがいない。

けれども、われわれにとっての問題は、物質的存在としての他者との精神的交通のための物質的主体の言語表現行為は判断命題の言語的表現の結果解釈によっては明らかにされはしない、という根本を問うことにある。唯物論的にいえば、認識も表現も、いずれも主客の物質的対立を基礎とした精神活動にかかわるのであるが、基本的にベクトルが逆なのである。前者は、実践主体が——彼のおいてある場所への能動性に媒介されるとはいえ、——対象的なものを意識内にとりこむ精神作用を基軸とする。これにたいして後者は、対他関係においてある実践主体が彼の意識内容を他者に伝達する精神活動にかかわるのだからである。認識と表現のベクトルが基本的に逆であることを唯物論的におさえたうえで、認識論の一環として判断論を展開すること、概念的認識や判断命題に不可欠な「言語」（内—言語）を媒介にすることと言語表現行為との相違をおさえること、が必要である。いわば言語的思惟と言語的表現との関係、つまるところ言葉と概念と言語表象と音声表現・文字表現と内—語りなどの関係、これらの追求をふまえないかぎり、認識論は存在論や言語論や心理学などと相互滲透させられることになるのである。意識の事実の学際的アプローチの名において、学の対象領域を曖昧にし諸学のチャンコ鍋をでっちあげることは、非学問的の謗りをまぬかれないのである。

ところで他方、マルクス主義哲学の流れにおける「関係」の原理化にかんしていえば、『資本論』において展開されている商品経済的物化論が広松式「物象化論」の正当化のために十全に活用されているのである。「関係の第一次性」の哲学を『ドイツ・イデオロギー』によって基礎づけることは余りにもお粗末であることを熟知している広松は、資本制的物化論を直接的に一般化して自説を基礎づけることに躍起になっている。哲学のパラダイム転換は、資本制的物化論を没経済学的＝哲学的に脚色したところのものによって権威づけられている。こうした操作のまやかしの骨子は、どこにあるのか。『資本論』がよってもってたっているところの労働疎外論を滅却したうえで、ただ商品経済的物化論をば物象化論一般としてすくいあげる、という方法にもとづいて『資本論』を誤読するところに、広松式アプローチの核心がある。

だからして当然にも、『資本論』第一巻第一篇第一章第二節「商品にあらわされた労働の二重性」の展開にみられるものは、近代的「主―客」図式にのっとったものとみなされ、有用的労働と抽象的人間労働にかんするマルクスの展開（商品実体としての労働を人格化した展開）を、物化論の不徹底にもとづくものとしてではなく、近代主義の残滓または物象化的錯視に陥った叙述として肯定することになっているのである。「労働の二重性」の人格化的展開を商品経済的物化の直接性についての錯認の叙述とみなすことは、マルクス労働疎外論を近代主義として放擲してしまったことの必然的帰結にほかならない。

そして、資本制的物化と商品経済的物神性（なかんずく資本の物神性）とを経済学的に区別することさえもなげすてて、経済的物化を直接的に一般化する形において「物象化」という哲学的概念を捏造する。こうして、広松式「物象化」概念は当然にも、マルクスが駆使している次のようなカテゴリーを雑炊的に一体化したような内容をしめすことになる。――対象化、事物化、疎外、表現、物質性、商品経済的物化、物神性など。

「物象化」概念のこのような多義性にもとづいて必然的にうみだされる破綻の哲学的弥縫策として案出されたカテゴリーが、すなわち「物象化的錯視」であり「物象化的錯認」である。このカテゴリーは、商品経済的物神性とこれと類似した諸現象に関する日常的意識についての規定のようなものとして用いられている。いや、für uns の立場にたつことのできない日常的意識＝当事者意識 für es のすべてが、そしてこの für es の肯定のうえにたつすべての哲学が、「物象化的錯認」およびその産物とみなされるのである。

さらに、何よりも決定的なことは、マルクス価値形態論――二商品の物的反照関係の論理――こそは、ただたんに商品経済的物化の論理の解明につきるものではなく、「対他・対自―対自・対他」の共同主観的存在の論理を明らかにしたものとして、現代哲学のパラダイムを如実にしめすものとして宣揚されるのである。みずからの「関係」の哲学の正当性の証しを、二商品の価値関係の反照論理のなかに見出しているのである。もちろん、商品形態の物的反照関係は資本制的物化の論理的解明であることからして、価値関係をとりむすんでいる二つの商品形態に「共通に存在する」抽象的人間労働をば、みずからの哲学の原理としての「関係」＝「共同主観的協働連関態」とみなしつつ、このような原理の物象化が価値形態である、とするインチキ操作が同時にほどこされてはいる。

それだけではない。価値関係をとりむすんでいる二商品の反照関係が、gelten als の論理を駆使して展開されていることに止目して、この論理を「知覚風景的世界として現前する現相」における「所与―所識」関係の論理として生かすことに熱中する。すなわち、gelten als の論理は「所与をそれ以上・それ以外の或るものとして覚識する」という広松式現象学の論理の中枢的論理たらしめられているのである。

ところでこの gelten als の論理を、十九世紀後半のドイツ哲学者 Franz Brentano の gelten als の哲学と重ねあわせるところに、広松式現象学の独自性があるかのようである。〔ブレンターノの哲学については全く無知であるがゆえに、ここでは何事も語れない。〕

gelten als の論理を駆使した広松式四肢構造論――これは、『資本論の哲学』で山崎正一・哲学奨励賞を受賞したさいにおこなわれた座談会（河出書房新社発行『現代哲学の最前線』）によれば、池上謙三の『知識哲学原理』で論じられている四肢構造論の二番煎じであるとのことである。

哲学の諸学説について無知である私のようなものは騙されるのであるが、広松渉の問題提起が決して新しいものではないことは、右の一事からしても明らかなことである。講壇哲学者とは違って、わが政治家的哲学者が鳴物入りで「現代哲学の新地平」なるものをマルクス主義とひっかけて提起したからこそ、画時代的なものとしてもてはやされたにすぎないゆえんは、おのずから明らかであろう。彼の直接の師の一人である池上謙三は、あの世で何とぼやいているか聞きたいものではある。

広松の提唱する哲学的パラダイム転換とは所詮、十九世紀後半からの西ヨーロッパ哲学の主な流れが追求しはじめた哲学的探求に「マルクス主義」のマントをかぶせたものであるともいえる。だが同時に、この「マルクス主義」がまがいものでしかないことをしめすような後ればせの問題設定であるともいえる。

Ⅲ　函数的機能関係

近代ヨーロッパ哲学の「主―客」図式、あるいは「三項図式」（「意識対象―意識内容―意識作用」）を否定しパラダイム転換を高唱する広松渉の現象学的存在論ないし存在論的現象学も、極めて図式的である。原理に祭り上げられた「関係」（具体的には「共同主観的協働連関態」）からの存在論的解釈が展開されているがゆえに、そう言うのではない。現代物理学の地平をしめすアインシュタインの相対性理論によっても、自説を正当化する試みがなされているだけではなく、実体概念にたいして機能概念の優位を説いたカッシーラーの哲学をものりこえることを志向している、というような意味では決して図式主義とは言えない。とはいえ、「関係」とその「項」についての、「網の目」とその「結節」についての機能主義まるだしの存在論の論理、その平板性は広松式の図式的思考の必然であるといわねばならない。「理論の多階制」を論じてはいるけれども、論理の平板性はおおうべくもない。

しかも、社会的存在としての実践＝認識主体という拠点を没却することが「現代哲学の地平」であるとされていることと関係して、分析および叙述の視角やレベルが御都合主義的になされている、という意味でも図式主義である。——「für es ではなく、für uns の学理的見地にたって、……」とか、「存在論的にみれば、……」とか、「認識論的にいえば、……」とか、「原理的にいえば、……」とか、「具体性においては、……」とかという表現形式に、そのことは端的にしめされている。（彼自身の言によれば、それらは〝おさえ方の違い〟なのだそうであるが。）

広松式現象学の展開そのものについていえば、「所与—所識」関係および「所知—能知」関係または「能知—能識」関係の図式的とらえ方が、図式主義的発想と展開の端的なあらわれである。そして、「現相的所与をそれ以上・それ以外の或るものとして覚識する」というのは命題中の命題であって、十全に図式的に活用されている。

さらに、かつては当事者意識 für es は物象化的錯認におちいっていることを指摘し、「学理的見地に立つ」べきことが力説されていたのであるが、今日では、「事実的所識の物象化」が存在構造に、「価値的所識の物象化」が存立構造に、それぞれかかわるとされている。このように展開することによって、当為的価値規範などが「……すべからず」というような対象的=言語表現的形態をとり、そしてこの物質的=文字表現的形態をとった規範が対他関係ないし社会的実践を規制するようになること、――これらをも「物象化」と規定しないわけにはいかなくなるのである。この脈絡からするならば、「社会的諸関係の総体」としての人間の物質的および精神的創造の産物のすべてが「物象化」または「物性化」とされることになる。

しかも、この「物象化」概念は商品経済的物化と不可分にむすびついた広松流の独自的カテゴリーであるがゆえに、自然史的過程としての社会史的過程のすべてが、商品経済的物化および物神性から類推してとらえられ、こうすることによって社会史は実質上商品経済の発展としておさえられることになる。こうして共産主義社会においても「物象化」が残ることになる。将来社会においては共同体的人間の精神的および物質的活動がますます創造的に展開されることになるがゆえに、「物象化」は甚しくなる、ということになってしまうのだ。マルクスのいう対象化や疎外というカテゴリーを近代主義の残滓として投げすて、商品経済的物化とは区別されねばならぬ対象化というカテゴリーを否定したことのゆえに、共産主義的人間の創造活動の深みをとらえることができなくなり、共産主義社会における「桎梏とはならない物象化」なるものを想定する愚をおかすことにもなるのである。

それはともかく、「現相的所与をそれ以上・それ以外の或るものとして覚識する」という広松式テーゼにつらぬかれているのが、gelten als の論理であって、この論理が縦横にあてはめられているという意味でも、思弁は図式的であるといわねばならない。

もちろん、価値形態の質的関係が gelten als の論理で解明され、この価値形態の量的関係が gleichsetzen

にかかわるものとして明らかにされていることにのっとって、彼は gelten als の論理とともに、gleichsetzen を直接的に同時に等価〔値〕関係としても明らかにしているのである。そして、価値関係の両極に位置する二つの商品形態の gleichsetzen において事後的に明らかになる「共通の第三者」としての抽象的人間労働の量（価値量）を、自説における「共同主観的協働連関態」の資本制的あらわれとみなす、という没経済学的でエセ哲学的な加工もほどこされている。この操作は、「協働連関態」の図式主義的あてはめの破産を象徴するものにほかならない。

そもそも「等値化的等置」という乱発されている独自な用語それ自体が、マルクス価値形態論の誤読的展開の産物でしかないのである。商品Aが商品Bにみずからを等置するのではなく、前者が後者をみずからに等置すること*（このことは宇野弘蔵・久留間鮫造の論争の中心問題となったのであった）、このことによってはじめて、商品Bの使用価値が商品Aの価値として意義をもち、前者が後者の「価値鏡となる」というのが、商品価値形態の質的関係であり、反照論理（「対他・対自―対自・対他」として定式化されるもの）である。

ところが、この質的関係をば、商品交換の等量性のがわから、あるいは商品価値形態の量的関係の側面から解釈し、こうすることによって等価の交換が予め前提にされる。まさにこのゆえに、「等置」に「等値化」という冠がかぶせられるのである。「等値化的」という冠は、商品価値量が ex post facto（事後に）決定されるということの没却を前提にしかつ措定するのである（『生態史観と唯物史観』にみられる「商品交換」についての観念的な熱の入れ方を見よ）。このような没経済学的解釈は、マルクス価値形態論のほぼ冒頭と末尾にみられる瑕瑾的叙述（「WA＝WB」関係と「WB＝WA」関係との決定的違いについての曖味化）への依拠に、ならびに、事後的にのみ明らかになるところの二商品の等価をあらわす「第三のもの」（抽象的人間労働）を所与的前提に祭りあげることに起因するのである。

しかもなお悪いことには、価値実体としての抽象的人間労働を人格化して理解し、このカテゴリーを「共同主観的協働連関」の商品経済のもとでの現われとみなすところの、「学理的見地」に立っていることのゆえに、事後的にのみ決定されるという商品価値量（「社会的に平均的な労働」と規定される抽象的人間労働の大きさ）の性格が没却されることになる。商品価値の実体としての抽象的人間労働と商品価値量（抽象的人間労働の大きさ）とを区別しないこと（いわゆる「廻り道」の没却）にも関係して、「等置」に「等値化的」という冠がかぶせられるわけなのである。冠としての「等値」が等価値（量）に横すべりさせられるばあいには「等値化的統一」と規定されることになる。（意味的所識が所与に向妥当することによって成立する判断成態が所与と所識の等値化的統一とされることに、そのことはしめされている。判断成態の成立を商品交換の成立に対応させるならば、質的関係の措定に等価量をもちこむのは、質的反照関係に事後的に判明する「平均化された労働量」をもちこむ誤まりであることは明らかであろう。）つまるところ、乱発される「等値化的等置」という独自なカテゴリーは、広松式存在論主義の一つの紋章にほかならない。

広松式現象学につらぬかれている数々の図式と図式的思惟の主なものは、右のようなものにつきるといえる。しかし、なお図式的になっていないことが、ただ一つだけある。それは、「フェノメナルな現相」と「存在界」との関係についての論述である。現象学主義の立場をつらぬくならば、「現相」がそのまま「存在界」として意義をもつとされ、客観的実在を前提にしレーニン的物質を承認するのは「物象化的錯認の賜物」である、ということになるのは確かである。「総世界的な機能連関」＝函数関係を哲学的アルケーとするかぎりにおいて、そのような帰結は当然にも導かれる。だが、現象学の哲学的展開もまた、その創造者を離れて客観的形態をとって存在するのである。物象化論は理論として客観的実在をなすのであって、このことは物象化的錯認ではない。とはいえ、もちろん、広松式物象化論が「独立自存」しつづけるかどうかは保証のかぎりではない。

「フェノメナルな現相」と「存在界」との一致は何によって立証されるのか？「現相的所与—意味的所識」関係が真実在とされているかぎり、これは愚問にすぎない。だが、この愚問こそは哲学の根本問題なのであって、この問題に広松の哲学的探求はこたえてはいない。「総世界的な機能的連関」とも呼称されるアルケーとしての「関係」が、函数的機能関係が、かの愚問を発散させているにすぎない。そして「物象化的錯視」という最後の切り札までもが用意されている。蛇がみずからの尾を呑みこんでいるような円環にわれわれを誘いこんでいるのが、「関係」であり「共同主観的協働連関態」なのである。このようなカテゴリーは、近代ヨーロッパ哲学の最高峰をなすヘーゲル哲学に固有の「総体性」というカテゴリーに及びもつかぬ代物でしかないではないか。

広松の現象学的存在論の原理としての「関係」をヘーゲルの「総体性」に重ねあわせる時に、同時に想起されるのは、若きヘーゲルの草稿『キリスト教の精神とその運命』で用いられている Positivität（既成性または実定性）という概念と広松式「物象化」概念との共通性ないし類似性ということだ。

Versachlichung という概念を広松がマルクス『資本論』から拝借してきたことからして、彼の「物象化」概念の非マルクス主義的本質をえぐりだすことにこれまでわれわれは集中してきたのであるが、しかし同時に、「物象化」概念の没マルクス経済学的の、したがって非唯物論的の性格に着目するならば、この「物象化」をヘーゲルの Positivität との関係において考察することも必要となる。

資本制的物化や商品経済的物神性いがいの諸事態をさす概念として、すなわち日常的意識・当事者意識においては「独立自存するもの」として思念されることを指す概念として、彼が乱用している「物象化」概念、これは、マルクスに倣ってわれわれが用いている諸カテゴリー——対象化、物質化、事物化、物質性、表現など——にもとづいて分化されるべきであるとしても、このことの指摘は、「主—客」図式を近代主義的実体主義として排斥している広松にとっては痛くもかゆくもないのである。客体的限定に媒介された主体的限定にかかわる諸規定（対象化や物質化や表現など）を、そもそも彼は認めないのであって、事物性や事物化に彼の関心は集中されているのだからである。この脈絡からするならば、制度や慣習や掟や則などの実定的なものを Positivität として、理念の外在性ないし外在態としてとらえたヘーゲル的思弁に極めて酷似している、というべきなのである。

慣習・道徳的規範・制度などは、社会的存在としての人間の「人—間」的実践を規制するところのものであると同時に、それなしには社会が社会として存立し存続しえないところの則・法、社会的法則一般なのである。社会的実践一般を規制するところのものは、ただたんに物質的なものではなく社会的存在としての人間（共同体的人間）の価値意識の対象化されている物質的なものであって、このような性格をもつものが「人間意識から独立に存在する生産諸関係をとりむすぶ」人間たちにとっては、既在のものとして前提される。唯物論的にいえば、社会的人間存在にたいして物質的に対立し彼らを規制するものとなるところのもの、これを若きヘーゲルは Positivität という概念でとらえ、老いたるヘーゲルは『法の哲学』として体系化したのであった。

この意味において、「物象化」として広松がとらえているところのもののなかからヘーゲルの「既成性」にあたるところのものをとり除くならば、あとに残るのは、商品経済的物化であるともいえる。

だがしかし、ヘーゲル的な疎外ないし対象化の論理を近代主義として退けている広松は、まさにこのゆえに、「フェノメナルな現相」を「存在界」に、「所与—所識」覚識態を諸事象に、関係づけるための概念用具としても、「物象化」を利用しないわけにはいかなくなるのである。

すなわち、マルクス的カテゴリーとしての「物化」やヘーゲル的のそれとしての「既成性」をあらわすだけではなく、ヘーゲルやマルクスが駆使した「疎外」および「対象化」(その質的内容および形式的構造において本質的な相異があるとはいえ)の論理をも含意するものとして、広松式「物象化」は活用されているというわけなのである。既成性となった(既成化した)、または実定化したところの道徳的価値は、「価値的所識の物象化」であるとか、「妥当的規範の物象化」であるとかというような論述のなかに、そのことは端的にしめされている。

広松式「関係」原理はヘーゲル的「総体性」に類比できるカテゴリーであるとするならば、広松式「物象化」概念は、ヘーゲル的「既成性」それ以上・それ以外のものとして覚識できる或るもの、つまり商品経済的物化と既成性と疎外と対象化と物質性との渾然一体態にほかならないということである。(広松の「物象化」がヘーゲルの「既成性」にたいしてもつ関係、ヘーゲル『法の哲学』における「法」や「道徳」や「人倫」にたいする広松式「価値」論の関係などについては、別箇に検討されねばならない。——G・ルカーチの『若きヘーゲル』において「既成性」の唯物論的解釈が開陳されていたはずであるが、これまた忘却の彼方！　しかたがない。）

あるいはまた、いま流行しているホーリックというアプローチを哲学畑で生かしたものが「関係の第一次性」である、と広松は強弁しようとするのであろうか。そしてまた、一九四〇年代後半に武谷三男が批判したカッシーラーの機能概念をうけつぎつつ哲学的に深化したものが「関係」の哲学であり、「物象化論」は「関係の哲学」の現相である、とでもいうのであろうか。

つまるところ、「関係」はそれを担う物質的諸実体なしには幻想に等しい。幻想としての「関係」をアルケーとした哲学は、政治家的哲学者の哲学史的知識の陳列場としての意義しかないではないか。そして「物象化論」はプロレタリアート自己解放の理論に敵対するものでしかないではないか。それは、若きマルクスの労働疎外論の否認のうえに建立された哲学的慰撫より以上の価値をもちえぬ代物でしかない。「物象化論の体系」は「フェノメナルな現相」の上にそびえたつ蜃気楼のようなものでしかないのである。

（一九八八年二月二十二日、『共産主義者』第一一七号掲載）

＊　Dass also die Leinwand *sich* zum Rock *als ihresgleichen* verhält, oder dass der Rock *als* Ding von derselben Substanz der Leinwand *gleichgesetzt* wird, drückt aus, dass der Rock in diesem Verhältniss als Werth gilt.（青木書店、1948年版『初版資本論』112頁）

現象学的存在論

一　わからないこと

〔1〕不問に付されていること

当事（者）意識からうまれる「実体主義」――資本制商品経済の物化現象にもとづいてうみだされる倒錯した日常意識（商品・貨幣・資本を物神化し崇拝する意識）や言語物神性、そして根本的には近代主義（主体を実体化したイデアリスムスおよび物質を実体化した自然科学主義あるいはマテリアリスムス）の超克という問題意識などから導きだされた概念――、この「実体主義」は、あらゆるもの（実在的なものだけではなく観念的なものをもふくめてのそれ）が他のものとの反照関係をぬきにして独立自存するかのように思念する傾向の総称とされている。或るものを他のものとの反照関係においてとらえることのできない「実体主義」、或るものと他のものとを対他・対自的＝対自・対他的な「函数関係」としてとらえることのできないこの「実体主義」は、他面では「物象化的錯視」にもとづくものである、とされる。

　ここでは明らかに、当事（者）意識 für es の「実体主義」なるものが、当事意識を超えたところのもの（あるいは反省的意識）から、すなわち「学理的見地 für uns」から、まさに逆照射されている。それだけではなく、当事意識そのもの（日常的意識）においてはそもそも問われることのないことがら（思惟が先か存在が先かといったそれ）や、世界の根源性にかかわることがら（世界の根源は精神か物質かといったそれ）までもが、「実体主義の超克」の名において当事意識のレベルにおいてあつかわれている。このことは、für uns の立場から逆照射するという存在論から、当事（者）意識の認知の構制を論じる、という方法（われわれの観点からするならば倒錯した方法）の必然的結果である。

　広松式現象学あるいは亜現象主義の出発点とされている「フェノメナルな現相」または「現相的世界」は、現にあたえられているところのもの・「所与」とされているのであるが、しかし、何にたいして、何にとって「所与」なのであり、また「フェノメナルな現相」という規定をうけとるところのものは何であるのか。「フェノメナルな現相」は、これが直接的にはゲシュタルト的な「射映相」であるとされていることからするならば、知覚されたものや表象されたものであって、感覚器官（五感）をつうじてとらえられた或るもの（および「それ以上の或るもの」としてのそれ、または「他のものとしての或るもの」）でしかない。「所与としての或るもの」は「それ以上の或るもの」（「意味的所識」）として意義をもつという gelten als の構制をなすことそれ自体についてはひとまず措くとして、「所与―所識」という二肢的構制をなす対象的所知（知られるものと知るものとが一体化しているところのもの、「能知的所知＝所知的能知の渾然一体態」）、その直接態とみなされている「フェノメナルな現相」なるものは、そもそも、何についての・何にとっての・何にたいしての・何においての・それであるのか。〝知るもの〟（「能知的誰某＝能識的或者」）ではなく、〝知られるもの〟または〝知られたもの〟が「対象的」という規定をうけとる（＝「対象的所知」）のはなぜなのか。また、現にあたえられている「現相」における「所与」と「意味的所識」は、近代的三項図式（「与件－意識内容－意識作用」）における「客観」（意識内容）と「主観」（意識作用）との関係（あるいは「ノエマ－ノエシスの関係」）をなすのではなく、それぞれが、「レアール・イルレアール」「イデアール・レアール」という存在性格をなすとされているのであるが、しかし、何をもって「レアール」と規定し、何をもって「イデアール」と規定するのか。「レアール」とか「イデアール」とかと規定するばあいの基準となっているところのものは、何であるのか。

「所与－所識」成態の第一肢としての「所与」はその第二肢としての「所識」の相関項であり、etwas Bestimmbares と規定するほかないのであって、この第一肢を自存化するかぎり、これは第一質料としての「無」であり、同じく第二肢のばあいも同じように「虚焦点」である、とされるのであるが、そもそも「所与－所識」成態（直接的には「射映的現相」）とは、いかなる存在なのか。

さらに、「与件」とは何か。「与件対象」とか「所与対象」とかは何をさすのか。「与件そのもの」とは何か。何にとっての「与件」なのか。何にたいする「与件」なのか。「能知的主体」または反省的意識以前にあらわれるとされる「現相的所与」にとって「与件」とは何か。あるいは「所与としての与件」と「与件としての与件」または「与件対象」とは、いかなる関係にあるのか。

およそこれらのすべてのことは、広松式現象学においては不問に付されている。

〔2〕 亜現象主義なるもの

「意識された存在」は何かについて「意識する存在」なしにはありえないのであるが、この「意識する存在」そのものが、どのように場所的に形成され、またどのように歴史的に発生し発展してきたのか、という問題は、さしあたりここではどうでもよい。直接的に「意識する存在」を即自的な基礎とし前提としながら、für es の立場が論じられていることが問題である。

für es の立場は「当事意識」または「当事者意識」としてカテゴリー化されるとともに、これは「日常的意識」をさすともされている。そして、この「当事（者）意識」は für uns の立場からするならば「物象化的錯視」につねに必ずおちこんでいるものとされる。この脈絡からするならば、反省的意識以前の意識の即自態あるいは意識の直接性（「現与のフェノメナルな現相」）が、まさにその即自性のゆえに、あらゆるものが他のものやアルケーとの媒介ぬきに自存しているかのように思念する「実体主義」の誤りにおちいる、ということになる。いいかえれば、für uns の立場からは「物象化的錯視」にすぎないところの当事（者）意識の内容は、日常的意識内容の現象論性とこれにもとづいてうみだされる実体論的固定化という傾向（三浦つとむのいう「実体論的形而上学」という誤り）にまとわりつかれているということにほかならず、このような日常的な誤った対象的所知の広松式規定が「物象化的錯認」である、というようにいえないことはない。

それ自体がそれぞれレアール・イデアールという二重構造をなすところの、現相的所与と意味的所識という二肢からなる対象的所知、あるいは能知的所知＝所知的能知の渾然一体態――このような「所知―能知」の関係態は、「与件」としての或るものについて「意識する存在」が知覚したり意識したりしたところのもの（「フェノメナルな現相―所識」）の流れの形式的構造を――「存在論」の名において、あるいは「存在論・認識論」の名において――「所与的現相」の基底にあるものとしての「所与対象」（あるいは「詞の指示対象」）との関係において例証的に論述することにより、かの形式的構造に同時に存在論的性格（レアール・イデアールというそれ）を付与する、という方法にもとづいて論じられている。

「対象的所知」の一肢をなす「現相的所与」は、射映相としての或るもの〔E′〕のレアールな直接性〔E′－1〕とこれを喚起した「所与対象」としての或るもの〔B〕の即自的な記号表現としての〔E〕に媒介されたイルレアールな性格〔E′－2〕を同時にもつ（レアール・イルレアール）とされる。そして、「所与的現相」としての或るもの〔E′〕は同時に「それ以上の或るもの」〔M′〕として覚識されるのであって、これが「意味的所識」にほかならない。この「所識」〔M′〕は、「所与的現相」としての或るもの〔E′〕の意味を覚識するイデアールな性格〔M′－1〕をもつとともに、「現相的所与」としての或るものとの反照関係にあるものとしてレアールな性格〔M′－2〕をもつ。だから、シニフィアン的所与とシニフィエ的な意味的所識からなる対象的所知（「所知―能知」関係態）は、レアール・イルレアール＝イデアール・レアールあるいは対他・対自＝対自・対他の構制をなすというわけなのである。――現相的所与としての或るもの〔E′〕と「それ以上の或るもの」としての意味的所識〔M′〕とは、「所与対象」としての或るもの〔E〕の知覚あるいは認知に媒介されているもの（「対象的所知」の二肢であるとされているということ）

とされることによって、「外界からの遮断」において成立する「ノエマ－ノエシス」関係ではない、ということが権利づけられているのであろう。「亜フェノメナリズム」と自任するゆえんであろう。

「フェノメナルな現相」を出発点として、この「現相」の二肢をなす「所与」（としての或るもの＝E′）と「所識」（としての「それ以上の或るもの」＝M′）、この反照関係にある二肢のそれぞれの二重構造からなるのが「対象的所知」〈W′〉であり、そしてこの「対象的所知」が――身体的自我と身体的他我との反照関係をつうじて――「帰属」するところのものが、「能知的主体」（「能知的誰某＝能識的或者」＝S′）である、というように展開することが、近代主義的「主－客」図式の超克だというのである。予め「能知的主体」に「帰属」していない「フェノメナルな現相（－所識）」または「認識的にひらかれる現相世界」が出発点とされているかぎりにおいて、そのようにいえないわけではない。けれども、この「フェノメナルな現相」（ゲシュタルト的な射映相）なるものは、動物にもヒトにも共属するヌエ的なものでしかない。「能知的主体」を即自的に前提することをも排除して、「現相」の系統発生（哺乳動物からヒトへのそれ）や、「現相」の個体発生における系統発生（ヒトの幼児から能知的主体への成長にともなう「所与－所識」成態の重層化）を、心理学上の諸成果を動員して論じたとしても、このことは、「実体主義」の超克とはなりえない。ただたんに実体としての主観ないし主体を単純に排除して、その実体的基礎が定かではない「フェノメナルな現相」から出発しているにすぎないからである。

それだけではない。「対象的所知の二肢のそれぞれの二重構造」つまり「四重構造」（他のばあいには、「所与－所識」「所知－能知」の関係も、また「所与」「所知」「能知」「能識」の連環構造も、四肢構造とされているのであるが、さしあたりこの問題についてはふれない）――この四重構造は、たしかに形式上はかの三項図式を超えているけれども、内容上はこの三項図式の延長線上におけるその緻密化でしかないといえる。なぜなら、「所与—所識」関係についての論述は「意識内容—意識作用」あるいは「ノエマ—ノエシス」の関係の広松式の展開として意義をもつだけではなく、かの三項図式における第一項としての「与件」も、「所与的現相」との関係において、あるばあいには主観化して〔E´〕、他のばあいには「所与対象」または「詞が指示する対象」という形において〔$\boxed{B}$の一規定としてのE〕、問題にされているのだからである。もちろん、現実の場所〔$\boxed{B}$の規定としてのB〕においてある物質的主体〔S_1〕としてのわれわれ（＝実践主体としてのわれわれ）にとっての与件、つまり与件としての与件〔O_1〕としてではなく、「所与としての或るもの」〔E´〕のレアールな性格を確認するための手段として「与件」に論及されているにすぎない。したがって、この「与件」の実在性は完全に不問に付されている。

「所与」の存在性格〔E´—1・E´—2〕のうちのレアールな側面〔E´—1〕を基礎づけるために、ただそのために「与件」または「所与対象」〔E〕がもちだされていることからして、「所与的現相」における「自我—他我」関係が論じられるさいには、「身体的他我」の表象と「与件」としての他者の存在とが理論展開上未分化的にならざるをえない。とりわけ、認知されたもの・覚識されたものを言語表現のがわから論じようとするさいには、極めて珍奇な例証的説明がなされることになる。

〔3〕 存在論と認識論と記号論の未分化的統一

いわゆる「内的世界と外的世界との二元的対立」を超克すると称して、知覚表象に現前する「現相的世界」が出発点とされ、そしてこの「世界」の多階的構造についての「存在論・認識論」が展開されているのであるが、「意味的所識」との関係において、存在論は意味論あるいは言語論をも動員して展開されている。

けれども、言語学を、詞（言葉）や文の結果解釈論とみなすのではなく、言語表現行為論（あるいは言語過程説）の立場をとるかぎり、「現相的世界の分節」という観点からは言語表現を論じることはできない。

現象論的には、――『ドイツ・イデオロギー』の或る部分でエンゲルスが言っているように――「言語とは私にとっても他人にとっても存在する現実的意識である」といえないことはない。自己と他己の「所識的意味」の共軛性に媒介された精神的交通という観点から、そのようにいえるであろう。

けれども、自己の内的世界をば言語体（言語実体）としての詞（言葉）をつうじて外的＝物質的世界へ表出する、という言語表現論の立場をとるかぎり、現存在する「能知―能識的主体」の「現相的世界」とこれを超越した場面としての外的＝物質的世界との物質的対立を前提的に措定することなしには、「感性的にして超感性的な」（マルクス）「言語」は論じられないのである。この意味において、「内的世界と外的世界との二元的対立」を基礎にして、というよりはむしろ唯物論の立場にたって、「所与―所識」関係と言語表現行為との連関について、若干ではあれ論及する必要があるであろう。

① 「イヌ」という音声や「犬」という文字――シニフィアン（能記、記号表現）
② 「イヌ」「犬」によって意味されるもの――シニフィエ（所記、記号内容）
③ 〈犬〉という詞＝コトバ（言語実体または言語体）――シニフィエ的シニフィアン（所記的

能記）、または denotation と connotation

④ 〈犬〉という指示される対象

⑤ 「所与的現相」または知覚表象としての（犬）——「シニフィアン的所与＝シニフィエ的所識」

⑥ この（犬）表象の、音声または文字をつうじての外的世界（他者）への表出——（犬）表象のイデアール・レアールな所識的意味にみあったシニフィエ（所記）をもつシニフィアン（能記、これは、（犬）表象のレアール・イルレアールな所与のシニフィアン的規定でもある）を選択し、選択した〈犬〉というシニフィエ的シニフィアン（詞）を、これに固有の音声または文字を手段にして外的世界に表出すること。いいかえれば、「所知―所識」成態の、シニフィエ的シニフィアンとしての言語体（詞）をつうじての対象的世界への表出、つまり言語的表現行為。

⑦ （犬）表象を喚起したところの「与件」あるいは「所与対象」としての［犬］——これは、〈犬〉という詞が指ししめすところの対象あるいは〈犬〉というシニフィエ的シニフィアンの指示対象と合致する。（［　］は言語的に表現できないものの記号。）

⑧ 発話者（言語表現主体）が発した「イヌ」という音声（〈犬〉というシニフィエ的シニフィアンとしての詞の音声的形態）の受け手・受信者。発話者の音声としての「イヌ」のシニフィアン的シニフィエを、受信者が直覚することによって（犬）表象を再現することと、発話者のレアール・イデアールな所識的意味を受信者が共有すること、そして「与件」または「指示対象」としての［犬］の覚知。

間主体的な「自―他」の対話構造について広松が述べているところのものを、大ざっぱにまとめたつもりであるが、しかし同時に、かなり唯物論的に改作しつつまとめてしまったといえる。そもそも「能知的主体」の措定以前に展開されていることにも規定されて、また『存在と意味』第一巻の四分の一も読んでいないことにも規定されて、論旨がなおつかみとれていない。

〈1〉「フェノメナルな現相」における「自」〔S_1'〕と「他」〔S_2'〕との関係と、発話者〔S_1〕と受信者〔S_2〕との関係が――現象学的方法のゆえに――未分化になっているだけではなく、二重うつし的に論述されてもいるので、きわめて理解することが困難である。これを――現象学についての私の無知にも起因するところの――現象学的方法にもとづく理解困難性と呼んでおこう。

〈2〉「フェノメナルな現相」の「存在論・認識論」なるものが同時に、言語学的にも追求されていることにもとづく理解困難性ということもある。反省的意識以前の日常的意識あるいは当事（者）意識の直接性としての「フェノメナルな現相」を出発点とし、「与件」からきりはなされた「所与―所識」成態あるいは「対象的所知」の構制を論述する、という方法（内的世界と外的世界との二元的対立を前提にするフッサール現象学を超克する方法とみなされているそれ）がとられ、そして「所知―能知」関係態が言語論（記号論）的に追求されていることのゆえに、言語表現論の固有の領域が抹殺され、言語的に表現された結果（命題の表現など）や、言語表現行為の実体としてのコトバ（言語体あるいは詞）の記号論的解釈（シニフィアン―シニフィエ）に言語論は横すべりさせられている。このことは、言語表現行為の主観化を必然にする。それだけではなく、唯物論的に表現するならば、対象の認識とその形式的構造および存在論的内容にかかわる諸問題（場所においてある実践主体、その意識への場の反映にかかわる諸問題）をば、この対象的認識とは逆のベクトルをなす言語表現行為（表現内容としての意識内容を言語体をつうじて物質的存在としての他者に対象化するという「感性的にして超感性的な」行為）から解き明かそうとする、方法上の倒錯におちこんでいることを意味する。——もちろん、対象的認識＝思惟作用は、もろもろの言語体によってあらわされる諸概念を駆使するのだとはいえ、このことと言語表現行為とは異質のものである。（いわゆる「内言語」または「内言」は思惟作用と言語表現行為とを折衷したものといえる。）

〈3〉「存在論・認識論」と言語論または意味論とを——それらの理論的対象領域を無視して——未分化的に統一する、という方法は、たとえば「シニフィアン的所与とシニフィエ的所識」といった論述に端的にしめされているといえる。とはいえ、文化現象をふくめてあらゆるものを「記号」とみなす現代の機械論の立場にたつかぎり、「所与」は当然にも記号や信号になるのであって、この意味において「シニフィアン的所与—シニフィエ的所識」という二肢構造は必然となる。言語表現論を認識論から区別する必要はなくなるのである。

「所与」と「所識」という二肢からなる「フェノメナルな現相」を、シニフィエ的シニフィアンとしての詞＝コトバ（＝言語体）を実体的基礎とした諸概念によって規定したところのものが「対象的所知」である、といえるであろう。けれども、「言語と概念」にかんする広松の論述を検討したあとで、この問題にたちかえるほかはない。

〈4〉とにかく、「対象的所知」の二肢をなす「所与」と「所識」の反照関係にもとづくそれぞれの二重構造（つまり「四重構造」）を、「与件対象」または「所与対象」〔🄱の一つの記号的表現としてのE〕ではなく、まさに与件としての与件あるいは「能知的主体」のおいてある現実の場所〔🄱の規定としての

B」を認識し把握するための形式的構造として唯物論的に解体構築し止揚することが、われわれにとっての問題である。「四肢構造」を明らかにするばあいに駆使されている gelten als（として意義をもつ）の論理は、直接的にはもちろんマルクス価値形態論の反照論理からの類推にもとづいている。物化された形態において叙述されているマルクスの反照の論理は、ヘーゲル論理学にみられる反省の論理を唯物論化したものである（梯明秀『ヘーゲル哲学と資本論』第五章）。反照の論理にかんするこのような研究の流れのなかに、広松の「四肢構造」論を位置づけつつ、その現象学的存在論（主義）という性格を打破してゆく、ということもまた、われわれの課題である。そうすることによって、彼のいう für uns の立場が für es の立場を超絶した神の立場のようなものであることも、明らかにされるのである。

二　のりこえそこない

〔4〕 近代主義的「主—客」図式の超克？

それぞれがレアール・イデアールという存在性格をもつ「所与」と「所識」という二肢からなる「対象的所知」が——身体的自我と身体的他我の関係をつうじて——或る「能知的主体」に「帰属」するとされ、そしてこの「能知的主体」からするならば「対象的所知」は「能知的所知＝所知的能知の渾然一体態」をなすとされるとともに、「能知的誰某」は同時にそれ以上の或るものすなわち「能識的或者」である、とされる。――およそこのような骨組みにおいて「認識的世界の存立構造」なるものが展開されるのであるが、広松渉のいう「存在論・認識論」なるものは極めて曖昧である。

「フェノメナルな現相」とか「所与的現相」とかは、予め感性的対象からきりはなされているにもかかわらず、この「現相」の二肢をなすシニフィアン的所与とシニフィエ的所識から構成されるところの「所知」は直接的には「対象的」と規定される。シニフィエ的シニフィアンとしての詞の指示対象（および意味）との関係において、「能知的所知＝所知的能知」の対象性は論証されうるかのように展開されている。「所与（対象）――意識内容（思惟内容）――意味作用（意識作用）」というような伝統的三項図式を否定することが出発点的な問題意識（近代主義的な「主―客」図式の超克）であるかぎり、「フェノメナルな現相」のその根底にあるところのもの（あるいは「所与」の前提としての与件そのもの）は不問に付され、「所知―能知」成態から事後的に、「指示対象」とか「与件」とか「与件対象」とか「所与対象」とかが導き入れられることになっているのは理の当然である。

言語体（詞）による言語的表現行為をつうじて〈知られたところのもの〉から〈知られるもの〉を推論し、さらにこの後者から〈知られるであろうところのもの〉を演繹する、という方法がとられているのであるが、〈知られたところのもの〉は何故に「対象的知」ないし「対象的所知」といいうるのか。また〈知られるもの〉は何故に対象的性格をもつのか、さらに〈知られるであろうところのもの〉は何故に想定されうるのであろうか。いやそもそも、〈知るということ〉それ自体も、また「知られたものは知るものではない」ということも、このばあいには不問に付されている。〈知るもの〉（いわば能知＝能識的主体）を問うことそれ自体が近代主義の誤り（「主体＝実体」主義あるいは個的主観を実体化する錯視）である、というわけなのである。

「所与―所識」の二肢からなる「対象的所知」それ自体が、――すべての論理的手続きを排除するならば――〈知られるもの〉（所知）と〈知るもの〉（能知）という二肢をもつのであるが、このような「対象的所知」または「現相的所与―所識」成態は、近代的「主―客」図式を基礎とし前提としているのであって、西田幾多郎のいう「主客未分の意識場」「無の場所」と同工異曲のものでしかないのである。「能知的所知＝所知的能知の渾然一体態」とは、近代主義的な「主―客」図式を前提にはしないと称したうえでの「主客未分」の「無の場所」の西欧現代哲学式の表現でしかないのである。「主体あるいは主観」の実体主義を超克しているかのように思念することができるのは、ゲシュタルト的射映相の帰属するところのものの現実的措定を予め回避しているからであるといえる。あるいは、誰某のものでもあり誰某のものでもない「フェノメナルな現相（―所識）」を「存在論・認識論」のアンファングとしていることのゆえに、あたかも「主―客」図式を超克しているかのような仮象がかもしだされているにすぎない、といってもよい。

その「帰属」するところのものが定かではない「フェノメナルな現相」あるいは「現相的世界」を出発点にし、「覚識」あるいは「覚知」が〈「所与―所識」――「与件または指示対象」〉という関係における反照をつうじて進展するプロセスにおいて「能知的誰某＝能識的或者」という主体を論理的に措定する、という手続きをとりさえするならば「主体＝実体」主義は超克できる、と考えるのは錯誤でしかないのである。

いやそもそも、「所与—所識」あるいは「所知—能知」の反照関係は「認識的世界」のいわば出来事（生起したこと）とされているのであるが、しかし「認識」とは何か、「認識的世界」とは何か。

しかも、「認識的世界」において生起したところのものの叙述は「認識的世界の存立構造」論とされているのであるが、この「存立構造」にかんする「論」は ontisch（存在的）なのか ontologisch（存在論的）なのか。オンティッシュな構造のオントロギッシュな叙述が「認識的世界の存立構造」にかんする叙述なのか。それとも、当事（者）意識 für es にあたえられるところのものがオンティッシュであって、学理的見地 für uns にたって ontisch なるものを für sich にとらえたのが Ontologie なのか。あるいは、「フェノメナルな現相」がオンティッシュであって、「能知—能識的主体」が覚知したところの「認識的世界」の「存立構造」論がオントロギーなのか。さらに「認識的世界」がオンティッシュであって、この世界の「存立構造」の論がオントロギーなのか。

いずれにしても、次のことだけは確かである——

「フェノメナルな現相」を出発点にして、「所与—所識」や「所知—能知」の反照関係の形式的構造は現象学の方法を適用して論じられるとともに、「対象的所知」およびその二肢のレアール・イデアールな存在性格は——「与件」あるいは「指示対象」との対象的関係において——存在論的に論じられているということ、これである。

したがって、「所知—能知」関係の形式的構制についての論述は存在論的現象学として、「所知—能知」の反照関係の内実についての論述は現象学的存在論として展開されているといえる。「認識的世界の存立構造」論はそれゆえに存在論的現象学・現象学的存在論という性格をもっているといえる。

それだけではない。「主体＝実体」主義あるいは主客二元論の「超克」の名において、「フェノメナルな現相」の基底にあるところのものあるいは外的世界は予め括弧に入れられているがゆえに、存在論的現象学は「人称」以前のものとされているだけではなく、現象学的存在論は同時に実在化されているのである。このことはontologisch＝ontischとされていることを示している、と言えないことはない。けれども、この両者は「存在」のとらえ方の位相の相違であるとするならば、いいかえれば、当事（者）意識für esにはontischでありfür unsの立場にとってはontologischであるというように解するならば、われわれのいう〈存在論の実在化〉はontologisch＝ontischというようには規定されえない。

実際、als関係——与件としての或るものは「他のもの」または「それ以上の或るもの」として妥当する（gelten）という関係——についての存在論は、当事（者）意識がつねにまといつかれている「物象化的錯視」（あらゆるものを自存するとみなし「対他・対自的＝対自・対他的な関係」をとらえないということ）を否定した哲学そのものであるとされると同時に、この存在論は「世界」そのものとして実在化されている。für usの立場においてとらえられたところのもの（現象学的存在論）以外の実在を承認しないかぎり、現象学的存在論がそのまま真実在とされることになるのである。（真実在が「もの」ではなく「こと」であるという問題は、ここでは問わないことにする。）

〔5〕　価値形態論の現象学的改釈？

具体的にはたとえば『資本論』の存在論的叙述を、直接的には価値形態論の反照論理の理論展開を、資本制商品経済の物化構造をマルクス自身がその精神的活動・認識＝思惟活動をつうじて解明したものとしてとらえかえすべきであるにもかかわらず、この存在論〔a〕をば、「物象化的錯視」が必然になる根拠を解明したものとみなすと同時に、そのまま実在化し〔a′〕、そうすることにより価値形態の反照関係の叙述を「a＝a′」とみなし、そしてこのようなものとしての「価値関係」をfür unsの立場から「共同主観的協働連関」〔b〕としてとらえること、すなわち真実在である後者〔b〕の仮象として前者〔a＝a′〕をとらえること、これが現代哲学の地平である、というのである。

もちろん、価値＝交換関係の直接性を当事（者）意識für esに定位し、この関係の基底にある「協働連関」をfür unsの立場に定位する、という視座のもとに『資本論』解釈がなされているのかも知れない。たとえそうであったとしても、価値関係という規定をうけとる物質的なもの〔a′〕、価値関係の反照論理の解明としての価値形態論〔a〕、価値関係の基底にあるものとされる「協働連関」〔b〕なるもの、——この三者が区別されていないことに変りはない。

実際、吉田憲夫は「商品の二要因」にかんするマルクスの理論展開はfür esの位相にあるものとしているだけではなく、広松自身も「労働の二重性」にかんするマルクスの叙述は近代主義の名残りであるという意味のことを論じていたはずである。この意味では、反照関係を論じている部分はfür unsの立場にたった体系知ではあるが、「商品の二要因」や「労働の二重性」にかんするマルクスの叙述はfür esに定位する、と広松は考えているのかも知れない（『資本論の哲学』を読んでいないのでわからない）。

とにかく『資本論』の体系的叙述の広松式解釈は、この存在論的展開を実在化し、そのうえでfür uns

の位相において「協働連関」を論じようとしているといえる。

それゆえに、次のようなことがらはすべて「とらえ方」の位相において秩序づけられるとともに、とらえられた内容（現象学的存在論）が真実在とみなされている。

（イ）　資本制経済のもとにおける「ものとものとの関係」についての日常的意識。

（ロ）　この「ものとものとの関係」は「人と人との関係」が（労働力の商品化を根拠にして）商品経済的に物化された形態である、ということのマルクスによる学問的解明（＝『資本論』）。――この体系の観点からするならば、（イ）は商品・貨幣・資本を物神崇拝する即自的意識としてとらえかえされる。

（ハ）　物化された商品経済関係あるいは価値関係をば、価値同等性の根拠としての抽象的人間労働から存在論的にとらえかえすことを踏み台にして、「人と人との関係」あるいは「間主体的な関係態としての協働連関」そのものから本質論的にとらえかえすこと、これが「学理的見地 für uns の立場」にもとづく「体系知」とされていること。

一方では資本制商品経済の物化構造そのものの学問的解明としての『資本論』を「協働連関」論という社会的存在論一般から直接的に位置づけなおすという操作（吉田憲夫論文にはっきりあらわれている）、他方では、「物象化」という概念を直接的に一般化するという操作（商品などの物神化意識を「物象化的錯視」と規定しなおすだけではなく、あらゆるものを自存するとみなす「実体主義」をも「物象化的錯視」とみなすところに端的にしめされているそれ）。この二つの操作にもとづいて、（ニ）「とらえ方の位相」は、――マルクス経済学の学問的位置およびレベルを超越して――①当事（者）意識 für es のレベル（「物象化的錯視」や「実体主義」におちいっている日常的意識のレベル）と、②「学理的見地 für uns の立場」にたった「体系知」のレベルとに二分されることになる。

この「とらえ方」の二分法においては、もちろん、（α）〈とらえられるもの（物）〉と〈とらえるもの（者）〉との関係（このような関係それ自体が近代主義的二元論として退けられるのであるが）についての、（β）当事（者）意識の内容と、この内容の理論的対象化あるいは学問的体系化との関係についての省察が欠如している。理論体系は、これが言語的表現態であるがゆえに、客観的な物質的形態をとってあらわれる、ということが無視されていることは、この二つの関係が曖昧にされていることを意味する。このことは、さらに（γ）意識内容やその対象化された形態としての理論やイデオロギーという形態をば真実在とみなし、かかるものを「能知―能識的主体」によってとらえられるであろうところのもの（この主体のおいてある場所の法則性）に、「妥当」の名において埋没させることになっていることを意味する。すなわち「とらえ方の位相」において開示された弁証法をそのまま実在化するという点では、論理的には裏返しのヘーゲル主義と同根をなすのである。

とはいえ、『資本論』の存在論的体系を現象学の立場から「解釈＝改釈」することがめざされている以上、資本制商品経済の物化構造にかんする経済学そのものの歴史的社会的被制約性およびマルクス主義におけるその体系的位置・意義などのすべてをとりはらって、おのれの「間主体的協働連関」論を正当化するための一手段に『資本論』がおとしめられてしまうのは、けだし当然のことである。

「所与」と「所識」の二肢からなる「対象的所知―能知」、その形式的構制を現象学の手法を用いて論述するとともに、「二肢」のそれぞれのレアール・イデアールという存在性格をまさに存在論的に（所与対象あるいは対象的与件としての与件そのものの対象性を無視して）論述しているのが、広松渉の「認識的世界の存立構造」論である。

そのばあい、「所与現相」「フェノメナルな現相」あるいは「現相的世界」を哲学的出発点にし、〈知られるもの〉と〈知るもの〉との二元的対立から出発することを超克した地平にたつ、と称することによって必然的に、〈とらえられたところのもの〉（「射映相」を基礎にして構成されるところの対象的知あるいは体系知）と、〈とらえられるであろうところのもの〉（「射映相」を決定している物質的なもの、身体をもふくめた・知覚されるであろう物質的世界、あるいは現実場の法則性）とが二重うつしにされ、前者は同時に後者に gelten als するのではなく、前者が後者をも僭称する、という構制にならざるをえないのである。

「所与」と「所識」との、「所知」と「能知」との、一般的には或るものと他のものとの関係を als 関係において論じることが核心であるとされているにもかかわらず、〈とらえられたもの〉と〈とらえられるであろうところのもの〉との、あるいは「対象的知」と「与件としての与件」（または「詞の指示対象」としての感性的存在）との関係には、この gelten als の論理は適用されてはいないのである。「対他・対自的＝対自・対他的な存在構造」は für uns の立場にたった体系知の位相にかかわると同時に物質的世界そのものそれとされているのだからである。〈とらえられるであろうところのもの〉は不可知であって、〈とらえられたかぎりのもの〉こそが真実在であるとされる以上、そのことは必然なのである。

たしかに、現象学の主観主義性は、かの「二肢」のレアール・イデアールな存在性格（いわゆる四重構造）を論じることによって「超克」され、また存在論の主観主義性は、「亜現象主義」と gelten als の論理（対妥当・向妥当）を駆使することによって「超克」されているかのようである。そしてこの「超克」のメルクマールが「存在論・認識論」という自己規定にほかならない。あるいは「認識的世界」の「存立構造」こそは、存在論的現象学・現象学的存在論の紋章であるといってよい。

しかも、「対他・対自＝対自・対他の存在構造」は同時に、言語的表現行為のがわからも論じられている（この問題にはここでは立ち入らない）。――この側面からするならば、言語表現論（「言語過程説」）ではなく「言語」の存在論的解釈論によって補強された現象学的存在論、記号論をも動員した存在論的現象学が、広松の「存在論・認識論・意味論」の性格にほかならない。

三　解釈がえ

〔6〕「学理的見地」と実践的立場

十九世紀後半以降の西欧哲学の「発展」について無知であるがゆえに、わが広松渉の問題意識および哲学的展開内容を哲学史的に位置づけることは、私にはできない。さしあたりここでは、彼の存在論的現象学・現象学的存在論を、実践的唯物論の立場において〝解体構築〟（デコンストラクシオン）する視点を確認しておくことにする。現代哲学史についての自分自身の無知をおしかくそうとするわけではないけれども、ここでは、マルクス主義者にふさわしく、『資本論』の広松式解釈（しかも吉田憲夫によるその解釈を濾過したかぎりのそれ）との関係において彼の存在論的現象学の〝解体構築〟はいかにあるべきか、ということについて簡単に記しておこう。

「関係の第一次性」の哲学をモットーとする広松渉が駆使している gelten als の論理は、もちろん、ヘーゲル本質論やマルクス価値形態論の反照の論理を彼式に解釈することを一つの基礎にして創出されている。このばあい、一般に、価値形態を相対的価値形態にたつ商品（WA）の価値表現としてとらえること、すなわち WA の等価形態にたつ商品（WB）にたいする主導性・能動性（日高普式に表現するならば、WA→WB）をみとめること、このことを近代主義的解釈として否定し、価値関係をとりむすんでいる二商品の等価の関係（WA＝WB）を、この物的関係の外側から、つまり für uns の立場からとらえる。まさにこのゆえに、「商品Aは商品Bをみずからに等置する、そうすることによって、後者の使用価値が前者の価値として意義をもつ」という価値形態の質的関係の経済学的考察はどうでもよく、むしろ価値関係は量的関係に関心を集中して「共通の第三者＝抽象的人間労働の大きさ＝共同主観的協働連関」から、存在論的にとらえられることになる。（こうして「A als B」関係は「等値化的統一」とみなされることになるのであるが、この問題については、本書一五一頁以下〔本巻四〇三頁以下〕を見よ。）

しかも、物化された資本制商品経済の基底にある価値形態の反照（反省）関係を、労働力商品としての賃労働者の物質的反省＝自覚の論理の物化された形態として主体的にとらえることなく、むしろ、マルクスが注十八において例証としてあげている「ペーテルとパウルの論理」（「価値鏡」との類推において展開されているところの「他者鏡」にかんする論理）から直接に、価値形態の論理を人格化してとらえる。WA の所有者と WB の所有者との対象的な反照関係としてとらえる。さらに、等価の関係においてある二商品に共通する実体としての抽象的人間労働（価値同等性の根拠としての凝固した労働）から、価値形態（一般的には物化した社会諸関係）をとらえること（『スターリン主義の超克・第6巻』所収の吉本龍司論文を参照）が、当事（者）意識に固有な「物象化的錯視」からの脱却と等置される。このことを踏み台にして、さらに、二商品の価値関係を商品経済的という被規定性がとりはらわれたところの「物象化」の関係として直接的に一般化し、そして一般化されたこの「物象化の関係」をば、本源的な「社会的編成」たる「間主体的な関係態としての協働連関」から位置づけなおすことが、für uns の立場にたつことであるとされる。

ここでは明らかに、①資本制経済の物化構造にかんする存在論的な体系的叙述が、それにもかかわらず物化された日常的意識＝当事（者）意識に直対応させられ、またそうすることによって前者そのものも人格化して解釈されている。そして、②「間主体的な関係態としての協働連関」から、資本制的物化関係または物的価値関係（価値形態）を存在論的にとらえることが、für uns の立場に対応させられている。――ここでは、資本制的物化構造の普遍的本質論のレベルにおける解明（「生産諸関係の物化と物の人格化」についての経済学本質論）にかかわる問題が、「協働連関態」からの本質論的とらえかえしの問題に横すべりさせられている。

いうまでもなく、或る特定の運動形態（いまのばあいは完全に物化した社会関係としての資本制生産関係）を論理的により高次の運動形態（社会的生産関係の本質的形態または「協働連関態」）から存在論的にとらえかえすことと、前者の運動形態そのものを本質論的にとらえることとは、論理的次元の異なる問題である。それにもかかわらず、für uns の名において、この論理的次元の相違を無視しているのが、わが存在論的現象学者なのである。

資本制経済本質論の始元としての商品、労働力商品としての意義をもつこの始元的商品の自己展開の体系としての『資本論』、その存在論的叙述は、われわれにとっては、物化されたプロレタリア（即自的存在としての賃労働者）の自己内反省が進展する過程の対象的形態として意義をもつ。これが可能になったのは、『資本論』を理論的に対象化したマルクスその人が、労働力の商品化を根拠にした資本制的物化を根絶しようとする向自的プロレタリアの立場にたっていたからにほかならない。『資本論』の根底にあるマルクスのこの実践的立場をわがものとすること、これこそが für uns の立場にほかならない。『資本論』という学問的体系を創造した「学理的見地」なるものが für uns の立場であるわけではないし、また「間主体的な協働連関態」からの存在論的とらえかえしの立場でもないのである。

資本制的物化構造の体系的叙述に当事（者）意識を対応させ、またこの学問的体系を創造した超階級的な「学理的見地」なるものを für uns の立場であるなどと称するのは、近代主義的「主―客」図式の超克の名において、『資本論』体系を創造したマルクスその人の場所的立場そのものの哲学的思弁を疎外してしまったことに起因する。

十九世紀中葉のイギリス資本主義という場所において、この場所に内在しかつ超越することを企てたマルクスその人の・プロレタリア的な階級的全体性につらぬかれている実践的立場、これは「主体＝実体」主義ではない。資本主義的近代の超克をば、プロレタリアートの階級的特殊性を直接的に貫徹することによって社会的普遍性を実現する、という変革的実践を拠点にしてなしとげる、――これがマルクスの普遍的個別性の立場である。この立場をわがものとすることこそが、für uns の立場にたつことにほかならない。この立場をも学問的体系の基底にある「学理的見地」であるなどと称するのは、まさしく存在論的現象学の立場に立っているがゆえなのである。

そして『資本論』の現象学的解釈のゆえに、資本制的物化構造論そのものが同時に実在化されることになる。まさにこの実在化が『資本論』解釈の哲学的前提になっているからこそ、かの直結的解釈が、あるいは「物象化的錯視」におちいっている当事（者）意識一般についての解釈が必然となるのである。

〔7〕「物象化」と物化と事物化

広松式の存在論的現象学にもとづいて展開されている『資本論』の存在論的解釈が彼の現象学的存在論を基礎づける一手段とされているかぎり、この解釈を、その反マルクス的本性を明らかにしつつ解体することは、彼の存在論的現象学の解体につうずるといってよい。

すでにみてきたように、実践的唯物論の立場にたって展開されている『資本論』を非唯物論の立場から――まさに客体的に御都合主義的に――解釈することによって、〈資本論の論理〉は、あらゆる意味で破壊されてしまっている。「商品の物神的性格とその秘密」などで論じられているブルジョア的人間のいわゆる拝金主義・物神崇拝意識にかかわることがらを、直接に当事（者）意識 für es に直結して解釈してしまったこと、このことは、次のことにもとづく。すなわち、『資本論』の体系的な存在論的叙述を、――「現相的所与＝意味的所識」成態をば、そのレアール（＝イデアール）な存在性格のゆえに「与件としての与件」あるいは「与件対象」そのものと二重うつしにする、という非唯物論にもとづいて――実在化するだけではなく、資本制商品経済的物化の歴史的被制約性をとりはらって直接的に一般化することによってうみだされたところの「物象化」なるもの〔内的世界における対象化とこの対象化されたものの外的世界への対象化＝物質化の構造を、近代主義の名において全否定すること、およびこのことから不可避となったところの、階級社会一般に妥当する事物化（生産されたところのものがそれを生産した者から自立化して事物的な力・社会的マハトとなるということ）と、商品経済的物化との二重うつし、この二重うつしにもとづいた広松式カテゴリーが「物象化」である〕をば、実在化された『資本論』の叙述と同一視することにもとづくのである。

そして、〈「資本制的物化構造論」（『資本論』）＝「物象化」〉という〝実在性〟の「射映相」（あるいは〈物象化〉の「意味的所識」を覚識しえない「フェノメナルな現相」）にとどまるのが für es の立場であり「物象化的錯視」であるとされる。――このような論述形式は明らかに循環論法でしかない。非唯物論的に『資本論』の叙述を解釈するかぎり、そのことは当然帰結されることなのではある。

『ドイツ・イデオロギー』においてのべられている「事物化」（階級社会においてうみだされる生産物および社会関係の自立的実体化――社会的諸関係の物質性とは区別されるところのそれ）と、『資本論』において展開されている商品経済的物化とを、――没経済学および存在論的論理そのものの平板性（対他・対自＝対自・対他の反照という本質論的論理の絶対化、または gelten als の論理だけを駆使するにすぎない一面性）のゆえに――二重うつしにし、かつこの二重うつしにしたところのものを実在化することによって創出された〈物象化〉（広松のいう「物象化」を実践的唯物論の立場からとらえかえしたところのものの規定）。――このような〈物象化〉としての「物象化」こそが、広松式存在論の鍵概念である。そして、この「物象化」に対立する概念が「関係」であって、「関係の第一次性の哲学」こそが「物象化論」を超えた現代哲学そのものであるとされる。

四　厚みのない「層」

〔8〕 für es と für uns

「物象化――関係」についての哲学は、次のような二つの位相において展開される。

①〈物象化〉――これにとらわれている日常的意識＝「物象化的錯視（錯認）」。これは当事（者）意識 für es の立場と規定される。

②「物象化的錯視」から脱却し、あらゆるものを自存するとみなす実体主義を超えて反照関係においてとらえる「学理的見地」。gelten als の論理によって、あらゆるものの「関係性」をとらえるこの立場が für uns の立場であるとされる。

「当事（者）意識と学理的見地」、für es と für uns――この二つの相は、直接には「とらえ方」の位相にかかわるのであるが、しかし同時に「とらえられたもの」としても説かれている。いいかえれば、「とらえられたもの」のがわから「とらえ方」が説かれているといえる。〈知られたもの〉と〈知るところのもの〉との、〈とらえられた物〉と〈とらえる者〉との、近代主義的＝実体化主義的な関係づけを排除して、「所与―所識」「所知―能知」の関係を論じているにもかかわらず、ここでは、「とらえ方」の位相のちがいが〈物象化〉を基準にして、ただ結果的に存在論的に説かれているにすぎない。存在論的現象学ではなく現象学的存在論として、二つの位相は論じられているにすぎない。したがって、「物象化的錯視」はただ、für uns の立場の高みから否認されているにすぎないのであって、――たとえ「現相的世界の多階性」が結果論的にいわれていたとしても――当事（者）意識 für es から für uns の立場への転換そのものの構造は予め不問に付されている。

「とらえ方」の位相が「とらえられたもの」のがわから説かれているだけではなく、さらに、〈物象化〉にとらわれた「物象化的錯視」①は、人間主体または自然を実体化する近代主義哲学〔a〕に等置され、またこの実体主義を超えて gelten als の関係（反照関係）において、あるいは「函数関係」においてとらえるところの存在論は現代哲学そのもの〔b〕である、とされている。

「とらえ方」の位相（①と②）は、〈物象化〉を基準にして同時に、哲学的パラダイムの相違〔aとb〕としても論じられている（①＝a、②＝b）。近代主義的「主―客」図式を超克した現代哲学のパラダイムは für uns の立場として象徴化される。けれども、この für uns の立場への転換の現象学的論証は定かではない。むしろ「物象化論」の内容的展開に、この転換の問題はすりかえられているかのようである。für uns の立場にたった存在論は、一方では「物象化的錯視」を超克するための「物象化論」として展開されるとともに、他方では「認識的世界の存立構造」という名の存在論的現象学として提示されているといえる。

ところで、「とらえ方」の二つの位相は「とらえられたもの」のがわからするならば二つの層となる。すなわち、「物象化的錯視」にとらわれた当事（者）意識の内容（虚偽意識形態）にかかわる層と、für uns の立場にたって創出される体系知（学問的体系）の層との二つである。für uns の立場における第一層の現象学的存在論が第二層にぞくする「物象化論」という体系知である、というわけなのである。

〔9〕物象化の形而上学

体系知としての「物象化論」そのものの全体像については別に論じなければならないのであるが、ここでは、体系知の存在論的展開の論理が gelten als のそれ（反照関係の論理）に矮小化され局限されていることを確認しておけばよい。

たとえば、マルクスの「疎外された労働」論の基底にある〈論理としての疎外〉をば——実体化され絶対化されたヘーゲル的理念の自己運動の論理をモデルにしているにすぎないところの——「化身」としてしか把捉できないのが、わが「物象化論」者なのである〔芦村毅『ルカーチとマルクス』を参照〕が、このような〈論理としての疎外〉あるいは〈疎外の論理〉を近代主義の名において葬り去っているがゆえに、存在論を展開するための論理そのものへの関心が薄らぐことになっている。

すなわち、社会（広松式に「社会的編成態」といってもよい）の根源的＝本質的形態とその現実的形態（階級的に分裂した社会形態——この疎外された形態それ自身が、歴史的に独自的な社会形態にとっては一般的形態として意義をもつ）とを、——場所的現在における実践的立場を拠点として——非連続においてとらえることが不可能になっている。このことは、エンゲルスと同様に、社会の歴史的発展を、もっぱら過程的に（したがってしばしば歴史主義的に）とらえることによって、この発展を形態論的に把握することがぬけおちることを意味する。論理的にいうならば、〈個体発生における系統発生〉にかかわることがらを系統発生そのものにすりかえて論じることになる、ということである。存在論的展開そのものの内部における〈本質論と現実論〉といういわば二層的な構造が没却されていることと、論理的なものにおける歴史的モメント（個体発生における系統発生）が歴史的発展（系統発生）に横すべりさせられてとらえられる傾きとは、同根なのであって、このことは存在論的アルケー（始元）を――「関係の第一次性」の哲学の観点から――「函数関係」とすることに起因するのである。

アルケーを「函数関係 f(x)＝Y」とみなすかぎり、アルケーからの存在論的展開は必然的に、質的飛躍と断絶のない単に量的なものとならないわけにはいかないのである。たとえ函数の変項に時間を導入して緻密化するという操作がなされたとしても、現実の場所における「時間」（過去を背負い将に来るべきものをはらむ行為的現在としてのそれ）や時間的モメントは、過程化されたものとしてあらわれるのであって、空間化された時間は、われわれにとっての「時間」ではないのである。行為的現在における場所から超絶したところの・アルケーからの存在論的展開の性格は、非連続のない連続性となる。このゆえに、存在論的展開そのものの――唯物論的抽象のレベルに決定された――論理的段階構造（存在論的体系の段階的具体化の構造）は、als関係にもとづく存在論からはすっぽりぬけおちることになる。――このことは、『ドイツ・イデオロギー』にみられる「自然発生的協働」の解釈にも、また『資本論』の「価値形態論」の解釈にも、あらわれている。後者については若干論及したので、ここでは前者についてふれておく。

たとえば、Versachlichung や社会的 Macht をば、――生産諸手段の階級的所有や労働の社会的分割の発生という歴史的結節点または断絶面を没却して、――「自然発生的協働」からの連続性においてとらえるだけではなく、商品経済と非商品経済との関係の把握がなお不分明であったといえる若きエンゲルスの社会発展にかんする叙述（いわゆる分業発展史観）に、『資本論』においてはじめて解明された商品経済の論理（物化論）を投射して解釈する、という愚かな操作によっても、そのようなカテゴリーの誤った解釈が権威づけられ正当化されさえしているのである。

社会発展の非連続性（または歴史的結節点）の、場所的立場における論理的再構成。このような存在論的展開の基底にあるはずの拠点が「近代主義の超克」の名において没却されているがゆえに、存在論的展開そのものの論理的段階構造（さしあたり〈本質論と現実論〉という二層構造）が抹消されてしまうだけではなく、たとえば階級社会から無階級社会への歴史的転換における「物象化」の存在形態の解釈にあたっては、壮烈な破綻を現出させることにもなる。――すなわち、無階級社会＝共産主義社会においては「桎梏的物象化」は廃棄されるとしても、「慣習や道徳のような物象化」は残る、と。

「物象化」を「桎梏的」なものとそうでないものとに分類したこのことにおいて、広松渉の「物象化論」そのものの破綻があざやかにしめされているといわねばならない。《疎外論なき物象化論》は、ここでも難破しているのである。「物象化」というカテゴリーの雑炊的本質（商品経済的物化＝物神性＝社会的事物化＝物質化＝対象化されたもの＝表現活動によって創出されたところのもの＝物質性）のゆえに、「桎梏的物象化」なるものを捏造することによって「物象化論」を弥縫することが不可避となるのである。

「桎梏的物象化」は広松「物象化論」の破綻の紋章にほかならない。

「とらえ方」の二つの位相（für es と für uns）は「とらえられたもの」の二層構造〔「物象化的錯視――体系知（物象化論）」〕を決定するのであるが、第一層としての「物象化的錯視」およびこれにもとづくイデオロギー的生産物は近代主義的実体主義の哲学に等置され定位されるとともに、第二層としての体系知は「体系の批判＝批判的体系」という性格および構制をなす現象学的存在論であるとされる。

けれども、für uns の立場において第二層として開示され構成される体系知としてのこの現象学的存在論は、アルケーとしての「関係」（函数関係）の・非連続のない連続性の「対象的知」でしかないのである。存在論的展開の論理的段階構造が抹消されていることは、gelten als の反照論理を駆使することによっておおいかくされてはいる。けれども、このことは、マルクス・エンゲルスの諸文献の「物象化論」的解釈の一面性と観念性を決定するとともに、この解釈そのものの恣意性および破綻としてもあらわれている。

「関係の第一次性」の哲学としての現象学的存在論のこのような量的性格は、他面では内容的には、「共同主観性」または「間主体的な協働連関」（この二つのカテゴリーは、「社会的編成のおさえ方のちがい」にもとづくとされるのであるが、いまのばあい、これについては問わないことにする）についての論述によっておおいかくされている。あるいは次のように言ってもよい。すなわち、「所与―所識」「所知―能知」の現象学を存在論的に展開すること（「認識的世界の存立構造」論）のなかに、かの現象学的存在論が埋没させられているがゆえに、現象学的存在論そのものの論理的段階構造が抹消され体系知の層は厚みを失うことになった、と。

それゆえに、いまや、「物象化的錯視」からまぬかれるための「存在論・認識論」と称される広松式現象学にたちもどらねばならない。

五　デコンストラクシオン

〔10〕「無前提の学」の前提

感覚的なゲシュタルト的射映相としての「フェノメナルな現相」（あるいは知覚表象としての現相）は、直接的には或るものを「それ以上の或るもの（または他のもの）」として覚知するのではなく、あらゆるものを自存するものとしてとらえるとされる（＝「物象化的錯視」）のであるが、この「フェノメナルな現相」がどのようにして、どこにもたらされたか、ということは、――〃無前提の学〃を標榜しているがゆえに――不問に付されている。いいかえれば、現象学の手法をとることは、あるいは現象学を「学理的見地」とすることとそれ自体は、いわば現象学の外がわから、つまり「物象化論」から基礎づけられているにすぎない。現象学的手法の現代性は現象学そのものからではなく、「物象化論」から正当化されているにすぎない。

「所与的現相（―所識）」の底の底にあるところのものは「与件」であるとされてはいるものの、「与件的対象」または「対象的与件」そのものは不問に付されている。いや、不問に付すべきことを広松は高らかに宣言してさえいるのだ。すなわち「射映的現相の位階で停止する」と。

「射映的現相の位階」の底の底にあるところのものそれ自体を問うがゆえに、「物理的実在」や「生理的・心理的状態」などを設定することになるのであって、これは日常的意識の平面にとどまる「物象化的錯視」の産物にすぎない、というのである。「現相的所与」を「意味的所識との相関項」にあるものとしてではなく、独立自存するかのように思念するのは錯認であって、あくまでも「所与―所識」成態が根源的なことがらである、というのである。この「所与―所識」成態〔われわれの記号で表現するならば、認識の端緒をなす感性的直観＝B′の即自態〕こそが、「現相以前的な次元」（そこから現相が現相として映現してくるところのもの、また分節化した現相と意味的所識との相関関係をうみだすところのもの）であり「窮局的な所与」である、とされる。「所与」〔B′の即自態としてのO′面〕と「所識」〔B′の即自態のS′面〕とに分節化する以前の「所与―所識」成態〔B′の即自態〕、あるいは「窮局の所与」としての「現相以前的な次元」は、反省的意識以前のいわば〝意識の流れ〟の圏内にあるものとして「現相を超越する次元ではない」ということになる。

けれども、「射映的現相の位階」または「現相以前的な次元」から区別されているところの、この「現相を超越する次元」とは、そもそも何か。「現相以前的な次元は現相を超越する次元ではない」という、この論証ぬきの断定は、亜フェノメナリズムの立場からするならば論理的に必然なことであるとはいえ、哲学の根本問題への問いを回避していることの如実なあらわれ以外の何ものでもありえない。

「主観―客観」図式または「意識対象―意識内容―意識作用」の三項図式を超克すると称して、「所与―

所識」成態あるいは「射映的現相」を出発点にして、「所与」と「所識」という二肢（関係の項）を自存化せしめる「物象化的錯認」（「質料―形相」成態）とその二形態（物理的実在や生理的状態やを実体化する伝統的理説）をも für uns の立場から位置づけなおしつつ、「認識的世界」の超時空的な存立構造を緻密に論述したとしても、所詮は「認知的にひらかれた現相的世界」をそのまま真実在とみなすことを権利づけることしかできないのであって、イデアリスムスの地平を超えでているわけではないのである。――アップ・ダウン・チャーム・ストレンジ・ボトムという五つのクォークと並んで「トップ・クォーク」の存在が理論的に予知されていたとしても、これが「射映的現相」として現前しないかぎり非存在である、とすることが「学理的見地である」というわけなのだ！

このように、「所与的現相」の底の底にあるところのものを不問に付していることそれ自体が、広松式現象学の前提なのである。〝無前提の学〟が前提にしているのは「与件的対象」の実在性を問わない（または問うてはならない）ということなのである。「与件的対象」の実在性を前提にしないかぎり、「現相的所与」の「レアール・イルレアールな存在性格」および「所識」の「イデアール・レアールな存在性格」のなかのレアールな契機がレアールな契機であることの論証は不可能である。いや「フェノメナルな現相」そのものが、前提である「与件的対象」によって措定されたところのものの直接性でしかないのである。「与件的対象」の措定作用が前提されているにもかかわらず、「フェノメナルな現相」または「現相的世界」を出発点にすることは無前提であるとしているところに、根本的な錯誤があると同時に、「近代主義の超克」によっておしかくされている観念論的倒錯がしめされているのである。

所与としての「フェノメナルな現相」は、「与件的対象」の措定作用を前提することによって措定されたところのものの直接性ではないのか。出発点とされている「フェノメナルな現相」の直接性そのものが、すでにこの「現相」を喚起したところのものと喚起されたところのものに媒介されているのではないのか。いいかえれば、「射映的現相」の分節としての・「現相的所与」と「意味的所識」とが、またこれらをみずからの二肢とするところの「所知」と「能知」とが、いずれもgelten alsの関係をなすだけではなく、そもそも、「フェノメナルな現相」それ自体が、これを「それ以上の或るもの」たらしめている《或るもの》と言語的に表現されるところのもの〔[B]としてのEまたはB〕の反照規定ではないのか。分節化する以前の「フェノメナルな現相」そのものとこの《或るもの》とが対他・対自的＝対自・対他的な構造をなすことが、まさに即自的に前提されていると言わねばならない。

「フェノメナルな現相」を「それ以上の或るもの」たらしめているところのこの《或るもの》が広松式現象学の即自的前提となっているにもかかわらず、この即自的前提は論証できないがゆえに不問に付されているのであって、この「不問に付すこと」が広松式現象学の前提なのであり出発点をなしているのである。この《或るもの》が「フェノメナルな現相」に先立つことを否認し、この《或るもの》と「それ以上の或るもの」としての「フェノメナルな現相」とのgelten alsの反照関係を没却することそれ自体が、ひとつの立場を、すなわち「唯物論か観念論か」という問題設定そのものを否定し近代主義的実体主義のパラダイムを超克し「現代哲学の地平」にたつ、という哲学的立場を表白しているのである。

〔11〕 レーニンの出発点

「フェノメナルな現相」を「それ以上・それ以外の或るもの」〔E′—M′〕として措定するところのこの《或るもの》〔実践主体としてのわれわれにとってあり・このわれわれに先立つところの、B《がある》と言語的に表現されるところのものの即自的規定＝E〕。——これを「無条件的に」（レーニン）つまり即自的に前提することは、「物象化的錯視」であるわけではない。「物象化的錯視」なるものはすでに、für uns の立場にたった体系知の存在を前提にしているのであり、そしてこの体系知（あるいは「学理的見地」）を当事（者）意識 für es の内容に投射することからうみだされたところの、当事（者）意識の存在性格を存在論的に逆規定したものにすぎないのである。いいかえれば、「物象化的錯視」なるものは認識論的規定ではないのである。物質の哲学的概念にかんするレーニンの定義は、——たとえそれが実在論または実念論への傾きをもっているとはいえ、——「物象化的錯視」の所産なのではない。レーニンのこの定義を「物象化的錯視」の賜物であるなどとみなすのは、für uns の立場に胡座をかいたレーニンへの誹謗でしかないのである。

この《或るもの》〔Bの一つの記号的表現としてのE〕を即自的に前提することは、その実在性を「無条件的に承認すること」であって、もちろん直接的には何ら論証されてはいない。論証されてはいないとはいえ、この《或るもの》との反照関係においてある「フェノメナルな現相（—所識）」を出発点にする哲学的思惟は、そのことを存在論的に論証することになるのである。マルクスのうちたてた実践的唯物論は、フォイエルバッハ式の直観的唯物論でもなければ素朴実在論でもないがゆえに、そのような媒介をつうじて「無条件的に承認」したところのものを、つまりみずからの哲学的原理を基礎づけるのである。

出発点としての「フェノメナルな現相」または「現相的世界」は、これがたとえ反省的意識以前のものであるとされていたとしても、〈意識の場〉を超えでるものでは決してない。このようなものとして「フェノメナルな現相」または「現相的世界」は、これを「それ以上の或るもの」たらしめている《或るもの》〔Bの一つの規定としてのE〕との反照関係においてあるものとしなければならない。この《或るもの》は、「所与的現相」の世界（＝「認識的世界」）としての〈意識の場〉にとっての客体でもなければ、身体的他者あるいは「所与対象」または「与件的対象」でもない。〈意識の場〉あるいは「共同主観的な身体的存在」としての「能知―能識的主体」をもみずからの契機とするところの《現実の場所》〔Bの規定としてのB〕である。それなしには社会が社会として成立し存続しえないところの「人間生活の社会的生産」が実現される場所である。人間労働（根源的な現実的姿態としては共同体的労働または共同労働）は、この社会的生産の主体的表現であり、〈実践〉とはこの労働の哲学的規定である。この意味において《現実の場所》とは社会的生産の場であり実践の場である。この《実践の場所》こそが、この場所に内在すると同時にこの場所を超えでようと意志するところの者の内面に「それ以上の或るもの」を措定するところの前提としての、《或るもの》にほかならない。

《現実の場所》あるいは《実践の場所》を、その時間―空間的構造にもとづいて変革してゆく物質的構造を明らかにするのが、実践論にほかならない。そして、この場所の一契機でありながらも同時にこの場所を変革してゆく創造性をそなえている〈労働する人間〉＝実践主体、その内面にひらかれる「実践」としての認識＝思惟作用（場所そのものの法則性をどのように認識し把握するかについての全過程の形式的および内容的構造）の論理を明らかにするのが、実践的唯物論における認識論なのである。――実践論および認識論にかんするこのような規定は、もちろん実践的唯物論における存在論――マルクスのいう「自然史的過程の哲学」――を即自的に前提しているのであって、それ自体としては何ら基礎づけられてはいない。こうした諸理論を「自然史的過程の哲学」から存在論的に基礎づけることは体系知の結果として、《現実的な学》の構成過程そのものにおいてあたえられるのである。実践論および認識論の理論領域ならびに対象領域を確定することは、「自然史的過程の哲学」（マルクス的存在論）を即自的に前提するとともに、この存在論によって基礎づけられるのであるが、この形式上の循環は、《現実の場所》からの出発によって、場所においてありかつこの場所をたえず超えでてゆくことを意志する社会的実践主体の変革的実践の立場によって、唯物論的に切断されるのである。

《実践の場所》はその契機をなす実践主体にとっては変革対象として意義をもち、また認識主体としての彼の規定性においては認識対象として意義をもち、そして社会弁証法の理論領域においては、唯物史観の公式のなかで存在論的に規定されているところの「生産諸関係」（人間生活の生産において彼らが入りこむところの社会的生産関係）(註)として意義をもつ。それぞれの理論領域において具体的に規定されるところの《現実の場所》――これがわれわれの出発点をなすとともに、われわれとしてのわれであるこの実践主体の出発点をなす。それと同時に、われわれのあらゆる実践がそこに「還帰」してゆくところのものである。この「還帰」は、もちろん《現実の場所》の変革を――内的世界においてまた物質的世界において

――もたらすところの創造を意味する。この意味においては《現実の場所》は同時に創造の場所にほかならない。このようなものとしての《場所》が、われわれの出発点にほかならない。

（註）「共同主観性」あるいは「間主体性」も、「人間身体のうちに実存する肉体的および精神的な諸能力の総計」（マルクス）としての労働力の担い手であるところの物質的存在（つまり「人間的自然」）としての《或る者》と・かかるものとしての多くの〈他の者〉を即自的に前提することなしには、学理的に措定されえない。――「人間は、彼らの生活の社会的生産において、一定の必然的な・彼らの意識から独立した生産諸関係をとりむすぶ」ということは確かに「関係の第一次性」をしめしているのだとしても、この「生産諸関係」はこの関係の担い手（＝実体）なしには存立しえないということと、そのことは同じことである。生産関係であれ「協働連関」であれ「共同主観性」であれ、これらのすべての概念は、それらを担っている物質的な諸実体をふくみつつかつ否定したところの本質的規定にほかならない。このような唯物論的把握を没却した地平において、「関係の第一次性」とか「関係の項」とかをあげつらうのは、まさに「函数関係」を絶対化する機能主義の枠内にあるものとしなければならない。

「体系知」が《現実的な学》であるかぎり、このようなものとしての学問的体系を構成する出発点は、「フェノメナルな現相」ではなくして、まさしく《現実の場所》〔[B]としてのB〕でなければならない。場所においてありかつこの場所を超越することを意志するわれわれとしてのわれであるこの実践主体が、この場所を前提として措定するがゆえに、措定された前提としてのこの場所の措定作用によって、われわれとしてのこの実践主体の内面に、いわば「フェノメナルな現相」〔B'_1〕が「所与」として措定されるのであって、その逆ではないのである。措定的前提としての場所〔B〕によって措定されたところのもの（いわゆる内面的世界の直接性としてのB'）は、措定的前提の反映〔《或るもの》の「射映相」といってよい〕であると同時に「それ以上の或るもの」として意義をもつ、という即自的構造をなす。この直接的に措定されたところのもの〔B_1'〕は、それが前提作用と措定作用とを即自的に統一しているがゆえに分節化するのであるが、反省的意識（「所知―能知」または「能知―能識」）のがわからするならば、「対象的所知」〔B_2'〕はその二肢としての、「レアール・イルレアールな所与」〔B_1'としてのO'〕と「イデアール・レアールな所識」〔B_1'としてのS'〕、という形式的構造をもつと同時に、内容的には「能知的所知＝所知的能知の渾然一体態」〔B_2'におけるO'―S'〕をなすといえる。そして、この反省的意識の直接性を覚識するところのものが「能知―能識的主体」（いわゆる「見る自己」としてのS''の母胎のようなもの）であるといえる。

ところで、「対象的所知」の二肢をなす「所与」と「所識」とが、また「所知」と「能知」とが、いずれもgelten alsの関係にあり、「対他・対自的＝対自・対他的な構造」をなすのであるが、このことは根源的には、《或るもの》としての《場所》とこの《場所》においてある実践主体との物質的な反照関係を現実的基礎としているからなのである。「フェノメナルな現相」〔B_1'〕または「対象的所知」〔B_2'〕が措定的前提としての《或るもの》によって措定されたところのものであるがゆえに、「所与―所識」も「所知―能知」も、「或るもの―他のもの（それ以上の或るもの）」という関係をなすのである。

〔12〕さしあたっての終り

いまや明らかであろう——『資本論』における価値形態の反照論理（価値関係をとりむすんでいる二つの商品をばそれらに共通する第三者のがわから存在論的に解釈し、相対的価値形態にたつ商品の能動性＝主導的役割を「近代主義」の名において否定する、という誤った立場からなされている「価値鏡」あるいは「他者鏡」の問題は、いまの場合除外する）からの一般化として意義をもつところの「対他・対自的＝対自・対他的」反照論理を、つまり gelten als の存在論を自覚しているのが、für uns の立場であり、そしてこの反照論理を基準にして、この反照論理を覚識していないがゆえに日常的意識は「物象化的錯視」にまとわりつかれている、と断罪しているにすぎないということが。しかも、資本制商品経済の物化構造論を非唯物論的に解釈することによってひねりだされた「物象化」という概念の乱用によって、そうした存在論主義（現象学的存在論の絶対視という誤り）は、おおいかくされているのである。

そして「フェノメナルな現相」に出発しながらも、この現相を「それ以上の或るもの」たらしめているところの《或るもの》をば〝無前提の学〟の名において非前提化しているがゆえに、いいかえればマルクス的意味での認識下向およびそのベクトルにかかわることがらをも für uns の立場から存在論的に逆照射しているがゆえに、必然的に下向的認識の論理的過程の構造は不問に付されることになる。当事（者）意識 für es から für uns の立場への転換そのものにかかわることがらのすべてが、哲学者的考察の射程外におかれているゆえんである。かの〈物象化〉に対応した「物象化的錯視」を超えでてゆく過程的構造は、どこから招きよせられるかは定かではないところの「見地の転換」とか「とらえ方のちがい」とかによって、超論理的に説かれる以外に方途はなくなるのである。あるいは、近代主義的な「主―客」図式の超克とか、「パラダイムの転換」とか、さらにヘーゲルの化身的疎外と意識的に二重うつしにして改釈されているにすぎないところの「マルクス疎外論の超克」とかが、ただただ für uns の高みから神がかり的に宣言されているにすぎない。

当事（者）意識＝「物象化的錯視」と für uns の立場にかんする論述は、マンガ化して言うならば、エンゲルスいうところの「フォイエルバッハの二つの眼鏡」（日常的な感性的直観と哲学的直観という二つの直観）を現象学的に脚色したものであると言えよう。

とはいえ、広松式の存在論的現象学・現象学的存在論は、「物象化」についての混乱した理論と論理に裏付けられている「二つの眼鏡」論より以上のものであって、これを解体構築する立場と論理は、まさしく『資本論』において展開されている唯物論的な反照論理にほかならない。――これが、われわれの当面の結語である。

（一九八四年七月十四日、『共産主義者』第一〇〇号掲載）

なお認識論と表現論については、続刊の『実践と場所』第三、第二巻を参照されたい。また、物化・事物化・疎外・対象化・物質化などのカテゴリーについては『革マル主義術語集』を参照のこと。

（付・二）　疎外論なき物象化論

――「間主体的協働連関態」について――

Ａ　問題意識――「社会的権力」の基礎づけ*

国家あるいは国家権力を社会経済構造のうえにそびえたつ政治的上部構造としてとらえる公式主義を排して、「生産活動の場」から、あるいは「協働連関の社会的編成」から具体的にとらえなおそうとしていること。――しかも、「物象化論」の観点から、国家を物象化の一形態として基礎づけることが目論まれている。（だが、『ドイツ・イデオロギー』で展開されている国家論の文献考証的解釈にあたっては、「物象化」について一言も論じられてはいない。）

* 広松渉『唯物史観と国家論』（論創社刊、一九八二年）

B エンゲルスの論述の曲解

● アドラツキー版にみられる展開

0——労働の分割（分業）と私有財産との関係

1——社会の共同利害の存在

2——自然発生的に労働分割があらわれている社会における「特殊諸利害と共同利害との矛盾」

ⓐ 疎外された階級社会における、生産された生産物およびこれを基礎として形成される関係が「疎遠な力」として自立化すること

ⓑ 自立化したマハトの物質的性格

ⓒ 「社会的マハト」

3——「幻想的共同性としての国家」についての混乱した展開

● 「書かれざる章」においては、右の1~3についてはまったく無視されている。

社会的分業が発生した社会（生産諸手段の階級的所有が存在する社会）における階級分裂とその道徳的＝イデオロギー的表現としての特殊諸利害の分裂と衝突は、広松自身の問題意識（協働連関からの基礎づけというもの）および哲学（物象化論）のゆえに考察の射程外に放逐されている。

ただもっぱら、「自然発生的協働」とその諸結果（社会的マハトの自立化と自存化）についての論述（ⓐ、ⓑ、ⓒ）を広松式に色読することをつうじて、〈自然発生的協働——→社会的権力の自然発生的形成

──→生産諸手段の占有・所有を基礎とした階級の形成──→政治権力（国家）の成立〉という図式が提示されているにすぎない。

しかも、「社会的権威」と「社会的権力」との関係についての展開は極めてお粗末であるだけではなく、「社会的権力の母胎」としての「社会的編成態」＝「協働連関の網の目」と、「社会的権力」および「政治的権力」との関係の展開は、まったくの図式主義でしかない。

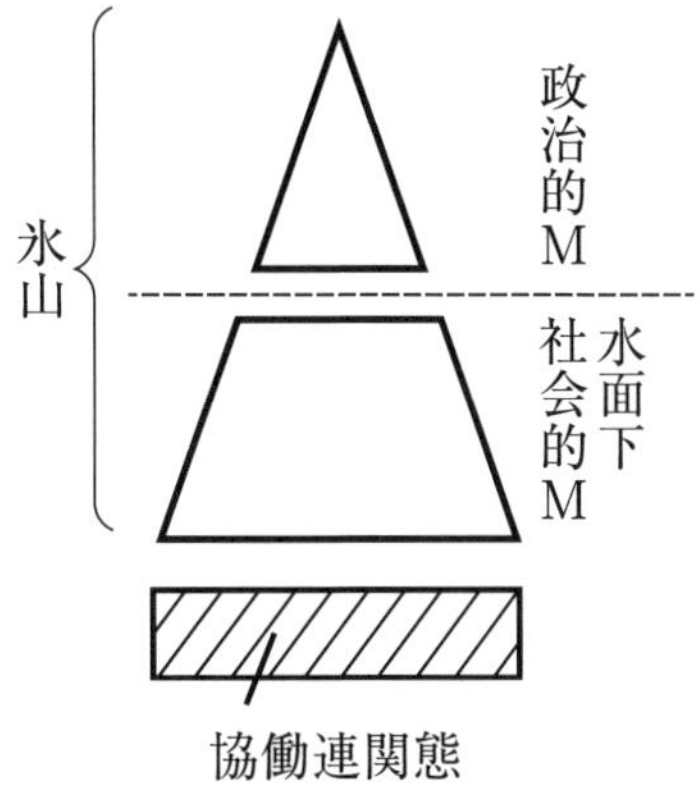

C　曲解の方法論的根拠

1　『ドイツ・イデオロギー』で展開されている唯物史観が、マルクス経済学が未確立であった時期に執筆されているがゆえに、確立されたマルクス経済学の観点から整序されるべきである、という問題意識が完全にぬけおちていること。またモルガンの「古代社会」研究などが発表される以前の時期に執筆されたものであるがゆえに、原始共同体の存在についての知識がなかったという歴史的限界性についての論及も、まったく欠如していること。

2　確立されたマルクス経済学の観点からするならば、『ドイツ・イデオロギー』における人間社会史についての展開は、明らかに、「未開と文明」の二段階発展論を基底にもっているのであって、分業発展史観のようなものになっている。「分業（「社会的」という限定のないそれ、または普遍的・特殊的・個別的という分業の形態的区別のないそれ）の発展」を基礎にして、「生産力と交通形態の弁証法」が論じられているということである。したがって当然にも、人間生活の生産の歴史的発展と商品経済の発展との関係も明確になっていないだけではなく、老エンゲルスの商品経済史観の萌芽がすでに、『ドイツ・イデオロギー』の理論展開には存在している。――このようなことがらについての省察の完全な欠落。

エンゲルスの唯物史観の諸命題のなかに露出している分業発展史観および商品経済史観のようなものを剔出し整序することなく、「自然発生的協働」論を広松のように絶対視するのは、自説（物象化論）を正当化するためにのみ『ドイツ・イデオロギー』が利用されているにすぎないことを意味する。このことは、しかし同時に、『資本論』の経済学を『ドイツ・イデオロギー』的に矮小化してとらえる結果をもうみださないわけにはいかないのである。こうして、『資本論』における「社会的マハト」や「経済的マハト」や「資本の力」の社会学的な読み込みが必然となる。

3　未開社会または古代社会についての研究一般の未発達にも規定されて、「未開と文明」という二段階的な歴史把握を即自的な前提にして、人間生活の社会的生産の歴史的発展をエンゲルスが論じているのであるからして、この論述はそのままうけつがれうるはずはないのである。社会的生産とその歴史的発展にかんする論述を基礎として、社会的生産の本質的形態を理論的に整序するとともに、社会的生産の歴史的発展過程の過程的＝歴史的論述を通して、この過程を形態論的に再構成する、という追求がなされるべきである。ところが、わが広松は、このような視点をなんらもっていない。いやそもそも彼には、本質論と現実論とを分化し、この両者を統一的に展開する、という問題意識も方法もまったくないのである。

したがって当然にも、「分業のもとでの自然発生的協働」というエンゲルスの叙述は、晩年のマルクス・エンゲルスの視点あるいはマルクス主義の観点からするならば、「自然発生的協働」なるものを階級社会と無階級社会とにまたがった形においてとらえることを基礎としているともいえる。また、「分業」（＝労働分割）を協働あるいは労働組織そのものにおける労働の機能分化の固定化（いうなれば「作業場内分業」一般）としてとらえるのではなく、社会的分業＝労働の社会的分割としてとらえるならば、「自然発生的協働」は協働の階級的に疎外された一形態としてもとらえられるのである。

ところが広松においては、社会的生産の本質形態とその歴史的現実諸形態とを分化しかつ統一的に解明する、という問題設定が欠如していることのゆえに、「自然発生的協働」なるものが、論理的にも歴史的にも端初をなすかのように思念されることになる。いいかえれば、「自然発生的協働」についてのエンゲルスの展開は、――労働分割（＝分業）と私有財産（＝私的所有）との関係についての展開に直続していることからするならば、――明らかに、生産諸手段の階級的所有にもとづく社会的分業が発生している階級社会におけるものとして、論述されているといえる。無階級社会と階級社会との、原始共同体と階級社会との段階的把握がなお明確ではなかった時期に執筆されたものであることについての理論的自覚がないがゆえに、広松渉は「自然発生的協働」を規定しているところの「分業」（＝社会的分業）を無視するだけではなく、「自然発生的協働」を原理的なものに昇格させてしまうのである。それだけではなく、この「自然発生的協働」がうみだす「疎遠なマハト」「自立した事物的マハト」「社会的マハト」を――物象化論の観点から――「協働」あるいは「協働連関」に不可欠なものとしてとらえることにもなる。こうして、社会の本質形態にも、あるいは無階級社会としての原始共同体にも、権威ではなく「社会的権力」が自然発生的に形成されるとみなすにいたるのである。――いわゆる「共同体としての国家」とか「共同体―即―国家」とか「共同体的国家」とかを設定する俗流国家論への急転落が理論的に必然となる。

4　協働――人間生活の社会的生産における労働の社会化された形態――を、どのような論理的レベルにおいて追求し解明するのか、ということがなんら確定されていないということは、他面では同時に、マルクスの疎外論を近代主義的主体主義の残滓とみなす「物象化論」に足をすくわれてしまっていることを意味する。

いうまでもなく、「疎外された労働」にかんするマルクスの分析的解明は、直接的には賃労働者の労働の資本主義的自己疎外にかかわるものである。けれども、これは同時に、普遍的にはマルクス弁証法の基本構造をしめすものにほかならない。「疎外された労働」の解明を基礎としてつかみとられるところの労働の本質形態の論理は同時に、唯物弁証法の場所的＝過程的な論理の核心をもさししめすものにほかならない。いいかえれば、「疎外された労働」論を、疎外およびその止揚にかんする一般的論理としてとらえかえすことによって同時に、マルクス弁証法の核心的なものは把握されうるのである。

ところが、「疎外された労働」論の基底には、人間主体を実体化し、実体化された主体の対象化およびこの対象化の止揚という近代主義がつらぬかれている、とみなしたうえで、この論理を否定するのが、わが広松なのである。このように解釈することによって、論理的には、本質論と疎外現実論との構造的連関にかかわる問題がぬけおちることになる。具体的には、協働の本質形態とその歴史的に疎外された諸形態とが、「自然発生的協働」の名のもとに同一平面において論じられることになる。

しかも、「自然発生的協働」は論理的にも歴史的にも端初とみなされ、協働の合目的性あるいは「自由意志性」よりも根源的なものである、と彼はみなしている。――このことは、次のことを意味する。

すなわち、①「物象化論」の観点からは人間労働の本質形態そのものの構造的把握がそもそもできないだけではなく、②労働あるいは協働の物質性とその自然発生性とが――現象学の立場のゆえに――区別できないことを意味する。さらに、③協働の歴史的に自然発生的な形態（あるいは疎外された協働）と協働の本質形態（合目的的に遂行される協働、すなわち共同労働・共同社会的労働）とを、論理的にも分化してとらえることが不可能となることを意味する。それだけではなく、④疎外されざる協働（協働の本質的形態）の内部に発生する機能的分化（任務の分担化）を、――エンゲルスにならって――労働分割

（＝分業）とみなすことになる。このばあいには、階級社会における労働の疎外および協働の内部における労働の分割と、このような労働の疎外・分割を決定する社会的根拠としての・生産諸手段の階級的所有にもとづく社会的分業（＝労働の社会的分割）とが、区別できなくなる。つまり、協働そのものの内部における労働の機能分化をも「作業場内分業」であるかのようにみなすことによって、疎外されざる協働が蒸発させられるとともに、社会的分業（普遍的分業）や特殊的分業や個別的分業（作業場内分業）などが「分業」として抽象的に一括してとらえられてしまうことになる。

〈労働の分割＝疎外〉という基本的観点（「物象化論」からは決してでてこない疎外論の地平）が欠落しているがゆえに、「自然発生的協働」も「自然発生的分業」も、協働の資本制的一形態としての協業も、また「分業にもとづく協業」としてのマニュファクチュア分業も、なんら論理的かつ歴史的にとらえかえされることなく、ただ「分業」とみなされてしまうのである。

このような錯乱にみちあふれた「自然発生的協働」観は、一方では、マルクス経済学がマルクス経済学として確立する以前に執筆された『ドイツ・イデオロギー』を即自的に解釈することからみちびきだされたものであるとともに、他方では、この『ドイツ・イデオロギー』の、まさに労働疎外論ぬきの物象化論的解釈をつうじて正当化されさえしているのである。

すなわち端的にいうならば、「自然発生的分業がおこなわれて」「特殊諸利害と共同利害とが矛盾し」ている階級社会（あるいは無階級社会と階級社会とが未分化な「自然発生的社会」）においてあらわれる「自然発生的協働」にかんするエンゲルスの叙述を、『経済学＝哲学草稿』にみられる「疎外された労働」論との関係においてとらえることなく、ただもっぱら「物象化論」の視座から恣意的に読みこみ、こうすることにより「社会的マハト」の自然発生的形成の必然性を基礎づけようとしているのが、わが「物象化論」者なのである。

だが、エンゲルスのかの叙述は、「自然発生的協働」そのものの疎外と、この協働の産物（＝生産物）およびこれを基礎として形成される関係が、これを生産したものたちから自立化し自己運動する、という疎外現象にかんするものでしかないのである。「社会的活動の固定化・膠着化」は社会的分業のもとでの労働の専門化・専門人化のことであり、「自立的な事物的な力」とか「社会的マハト」とかは、生産の実現結果における生産物および関係の自立化＝事物化という疎外現象を、――商品経済的物化や物神性についての直観にひきずられながら、――論じたものにすぎない。要するに、「物象化論」の色眼鏡のゆえに、『ドイツ・イデオロギー』のかの部分は脚色され、広松渉の「哲学」の補強材として利用されている、ということである。

しかも、なお悪いことには、「自然発生的協働」の内的構造を明らかにすると称して、ブルジョア社会学の「役割」論を、ブルジョア的企業管理システム論を、まさに無媒介的に導入し、こうすることにより、近代主義的「主―客」図式を超克したはずの広松哲学が近代ブルジョア的アトミズムに逆転落してしまっていることをあらわにしたのである。「自然発生的協働」のブルジョア・アトミズム的解析、これがエンゲルスの曲解の論理的根拠の第五すなわち⑤をなすのである。

D　ブルジョア・アトミズムへの転落

国家あるいは政治権力（海水面のうえにあらわれている氷山）を創出するものとみなされている「社会的権力」（海水面の下にある氷）――これを、「協働連関」あるいは「間主体的な関係態」から論証しようとするのが、わが広松国家論の出発点をなす。

このようなアプローチの根拠となっているところのものは、――それとして明記されてはいないとはいえ――明らかに、『ドイツ・イデオロギー』において展開されている「国家＝幻想的共同性」論であり、また『反デューリング論』にみられる「共同事務を執行する機関」（この「機関」が独立したものが「国家の起源である」とエンゲルスは展開しているのであるが）についての叙述である。この古典的叙述のいずれにおいても、「自然発生的協働」を基礎にして「社会的マハト」や「共同事務を執行する機関」が論じられていることは、たしかな事実ではある。けれども、「社会的マハト」にせよ「共同事務執行機関」にせよ、これらは、直接無媒介的に国家を創造するものとして論じられてはいない。社会的分業の発生、生産諸手段の階級的所有の形成、したがって社会の階級分裂と階級対立の形成、これらに媒介されて、たとえば「共同事務を執行する機関」が国家へ転化する（いまのばあい社会的マハトについては捨象する）、というように論じられているのである。

ところが、「自然発生的協働」は自然発生的に「社会的権力」をうみだす、ということを大前提にして「社会的権力」なるものを基礎づけるために、まさにそのために、「間主体的な関係態」としての協働がもちだされるのである。——この逆倒したアプローチのしかたは現象学にとっては不可避であるということについては、ここでは論じない。

「社会的権力」は或るものの他のものにたいする強要・強制であるとし、「一者の存在と営為が他者に一定の行為を強要する間主体的な関係態」（＝「協働連関態」）から「社会的権力」は自然発生的にうみだされる、と考えるのが広松なのである。「関係の第一次性」を力説してきた彼が、「関係」の、「協働連関」の内的構造に論及しはじめるや否や、「一者の他者にたいする強要」なるものを出発点にしてしまったのだ。たとえ、この「一者」とか「他者」とかはグループないし階級を実質上は意味していると強弁したとしても、自然発生的協働における「一者」の「他者」との関係づけの論理は、まさしく「物象化的錯視」の産物いがいの何ものでもありえない。それはなぜか。

（1）　協働連関（「間主体的な関係態」）においてあるものとして、「一者」（或るグループ）と「他者」（他のグループ）との関係や、前者の「他の多くのもの」（＝「多者」）との関係を論じることそれ自体が、まさに近代主義に、ブルジョア・アトミズムに汚染されたものでしかないのである。しかも、「一者」の「他者」あるいは「多者」への「強要」などという、疎外された関係が論じられているかぎり、なおさらそうである。

このようなアプローチのしかたは、資本制商品経済における物化された関係を基礎としているともいえる。すなわち、価値関係をとりむすんでいる二商品のあいだの関係、相対的価値形態にたつ商品Aが等価形態にたつ商品Bに関係するということ、これの哲学的表現が「一者」の「他者」への「強要」関係なるものにほかならない。「一者の存在と営為が他者に一定の行為を強要するという間主体的な関係態」なるものは、単純な価値形態（WA＝WB、日高普式にはWA→WB）のまさに哲学者然たる解釈でしかないのである。そして「一者の他者（または多くの他者）への強要」の関係は、「拡大された価値形態」とか「展開された価値形態」とか「一般的価値形態」とかをモデルにした解釈でしかないといえる。

右のことは、「協働」の「物象化された形態」としての価値＝交換関係の論理を、直接そのまま「協働連関」論にもちこんだものであることを意味する。こうした錯誤におちいるのは、もちろんマルクス経済学の「物象化論」的解釈の観念性のゆえであるとはいえ、直接的には『ドイツ・イデオロギー』における「自然発生的協働」を国家論の出発点にしてしまったことにある。確立されたマルクス経済学の観点からする『ドイツ・イデオロギー』の叙述の整序、協働の本質形態とその現実形態とを論理的にも歴史的にも分化してとらえること、協働の本質論とその疎外された歴史的諸形態論との統一的な論理的展開（共同労働としての協働、協働の資本制的形態としての協業、「分業にもとづく協業」〔エンゲルス式にいえば「作業場内分業」〕としてのマニュファクチュア分業などの構造的把握）――これらについての問題意識がそもそも欠如しているがゆえに、「自然発生的協働」が原理化されるとともに、「協働連関」をとりむすんでいるところのものの相互の関係を、疎外された関係として、「強要」や「強制」によって成立する関係として、理論化しないわけにはいかなくなるのである。

もしも協働を自然発生的なものとしてではなく目的意識的なものとして本質論的にとらえ追求しようとしたならば、「一者」の「他者」（または「多くの他者」）への「強制」や「強要」などということを論じることは決してできなかったはずである。対象的自然への働きかけにおいて協働をなすところのもの（協働をになう諸実体）は、共同体的人間として、個即全／全即個、一即多／多即一という関係（＝共同体）

においてあるのである。いいかえれば、全と個を自覚的に統一している共同体的人間の相互関係つまり共同体的関係が、同時に対象的自然にたいして働きかける労働組織（共同労働の組織）となるのであって、自然にたいする自覚的な協働は共同労働として実現されるのである。すなわち、客観的法則性の認識にもとづいて意識的目的が共同的に決定され、この決定された共同意志にもとづいて共同労働が意識的かつ組織的に遂行されるのである。これが協働の本質的形態の構造である。ここには、自と他の分裂や、「一者」の「他者」への「強要」や、価値関係においてある二商品間の関係のようなものなどが入りこむ余地は、まったくないのである。

（2）　共同体的人間たちが科学的認識にもとづく共同意志決定にのっとって組織的に実現する協働（つまり共同労働）を無視して、「自然発生的協働」とこれから自然発生的に形成される「社会的権力」なるものとを論じるために、ブルジョア社会学の「役割」論をも援用していることは、価値形態論の論理を「間主体的な関係態」の解釈にもちこんでいることの別の表現にほかならない。

「役割期待」と「役割取得」にかんするブルジョア的システム論を無媒介にもちこんで「一者の他者にたいする強要」を解釈するのは、明らかに、「協働連関」のブルジョア・アトミズム的基礎づけいがいの何ものでもありえない。

実際、「相互期待と相互強要の同調性」なるものが確保されるならば協働はスムースにおこなわれる、などという説は、まさしく、疎外された協働のブルジョア的に疎外された解釈でしかないのである。

「役割」が役割を遂行する諸実体からきりはなされて自立化し、自立化した役割が「地位」として実体化される、という「役割」と「地位」との転倒（「役割」から「地位」がでてくるのではなく、実体化された地位が「役割をもつ」とされるということ）――このことを指摘することによって、ブルジョア的役割論からの区別だてがなされているにしても、そもそも出発点が「一者」の役割におかれているかぎり、ブルジョア的な「一者‐他者（多者）関係」を追求する枠を超えでることは決してできないのである。

近代主義的な「主―客」図式を否定して「関係の第一次性」を力説し、「関係の項」として主・客をとらえるのが現代哲学の地平である、と宣言したこの学者が、「関係の項」としての「一者」（或るグループ）と「他者」（他のグループ）との関係そのものを、――ブルジョア・アトミズムに転落していることに無自覚のままに――「相互期待」と「相互強要」の「同調性」として、またこの「同調」関係の「多くの他者」への波紋的拡大として、それぞれ論じることになったのは、まさしく「物象化論」の破綻の紋章というべきではないか。

（３）　それだけではない。

協働連関の項としての「一者」がはたす役割が自立化され、その地位が実体化されて「社会的権力をもつ」というのが「物象化」である、というような展開は、歴史的には東洋的デスポチズムを想定したものであるとしかいいようがない。「社会的権力」として実体化されるところの「一者」なるものは、まさしく東洋的専制君主をわれわれに想起せしめる。治山・治水・灌漑を「共同事務」として遂行することをつうじて天下をとった中国の夏《か》の禹《う》こそが、広松のいう「一者」の歴史的実存形態にほかならない。「間主体的な関係態」としての協働連関、その項が「一者」と「他者」（「多くの他者」）とされているかぎり、「一者」の役割の自立化による「一者」の地位の実体化（「社会的権力」としての「一者」の形成）というようなことが論じられているかぎり、そしてまた「一者」や「他者」はそれぞれグループをあらわすと強弁したとしても、この「一者」はブルジョア的個を想定したものであるか、さもなければ東洋的専制君主を想定したものであるか、そのいずれかでしかないのである。そして基本的には、広松式「物象化論」が商品経済的物化構造にもとづいて発案されたことからするならば、価値関係をとりむすんでいる二商品のあいだの論理――対自・対他的＝対他・対自的の構造――を基礎として、「一者の存在および営為が他者に一定の行為を強要する間主体的な関係態」がとらえられていることは明らかである。

「関係の第一次性」を力説しながらも、「協働連関」（社会的編成の網の目）の内的＝実体的構造に立ち入るや否や、ブルジョア・アトミズムへの転落を自己暴露することになってしまったのは、きわめて逆説的なことではないか。

『ドイツ・イデオロギー』にみられる叙述――「自然発生的協働」から「社会的マハト」へ、というそれ――を没経済学的にとらえるだけではなく、ブルジョア・アトミズムに立脚した企業管理システム論をも動員し援用しつつ解釈を深めることによって、壮烈な自爆をとげたのが、わが「物象化」論者なのである。彼の「自然発生的協働」論は、したがって「社会的権力」論は、「物象化論」を根幹とする広松渉の「哲学」の破綻を象徴するものにほかならない。

疎外された協働がうみだす社会的マハトをば、政治権力をうみだす「社会的権力」であるとみなすことそれ自体が、「物象化論」が必然的にうみだす錯覚でしかない以上、「社会的編成」（その現実形態が「階級的編成」や「企業体編成」であるとされる）と「社会的権力」と「政治的権力」との関係についての論述は、所詮、「物象化論」という砂上の楼閣でしかないのである。「マルクスがきりひらいた新しいパラダイム」にもとづく「物象化論の体系化」なるものは、わがエンゲルス主義者が掲げる羊頭狗肉の類でしかないことは明らかである。

「間主体的な関係態」としての「協働連関」が必然的に「社会的権力」をうみだすかぎり、たとえコミューン社会を創造したとしても「社会的権力」がなお現存することになる。〔実際、山本耕一は「社会的権力」は「汎通的なもの」(=歴史貫通的なもの)であると断定しているのだ。〕

右のことから帰結されうることは、今日「社会主義社会」を自称しているソ連国家を「物象化論」的に美化することである。「国家の死滅」を指向しながらも国家の堅固化を結果したスターリン主義官僚制国家を正当化する具に、広松式国家論が利用されることにならないとは、誰も保証できないのだ。「共同体としての国家」(山本耕一)、「共同体—即—国家」(滝村隆一)、「共同体国家」(柴田高好)などを説く俗流国家論のすべては、スターリン主義官僚制国家の理論化の抽象的形態でしかなく、これらの国家論がはたす役割は反革命的なものでしかない。広松式国家論もまた、この系列にぞくするのである。

補記

(1)「自然発生的協働」の実体的構造を「一者の他者への強要」という「間主体的な関係態」として明らかにすることは、文献的には、『ドイツ・イデオロギー』において「生きた現実的諸個人」が、その生活の生産および再生産が、原理的なものとして展開されている、と把捉したことにもとづいているともいえる。いいかえれば、「生きた現実的諸個人」を——無自覚にではあれ——ブルジョア・アトミズム的な「諸個人」として了解してしまったことに根拠があるともいえる。

「生きた現実的諸個人」という規定は、いうまでもなく、ヘーゲル左派の「主体」概念の観念論的本質に対抗して使用されているにすぎないのであって、このような規定を、唯物史観を再構成しようとするわれわれは、まさに「共同体をになう現実的諸個人」として、共同体的人間としての諸個人として、本質論的にとらえるべきなのである。

ところが、広松は、彼の方法論的誤謬および「物象化論」のゆえに、「生きた現実的諸個人」をば、社会的全体性と個別性とを自覚的に統一した共同体的人間の共同社会としてとらえることができないのである。こうして『ドイツ・イデオロギー』における論述は、無自覚的にではあれ、ブルジョア・アトミズム的にゆがめちぢめられることになってしまったのである。

（2）「協働連関」を論じるさいに、『ドイツ・イデオロギー』で展開されている「相互依存関係」とヘーゲル市民社会論でのべられている「相互依存関係」とを二重うつしにしたり、後者から前者を解釈したりしていることのなかにも、ブルジョア・アトミズムについての哲学的省察が広松には欠落していることが端的にしめされている。近代主義的な「主─客」図式の批判者が近代主義的人間観をなんらとらえていないということが、ここにもしめされているのである。

（3）「自然発生的協働」あるいは「協働」そのものを論じるさいに、この協働を担い遂行するところのものの原基形態がブルジョア・アトミズム的に「一者と他者」とされているだけではなく、協働するところのものたちが使用する生産諸手段の所有がいかなるものであるかについては、まったく論及されてはいない。「一者の他者にたいする強要」の関係を同時に所有論的に明らかにすることそれ自体が、そもそも欠如している。したがって、「強要」の関係でしかない「間主体的な関係態」が論じられているにもかかわらず、階級分裂も階級対立も存在しないという想定のもとで、「一者の他者にたいする関係」を社会学的にあげつらうものに堕してしまっているのである。

エンゲルスのいう「自然発生的協働」は社会的分業を前提にし基礎としているものであるがゆえに、この協働の内外には階級対立が存在する、というように理解されるべきである。それにもかかわらず、このような観点が広松には欠如している。だからこそ、「自然発生的協働」から「社会的権力」なるものが自然発生的に形成されるとされ、さらにこの論理は「汎通的なもの」とされ、したがって実現されるべき未来社会（＝無階級の共産主義社会あるいはコミューン社会）にも、「社会的権力」は存在するとされることにもなるのである。このことは、『ドイツ・イデオロギー』で展開されている「社会的マハト」の――広松式「物象化論」からする――誤読と密接不可分にむすびついている。

（4）　広松自身がしばしば引用するエンゲルスの叙述――「社会的マハトは……倍加された生産力であり……自己運動する自立的な力である」――からしても明らかにように、エンゲルスのいう「社会的マハト」とは、階級社会における疎外された協働が発現する疎外された生産力のことにほかならないのであって、「社会的権力」とは直接なんの関係もない。それにもかかわらず、疎外された階級的生産力としての社会的マハトを直接に「社会的権力」の形成というように広松はみなしてしまう。これは、なぜか。

いうまでもなく、一般に協働とは、社会化された労働の一形態であって、本質論的には共同労働（共同体の、共同体をつうじての、自然への働きかけ）にほかならない。いいかえれば、労働組織を基礎とし、労働組織をつうじての、外的自然への働きかけ――これが協働（一般）なのであって、ここには、労働組織あるいは共同体の外的自然にたいする関係（＝技術的関係）と労働組織を形成している共同体的人間相互の関係（＝社会的関係）とを統一した関係が存在するのである。〔なお『社会の弁証法』や『「資本論」入

門』などを参照。〕

ところが広松は、協働そのものを直接に「協働連関（態）」にずらすことによって、社会的生産の主体としての労働組織あるいは共同体の自然にたいする関係を没却し、ただもっぱら協働するものの相互的な対他関係だけを「協働連関」とみなしてしまうのである。一言でいえば、対自然の関係が脱落した、協働するものの相互の対他関係あるいは「対他・対自的＝対自・対他的の構造」（「相互期待と相互強要」の関係）がすなわち「協働連関」＝「間主体的な関係態」だというのである。相互の対他関係および対他における対自関係に、「協働連関」はゆがめちぢめられている。しかも、生産諸手段の所有関係とは無縁なものとして、対他・対自の関係（あるいは「相互期待と相互強要」の関係）が論じられているにすぎないかぎり、「協働」のブルジョア社会学に転落することは必然なのである。

①　協働の「協働連関」への一面化・矮小化＝対自然の技術的関係の蒸発。

②　直接的生産関係あるいは労働関係（または労働組織）と社会的生産関係との区別も、この両者の統一的把握も欠如していること。つまり「協働連関」は労働関係に一面化されていること。あるいは「協働連関」と「社会的編成」との関係そのものについてのほりさげが欠如していること。

③　本質論と現実論との、本質論と歴史的現実形態論との統一的把握の欠如、生産諸手段の所有論の蒸発したがって階級発生論の欠如、——これにもとづいて、相互対他関係から直接に「社会的権力」が形成されることを、彼は妄想しているのであるが、これは物象化論の必然的帰結であること。

（5）「一者の他者にたいする強要」の関係（＝「間主体的な関係態」）から直接に「社会的権力」の形成を説くような錯誤におちいっていることのゆえに、そもそも「幻想的共同性」論が位置づかなくなっていること。――山本耕一のばあいは「イデオロギー的権力」をもちだして、広松の物象化論的国家論を補強しようとしていること。

（6）「役割」の、それをになう諸実体からの自立化、つまり「地位」の物象化。――このことは、諸実体の役割および地位の階級的疎外、これにもとづく「地位」の物神化として論じられるべきものであって、広松式「物象化」では解明しえない。

（一九八三年十月四日）

（付・二）　分業発展史観

一　国家にかんする四つの命題*

①「共同性の幻想的形態」としての国家
②「市民社会の総括としての国家」
③「支配階級にぞくする諸個人の共同体」としての国家
④「機関」としての国家

右の第四規定については『ドイツ・イデオロギー』では論及されてはいないにしても、国家を規定するさいには不可欠であるとされている。

*　広松渉『唯物史観と国家論』（一九八二年）参照。

二　物象化的解釈

A　文献解釈主義

マルクスおよびエンゲルスの国家論を理論として再構成するという問題意識の稀薄さ。産業資本主義段階に立脚した、ブルジョア階級国家の本質論および現実論を構成する、という方法論的反省の欠落。

(a)　資本制国家の歴史的三形態の段階論的解明。——広松のばあいは「国家独占資本主義段階」を想定しているがゆえに、歴史的形態は四つとなる。

(b)　資本制国家本質論。

(c)　階級国家一般論。

(d)　階級国家の歴史的三形態（奴隷制国家・封建制国家・資本制国家）についての理論的解明。

文献解釈主義のゆえに、右のような国家論の構成部分についての問題意識さえもが欠落している。

B　国家論としての国家論の蒸発

階級国家の唯物史観的規定と、階級国家の歴史的形成論と、階級国家の場所的形成論との未分化、むしろ後二者の雑炊のようなものと第一のものとの並存的未分化。

いうまでもなく、さきの第四規定は後期エンゲルスのいわゆる「分業国家」論やレーニンの「国家暴力装置」論を射程に入れたものであって、ここでは、さしあたり第一規定から第三規定までを問題にすればよい。

まず、国家についての第三規定は、一方では、ギリシア－ローマ的共同体あるいは「都市国家」を想定した規定であるといえる。けれども同時にこれは、他方では、共同体あるいは共同利害についてのエンゲルスの論述が混乱し論理的首尾一貫性が欠如していることの一表現でもある。――この第三規定の問題性は、それゆえに第一規定のそれの検討に帰着する。

そして第二規定は、階級国家をば、その物質的基礎としての社会経済構造（＝「市民社会」あるいは「交通形態」）に基本的に決定されたものとして、したがって社会経済構成の政治的に集中的な表現（＝「総括」）としてとらえるべきことを指示したものにすぎないのであって、国家としての国家の規定ではないのである。第二規定は唯物史観からの国家規定を即自的にしめしたものにすぎない。このような規定を第一規定と並存させているところにこそ、広松式解釈の観念性が端的にしめされている。

それゆえに、問題は第一規定そのものの解釈にある。

第一規定にかんするエンゲルスの論述そのものの混乱は、「共同体」や「共同利害」を超歴史化していることに起因するのであるが、このことについて無自覚のままに文献的解釈を披瀝しているのが、わが広松なのである。彼の解釈の特徴は、次の点にある。

① 原始共同体あるいは社会の本質形態における共同利害と、社会的分業と階級対立が発生した社会に

おいてこの社会が社会として存続するために不可欠な「共同利害」（支配階級の特殊的諸利害を直接的に一般化することによって創出される見せかけの共同利害）とを区別することなく、共同利害を超歴史化してとらえ、そして超歴史化された共同利害は社会が社会として存在するかぎり実存するものである、とされている。〝階級社会に存在する共同利害〟なるものに違和感を覚えたのかどうかは明らかではないが、特殊諸利害が対立していたとしても「共通利害」は存在する、というような表現がみられるのであって、これは階級的に疎外された社会の存在根拠とみなされている。

② 「共同体」および「共通利害」を超歴史化しているがゆえに、階級国家を「支配階級の共同体」とも「共同性の幻想的形態」とも規定しないわけにはいかなくなっているエンゲルスにひきづられながら、広松は、一方では「共同利害」の実在性を力説するとともに、他方では「幻想的共同性」をあげつらうことになっている。しかも、この論述は「ポレミッシュな観点」と称する哲学史的つながりにおいてなされているにすぎない。

すなわち、一方では「倫理的理念の現実態」としてのヘーゲル的国家にたいして「国家＝幻想」とみなしたシュティルナーを念頭におきながら、「共同利害」の実在性を前面におしだす。それとともに他方では、国家は「倫理的理念の現実性」ではなく「幻想的共同性」にすぎないことが力説されている。国家の「共同性」は単なる表象や幻想ではなく実在的なものであると同時に、国家は「幻想的共同性」にすぎない、ということが――国家を創出する主体としての支配階級とは無関係に――論じられているにすぎない。

③ このような国家の結果解釈（存在論的二重性論）におちこんでいるのは、国家を創出する主体とし

ての支配階級を実体的根拠にしてはいないことにもとづくのであるが、このことは、国家の形成にかんする次のようなエンゲルス式の叙述にひきづられているからなのである。

(1)　原始共同体あるいは社会の本質形態における共同利害の存在。

(2)　社会的分業（労働の社会的分割）が、従って生産諸手段の階級的所有が発生した社会（＝階級社会）における、「特殊諸利害と共同利害との対立」なるもの。

(3)　社会的分業のもとでの「自然発生的協働」と、これによって創出される「疎遠な自立的力」あるいは「事物的なマハト」との関係。――これは、「自然発生的協働」とその「物象化」として解釈される。

(4)　「幻想的共同性」としての国家。

このようなエンゲルス式の叙述から広松は、国家を「自然発生的協働の物象化」の一形態としてとらえることを正当化するのである。

広松式国家論は、明らかに、階級国家の形成の場所的論理の解明ではなくして、〈階級〉国家一般の「物象化論」的解釈でしかないのである。

エンゲルスが階級社会における「特殊諸利害と共同利害との対立」というように論じてしまったのは、直接的には、老エンゲルスにおいてますます濃厚になる歴史主義に、また原理的なものを超歴史化する方法にもとづくのであるが、同時に他面では、ヘーゲル『法の哲学』で展開されている「市民社会」論との対決が欠けていることにもとづくのである。

ヘーゲル哲学における、「倫理的理念の喪失態」としての「市民社会」は「分裂の立場」にあるものとして、「特殊性と特殊性との衝突」として本質的にとらえられている。具体的には三大階層に分裂しているこの「市民社会」は、それぞれの階層の私利・私欲の追求（だから「欲求の体系」とみなされる）にもかかわらず、「理性のわるだくみ」（＝「見えざる手」＝価値法則）によって社会的編成が確保され、そうすることをつうじて普遍性が即自的に形成されるものとしてとらえられている。「市民社会」においてうみだされるこの抽象的普遍性は「悟性国家」であって、「ポリツァイ〔行政、ポリスの政治〕および職能団体」がその具体的な姿態であるとされる。さらに特殊性と特殊性との衝突をつうじて必然的に措定される抽象的普遍性（「悟性国家」）が具体的普遍性に転化したもの、それが「倫理的理念の現実態」としての国家つまり「理性国家」である、というのである。

このようなヘーゲル「市民社会」論については無関心であったと思われるエンゲルスは、抽象的普遍性（「悟性国家」）と具体的普遍性（「理性国家」）についての省察を欠いていたこととも関係して、共同性と幻想的共同性との関係を真に論理的に展開することができなかったといえるのではないか。

実際、エンゲルスが「共同性」としるしているところに、マルクスが「幻想的」という形容詞を加筆しているのである。けれども、加筆はやはり加筆なのであって、エンゲルスの論理的展開にとっては外的なものにすぎなかったというべきである。「共同利害」や「共同体」という概念がしばしば超歴史的なものとして使用されているゆえんである。

ところで、ヘーゲルを学んでいるわが広松は、ヘーゲルの「悟性国家」をエンゲルスの叙述に投射して読みこむ。そうすることによって、エンゲルスの理論展開の論理的欠陥をつきだすことを放棄し、エンゲルスのいう「共同利害」を「悟性国家」として改釈することになっている。「幻想的共同性」としての国家へ転化する以前の、いわば〃抽象的共同性〃として、エンゲルスの「共同利害」を解釈したというわけなのである。

国家にかんするエンゲルスの理論展開にはらまれている論理的欠陥をつきだすことを放棄しているわが「物象化論」者は、『家族・私有財産および国家の起源』や『反デューリング論』の解釈にあたっても、同様の愚をおかしているかのごとくである。

階級社会における自然発生的協働と事物的力（「物的権力」とか「物象的強制力」とかとも広松は訳している）にかんする『ドイツ・イデオロギー』の論述を、彼は、エンゲルスの「灌漑・治山治水のための共同事務を執行する機関」についての叙述に投影する。そして「自然発生的協働」において、そのなかから「分業」が発生し、「共同事務」を執行するという「社会的活動の固定化」が、したがってこのような社会的活動を専門的に担う「機関」（＝「共同事務執行機関」）が、必然的に創出される、というようにとらえる。それだけではなく、ほかならぬこの「機関」は「社会的権力」である、とされる。このような解釈は、明らかに、滝村隆一の「共同体―内―国家」論と同工異曲のものでしかない。

経済過程に存在する「経済権力」（諸独占体や経団連など）、社会過程に存在する「社会的権力」（諸労働組合や農協や医師会など）、これらのうえにそびえたつ「政治的権力」としての国家。――このようなマハトの〃立体的構造〃を論じることがStaatsmacht論だとする滝村説に、「国家＝物象化」論は近接しているといえる。

C　国家論の物象化論的解釈

『唯物史観と国家論』の最終章（「書かれざる章」）においては、かの「協働」の発展において国家が論じられているとのことである。

おそらくは、エンゲルス説にみられる「支配＝隷属関係の形式」の「Aコース」についての叙述を基礎とし、かつ『資本論』第一巻第十一章「協業」にみられる共同労働についての本質論（共同労働とかかる労働をなす主体としての労働関係における指揮者・監督者の分化についての展開）の解釈にもとづいて、国家の形成が論じられているのであろう。

「自然発生的協働」の発展──→この協働関係の内部における「分業」（＝労働分割、実は労働の機能分化）の形成と、「社会的活動の固定化」＝「社会にたいする社会的職能」あるいは「共同事務」を執行する者および「機関」の形成──→この執行者の固定化（＝「支配者」の形成）およびこの「機関」の自立化・独立化（＝「物象化」）──→自立化した「機関」の国家への転化……。

おそらく、このように論述されているにちがいない。

社会的分業の発生──→協働関係の内部における「分業」（＝「分業にもとづく協業」としてのマニュファクチュア分業からの類推）の形成──→国家の成立──→国家そのものにおける「分業」としての三権分立（『ドイツ・イデオロギー』のなかでの「フォイエルバッハ」の部分にでてくるもの）。──このように要約できるエンゲルスの「分業国家」論を広松哲学をもって解釈したもの、これが広松の「書かれざる」国家論であろうというわけなのだ。

わが「物象化論」者の国家論が本質上エンゲルスの「分業国家」論の〝発展〟であるにしても、「私有財産の維持・防衛」という観点から論じられているエンゲルスの〝夜警国家〟論（大藪龍介がもちあげている部分）を、わが広松が無視しているのはなぜなのか。「物象化論」をはみでる素朴な展開であるためなのか。

（一九八三年九月二十一日）

（付記）　片桐悠『廣松渉の国家論』（一九九三年）を参照されたい。

（付・三）「物象化された運動」論

A　革命理論の位置づけ

（1）産業資本主義段階――マルクス、エンゲルス。
（2）帝国主義段階――レーニン。
（3）国家独占資本主義段階――広松式の「全共闘」方式（ブントおよび構改派的な小ブルジョア急進主義や青解派のサンジカリズムなどを融合した「運動」のための指針）。

B　サンジカリズム的解釈がえ

α　マルクス永続革命論の立体的構造（世界革命および各国革命の永続的完遂の構造）の矮小化――いわゆる権力移動論およびこれにもとづく発想を「永続革命」の本質とみなしていること。

β　階級闘争と党との関係についての『共産党宣言』の展開を、作為的な引用をしながら公然と歪曲していること。

自然発生的にまきおこる運動への迎合、この「運動」への「前衛」の参加、この「運動」（＝「物象化された運動」）の「左方」へのおしやり、「運動」のヘゲモニー移動……というようなイメージを、マルクス理論によって正当化しようとする詐術。

労働者階級の党の「独立性」の全面的否定。「物象化された大衆および運動」とともにある「前衛」というイメージを正当化するための詐術。いいかえれば、レーニン型前衛党論（いわゆる「外部注入」論）は「主―客」図式にもとづく近代主義的発想の産物であるとして否認すること。（この否認を『共産党宣言』からの「引用文」によって基礎づけようとしていること。）

γ　プロレタリア階級闘争・大衆運動の――広松式「協働」論にもとづく――存在論的解釈。

ここでは、組織論は基本的に運動論のなかに埋没させられるとともに、運動論の平面において戦略・戦術が客体的にのみあつかわれる。すなわち「物象化された運動」とこれを「左方」へおしやるための指針とが客体的にあつかわれ、そして前者は運動の an sich として、後者は運動の für sich として、それぞれ結果的に解釈して特徴づけられているにすぎない。

プロレタリア革命のための運動を実践論的に明らかにすることを予め放棄し、実践とその産物とを――「物象化論の地平」から――ただただ客体的に、したがって存在論的にあげつらっているにすぎないがゆえに、広松式「運動」論は革命運動の指針とは本来的になりえない。「運動」の存在論は革命的実践そのものの主体的推進論とは決してなりえない。

C 「物象化された相で展開される運動」

①　経済恐慌を契機として創りだされる「運動」。
②　広汎な大衆のあいだの「意識的な協働」が形成されるような部分的要求をとらえつつ組織される「運動」。

前者の「運動」は、次のように解釈されている。
(a)　恐慌を契機にして社会的直接性において創出される「物象化された運動」＝「自然発生的協働」。
(b)　この「運動」の内部における「大衆」（「前衛」にとっては客体であると同時に、革命にとっての主体でもあるところのもの）と「前衛」（「運動の左傾化」を促進する「指針」を提起する媒体）との、相互手段化および相互滲透、つまり「対自的協働」。
(c)　「大衆」と「前衛」との相互媒介をつうじての「対自的階級」の形成、つまり「即自且対自的協働」。

特　徴

（1）　協働の諸形態（自然発生的なものと対自的なもの、そして真に対自的なもの）からの直接的類推において、「物象化された運動」を解釈する観念性。
協働の唯物史観的な（しかし没経済学的な）把握の、大衆運動や革命運動の存在論的説明への投影。

（2）　協働そのものの構造的把握の没却、あるいはその非歴史的で没経済学的な規定。

(イ)　「自然発生的協働」（協働の an sich 形態）――これは協働の本質的形態ではないことは明らかであるが、原始共同体において実存した共同労働とともに、社会的分業が発生した階級社会において実存した「社会化された労働」をも意味する概念として使用されている。それだけではなく、或る場合には、商品生産において自然発生的にうみだされるものとしてもとらえられている。

いいかえれば、『ドイツ・イデオロギー』などで特にエンゲルスが、社会的「分業」（社会的労働分割＝階級社会における労働の疎外）との関係においてしばしば使用しているところの、「自然発生的協働」という概念の非歴史的で没経済学的な規定を、広松が踏襲している、ということである。

しかも、唯物史観における一つの重要なカテゴリーとしてのこの「自然発生的協働」は、同時に直接的に一般化されて哲学的カテゴリーとしても理解されている。これがすなわち「即自的協働」である。このことは、「自然発生的協働」と「即自的協働」とが同意義のカテゴリーとして使用されているところにしめされている。

(ロ)　自然発生性＝即自性から脱却した協働としての「対自的協働」は、労働する者相互間の合目的性が量的に拡大してゆくもの（部分的なものから、外周にむかって全体的なものとなってゆくもの）として、抽象的にとらえられているにすぎない。「対自的協働」なるものの社会的および歴史的の被規定性は完全に没却されているということだ。すなわち、この協働は疎外された階級社会一般において実存した労働の形態規定なのか、資本制商品経済において実存する協働の形態としての協業についての規定なのか、ということは定かではない。

人間社会の歴史的被規定性（一般的には「無階級社会と階級社会」というそれ、具体的には唯物史観の公式が説く五段階の発展をなすという規定）と無縁なものとしてだけではなく、商品経済とも無関係にとらえられているにすぎないがゆえに、「対自的協働」論は、協働の観念的社会学のようなものに堕してしまわないわけにはいかないのである。

(ハ) 「真に対自的な協働」なるものは、協働関係をとりむすんでいる者が全体として合目的的な労働を実現しているという形態をさすもののごとくである。ここでも、歴史的および社会的被規定性は完全に無視抹殺されている。いいかえれば、「共同主観性」が協働しているすべての者につらぬかれている、ということであろう。

ⓐ 協働の本質形態（マルクスのいう「協業的労働過程一般」）——これは欠如している。

ⓑ 「自然発生的協働」＝「即自的協働」——社会的および歴史的被規定性の蒸発、つまり本質的に無規定であること。

ⓒ 「対自的協働」——右と同じ。

ⓓ 「真に対自的な協働」——右と同じ。

(3) 類推の誤謬

α 労働＝生産過程における協働（およびその諸形態）。

β 資本制社会の変革を間接的あるいは直接的にめざした運動（その諸形態）。

右のβをαから解釈しうるのは、ただ「協働関係」を原理とする広松哲学にのみ可能なことでしかない。

㋑「協働」の——唯物史観や経済学を適用した——対象的分析＝存在論。

㋺資本制社会における〝疎外された協働〟の対象的分析＝経済学。

㋩資本制社会そのものを変革することをめざした、物化された労働者の〈協働〉としての運動の解明＝革命実践論。

右の三者が未分化であるがゆえに、広松式の「協働」の形而上学は生産されるのである。類推の誤謬におちいる根拠をなすのが広松式の「物象化」論にほかならない。

「自然発生的協働」＝「物象化された労働」＝「物象化された運動」

まさしく〝疎外論なき物象化論〟の末路。

協働の社会的および歴史的に疎外された諸形態（種々の社会的形態における、疎外された協働の諸形態）、これをマルクス労働疎外論の一環として解明することを予め放棄してしまったことのゆえに、プロレタリア的自己疎外からの解放を無意識的あるいは意識的にめざした運動を、「物象化された運動」という具合に、まさに疎外された形でしか論じることができなくなるのである。「愚民—前衛」という図式を基底においているスターリン主義的官僚主義的組織観を拒絶している者自身が、まさに大衆を、決起した大衆を蔑視しているのであって、これはかの「物象化論」の必然的帰結にほかならない。

前衛党を自称するスターリン主義党が勤労大衆を官僚主義的にひきまわし操作するということの基底には、もちろん「前衛—愚民」という図式があるとはいえ、これはレーニン型の「前衛—大衆」の組織観から直接にでてくるわけではない。にもかかわらずスターリン型の官僚主義的組織論とレーニンの前衛党組織論とをこっそりと二重うつしにしたうえで、これらを近代主義的「主―客」図式にもとづくものとして否定し、「物象化論の地平」にたった運動・組織論を構想したことそれ自体のゆえに、愚民主義まるだしのものを創出してしまったのが、わが広松にほかならない。

（4）「物象化された運動」の存在論を、革命展望論にすりかえる誤謬

1　「自然発生的協働」としての運動（a）から「即自且対自的協働」としての「対自的階級の形成」（c）への発展、というように展開されている存在論の基底にある「哲学」。

㋑　広松式「物象化論」あるいは「関係の第一次性」論──→「関係の項」としての主客というとらえ方┈┈→「協働連関」の項としての「大衆と前衛」という存在論。

㋺　その歴史的および社会的被規定性が定かではないところの「協働」を原理とし、かつこの原理から「運動」を類推的に解釈する方法を適用していること。

㋩　即自的であれ対自的であれ、また自然発生的であれ目的意識的であれ、とにかく創出された「運動」を──サルトル流に──「物象化」としてとらえていること。このことは、大衆運動あるいは階級闘争を事物化してとらえることにより同時に大衆蔑視におちこんでいることの自己暴露をしめすものにほかならない。

右のことは、人間活動＝労働（労働力の対象化・物質化）によって創出されたところのもの（生産物やこれを物質的基礎として形成される社会的諸関係）の物質性（あるいは事物化的性格）を、あたかも商品

経済的物化でもあるかのようにみなす没理論（経済学的アプローチと唯物史観的アプローチとの未分化ないしこの両者の無差別的同一視）の産物である。

物質化（＝対象化）
物質性
事物化
物化——物神性
} 無差別的混同

2　「運動」の事物化的把握にもとづく大衆蔑視とサンジカリズムとの融合。

サルトル的「惰性態＝物象化」論を、なんらかの形で疎外からの脱却を志向している大衆運動または階級闘争の解釈にもちこむ、という倒錯。

自然発生性への跪拝に「前衛の目的意識性」を接ぎ木するという非実践的な存在論。——これは、「大衆と前衛の相互手段化」というエセ弁証法としてあらわれている。「大衆」のなかの「前衛」が提起するものとされている「方針や展望」の内実が無規定であること。あるいは「即自的協働」の対自化の構造が結果現象論にすぎないこと。小ブルジョア急進主義の「物象化論」による正当化。

3　近代主義的「主―客」図式の否定＝「物象化論の地平」にたった存在論的運動論は、「対自的階級の形成」論とはなりえないこと。これは、プロレタリア主体性論にもとづく組織創造論の否定のゆえに必然となった破綻。

《疎外論なき物象化論》こそは、プロレタリア階級を蔑視し愚民として操作するスターリン型前衛党論と同質のものでしかなく、現代革命の主体としてプロレタリア階級がみずからを形成する論理を放棄するものとなるのである。

（一九八三年九月十九日）

（付記）　小早川勝興「疎外論なき物象化論――廣松渉の「物象化された運動」論をめぐって」（片桐悠『廣松渉の国家論』所収）を参照されたい。

近代の哲学的超克

世紀末的混沌は、いま、あらゆる領域・あらゆる分野をおおいつくしているかのようにみえる。

旧ソ連邦のドラスティックな崩壊は、〈市場経済〉への人為的転換を試行したことのゆえに、マフィアが暗躍するところの擬似資本主義経済（現存するスターリン主義的システムのゆえに価値法則が働かない商品経済ということ）を現出させた。それだけではなく、旧ソ連国家の勢力圏にくみこまれていた各地域（中部ヨーロッパの旧「社会主義国」だけではなく、アラブ世界やアフリカ世界をもふくむ）において、もろもろの宗教対立とからみあった民族間および民族国家間の戦争が、いま続発している。この意味においてのみ、世紀末的混沌が支配していると言っているのではない。〃ソ連邦という敵〃を失った帝国主義世界もまた、冷たい経済戦争の大波をかぶってドル危機の爆発寸前の様相をしめしている。それとともに、帝国主義的腐朽性が経済的にも政治的にも社会的にも、ますます深刻の度を加え、帝国主義世界は、いま出口のない迷路に入りこんでしまっている。このような意味においても、世紀末的混沌は、いよいよ深まっていると言える。

問題は、こうした世紀末世界の混沌を突破してゆくことの可能な思想が、まさにそのようなものとして顕在化してはいないというところにある。ソ連圏のドミノ的崩落とともに、マルクス主義もまた〈スターリン主義の源泉〉として葬り去られてしまっているからなのである。

十九世紀末にまんえんしたニヒリズムを突破しつつ帝国主義的再分割戦に抗してたたかわれた共産主義運動ならびに労働運動が、輝かしい二十世紀世界を開いたのであったが、革命ロシアはそのスターリン主義的変質をあらわにし、プロレタリア階級闘争も疎外されることになった。中国における毛沢東主義革命と〈プロレタリア文化大革命〉なるものが世界を揺るがしたのであったが、プロレタリア階級闘争はインドシナ半島においてひきおこされた中ソ代理戦争とソ連官僚制国家のアフガニスタン侵略によって、死の淵にたたきこまれた。このようなスターリン主義の抬頭とその蒼絶な破産とともに、マルクス主義もまた、人びとからは死を宣告されるにいたったのである。

未来をきりひらく現代思想としてのマルクス主義は、しかし、その生命力を失っているわけではない。なぜなら、今日でもなお形態変化をとげつつ延命している資本主義経済をば、その本質において解明した現実的学が『資本論』なのであるから。各国ブルジョア政府が実施している経済的・社会的などの国家独占資本主義的政策によって、商品経済が管理され調整されているのだとはいえ、いまなお依然として価値法則は貫徹されているのだからである。

それにもかかわらず、マルクス思想の価値は貶められ、その歴史的意義は一般的には抹消されている。失墜させられたマルクス思想の威信は、いま新たに抬頭しつつあるネオ国家主義や〈リベラル〉を装ったウルトラ・ナショナリズムや脱イデオロギー的イデオロギーに抗して、まさしく再構されなければならない。

明治時代の〈脱亜入欧〉とは正反対の〈脱欧入亜〉の思潮が、政治的腐敗と経済的腐蝕からの脱出を名分にして、徐々に・かつ広くひろがりはじめている。思想的には、第二次世界大戦にまで悲劇的な形で発展してしまった満州事変・支那事変の時期と同じような流れが、いまうみだされている。

かつては〈近代の超克〉が皇国史観や神道の本義の喧伝と踵を接して叫ばれたのであったが、今日では〈脱モダン〉とか〈脱近代〉とかの名において独占ブルジョアジーへの思想的屈服が奨励されてもいる。バブル経済を謳歌したイデオロギーは、いまや〈高齢化社会にみあった社会福祉の充実〉とか〈社会共通資本の拡充〉とか〈生態系の保全〉とか〈価格破壊〉とかをシンボルにして、金融資本および現存秩序への国民大衆の屈服を誘っているともいえる。〈脱イデオロギー〉の名における現存支配秩序への勤労大衆のより一層の編み込みが、あらゆる意味での混沌のなかに透視しうる実相にほかならない。

獄死者への冒瀆

おおよそ右のような問題意識をもって、広松渉が、一九七〇年代中葉に執筆した『〈近代の超克〉論』（一九八〇年、朝日出版社刊――一九八九年、講談社学術文庫）を、部分的に読んでみた。が、そこに見出されたものは、哲学者としての彼にふさわしい展開ではなく、まさしく昭和第一期（敗戦の時期までをさす）の思潮の皮相きわまりない断片的な引用の羅列でしかなかった。そう言って悪ければ、〈関係の第一次性〉の提唱者にふさわしい思想史研究の手法がとられていないのが本書である、というべきである。

そもそも、治安維持法にもとづいて弾圧され迫害された自由主義者やコムニストや戦闘的唯物論者などにたいする尊敬心も哀悼の念も、そして天皇制軍国主義権力にたいする階級的憎悪感も、まったく消失してしまっているのだ。このことに、読者は驚嘆させられるのではないか。虐殺された戦前の日本共産党員や獄死した哲学者たちへの敬意もなければ、思想的に挫折しながらも敗戦後には再起をはかった数々の思想家へのひそかな共感さえも、そこにはない。敗戦直前の一九四五年八月九日に獄死した戸坂潤などのミリタント唯物論者は、ただただ一人の哲学者として名前があげられているにすぎない。荒れ狂った言論弾圧の嵐をかいくぐって、民衆のあいだに唯物論を〝おけさ〟のように拡げるために執拗に闘い、最後まで筆を折らなかったこの唯物論者にたいする畏敬の念などは、まさに爪の垢ほどもないのである。いわんや、哲学的抵抗に挫折した唯研的唯物論者にたいしてをや、である。

また、転向を余儀なくされた三木清は、彼が「協同主義」を基礎づけたということの一点において、ただ論難されているにすぎない。たとえ彼が転向したのは事実であり、大東亜戦争という総力戦のイデオロギー的基礎づけを敢えてしたのも厳然たる事実であったとしても、彼が一九四五年九月二十六日に、戸坂潤と同様に疥癬と栄養失調のために獄死した、という事実は特記されるべきではないのか。いや、次のように言ったほうがよいかも知れぬ。

先輩哲学者・三木清にたいする——広松式の表現をもちいて言うならば——「礼を失った」論難に負い目を感じていたがゆえにこそ、昭和八年（一九三三年）に三木清が主張したことと全く同じような〝発言〟（『朝日新聞』一九九四年三月十六日付）を残したのだ、と。

資本主義を克服するとともに大東亜共栄圏をつくりだすこと――これが三木清の「協同主義」の核心であった。これにたいして、資本主義の廃絶またはプロレタリアート独裁の樹立を展望しながらも、この政治問題をひとまず棚上げにして、〝人民中国と資本主義国日本との経済的協力・連携〟＝〈東亜共栄圏〉の形成を、世紀末世界における日本左翼はスローガンとしてかかげるべきではないか。――このように主張したのが、他界する二ヵ月前の広松渉であった。このことは、歴史の狡智と言わずして、なんといえよう。

いまは亡き広松渉は、十代の若さで左翼スターリン主義者となり、そして政治的には曲折をかさねながらも、つまるところ左翼スターリン主義者として生涯を全うしたといえる。〈国家統制型社会主義〉の毛沢東主義中国と〈統制経済型資本主義〉〈国家独占資本主義〉についての広松式定義〉である日本とが、東アジアの共存共栄をめざすべきであり、大乗の教えと〈脱欧入亜〉の思想をもって、今日の日本左翼はたたかうべきである。――これこそは、三木清の思想の今日的再生を、死を眼前にした広松渉が冀《こいねが》っていることをしめすものである、というべきではないか。……

哲学者・三木清が、なぜ、どのようにして日本軍国主義のイデオローグの一人にまで転落したのか、ということの追跡を、わが〈関係〉主義者が放棄している以上、この〈関係〉の哲学から、なぜ、どうして〈東亜共栄圏〉思想が導出されたのか、ということに論及する必要はない。だが、「なぜ、どのように」ということではなく結果結論的なことについては、一言のべておかないわけにはいかない。

〈関係〉を自己の哲学の原理とするかぎり、関係の〈項〉のそれぞれの本質的性格・質・諸実体の分析に先立って〈関係〉が確定されなければならない。für es の日常的意識にとっては〈項〉が先立つにしても、für uns の学理的見地にたつかぎり〈関係〉がまずもって論じられなければならない。このゆえに、中国の国家経済と日本資本主義経済のそれぞれの制度上・社会経済上・文化上・イデオロギー上の差異などを分析し究めることよりも前に、この両国の〈関係〉が捉えられるべき第一義的課題となる。いいかえれば、中国と日本とを、学理的見地にたって、あるいは〈第三者的立場〉に立脚して、まさに〈共軛関係〉において捉えることが第一義的な課題とされるのであって、この共軛関係こそが〈東亜共栄圏〉であるというわけなのである。この意味においては、〈東亜共栄圏〉のスローガンは〈関係の第一次性〉の哲学から推論されたものであると断定することができるのである。

右のことは、三木清のばあいと同様である。すなわち、「プロレタリアの基礎経験」を根幹にして、「存在の歴史」と「物語（またはロゴス）としての歴史」をこえた「事実としての歴史」を思弁することを歴史哲学の中心課題にするかぎり、所与の「事実」を、〝非常時局〟を、まさにかかるものとして把握し、〝大東亜共栄圏〟や〝八紘為宇〟という天皇制イデオロギーを「協同主義」として哲学的に正当化しないわけにはいかなくなったのだといえる。わが広松渉もまた、悲劇的な命運をたどった三木清と同様に、自己の哲学の原理から、かのスローガンを掲げたのだというべきなのである。

この事態は、しかし、あまりにも稀有な合致というべきではないか。悲劇なのか、それとも喜劇なのか。答は、しかし、ただ一つしかない。このことについてあげつらうことは愚かなことではある。

方法の蒸発

〈関係〉を第一次的なものとする機能主義の哲学の観点から、昭和初期の思潮を概観しようとするかぎり当然にも、この時代の天皇制国家権力およびその社会経済構造や中国をはじめとするアジア各国への帝国主義的侵略の動向との関係において、しかもヨーロッパにおけるドイツおよびイタリアの超国家主義の抬頭および帝国主義的再分割戦への突入という世界史的危機との関係において、まさにこうした傾動をふまえて、形成途上にあった〈近代の超克〉にかんする思潮はとらえかえされるべきである。しかも、一九七三年の第一次石油危機を契機にしてあらわになった日本帝国主義経済の深まる危機と帝国主義間経済争闘戦および米―ソ冷戦を、そして暴露されたロッキード疑獄事件に象徴される政治的腐敗などを直接的な現実的基礎にして、一九三〇年代の日本軍国主義の政治経済構造およびこれに決定された文化＝思想界の動向は位置づけなおされるはずなのである。

このようなアプローチのしかたは、しかし、ここでは完全に影をひそめてしまっている。とはいえ、もちろん、第五章においては、あたかもサンドイッチの薄い薄いハムのように昭和史の初期の政治動向が日本史の教科書風に記述されてはいる。だが、決定的な問題は、広松のいう〈天皇制ファシズム〉の抬頭と治安維持法による全左翼の壊滅をねらった大弾圧にたいして、コミンテルン日本支部としての日本共産党ならびに日本唯物論研究会（戸坂潤が主宰）・プロレタリア科学研究所（三木清が主宰）が、滔々たる転向者をうみだしながらも抵抗闘争を果敢におこなった、という歴史的事実は完全に無視されているということである。いわゆる講座派と労農派とのあいだでたたかわされた資本主義論争（この論争の立役者の人名は記されてはいる）、流しこまれた天皇制イデオロギーないし日本ナショナリズム（いわゆる国粋主義）をめぐる論戦、〈近代の超克〉を哲学的に基礎づけようとした京都学派のイデオロギーにたいして浴びせかけた唯物論者たちの批判（その内実は措くとして）、そして二十七年テーゼや三十一年テーゼや三十二年テーゼにかかわる戦略論争など。——これらのすべては、あたかも〈脱近代〉をめぐる思想潮流とは無縁なものとしてあつかわれている。

たとえば文芸評論家・平野謙のいわゆる「記憶間違い」問題なるものがあるのだそうであるが、この問題の経緯に触発されて、昭和期の日本資本主義分析に、したがって日本革命戦略をめぐる論争に、当然にも広松渉は思いを馳せることができたはずなのである。わが〈物象化論〉者は終始一貫して左翼スターリン主義者として戦略問題に異常ともいえる関心を抱きつづけてきた以上、この問題に些かではあれ論及すべきであった。それにもかかわらず、こうした諸問題は彼の〈昭和史〉からは完全に蒸発してしまっているのである。（敗戦後には常東農民運動の指導者となり後には中共派になった遠坂良一が、三十一年テーゼを起草した時には埴谷雄高の指導下にあった、というような歴史的事実についても触れるべきである、などと言っているわけでは毛頭ない。）

ここで問題になることは、〈関係〉第一主義の哲学なるものが、自己の問題関心にひきよせて〈関係〉をあげつらうにすぎない御都合主義の哲学に堕してしまうということである。唯物史観を生態史観との関係において宣揚することがたとえできたにしても、唯物史観にのっとって、あるいはそのイデオロギー論の基本にもとづいて、昭和思想史を現在的に分析しなおす、という方法は全く放擲されているということである。

ドイツのナチズムやイタリアのファシズムに呼応する形において天皇制イデオロギー（＝日本型超国家主義または皇国史観、八紘一宇のウルトラ・ナショナリズム）が流布された、という事実にも、帝国主義的再分割戦に突入したという歴史的事実にも、ふれられていない。天皇制国家権力による大弾圧、労働運動の破壊による産業報国会の形成とそのための言論統制など。そして、これにたいするコミンテルン型コミュニストおよび唯物論者や自由主義者たちの政治的・イデオロギー的抵抗と挫折の悲惨。――このことに一顧だにあたえない戦前の昭和思想史なるものは、なんら有意義的価値をもたないのである。

たしかに、雑誌『文学界』において、それとして明白な自覚をもたないままに提起された〈近代の超克〉論をば、この思潮の哲学的あらわれとしてとらえかえすことが可能な京都学派のイデオロギーとの共軛関係においてとらえることはなされてはいる。だが、ただそれだけのことなのである。〈関係〉主義の哲学は、こうした反動イデオロギーと、それに批判を浴びせかけた唯物論者や自由主義者の格闘とを、まさに対抗的関係においてとらえる労を惜しんでいるかのようである。この対立的関係は共軛関係として把握されなければならないはずである。いやむしろ、共軛関係よりも対立関係のほうが重視されるべきではないか。日本帝国主義を讃美する超国家主義というイデオロギーを整序してとらえることも必要ではあるが、この思潮にたいする果敢なる論戦を空洞化するような階級的視点は唾棄されるべきなのである。

〈超克〉の意味

「昭和維新」を錦の御旗とし陸軍青年将校や「憂国の志士」として自らをおしだした右翼の抬頭を背景にして強化された大政翼賛体制。これの形成にむかってばく進していた天皇制国家日本。八紘一宇を国民統合のシンボルにしてアジア侵略にのりだしていた軍国主義国日本。——こうした昭和初期の、しかも一九二九年世界大恐慌にみまわれて経済的危機を露出させていたこの時期の、いわゆる「非常時局」のまっただなかにおいて、天皇制軍国主義に抵抗し叛逆した数多の左翼インテリゲンツィアや自由主義者が、治安維持法の発動によって、ある者は逮捕・投獄され、あるいは虐殺され、ある者は獄死させられた。こうした天皇制国家の犠牲者たちにたいする哀悼の念の一かけらもない「近代の超克」なるものは、このことそれ自体のゆえに何の価値もないのだと言うべきである。小林多喜二、野呂栄太郎、櫛田民蔵、野坂参三、徳田球一などの諸活動、そして京大事件と労農派事件などは、ジャーナリズムの表層における〈近代の超克〉空騒ぎとは、およそ無縁なものであるがゆえに、広松渉の「昭和史」からは脱落してしまうのかもしれない。

転向者・三木清のイデオロギーや西田幾多郎と京都学派のそれを〝後から生まれたもの〟の優位の観点から断罪してみせたとしても、あの「非常時局」のもとで、そのようなイデオロギーを言論弾圧のまっただなかで批判したところの、数々の戦闘的唯物論者や近代主義的自由主義者の血みどろの闘いを、歴史の流れから放逐してしまったのは、一体なぜなのか。いまとなっては、もはや知る由もないけれども、臆測することは可能である。

〈関係〉第一主義者にとっての〈近代の超克〉が、所詮は近代主義的〈主体―客体〉図式の超克に矮小化され局限されてしまっていたことに、この放逐は由来するといえる。このことは本書の最末尾において、西田・田辺哲学ならびに京都学派の哲学にたいする政治的、あまりにも政治的な批判を浴びせかけたあとで、近代主義哲学の地平をこえでるべきことが、ほんの数行のべられていることからして、わずかに伺い知ることができる。そこでは、近代的実体主義を、科学主義ならびに主観主義という哲学的地平を超克しなければならない、という自己の問題意識をのぞかせているのだからである。〈近代の超克〉問題を、ただただ哲学の地平においてあつかうにすぎないのは、一体なぜなのであろうか。視野狭窄のためなのか、それとも悪だくみのためなのか、博覧多識のためなのか。……

当然にもとらなければならない手続きを省略して言うのも恥かしい限りではあるが、大東亜戦争のまっただなかでジャーナリズムにおいて提起された〈近代の超克〉論議は、課題をそのようなものとして明確に措定したうえでなされていたのではないようである。問題の中心的な提起者であった京都学派の鈴木成高その人が不満であったほどなのであるから。

そして事実、彼の次のような問題提起は、一九四二年になされた〈近代の超克〉論の核心をしめしているとともに、それ以上でもそれ以下でもない、というように広松渉は断定しているのである。すなわち、「経済的には資本主義を、政治的には〔ブルジョア的〕民主主義を、そして思想的には自由主義をのりこえてゆくことが、近代の超克のテーマである」、と。

われわれにとっては幻の著作である高山岩男の『世界史の哲学』には、鈴木成高のかの思想に類似したものがあるはずである。それにもかかわらず、鈴木成高のかの短文にも高山岩男の見解にも、彼は引用するだけで検討をくわえてはいない。戦時中の〈近代の超克〉論においては「資本主義について論じられたか否か」という脈絡でのみ、「資本主義」に言及されているにすぎないのであって、労農派と講座派とのあいだでたたかわされた日本資本主義分析をめぐる論争についても、したがってまた革命によって打倒されるべき日本国家権力の性格規定にかんする論争についても、「社会主義革命の任務をふくむ民主主義革命」か「社会主義革命に強行的に転化されてゆく〈民主主義〉革命」か「ブルジョア民主主義革命から社会主義革命へ、という二段階」なのか、というような日本革命戦略論争についても、まったく論及されてはいないのである。軍国主義国日本における戦略的課題としての「ブルジョア民主主義革命」という規定は、明治維新いらいの「富国強兵・殖産興業」政策や「脱亜入欧」の近代主義的イデオロギーに、つまるところ二十世紀初頭の日本における近代化政策に不可分にむすびついているはずである。それにもかかわらず、〈関係〉主義者は、《革命戦略における近代主義》ともいえるこのスターリン型＝コミンテルン型の二段階戦略（黒田寛一著、こぶし書房刊『ソ連圏革命論ノート』三三頁参照）との関係において〈近代〉を、また〈近代の超克〉を論じようともしていないのである。

いいかえれば、帝国主義段階において資本主義化政策をとらなければならないところの、後進・後発国である天皇制国家日本が、――一方ではスターリンのソ連邦が「重工業化・農業集団化」政策にもとづいて「嵐のような発展」を、かの大粛清をともないながらなしとげつつあったことに促迫され、他方では帝国主義経済が一九二九年世界大恐慌の爆発のゆえに金本位制から離脱して管理通貨制に移行し、その社会経済構造が国家独占資本主義という形態に推転しはじめたこと（ローズベルトのニューディール政策よりも高橋是清・大蔵大臣の財政政策のほうが時期的には先であった）にも規定されて、――帝国主義的再分割戦にのりだす必然性は措定されたのであった。金融恐慌と満州事変―支那事変―大東亜戦争というように拡大の一途をたどった軍部によるアジア侵略、この戦争を正統化する天皇制イデオロギーの洪水と激しい言論弾圧、これにたいする左翼の果敢な挑戦・抵抗闘争、日本経済の近代化＝資本主義化がもたらした社会的・政治的荒廃、政治家の右翼諸派などによる暗殺（関東大震災のさいの朝鮮人にたいする大虐殺をも想起せよ）や左翼および反天皇的リベラリストにたいする国家権力にあやつられた右翼の暴乱。資本主義を打破して「新秩序」をうちたてようとする右翼軍国主義者・転向インテリが左翼に加えた攻撃と、日本・ドイツ・イタリア三国の軍事同盟の締結と近衛文麿の大政翼賛体制の形成は、大弾圧にもとづいて不可避になった。

後発国日本の資本主義的近代化が同時に帝国主義的再分割戦争への突入を必然のものとした、ということの世界史的現実を基礎にして、かの〈近代の超克〉は叫ばれたのであった。このような脈絡において、広松が引用している鈴木成高の短文はとらえられなければならない。

近代化と超近代

近代ヨーロッパが創出した技術文明を、資本制商品経済および生活様式とこれにもとづいたヨーロッパ物質文明を、しかも資本主義がその帝国主義的段階に世界的な規模において突入しはじめた時期に導入し模倣することが、一般に《近代化》と呼称される。ヨーロッパ近代文明を範型としたイデオロギーが近代主義であって、この近代主義は後進国においては普遍的にみられる傾向であり、あらゆる分野に滲みわたってきた。こうした傾向は、基本的には経済の領域においてあらわれるがゆえに、後進諸国における近代化はまずもって資本主義化という意味に用いられる。そして、この資本主義化としての近代化は、技術学的には工業化・産業化そして効率化と同義語として用いられる。けれども、この近代化には西ヨーロッパ近代を創出したイデオロギーが刻印されているのであって、この意味では近代的個人主義ないし市民意識諸形態（「自由・平等・友愛・人権・民主主義」）をともなっている。こうして、いわゆる近代化は、先進資本主義諸国の技術文明・物質文明を導入し模倣し、もって自国の後進性の打破を目標としておこなわれることになる。けれども、たんなる模倣的導入は、導入する国ぐにの伝統的文化に衝突したり、葛藤をうみだしたりするのを常とする。それぞれの伝統的文化と導入され模倣される西ヨーロッパ出自の物質文明との相互滲透が成功裡になしとげられるのは至難の業である。

資本主義的近代化が軍事力を背景にしておこなわれるばあいには、とくに第二次世界大戦以降には、当該国は、しばしば後進国ボナパルチズム国家としてあらわれた。けれども、資本主義経済の世界史的発展にともなって、特定の先進資本主義国は非ヨーロッパ世界を植民地や半植民地にすることをつうじて、これらの諸国の近代化をおしすすめてきた。（十九世紀はじめからの中国が、その典型をなすともいえる。そして一九七〇年代末に開始された鄧小平の中国の「現代化」政策の遂行は同時に「ブルジョア的精神汚染」をもたらしたということもまた、厳然たる歴史的事実である。）

明治維新を前後して「富国強兵・殖産興業」をシンボルにして開始された近代ヨーロッパ物質文明の導入は、必然的に同時に、資本制商品経済の〝悪〟をはびこらせるとともに、この〝悪〟をあばき克服することをめざした左翼思想（アナキズム、サンジカリズム、社会民主主義、マルクス主義、リベラリズムなど）をも開花させることになった。

日清・日露戦争の「勝利」や第一次世界大戦における日本の軍国主義的干渉戦に反対する左翼運動と、日本国家の統治形態をボナパルチズム的なものに転換するための政争のただなかで、「大正デモクラシー」とさえ呼称される一時期も現出したのであったが、政治家どもと資本制経済の腐敗を告発する「昭和維新」を掲げた右翼の国粋主義的運動が抬頭し、「鬼畜米英」をスローガンにした排外主義的運動の煽りたてと軍事的攻略を「聖戦」とする大東亜戦争への突進の道がひらかれることになった。

京都学派の説く〈近代の超克〉とは、資本主義的近代化がうみおとした悪をとりのぞき、市場経済から、総力戦をかちぬくための戦時統制経済への転換を正当化するものとして提起された。そして、ヨーロッパ近代がつくりだした政治的民主主義にたいしては、天皇をいただく支配形態とこれにふさわしい日本ナショナリズムを対置し、天皇制イデオロギーを根幹とした大政翼賛政治を築き上げるということが、近代の超克とされたのである。

他方、スターリンのソ連邦の「発展」に対抗して「ナチス（国家社会主義）」を理念とし、ユダヤ人を排斥することを直接の目標にした「血と土」のウルトラ・ナショナリズムをあおりたてて侵略＝帝国主義的再分割戦にのりだしたヒトラーのドイツやムッソリーニのイタリア。この両国と「防共協定」という名の反ソ・反資本主義の軍事同盟の旗幟を鮮明にした後発帝国主義国日本。この日本を大東亜共栄圏の盟主たらしめるためには、西ヨーロッパ出自の自由主義をかなぐりすてて、社会有機体説にも裏付けられた、国家総動員体制の構築にみあった全体主義をとるべきこと。——これが〈近代の超克〉の第三の指標にされたのである。

資本主義経済の悪の除去を「統制経済」の実施にもとめ、ブルジョア的民主主義を否定して国家総動員体制を確立するための大政翼賛政治を正当化し、さらにブルジョア的自由主義をファシズム的・ナチズム的全体主義におきかえる、という思想的営為が、鈴木成高らの京都学派の〈近代の超克〉をめざした「世界史の哲学」であったといえる。

第一次世界大戦の敗戦国ドイツの、課せられた莫大な賠償にも起因する経済的荒廃と政治的混乱〈ドイツ＝ハンガリー革命の流産〉、ロシア革命の実現とこれを動因としてうみだされた「資本主義の一般的危機」〈ハンガリーの経済学者ヴァルガによる規定〉への突入と一九二九年恐慌の爆発。こうした戦後的情勢に決定されてワイマール共和国は瓦解し、「反ユダヤ＝反ソ・反共」をシンボルにしたナチズムの国家が、ブルジョア議会選挙をつうじてドイツにおいて成立するとともに、イタリアにおいてもファシズム全体主義国家が誕生した。そしてイデオロギー的には、十九世紀末にまんえんしたニヒリズムと、「祖国防衛」主義のゆえに破産した第二インターナショナルの社会民主主義の凋落とが相乗的に作用しながら、「西欧の没落」〈シュペングラー〉という歴史認識が全世界をおおいはじめた。ブルジョア的＝資本主義的秩序への絶望が、これにとってかわるべき新秩序への渇望としてあらわれた。こうした状況に棹さす形式をとって流し込まれたのが、ブルジョア的民族主義・人種主義・全体主義であり、資本主義の否定を根幹とした超国家主義およびその大衆運動〈ルンペン・プロレタリアや小ブルジョアや下層労働者を軍隊的に組織し動員するそれ）であった。

アングロ・アメリカン帝国主義と革命ロシアとに抗して、「ドイツ＝イタリア枢軸」にもとづく没落ヨーロッパの再生が、ウルトラ・ナショナリズムを理念として強権的に強行されはじめた。

一九三〇年代のヨーロッパにおけるこのような傾動に呼応する形において登場したのが、「八紘一宇」をシンボルにした天皇制国家日本であり、この日本を中心にして大東亜共栄圏をアジア地域で創出しようとしたのが、日本の金融資本・地主・軍閥・官僚政治家どもであった。「反ソ・反共―反資本主義」を共通使命として一九四〇年に締結された三国軍事同盟は、ヨーロッパ物質文明・技術文明にかわる新しい文明の世紀をひらくものとして謳歌された。

万世一系の天皇をいただく「すめらみくに」日本が、ヨーロッパ帝国主義の植民地政策のゆえに塗炭の苦しみにおとしいれられているアジア諸民族の救世主とならねばならぬことが宣揚された。皇国史観にもとづいて「かんながらの道」が注ぎ込まれ、「あらひと神」の赤子として日本国民はたたえられ、この超国家主義的ナショナリズムに反対する左翼や自由主義者たちは強権的に弾圧され、言論は封殺された。近衛新体制と、さらに軍部が牛耳をとる軍国主義国日本が現出し、こうして大東亜戦争に突入するにいたる。

近代西ヨーロッパの技術文明を理念型として後進諸国の近代化をはかる、というイデオロギーおよび政策――二十世紀の資本主義の帝国主義的段階において、しかも革命ロシアの成立（そしてそのスターリン主義的変質）という時代を背景にして、社会経済を資本主義化し近代科学・技術を導入し、政治およびその制度をブルジョア民主主義化し、家族主義的伝統にとってかえて、市民的自律＝自立を確立する、というような近代主義化のそれ――、このような思潮は否定されることになる。日本独自の文化的伝統を基幹として近代ヨーロッパ文明を超克することは、こうして「反近代」として、反資本主義・反技術・反民主主義・反自由主義としてあらわれる。

物質文明にたいしては精神主義が、「大和魂」が前面におしだされ、戦時体制＝「非常時」に対応することのできる「国家総動員体制」が、「あらひと神」の名において強行される。これが軍国主義日本のウルトラ・ナショナリズムである。それは、資本主義的近代化の否定をめざすものであり「反近代」の世界史的使命を負っているものとして、〝哲学的〟にも正当化されるにいたる。京都学派が、この任をひきうけたのであった。

関係の非存在

国家神道にまで高められた「かんながらの道」の発揚や皇国史観の捏造、天皇制国家日本の「国体の本義」の正統化にもとづくそのアジア支配の歴史的必然性なるものの右翼イデオローグたちによる基礎づけ（たとえば岡倉天心の「アジアは一つ」という思想を継承した大川周明の「アジア主義」や、ナチズムのいいかえといえる北一輝の「帝国主義的社会主義」など）や、日本の伝統的文化の優位性説にもとづく近代ヨーロッパ文明の否定とこれにもとづく日本ナショナリズム・国粋主義・国威の発揚など。――これらのイデオロギーのすべては、広松渉の〈近代の超克〉とは無縁な存在でしかないのである。こうした右翼思想との関係において三木清の「協同主義」や京都学派の「世界史の哲学」をとらえることをさえ、わが〈関係〉主義の哲学者は考察の埒外においているのである。

いや、そもそも、第一次大戦の戦勝国であるアングロ・アメリカン帝国主義とスターリンのソ連邦が大戦後の西ヨーロッパやアジアにあたえた巨大なインパクトについては、まったく論及されてはいない。万世一系の天皇を頂点とする日本帝国主義国家、三菱・三井・住友の三大財閥と大地主と軍閥・官僚の諸利害を体現し、「天皇の赤子」としての日本国民を統べる天皇制ボナパルチスト権力、後発帝国主義国としての大日本帝国が中国大陸を侵略したことの経済的根拠、──これらについても、また帝国主義国家間戦争を誘発する経済的必然性についても、なんら現実論的に明らかにされてはいない。

いいかえれば、一九一七年革命以降の現代世界における帝国主義諸国の政治経済構造（広松が〈国家統制型資本主義〉と呼称がえしているところの帝国主義の国家独占資本主義的形態）との反照関係において、抬頭した右翼の国粋主義的イデオロギーや「大東亜共栄圏」づくりの哲学的正当化をとらえかえすということも、全くかえりみられていないということである。経済的下部構造による政治的・イデオロギー的上部構造の根本的決定と、後者の前者への反作用、というこの両者の交互関係は無視されているのである。

それだけではない。昭和の初期から敗戦にいたるまでの諸思潮のなかにはらまれている諸関係もまた、無視されている。要するに、おのれの問題関心にもとづいて昭和初期（敗戦まで）の思潮を切りとっているにすぎない。三木清と西田幾多郎およびその学派が、国家総動員体制や大東亜戦争のイデオロギー的基礎づけに狂奔した、という事実が単に羅列されているにすぎない。こうした反動イデオロギーにたいして唯物論研究会に結集してたたかっていた戸坂潤らの哲学者たちが、西田・田辺・三木などの哲学をどのように批判したのか、という歴史的事実についての考察さえもが脱落しているのである。日本唯物論者たちによる〈近代の超克〉論批判や西田・田辺・三木らの哲学にたいする批判との関係において、抬頭した反動イデオロギーとその正当化は当然にも位置づけられなければならない。だが、このことは欠損している。

西田幾多郎にかんして言えば、彼の次のような一文を引用することをもって、彼を大東亜戦争への協力者として断罪しているにすぎない。あたかも、敗戦直後の「正統派」唯物論者たちが西田・田辺哲学に浴びせかけたのと全く同じ論法を、わが〈関係〉の哲学者も採用しているというわけなのだ。

「何千年来皇室を中心として生々発展し来つた我国文化の迹を顧みるに、それは全体的一と個体的多との矛盾的自己同一として、作られたものから作るものへと何処までも作ると言ふにあつたのではなからうか。全体的一として歴史において主体的なものは色々に変つた。……しかし皇室はこれらの主体的なるものを超越して、全体的一と個物的多との矛盾的自己同一として自己自身を限定する世界の位置にあつたと思ふ」（西田幾多郎「日本文化の問題」、『〈近代の超克〉論』から重引）。

他方、一九三三年から一九五〇年にかけて田辺元が、彼の師である西田幾多郎の「弁証法的一般者の自己限定の論理」を批判して、全（一般者）と個（個別者）を媒介するものとしての「種」の論理を展開したということ、そしてこの「種」（特殊）は、個のおいてある場所としての種族および国家を意味するものであるが、絶対無の哲学の抽象性・観念論的性格のゆえに「種の論理」が非常時局を正当化する論理に転化されたということ、すなわち「類＝人類＝一般者」にたいして「種＝種族＝民族＝国家」を対置する、という観念論的操作によって、日本ナショナリズムの哲学的基礎づけにまで「種の論理」は展開させられたということなどが指摘されてはいる。けれども、大東亜共栄圏の思想を哲学的に正当化したという自己の過去を、田辺元は『懺悔道としての哲学』を敗戦直後に著し自己批判した、という事実には全くふれられていない。戦前の田辺元と戦後の彼との哲学的思弁における関係を、わが〈関係〉第一主義者は無視しても恥じないほどなのである。

とはいえ、もちろん、『ドイツ・イデオロギー』にみられる「イデオロギーはそれ自身の歴史をもたない」という一句に依拠して、戦前の田辺と敗戦直後の彼とを、哲学のレベルにおいて連続の非連続として、または非連続の連続としてとらえかえす必要性を感じなかったのかも知れない。いや、そもそも唯物史観にのっとったイデオロギー分析を、わがエンゲルス主義者が拒否している以上、イデオロギーの相対的独立性およびその内在的自己発展の論理をば、唯物史観の公式にのっとりながら展開し、もってこの論理を思想史研究に生かす、などということは思いもおよばぬことであろう。

西田・田辺哲学が、そして高坂正顯・高山岩男・西谷啓治・鈴木成高などの京都学派の哲学が、天皇制イデオロギーと大東亜戦争を〈近代の超克〉の名において基礎づけた、という事実を事実として記録してみたとしても、今日的有意義性は全くないのである。

ソ連圏「社会主義」崩壊以降という歴史的現実に直面して執筆された「講談社学術文庫版への序」のなかで、自己の研究の浅さについて反省的言辞を書きとどめるべきではなかったのか。アングロ・アメリカン帝国主義と、ボーダレス・エコノミー時代におけるリージョナリズムをしめしブロック化傾向にあるEU（欧州連合）と、アジア・太平洋地域における盟主たらんとして日本型ネオ・ファシズム体制を強化しつつある日本帝国主義、――この三つが今しめしている傾動は、一九三〇年代世界への螺旋的回帰の様相を呈しているというぐらいのことは記しておくべきではなかったのか。そして事実、〈ポスト・モダン〉という思潮が、戦中の〈近代の超克〉イデオロギーの今日版として、一九七〇年代中葉から登場していたはずなのだからである。このイデオロギーは、もちろん脱工業化社会または情報化社会にかんする「理論」と踵を接してたちあらわれているのであるが。

それはともかくとして、日本文化を論じ天皇を「絶対無」の体現者とみなしたのは、西田幾多郎の哲学の必然的帰結である、というように広松渉は宣言している。だが、これは宣言にすぎないのであって、なぜ、どうして、ということについては全く語られてはいないのである。

たしかに、『善の研究』に出発した西田幾多郎が『自覚に於ける直観と反省』や『働くものから見るものへ』などの哲学的思弁をつうじて、「絶対無の哲学」や「場所の哲学」と呼ばれる独自の哲学を創造したという事実には、少しばかりふれられてはいる。けれども、その内実には少しも立ち入ってはいない、いや立ち入ることができないのである。

ただわずかに「土着的哲学」という西田・田辺哲学の評論に肉体的に反撥していることが露出しているだけなのである。したがってまた、京都学派が天皇制国家権力から煙たがられ言論統制のもとにおかれた、という事実が記されているにもかかわらず、その理由には言及されてはいない。仏教の空の思想、無ないし中の思想の哲学化ともいえる西田哲学は、たとえそれが「現人神」をいったんは基礎づけることになったのだとしても、所詮は「かんながらの道」とは異質な哲学なのだからである。

「皇国存亡の危機」が誰の目にも明らかになったミッドウェー海戦以降の時期には、京都学派の哲学もまた弾圧の対象に数えられることになったにすぎないのである。

問題は、むしろ次の点にある――敗戦後には「無の論理性と党派性」を梅本克己が論じた、という周知の事実も、戦時中に、たとえば「〝無の論理〟は論理であるか」を戸坂潤が論じたという事実も、広松渉が例によって例のごとく無視しているということに。西田・田辺哲学と唯物論哲学との関係を蒸発させてしまった〈関係〉の哲学者のこの観念性こそが問題なのである。

いや、むしろ、唯研の主宰者・戸坂潤を「悟性主義者」とか「イデオロギー論者」とかとして弾劾した若き梯明秀が、一九三二～三七年（広松渉がこの世に生をうけてまもない頃だ）に「西田哲学を讃える」という論文や「三木哲学のファッショ的形態」という論文を執筆している、という厳然たる事実を、わが文献あさり専門家が見て見ないふりをしていることこそが犯罪的なのである。（ちなみに、これらの論文は、理論社版『戦後精神の探求』に付録としておさめられている。）

「実践と対象認識」という西田幾多郎論文は、その当時に発刊されたばかりのマルクスの草稿（『ドイツ・イデオロギー』や『経済学＝哲学草稿』）に依拠して、唯研的唯物論者たちがとりくもうともしなかったテーマにとりくんだものであるということのゆえに、若き梯明秀は西田哲学を讃えたのであった。（他方、転向者・三木清を厳しく弾劾していることについては、ここではふれない。）

それとともに、若き梯明秀は「絶対無の哲学」がおかすであろう危険性を、つまり非常時局の正当化に走るかもしれないその可能性を、早くもこの時期に予告しているほどなのである。そして、「絶対無」の哲学ではなく、まさしく「絶対有」の哲学こそが、いいかえればマルクスの《自然史的過程の哲学》こそが、現下の非常時局にたちむかうことができる唯一の哲学である、というように高らかにうたいあげているのである。

相対無ではなく絶対無を原理とする哲学が非常時局を現にそこにある「歴史的世界」として肯定する方向に逸脱してゆくであろうことも同時に指摘しつつ、現下の非常時局のもとにあって「制度」を否定する実践的直観の立場に立脚すべきである。――このように若き梯明秀は喝破し、力強く主張したのであった。そしてこの「実践的直観の立場」は、原理を絶対無ではなく絶対有とする哲学にもとづけられるのであって、この哲学はヘーゲルのような「精神の現象学」ではなく、まさしく「物質の現象学」として創造されなければならない、とされる。

「物質の現象学」への志向およびその内実の論理的混乱（一九三五年ごろに執筆され一九四八年に高桐書院から出版された論文集である『資本論の弁証法的根拠』においても、また一九五九年に発刊された『ヘーゲル哲学と資本論』という著作においても克服されずに温存されているもの）――このことは、いまのばあいは、どうでもよい。問題は次の一点にある。

西田哲学にたいして共軛関係にある――ふたたび言う、わが〈物象化論〉者の好きな〈共軛関係〉だ！――と同時に、それにたいして対向的ないし対攻的関係にある梯明秀の「絶対有の哲学」を、〈近代の超克〉をあげつらった広松渉が黙殺しているということ、これである。

「体系的哲学者」としてたたえられもしている広松渉は、西ヨーロッパやアメリカの外来哲学についての該博な知識をもっているのだとはいえ、天皇制国家権力にたいして死を賭してたたかい、そして挫折をも経験したところの数々の日本唯物論者に敬意をはらっていないことは明らかではないか。彼ら唯物論者たちを歯牙にもかけない広松のこの姿勢は、ヨーロッパ哲学の摂取の仕方の御都合主義性にも、まさに関係していると言えないだろうか。

大東亜戦争の末期において〈近代の超克〉思潮を哲学的に基礎づけるにいたった西田・田辺哲学の政治的役割だけを、スターリン主義者と同様の手法を用いてあばきだすことは、きわめて容易であり安易なことである。函数関係や機能を哲学することを第一義的課題とするかぎり、それぞれの哲学の〈役割取得・役割放棄・役割移行〉を明らかにすれば事足れりということなのかも知れない。けれども、こうした機能主義的発想は哲学的思弁とは無縁なのである。

絶対無の哲学が、場所の哲学が、〈近代の超克〉を基礎づけたがゆえに、西田・田辺哲学は既に無に帰した、として葬り去るわけにはいかないのである。西田哲学にも近代主義的な〈主体―客体〉図式を超克しようとする意図があったなどという、自己の甲羅にあわせた評論を少しばかり吐露してみせたとしても、このようなものは肯定的自己確認より以上のものとはならないのである。

二十世紀末の世界は、ソ連圏のドラマティックな崩壊にも決定されて、帝国主義的腐朽性をあらゆる領域においてあらわにしているとともに、「経済的および政治的民主主義」（市場経済およびブルジョア的イデオロギーをさす用語）の危機を招来している。もろもろの国益ナショナリズムやネオ・ファシズムやエスノ・ナショナリズムが世界各地で相互衝突し、宗教的対立とむすびついた民族内および民族間戦争が激発しているだけではなく、経済的冷戦もいよいよ熾烈化している〔本書上巻第Ⅲ部［本巻第Ⅲ部］参照〕。経済的破産国ロシアの政治的＝軍事的危機は、ナゴルノ・カラバフ帰属問題をめぐる血の闘いからイスラム系のチェチェン共和国への軍事攻撃―内戦にいたるまでの混乱をうつしだした政治的混沌としてもあらわになっている。ロシア連邦内の政治的・軍事的・経済的混乱とロシアからのプルトニウムや核技術者などの全世界への拡散とがからみ合うことによって、今全世界は新たな脅威にさらされている。こうして形をかえた〈東─西〉対立がふたたび前面化しているのである。しかも中国もまた、鄧小平以後という局面がもたらしている動乱の予兆とインフレーションの昂進の大波のゆえに根底的にゆらいでいる。

世紀末的混沌は、二十一世紀の情報システムの構築のための技術開発競争とバイオテクノロジーやニューロ・サイエンスの空騒ぎによっておおわれているにすぎない。ソ連邦の崩壊とともに権威を失墜させたままあがいている社会主義思想も、いまや消失してしまったかのような様相を呈している。さらに、〈脱モダン〉の空叫びも、現代物質文明の〈ゆとり・豊かさ〉に吸いこまれている。

顕著な出来事は、あたかも独占資本による自然破壊に怒ったかのようなこの地球上の各地での地震や大洪水や火山噴火の頻発と、これにもとづく都市災害の無残さである。それは、現代技術文明を嘲笑しているかのようではある。現代ブルジョア文明と独占資本家的な搾取および収奪にさいなまれながらも・このことに無自覚な勤労大衆の大群──こうした世紀末的事態を突破しうるのは、いまなお依然としてマルクス思想いがいにはありえない。なぜなら、国家独占資本主義的諸政策を実施しながらも価値法則の盲目的貫徹におびえつつ延命をはかっているのが、現代資本主義なのだからである。

近代ブルジョア社会を否定し変革すべきものとして著わされたマルクスの『資本論』──これこそは、今なお依然として〈近代の超克〉の目標と手段と方法の根本を照らしだしているのである。

（一九九五年二月二十三日）

追悼　廣松渉

限りある多くの人びとの「役割期待」に応えることができずに、わが偉大な「物象化」論者は、ついに物質に還った。あらゆる人間存在と同様に、個体的物体に還るということを、彼自身が覚識しえたかどうかにかかわりなく、〝哲学の鬼〟としての廣松渉もまた、人間存在および意識がそこからうまれでてきたところの物質に回帰し、物質の果てしない自己運動の限りない深みへと永遠に吸いこまれていった。

有限な自己存在が物質的世界に吸いこまれてゆく瞬間の、その刹那に、彼の強靭な頭蓋のなかをかけめぐったものは、いったい何であったのか。おそらく、最後の最期まで哲学してきたことについての充実感に重なりあった無念の心情であったに違いない。哲学し、哲学しつづけ、そして還暦を迎えた一九九四年五月二十二日に、ついに彼は彼岸の世界に、苦悩の表情に重なった笑顔を浮かべて、旅立ったにちがいない。

闘い、闘いつづけ、そして斃れた。それが彼であった。

四十数冊の彼の著作が、彼の肉体的存在の滅びをこえて、われわれの前に、われわれにとって、現に存在しつづけている。――このことは、「物象化的錯認」でもなければ「物象化的錯視」でもない。これは唯物論的現実なのである。
彼の業績のわれわれにとっての価値はともかくとして、彼が果たした仕事は、彼の肉体的死をこえて存在しつづけてゆく。或る者によっては継承され、他の者によっては拒絶されるであろうとしても、彼の仕事は彼の肉体的滅びをこえて、生きつづけるのである。

想えば、「廣松渉」という存在を、私が知ったのは、一九五六年初めのことであった。その当時、音読によって私を助けてくれていた森下周祐君に「メシよりも経済学が好きな学生を紹介して欲しい」と要請したところ、「そのような学生はみあたらないけれども、メシよりも哲学が好きな学生がいます。……」と彼は私に告げた。そして彼が紹介してくれたのが、ほかでもなく、廣松渉であった。——もちろん、音読者としてではなく、自分の前途にニヒル感をいだいていた学者の卵として、彼は私のまえにあらわれた。

畳の上から一メートルほどの位置に手をとめて、「これぐらいノートを書きためたけれども、しがない高校の教師にしかなれないでしょう。……本を出版するゲルトもないし、……」と。
そして、約十時間にわたって三度も、いろいろな問題をめぐって論議したのであったが、いまもなお印象に深く記憶の片隅に残っていることは、「……として意義をもつ」という『ヘーゲルとマルクス』において用いられているとらえ方＝表現は何から学んだのか、という彼の私にたいする質問であった。哲学史についての知識をたくわえることもないままに、すでに活字を読めなくなっていた私は、「もちろんマルクスの価値形態論から学んだにすぎない」と答えたということだけである。

十九世紀後半から二十世紀にかけての哲学についての該博な知識を、若き彼はのべたてたのであったが、いまでは、その時に彼が語ったことのすべては忘却の闇に消え去ってしまっている。……そして、弁証法研究会が主催し『批評』グループなどのサークルの合同討論会に、駒場の学生として廣松渉は出席し、討論に参加してくれたことも、二回ほどあった。

印象に残っているのは、一九五七年九月二十九日に、高田馬場の喫茶店「大都会」においてもたれた「ハンガリー事件」についてのシンポジュームでの彼の発言である。――「……サルトル的痛憤をもってハンガリーのかの事態をとらえるのは、実存主義の誤りであって、かの事態が、なぜ、どうしてひきおこされたか、ということについての具体的分析がなされなければならない。……」と。

その当時の私は、火焔ビン闘争の時期に立命館大学の地下室において〔日共〕所感派から、国際派にぞくしていた彼がリンチをうけたという事実を、もちろん知らなかった。門松暁鐘の筆名で出版した『日本の学生運動』という自分の著作を私に手渡すさいに、彼は語った――「これはスターリンの『レーニン主義の諸問題』に依拠して書いたものです。……」と。この言葉だけが、いまの私の頭の片隅に刻みこまれているにすぎない。

若き哲学徒・廣松渉に出会った時から三年経た後は、彼との直接的な接触を私はまったくもっていない。……そして、彼は「体系的志向をもった哲学者」として、惜しまれつつ他界してしまった。

廣松渉は何度も革命家たらんとしながらも、哲学研究の鬼として、彼の生涯を閉じた。――一度目は伝習館高校時代に放校処分をうけ、二度目は国際派のメンバーとしてリンチにあって傷ついた。そして三度目にはブント崩壊以降に、そして四度目は七〇年闘争の敗北後に、ブントの再建や、ブントと構改派との組織的統一のために、政治的にたちまわったのであった。哲学研究プロパーからはみだした、こうした領域については、二つの著作（『現代革命論への模索』および『新左翼運動の射程』）のなかで論じられている。

いや、『新哲学入門』の末尾における廣松渉は、「正義」を最高善とする「哲学者的革命家」として、革命的哲学者として、たちあらわれている。〝正義の味方・黄金バット〟ではなく、プラトンの「哲人政治」を思わせるような筆致で、この著作はしめくくられている。最後の最期まで、プロレタリア革命の実現を熱願しながら、二十世紀のあらゆる哲学的研究を貪欲に吸収しつつ自己の哲学体系を構築しようとして、ひた走りに走ってきた学究者であったといってよい。とりわけ、一九七七年に病魔におかされたことがわかった以降の彼の学究は、——その内実の如何にかかわらず——まさに超人的な営為であったといっても決して過言ではない。

彼の最後の著作となった主著『存在と意味』第二巻が、一九九三年十二月に上梓されたことは、彼にとっても、また彼の著作の読者にとっても、まことに不幸中の幸いであると言わなければならない。

六〇年安保ブントの機関誌名をそのまま踏襲した『共産主義』、その第九号に、「門松暁鐘」の筆名で彼廣松が執筆した論文——「疎外革命論批判」、これが、彼の私にたいする批判としては唯一のものである。この批判は、「狸が娘さんに化ける」という意味での〈化身〉というようにマルクスの「疎外」概念を曲解し、そのうえでなされた批判でしかない、という代物であった。（この点については、一九六〇年代の終わりごろに、若い仲間たちが反批判を試みている。たとえば坂内鉄雄『現代革命論の探究』。また私自身も、『スターリン批判以後』下巻の或る箇所に「追記」の形で自分の感想をのべている。）

彼の「物象化論」全体は、むしろ、われわれの唯物論を全面的に否定する、という意味をも同時にもっている。このことについて私は十二分に承知している。

マルクス主義は「現代哲学のパラダイム」であるとする廣松渉がかかげている「疎外論から物象化論へ」というシンボル――これは、しかし、みずからの物象化論を現象学によって正当化するためのものであるといってよい。それは、若きマルクスの《経済学＝哲学》を否定することを跳躍台にして、資本制商品経済的物化構造論を破壊しつつ、「物象化」概念を現象学的に基礎づけようとしてマルクス哲学を利用している、ということを端的にしめすスローガンにほかならない。――対象化・事物化・商品経済的物化・物質的表現などのカテゴリーのすべての位相の相違を抹消して、これらのカテゴリーを、現象学的に脚色された「物象化」概念に収斂したのが、彼の学理的研究であったというべきである。（この点については、芦村毅『ルカーチとマルクス』第Ⅱ部、『スターリン主義の超克』第六巻所収の吉本論文、片桐悠編『廣松渉の国家論』などをみよ。）

ほぼ四十年にわたって積みかさねられてきた廣松渉の学理的研究は、およそ次の点にあるといえる。

（1）マルクスおよびエンゲルス研究。『ドイツ・イデオロギー』という草稿執筆における、マルクスとエンゲルスの役割分担の文献考証的研究、これから出発して展開された、近代的な「主・客図式」の超克にかんするもの、ならびに唯物史観・国家論などの現象学的存在論。

（2）所詮は余戯に終わったともいえる革命運動論にかんするもの。

（3）マッハの主著の『感覚の分析』の翻訳にはじまり、「共同主観性」の現象学的基礎づけにかかわる諸研究。
（4）物象化論または「事的世界観」、さらに現象学的社会学にかんする研究。
（5）弁証法を中心にした哲学史、「ヘスとマルクス」問題から「日本における近代の超克」問題にいたるまでの哲学史的研究。
（6）相対性理論やエンゲルスの自然弁証法にかんする研究。
（7）存在論的現象学の集大成としての『存在と意味』全三巻と、これに関係した諸研究。

彼の厖大な著作の題名だけは次々に想起できるのだとはいえ、残念ながら、音読できたものは、中途半端のものをふくめても、わずかにその一割にすぎない。したがって、彼の学理的研究について論究するのは礼を失することになる。このことについて私は知らないわけではない。

まずは、いまは亡き彼の学問研究の労苦に想いを馳せ、哲学の鬼として逝った彼の倦むことのない哲学的探求のための努力を讃えよう。最後の最期までたたかいぬいた彼の苦闘の足跡を、彼の哲学に共感すると否とにかかわりなく、ふりかえり、彼の全仕事を吟味し、なんらかの形で学ぶことも必要であることは確かである。

「疎外」論の否認と物象化論の宣揚。唯物論をば「物象化的錯認」の集成とみなして、現象学的存在論または存在論的現象学に飛翔した廣松渉の、この蹉跌というべきものを洗いだしつつ、彼の哲学の地平をこえでてゆくこともまた、なおわれわれ自身の課題として残されている。たとえ彼が最後の最期まで革命理論上では左翼スターリン主義の地平からぬけだすことができなかった、というこの厳然たる事実にもかかわらず、そうなのである。

唯物論を拒否し〔たとえばエンゲルスの『フォイエルバッハとドイツ古典哲学の終焉』にみられる理論展開を、「物象化的錯認のレベルのもの」としては肯定する、という具合に〕、現象学主義の地平にのぼりつめながらも、左翼スターリン主義者としての彼の過去を、最後の最期までひきずってしまったのは、一体なぜなのか。危機の時代には現出するであろう物象化した運動に棹さしてゆく、というこの「前衛」指向は、むしろ現象学的存在論への陥没のゆえなのだというべきなのであろうか。

絶筆となった『存在と意味』第二巻――ここで論じられている「役割行為」論は、『新哲学入門』にみられる「近代主義への仮託」を超えでることができたのであろうか。「役割」をアメリカ社会学や行動学のように客体的かつ結果的に分析することによっては、ポイエーシス的実践の論理には到達できないのである、このことは予め分かっているはずなのであるが。

革命家たらんとして実践し、そして挫折し、さらに新たに政治的実践に首を突っこんで頓挫した――こうした彼の政治へのかかわり方が、学問的研究の左顧右眄ともいうべき「脇がため」なるものにあらわれてはいない、と断言できるのであろうか。……

廣松渉の全仕事を詳らかに検討することもなく、この文をしたためることは、いまは亡き彼を冒瀆することにもなる。このことをわきまえて、私は擱筆する。

最後の最期まで獅子奮迅の活躍をつづけてきた廣松渉が、永劫の物質的世界に還っていったことを報らされて、思い出すままに、真っ暗闇のなかで、これを記している。心残りは、われわれの仲間たちが展開した彼への批判について、ただの一言も彼が発しなかった、ということの一事である。一九九三年十二月上旬に、片桐悠編『廣松渉の国家論』を上梓できたことは、われわれによる彼への最大の贈り物となったに違いない。彼の物象化論の最も良き理解者であると同時に最高の水準をしめす批判者が、ほかでもなくわれわれであった、ということは確かであろう。

彼の物象化論の検討・批判は、今後もつづけられるであろう。

彼の全仕事は彼の肉体的生命の終焉にもかかわらず、われわれの前に、われわれにとって、厳として物質的に存在している。これは決して「物象化的錯認」ではない。

廣松渉よ、よく頑張った。安らかに眠れ！

一九九四年五月二十三日

黒田　寛一

索　引

ア

カ

サ

タ

ナ

ハ

マ

ヤ

ラ

ワ

第七巻　刊行委員会註記

一　第七巻は『場所の哲学のために』を収めた。本書は一九九九年六月九日に、こぶし書房から上・下巻に分けて同時刊行された。主に一九九〇年代に執筆された諸論稿を収録している本書においては、「副題の『表現場・意識場・実践場』にもしめされているように、《実践の場所》の哲学の基本が提示されている」(『黒田寛一のレーベンと為事』五〇九頁)。こう言われているように、一九九〇年代における黒田寛一の哲学的探求の核心と切り開いた地平が何であるかが、闡明されているのである。

二　本書の諸論稿が執筆された当時に著者・黒田寛一は、いかなる時代状況と対決し、どのような実践的問題意識にもとづいて理論的および思想的の探求をおしすすめたのか。

「社会主義国」を自称した「核・超大国」ソ連邦は、一九九一年に、東欧「社会主義」諸国家群のドミノ的倒壊(一九八九年)に続いてドラスティックに崩壊した。あらゆる意味で破産したスターリン主義を根本的に反省することなく「民主主義と市場経済」のブルジョア的諸価値に屈服し・その諸制度を模倣的に導入することに突進したゴルバチョフ＝エリツィン指導部、このクレムリン官僚によってスターリン主義ソ連邦は自己解体させられたのだ。第二次大戦以後に形成されたアメリカ帝国主義を盟主とする帝国主義陣営とソ連邦を総本山とするスターリニスト陣営との対立と世界の分割支配(いわゆるヤルタ体制)が、ここに最後的に瓦解し終焉した。

この現代ソ連邦の崩壊を、黒田寛一は、ロシア・プロレタリア革命によって世界革命完遂への拠点が築かれ現代が現代として現実的に切り開かれた、この現代史を大逆転するという画歴史的意味をもつと喝破した。ソ連邦もろともにロシア革命の生きた伝統を埋葬するというこのスターリニスト官僚の最大の犯罪を、黒田寛一に導かれた日本の反スターリン主義運動が、全世界で唯一、暴きだし弾劾したのであった。

洪水のように流された「共産主義の敗北、資本主義の勝利」という帝国主義諸国政府や独占ブルジョアどもの宣伝、労働運動の沈滞にしめされるプロレタリア階級闘争死滅の危機——この現実と真っ向から対決しつつ、黒田寛一は「マルクス思想こそが二十一世紀世界のパラダイム」であることを訴え、日本における反スターリン主義運動の前進のために最先頭で奮闘した。まさに黒田寛一は、歴史的現実に対決しつつ革命家としての組織実践とイデオロギー闘争をくりひろげ、そのただなかで哲学しつづけたのである。

三　ソ連邦の崩壊という世界史的激動のただなかの一九九二年四月下旬に、黒田寛一は完全失明に襲われた。「最後の突撃」(『革マル派　五十年の軌跡』第四巻所収)を決意した黒田寛一は、次のように記している。「萌明でも薄暮でもなく、月も星々もない漆黒の暗闇を、光なきこの絶対黒の世界を、ほかならぬこのおのれ自身のおいてある場所とし、この絶対黒の場所を生き、そしてこの場所のおいてある場所そのものを不断に超えでてゆくために実践する、——これが現在の、そして過去の私なのである。」(「撃ちてし止まん」、前掲書二八頁)と。そして、みずからの〈実践の場所〉の哲学を全面的に対象化するべく、『実践と場所』の構想を具体化し、執筆にとりくんでいくのであった。

スターリン主義がニセのマルクス主義でしかないことを公然と暴露し、それの超克を思想的にも実践的にも組織的にもおしすすめてきた反スターリン主義運動の創始者・黒田寛一は、ハンガリー革命四〇周年を期して日本革命的共産主義者同盟・全国委員会の議長を辞した(一九九六年十月十三日)。「わが運動の輝かしい前進をかちとり、搾取され抑圧されている全世界の働く者の解放のために、全力を傾けてすべての仲間たちが奮闘することを願ってやまない」と、闘う労働者・学生への檄を発しながら(『組織論の探求』三九〇頁)。同時に黒田寛一は、みずからの革命思想と哲学を全世界に波及させることを追求した。英語版やロシア語版の書籍の連続的な発刊が、それである。一九九四年十二月に刊行されたロシア語版の

『ゴルバチョフの夢』（A・ポドシチェコルジン訳、インペト出版）は、旧ソ連地域の全土から知識人や労働者たちの巨大な反響を呼び起こした。ロシアの人びとの『ゴルバチョフの夢』についての感想や評論を集成したのが、『指がひとつのかたまりとなって』（こぶし書房刊）である。

四　本書は「論戦の書」といわれている。本書の構成および各部の論稿のテーマは次のようになっている。

第Ⅰ部　表現場／第Ⅱ部　意識場／第Ⅲ部　現実場／第Ⅳ部　実践場

第Ⅰ部「表現場」においては、時枝誠記の言語学を受け継ぐと称している三浦つとむの言語過程論（『認識と言語の理論』全三部）、およびオースティンの言語行為論（『言語と行為』）、これらの全面的な検討と批判をつうじて言語的表現論が掘り下げられている。言語的表現行為を人間の自然にたいする生産的実践と人間相互間の社会的＝「人―間」的実践、この二つの実践の不可欠の契機をなすものとして位置づけ、言語的表現行為とは何か、表現と認識、「内―語り」と「外―語り」、言語体と概念、概念と実在などの諸問題を、まさに全世界でただひとり黒田寛一のみが解明し深めているのである。

第Ⅱ部「意識場」では、日本観念論哲学（西田幾多郎・田辺元）を現代的な観点からいかに受けとめ評価するべきかを、船山信一の『日本哲学者の弁証法』に即しながら追究している。ここでは、西田・田辺哲学を批判的に承継した梅本克己や梯明秀の哲学的追求の意義と限界もが浮き彫りにされている。同時に、西田哲学の「脱構築」の名による解体にのりだしている中村雄二郎の陥穽をもえぐりだしているのである。

ソ連邦崩壊以後の二十世紀末葉に入った現代世界が投げかけている諸問題を真正面から受けとめ、思想問題として追求し掘り下げているのが、第Ⅲ部「現実場」である。完全失明の直後の一九九二年五月に執筆された「世紀末の思想問題」が、その中心をなしている。ブルジョア的価値観の押しつけをめぐっての価値観の相克、〈ポスト資本主義〉感覚の蒸発などがえぐりだされている。

第Ⅳ部「実践場」においては、「物象化」論者・広松渉にたいする根底的な批判がなされている。広松哲学の「現象学的存在論」としての本質とその誤謬をえぐりだしつつ、改めてマルクス疎外論の画期的な意義を明らかにし「実践場」をこそ哲学し思弁するべきことを力説しているのである。

五　マルクス主義の土着化を終生追求した黒田寛一の哲学的探究を集大成した『実践と場所』全三巻、これへの「序曲」としての意義をもっているのが、本書である。〔『実践と場所』全三巻は二〇〇〇年から二〇〇一年にかけて刊行された。〕

黒田寛一著作集刊行委員会

プロレタリア解放のために全生涯を捧げた黒田寛一

全世界の労働者階級の自己解放をめざし、革命的実践と理論的探究に生涯を捧げた黒田寛一。盲目の哲学者にして偉大な革命家であった黒田寛一の著作集全四〇巻を、ここに刊行する。

黒田寛一は、一九五六年十月に勃発したハンガリー事件（「非スターリン化」を要求しソビエトを結成して蜂起したハンガリーの労働者人民を、「労働者の母国」と信じられてきたソ連の軍隊が虐殺した事件）にたいして、「共産主義者の生死にかかわる問題」として対決した。そして、全世界の共産主義者や左翼的知識人がこれを擁護しあるいは黙認するなかで、彼はただ一人、一九一七年に誕生した革命ロシアはレーニンの死後スターリンによってすでに反プロレタリア的な「スターリン主義国家」へと変質させられてしまっているということを看破し、ただちに反スターリン主義の革命的共産主義運動を興す歩みを開始した。黒田寛一こそは、時代のはるか先を行く偉大な先駆者であり、二〇世紀が生んだ「世紀の巨人」なのである。

翌一九五七年以降、黒田は、夫人の荒木新子とともに、日本のスターリン主義党である日本共産党を解体し真実の労働者党を創造するための闘いに踏みだした。彼は日本革命的共産主義者同盟（革共同）を結成し、∧反帝国主義・反スターリン主義∨をその世界革命戦略として掲げた（一九五八年）。彼の率いるこの革共同の闘いに揺さぶられて、日本共産党内の多くの青年党員たちが党中央への造反を陸続と開始した。こうして「日本共産党＝前衛党」神話は崩壊し、一九六〇年安保闘争が空前の規模でたたかわれた。銘記されるべきことは、国鉄戦線の労働者たちが、日本労働運動史上初の反安保政治ストライキをたたかったことである。こうした闘いは、黒田の闘いをぬきにしてはありえなかったのである。

またその後黒田は多くの同志と共に、革共同内の大衆運動主義者たち（主に元共産党員たち）と訣別し、革共同を革命的マルクス主義で武装した組織（革マル派）へと純化させた（一九六二～三年の第三次分派闘争）。以降、黒田議長率いる革共同革マル派は、日本階級闘争を領導しつづけた。「階級決戦」主義者の盲動の破産をのりこえてたたかわれた戦闘的労働者・学生による七〇年安保＝沖縄闘争の革命的高揚。政府＝支配階級を震撼させた一九七五年の史上空前の「スト権奪還スト」の爆発。日本労働運動の戦闘化に恐怖した国家権力が仕掛けてきた革命的左翼破壊のための謀略的殺人襲撃とこれを打ち砕くための決死的闘いの勝利。日本階級闘争史上特筆すべきこれらの偉業もまた、黒田率いる世界に冠たる日本反スターリン主義運動の底力の一端を示すものであった。

黒田寛一がたった一人で既成の共産主義運動に挑み、たちまちのうちに日本の階級闘争を大きく造りかえたことは、驚くべきことである。だがさらに驚嘆すべきことは、盲目の黒田がこれをなしとげたことである。

黒田寛一は、一九二七年十月二十日、埼玉県秩父町に医師の長男として生まれた。若き日の彼は、医学を志していたという。だが、この若き黒田を病魔が襲った。「人生航路の転換」を余儀なくされた黒田は、絶望と実存の危機の淵に突き落とされておのれの生きる意味を問い続けた。そしてついに黒田において、おのれのどん底とプロレタリアのどん底とがまじりあい合一化され、彼はマルクス主義をみずからの実存的支柱にすることを決意した。そのために彼は、一九四九年に旧制東京高校を中退し、独学を開始した。敗戦後の日本において澎湃として巻き起こった主体性論争・技術論論争・価値論論争などをめぐる梅本克己や梯明秀らの著作を師とし・かつこれらと対決しつつ、彼はみずからの思想をつくりあげていった。彼の視力は次第に衰えもはや自分では活字を読むことができなくなっていったが、それでも彼は「音読」（アルバイトの学生などに本を読んでもらうこと）を続け、思想的格闘を続けた。こうして黒田は、マルクス主義者としての確固たる主体性をみずからの内に築きあげていった。それと同時に黒田は、スターリン主義者の唯物論がマルクスのそれとは似て非なる・血の通わないタダモノ論にすぎないことを痛覚し、「マルクスに帰れ！」と叫びつつ、スターリンとそのエピゴーネンの哲学を壊滅的に批判すると同時にマルクスの実践的唯物論を深めていった。まさにこうした営為を主体的根拠として、わが黒田は、かのハンガリー事件と対決し、革命家として生きることを決意して世界に類例を見ない反スターリン主義の革命運動を興したのである。

マルクスやレーニンと同様に、黒田寛一は、革命家にして哲学者であり理論家であった。彼は自分の住まいに若い同志たちを呼んで、頻繁に各種の組織会議や学習会をもった。会議がない日の彼の一日はおおむね、午前中は世界の情勢を読むことなどに費やし、午後は前衛党組織建設のために内部文書を作ったり組織成員たちの文書を検討したりし、そして夜は理論的探究のための勉強をする、といった毎日であったという。

一九六〇年代以降の彼は、片眼は完全に失明し、もう一方も原稿用紙に鼻の頭をくっつけてマジック・

インクでかろうじて大きな文字が書けるというほどにまで視力をなくしていた。このゆえにテープに音声を吹き込むことが、論文を「書く」主な方法になっていった。さらに一九九〇年代には、彼は両眼とも一条の光も感じない完全失明者となり、もはや文字の記憶を頼りに原稿箋一枚に大きな字で三〜四行を刻むことしかできなくなった。晩年の大著『実践と場所』全三巻は、こうして綴られた（その解読は困難を極めた）。こうして彼の残したものは、著作百冊余（英語版・ロシア語版を含む）・講述テープ四百数十本・未定稿・ノートなど膨大である。

こうしたことからして、今直ちに黒田寛一全集を編むことは不可能であり、それは後世に送らざるをえない。この著作集では既刊本および筆者自身が推敲を終えている論文を中心に編んだ。また黒田寛一が変革的実践のなかで思索し探究し執筆したものは哲学・革命理論・経済学・ソ連論および中国論・世界情勢論・文明論・組織建設のための内部文書などあらゆる分野に及んでおり、かつそれらは相互に分かちがたく結びついている。このゆえにこの著作集では、全ての論文を執筆年の順に配列するのではなく、あえて六つのグループに分類したうえでそれぞれを年代順に編成するという方法をとった。《哲学》（第一巻〜第十三巻）、《革命的共産主義運動の創成と前進》（第十四巻〜第二十五巻）、《マルクス経済学》（第二十六巻〜第二十八巻）、《現代世界の構造的把握》（第二十九巻〜第三十二巻）、《スターリン主義ソ連邦の崩壊》（第三十三巻〜第三十六巻）および《マルクス主義のルネッサンス》（第三十七巻〜第三十九巻）の六つが、それである。（『黒田寛一のレーベンと為事』を別巻とした。）

黒田は、その打倒のために死力を尽くしたスターリン主義・ソ連邦の崩壊を目の当たりにして、書いている。「それによって生きかつ死ぬことのできる世界観として、マルクス主義を、唯物史観を、おのれ自身のものとして主体化しようとしてきた私にとっては、ソ連邦の世紀の崩壊と世紀末世界の混沌への突入は、マルクス思想の真理性の証明いがいの何ものでもなかった。」「マルクスの革命的思想は、時代を超えて、私の、われわれの、そして全世界の闘う労働者たちの心奥において生きつづけ、いまなお燃えさかっている。……《戦争と革命》の第二世紀をひらくために、われわれは、革命ロシアの伝統を受け継いで、プロレタリア階級の全世界的規模での自己解放の闘いを組織しなければならない」と（増補新版『社会の弁証法』所収の「唯物史観と現代」より）。この闘いの精神的武器は、マルクス思想とこれを受け継いだ黒田思想なのである。

二〇〇六年六月二十六日、黒田寛一は永遠の眠りについた。享年七十八歳であった。彼は今、大きな自然石のままの墓の下に夫人とともに眠っている。墓石の色は深紅であり、その石には「闘」の一字が大きく刻まれている。

黒田寛一著作集刊行委員会

黒田寛一著作集　第七巻
場所の哲学のために

2025年３月６日　初版第１刷発行

著　者　黒田寛一

発行所　有限会社　ＫＫ書房
〒162-0041
東京都新宿区早稲田鶴巻町525-5-101
電話　03-5292-1210
FAX　03-5292-1218
振替　00180-7-146431
URL　http://www.kk-shobo.co.jp/

定価は外函に表示してあります。

ISBN978-4-89989-907-5